终端销售
葵花宝典（第2版）

魏庆 著

北京大学出版社
PEKING UNIVERSITY PRESS

图书在版编目（CIP）数据

终端销售葵花宝典 / 魏庆著. — 2版. — 北京：北京大学出版社，2018.6
ISBN 978-7-301-28983-9

Ⅰ.①终… Ⅱ.①魏… Ⅲ.①销售—方法 Ⅳ.①F713.3

中国版本图书馆 CIP 数据核字（2017）第 304612 号

书　　　名	终端销售葵花宝典（第2版）
	ZHONGDUAN XIAOSHOU KUIHUA BAODIAN
著作责任者	魏　庆　著
责任编辑	刘　维　刘涛涛　代　卉
标准书号	ISBN 978-7-301-28983-9
出版发行	北京大学出版社
地　　　址	北京市海淀区成府路 205 号 100871
网　　　址	http://www.pup.cn　　新浪微博：@北京大学出版社
电子信箱	yangsxiu@163.com
电　　　话	邮购部 62752015　发行部 62750672　编辑部 62764976
印刷者	固安兰星球彩色印刷有限公司
经销者	新华书店
	710 毫米 × 1000 毫米　16 开本　29 印张　487 千字
	2013 年 1 月第 1 版
	2018 年 6 月第 2 版　2022 年 9 月第 3 次印刷
定　　　价	99.00 元

未经许可，不得以任何方式复制或抄袭本书之部分或全部内容。
版权所有，侵权必究
举报电话：010-62752024　电子信箱：fd@pup.pku.edu.cn
图书如有印装质量问题，请与出版部联系，电话：010-62756370

前言
第 2 版

《终端销售葵花宝典》的第 1 版自 2013 年 1 月出版至今加印 13 次，蝉联多家图书网站营销类图书畅销榜前列，另有众多企业团购该书作为内训教材。如今，为适应行业的发展，本书内容增加了十多万字，再次出版。

上一版主要围绕业务代表、主管及经理，在此基础上，第 2 版新增了针对企业中高层管理人员的内容，对行业内的最新动态和出现的新生事物发表了自己的思考和见解。具体如下：

管理篇。

在第 5 章增加了"终端销售团队管理核心工具六：降低营销人员离职率"的内容，详细讲解员工离职面谈、离职率的监控分析与管理、通过薪资设计方案降低员工离职率和稳定核心员工等问题的典型案例和具体操作方法。

增加了第 6 章"手机管理软件的现状"，详细讲解快速消费品行业（以下简称"快消品行业"）近几年出现的新生事物——手机管理软件。分析这种管理模式的现状和不足，并给出相应的改善方法和实施细则。

高管篇。

增加了第 9 章"营销总经理的'第三只眼'及工作模型"，讲解企业营销数据深度分析的报表设计、数据分析的结论导出，同时提供营销总经理的全套工作模型。这部分内容的工具性较强，很多内容可以直接套用。

增加了第 10 章"快消品行业的发展趋势"，讲解大卖场回归常态、B2B（电子商务中企业对企业的交易方式）订货平台与传统经销商的互相促进、把终端还给经销商等内容。

最后，希望再版的《终端销售葵花宝典》能给读者带来更多的帮助。

魏庆

2017年12月

第1版 前言

» 本书写给谁看

在此，我先给大家介绍一个名词，"销售农民工"——泛指消费品厂家基层终端业务代表、基层销售主管，还有消费品经销商的终端销售人员。

销售队伍里，最苦的是消费品销售行业业务代表，公认的活儿累、工资低。

最最苦的是消费品销售行业的终端小店业务代表，这个职位和送奶工、送水工一样，处于销售行业链的最底层。他们每天骑自行车跑几十家小店，贴海报、整理货架、盘库存、订货、写报表……日复一日拿微薄的薪水，做简单重复的机械劳动，月月破产还升职无望。他们大多属于"地招"临时工，回总部"面圣"的机会都没有，似乎永远只能在"江湖"之中远眺庙堂。

《终端销售葵花宝典》不是为销售经理、销售总监们服务的，如果他们觉得能从中更多地了解终端销售一线工作的细节并从中获益，我当然高兴。但是，本书的大部分内容是为那些激战在销售前线的"苦人儿"所写。所有从基层做起的营销人都会在里面看到自己的经历和故事，感到似曾相识。

本书直接受众一："销售农民工"

针对性内容简介如下：

本书第1章"基层销售人员的'心理问题'"是写给全体销售人员的，标题有点吓人，其实事出有因。

基层销售人员爬冰卧雪、走街串巷、受人冷眼、升职无望、前途迷茫，这是常态。但是这些状态对于正常的人生来讲就是"非常态"，人处在"非常态"的时间长了，就容易"变态"！本章专题探讨基层销售人员的"职场冷暖"和"酒后悲欢"，让大家从多角度观察销售行业的苦与乐，学会"不纠结，不悲观，人生失意须'偷欢'"，学会"笑对苦难，常生欢喜心"。还建议大家"心机单纯，'裸奔'向前""苦撑待变，守得云开入洞房""轻易不换行业，持续正向积累"。对了，我还给大家"拜个晚年"，祝大家"晚年幸福"。

顺便说明本书书名为什么叫作《终端销售葵花宝典》，原因有三：

第一，因为"葵花宝典"四个字人尽皆知。

第二，销售人员都有"江湖"情结，以武学经典命名此书，意境上比较贴切。

第三，《葵花宝典》第一页写的是"欲练神功，引刀自宫"，为什么？我揣测是为了让学武者练功时去除杂念，不要胡思乱想。类似网友调侃"当激情衰退的时候，我们才会有思想。当精虫老去的时候，男人就变得高尚"。本书在第1章着重写了销售人员"心机单纯，'裸奔'向前"。书名援引此古例，便是取其意。

第2章"终端业务代表的'一招制敌'推销模型"和第3章"解密正在失传的武功——终端拜访八步骤"，花了十余万字的篇幅，讲述一线终端销售的工作细节，解读其中短兵相接、近身肉搏的智慧。一寸短、一寸险，近身肉搏是剑锉交锋，比不得长枪大戟，中间还有段距离。精芒闪烁，利刃全在眉目之间，稍有差错，便血溅黄沙，相当有技术含量！本书便在一线人员千方百计、千思百巧的招数中找到一招制敌的规律，提炼成可复制的工作模型，与后来者共享。读罢，也许你会说："原来这么基层的岗位还有这么多学问可做、这么多东西可学，看似简单的中小终端拜访，其实一点也不简单……""原来一直被误解为小儿科的终端拜访八步骤，隐藏着这么多不为人知的杀机，真正的高手把这个入门童子功理解透了，打出来却是石破天惊……"

本书第5章"终端销售团队管理核心工具"是写给"工头儿"（基层销售主管）的。本章以国际企业终端销售管理体系为背景，介绍基层主管管理终端销售团队的主要工具，不但给出培训资料和管理表格，更重要的是梳理其中的"内功心法",帮助大家举一反三。

本书直接受众二:有志于进入销售行业的大学生们

销售行业招聘需求量大,营销岗位收入相对高,看起来是个好去处,但是很多大学生面对这个岗位都是"又期待,又怕受伤害"。他们惴惴地想:做营销好吗?我这德性能做好营销吗?营销生涯到底是什么样子的?别猜了,本书对营销生涯做了全景特写,情况没你们想得那么好,也没有传说中的那么糟。走吧,即将毕业的兄弟们!在这本书里,魏哥带你们看"江湖"——看秋风肃杀,也看满地黄花;看青山碧湖,也看百丈绝壁。

本书间接受众三:销售经理、营销总经理、培训经理

前三章写的是一线销售人员的"江湖情仇","领导们"看了能更多地了解一线工作的细节。后六章便是"社稷风雨"。

在第4章"终端业务代表的培训体系"、第7章"当终端遭遇销量"、第8章"'区域市场增量模型'简述",我向大家介绍了"建立终端销售人员培训体系的步骤和工作菜单""企业做终端容易跌入哪些陷阱,如何回避""搭建区域市场的增量模型"几个话题。这些都是我亲身体验过的事,也是讲过很多次的成熟课程,相信对读者会有所帮助。

» 为什么写这本书

太多营销书籍把焦点聚焦在销售经理和营销总经理身上了!

营销人员几千万,"销售农民工"占绝大多数,这个阶层艰辛地支撑着营销系统的运作,却少有人关注。

很多终端一线人员做得并不开心。他们觉得天天跟"阿婆店"打交道,跑一天卖不了多少货,没面子,没成就感,也没什么技术含量。他们羡慕区域经理能一车一车地卖货,也羡慕KA(Key Account,重点客户)业务代表西装革履出入于大卖场之间。他们偶尔有幸到总部参加年会,却战战兢兢、自惭形秽。

我不这么看。我很感激自己刚进入销售行业时的两年"销售农民工"经历,之后像穿上了红舞鞋一样欲罢不能。其中所获,受益至今。

如果你觉得"销售农民工"这个职位没有成就感，那是因为你还不了解这段经历将来会怎样帮你做更"伟大"的工作。如果你觉得"销售农民工"这个职位太无聊，没有技术含量，那是因为你还不知道这个职位可以施展的武功。武侠小说里，少林寺方丈不得已出手抗击强敌的时候，用的是"罗汉伏虎拳"。这是少林寺人人都会的入门功夫，但是真正的高手打出来却是另一番威力。

市场总比营销变化快，游戏规则升级，销售队伍年轻化，学历变高，行业和企业也不断兴衰交替。在这些"大制作宽银幕巨片"之下，只有少数佼佼者能脱颖而出，大部分基层销售人员往往被湮没。入行起点低，竞争必然激烈，你不玩命，命就要玩你。多少鲜衣怒马、意气风发、满腔热血的营销少年郎进去，脂肪肝、胃溃疡、神经衰弱、未老先衰的伤心老家伙出来另觅出路。

本书是为"销售农民工"们立传，这些前尘是为后世所写。希望这些文字或多或少能影响后来人，愿他们少一点浮躁和盲目，多一点思考和务实，集腋成裘，前赴后继，营销生涯才会少些艰辛。

» 本书的特色，以及我的"野心"

特色当然是实战。我的课程和文字一直秉持"把理念落实到动作，把动作固化为模型，让大家上午听完下午就能用"的风格。本书内容实战依旧，"似曾相识燕归来"。

那么，不同以往的地方是什么？听我说：

11年前，我趴在桌子上一笔一画地写我的处女作《经销商全手册》。因其内容实用，曾经风靡一时，被不少企业拿去做内训教材。如今，我的微博标签是：三十文章出业内，一入江湖岁月催。

2002—2005年我又相继出版了4本书，其间还拍了一系列培训视频。之后，我便一头扎进讲台和市场一线的狼烟之中，再无新作，直至2011年才出版《经销商管理动作分解培训（升级版）》。

虽然6年无新作，但是得益于网络，我的文字和视频还一直在业内流传。时常有网友或学员提起："魏老师，我以前看过您的书，还有您的光盘……"我一律回答："10年前的旧作，羞于拿出来献丑。"

不是矫情，是真心话。彼时青春期，如今"更年期"，再看自己当年的文字

第1版前言

和音像，有张无弛，不知收束，一介营销莽汉。

倒也无悔。小说《麦田里的守望者》已经卖了3500万册，也说了3500万次同样的话："人不轻狂枉少年。"年轻时不"二"，啥时候"二"呢？"二"是这个世界的动力！在不那么"二"的年龄回望那些曾经的荣耀，而今天的阳光已照不到昨日的轻狂。

看过我第一本书的有心人可以对比一下本书。时隔11年，实战一如既往，文字风格迥异，其中的转变是一个营销莽汉的蜕变，也是本书的新看点。

在2011年出版的《经销商管理动作分解培训（升级版）》的前言中我写过这样的话：

营销有多难？"营销"细化一下是"销售"，再细化一下是"消费品销售"。做熟做透了，无非"区域市场管理""经销商管理""中小终端路线管理""卖场谈判管理""新产品（以下有时简称为"新品"）销售管理""销售数据分析""促销管理""销售团队考核激励""销售团队命令奖罚"等话题。每一个话题之下，销售人员总是碰到重复的问题，而这些问题的答案其实早在民间蕴藏，只不过销售人员忙于低头拉车，没时间抬头看路。这些宝贵的智慧无人整理，若不能积累成实实在在的知识产品，终究会流失，实在是太可惜。

后来我竭尽所能将这些营销问题的答案和常识全部记录、收集、梳理，变成可复制的经验、模块、模型，提炼成知识产品，最终集成类似《消费品营销技能模块清单》《营销常识大辞典》《十万个怎么办》等工具书，交还给这个行业。所以，《经销商管理动作分解培训（升级版）》的修订再版只能算是个开始。相信很多看过我文字的读者和听过我课程的听众将来会比我做得更好，我只不过是让他们的营销工作变得有迹可循，营销新人入行能按照营销技能模块的目录，按图索骥去学习。能多看到一点"前人摸的石头"，"过河"就轻快些，营销人就能少走些弯路。这将是我今后的快乐所在，是命运对我的恩赐，也是为文者最真实的一点希望。

我想这件事情足够让我做一生，也值得"我把青春献给你"。"任时光画鬓如霜，绝情谷情花开放。""并非只有蜜蜂才在花丛中飞行，然而只有蜜蜂才将花粉收起来酿蜜。"我相信我有这个自律能力，有这个专业储备，也还有这份体力。

2011年说过的话，依旧有效。2012年如约出版这本《终端销售葵花宝典》，也"只能算是个开始"。

对了，我是有"野心"的。我的野心不是封侯拜相，更不是泼天富贵、显赫威风。我胃口差，怕是消化不了。

营销人总会遇到前人遇到过并已经解决了的问题。答案早就有，可惜埋没于民间，流失于烟尘岁月。后来者又在苦苦思索……怎么办？这种重复劳动实在不划算。营销界也需要修史，记录前人经验，给后来者垫脚。我想成为一个营销历史的记录者，确切地说是营销人故事的记录者。

参考发达国家的市场现状，眼看着国内电商异军突起，通路结构发生了巨大变化。我想再过几十年我们这些"老兵"现有的知识结构就该落伍了，也许要被淘汰，被拍在沙滩上。

希望能在这个过程中用我的笔记录这些"刀耕火种"的营销历史和"三刀六洞"的营销时代。我深知自己根系民间，做不了企业界的帝王师，销售行业贩夫走卒的故事将永远是我的笔底波澜。

本书的主体内容其实早已经完成，之后我又花了三个月的时间反复修改。不是修改内容，而仅仅是修改文字。其间少讲了些课程，少赚了些银两，但是我写得很开心。交稿的时候我还在纠结：就文字而言，第1章和第5章是亮点，能兼具"龟兔之长"，别的章节要不再改改……可惜，再不交稿就违约了。

"千年文字能说话，谁言砚瓦铁心肠。"我很享受文字带来的快感，不图"文章名世"，更不想"马革裹尸"，只是希望这本书不仅仅是"金戈铁马"的营销教材，还能让读者在阅读和学习的过程中变得开心。

每个人最后都会活成"他本来该有的样子"，人生往往是童年的延长线。我幼年顽劣，是学校的重点教育对象，不好好学习，却独好作文。几十年后又动凡心重拾旧艺，浪子刚刚回头，初学乍练水平有限，就图个乐儿。看不顺眼的读者，请您海涵。

将来有那么一天，有读者说："魏庆的教材不但实用，而且文字老辣，读起来好玩。就算你不是干营销的，读了也有收获。"那将是对我最大的褒赏。

魏庆

2012年7月28日于北京

此次再版略做修改

目录

第 2 版前言 /1
第 1 版前言 /3

入门篇

第 1 章　基层销售人员的"心理问题" /002

- **第 1 节　苦中作乐，常生欢喜心** /003
  销售之苦：体力透支、情感扭曲、老无所依 /004
  销售之乐：门槛低、见识广、赚钱多、技术含量高 /006
  不纠结，不悲观，人生失意须"偷欢" /007
  祝君常生欢喜心 /010

- **第 2 节　销售人员的成熟职场心态** /012
  过量"打鸡血"让人"脑残" /013
  人不为己，天也不一定灭你 /014
  要有企图心，立足行业，志存高远，心机单纯，"裸奔"向前 /015
  竞争是有效劳动的正向积累 /016
  要专心，不要轻易换行业 /017
  给大家拜个晚年，祝大家晚年幸福 /018
  有耐心，没当过孙子的爷爷不是好爷爷 /019
  成功是熬出来的，终究会"守得云开入洞房" /020
  清火气，养元气，做人要大气，三心合一，终成正果 /023

基础篇

第2章 终端业务代表的"一招制敌"推销模型 /026

第1节 "铺货率他妈"名叫"拜访率" /028
中小终端的好处,谁用谁知道 /029
问候"铺货率他妈" /030

第2节 终端推销模型一:19种破冰方法 /034
跟店主"搭讪"的6种方法 /035
大王叫我来巡山哟——用拜访和服务流程反复破冰 /037
碰上"钉子店"压根不理你,怎么办 /038
老板说"老板不在",怎么办 /041
老板、老板娘、老板的娘,三个高层意见不一致,怎么办 /043

第3节 终端推销模型二:5种分析店内缺这个产品的方法 /047
不是我要推销,是您店里正好缺这个产品 /048
按照安全库存算出来的结果,您店里应该进这么多产品 /050

第4节 终端推销模型三:20种利润故事的讲法 /053
投其所好,讲好利润故事 /054
老板,听我帮您算本细账 /056

第5节 终端推销模型四:12种让终端客户产生安全感的工作方法 /061
我帮您解除后顾之忧,所以您很安全 /062
放心,我的货在您店里能卖,所以您没风险 /065
别人都不怕,您怕什么 /067

第6节 临门一脚,终端推销组合拳 /069
终端推销组合拳一:破冰 /070
终端推销组合拳二:本次工作目标介绍 /072
终端推销组合拳三:打消异议 /075
终端推销组合拳四:让客户成交得心甘情愿,甚至暗自庆幸 /079
终端推销组合拳五:达到本次推销工作目标 /079

第7节 不要一次挫折就放弃——终端推销的加速杠杆 /085
终端推销加速杠杆一:经销商协助杠杆 /086
终端推销加速杠杆二:拜访效率杠杆 /091
终端推销加速杠杆三:促销和管理杠杆 /097
不要一次挫折就放弃 /103

目录

▶ **第 3 章　解密正在失传的武功——终端拜访八步骤** /105
- **第 1 节　出门前的准备工作：锁定目标店** /106
  三个"螺栓"固定业务代表工作 /107
  五项准备，带着目标上路 /108
- **第 2 节　店外的准备工作：作战规划和店外执行** /111
  作战规划：对这家店我要做哪些工作 /112
  店外生动化工作 /116
- **第 3 节　店内的准备工作：实战演习——思考店内工作清单** /118
  进店破冰 /119
  在这家店里，我能做些什么 /119
- **第 4 节　精准打击——店内工作实施** /123
  君子先动手，后动口 /124
  念经，念不"疯"你，我不停口 /126
  收官，没有绩效我不走 /128
  终端拜访八步骤，绝不是花拳绣腿 /129
- **第 5 节　生动化陈列不是为了好看，而是为了好卖** /131
  以销量为导向——生动化陈列的精髓 /132

进阶篇

▶ **第 4 章　终端业务代表的培训体系** /140
- **第 1 节　营销人员的营销技能模块** /141
  营销一点不神秘，营销是门技术 /142
  吸星大法 /143
  吸星大法第四招：维护分档目录，收发由心 /145
  营销"老鸟"的技能模块目录 /145
- **第 2 节　企业内部营销知识管理** /155
  什么叫知识管理 /156
  知识管埋的"败家"现状 /156
  知识管理的改善方向 /160
  知识管理的改善路径和工具 /165

管理篇

第 5 章　终端销售团队管理核心工具 /180

第 1 节　终端销售团队管理核心工具一：员工工作要固定 /181
曝光真相：一半以上的终端业务代表在"放羊" /182
不承认终端业务代表在"放羊"？对着镜子自己照照 /183
国际企业的终端业务代表为啥就不会"放羊"呢 /186
如何管理终端业务代表，尤其是行踪"飘忽不定"的"野羊" /190

第 2 节　终端销售团队管理核心工具二：标准化管理 /196
一样的月光，为什么执行力就是不一样 /197
标准化管理的推行原则 /201

第 3 节　终端销售团队管理核心工具三：检核 /205
抛开检核谈战略，就是"光屁股扎领带" /206
让很多学员感到大脑缺氧的问题：检核什么 /208
抓"坏人"——谁是需要被重点检核的员工 /210
挖"地雷"——哪里是最容易查出问题的终端网点 /212
终端检核流程的五个步骤 /215
企业推广逐级检核机制的实施步骤 /220

第 4 节　终端销售团队管理核心工具四：奖罚和考核"绞肉机" /224
考核锁喉术：缩短考核周期 /225
三个奖罚"绞肉"工具 /227
两个考核"绞肉"工具 /231
"绞肉机"式管理 /234

第 5 节　终端销售团队管理核心工具五：业务早会 /239
偷窥一下业务早会的"真身本尊" /240
开场道一声"早上好"，然后找个人"骂"一顿 /242
树正气，追绩效，防止"虾球转" /244
态度残忍，语气温柔，菩萨低眉也能显金刚手段 /251
死了都要爱，不追出结果不痛快 /253
多提建议，少提意见，"倒霉蛋"死给大家看 /256
命令要"滴水不漏"，再加上一句——懂了没 /260
开会不是硬道理，推进业绩才是硬道理 /262
吸星大法、采阴补阳 /267
"纸上得来终觉浅，恳请老师画重点" /269
早会背后的功夫：打通任督二脉，再快也得一年时间 /271

- 第 6 节　终端销售团队管理核心工具六：降低营销人员离职率 /274
  离职面谈——人之将死，其言也真 /275
  兵者，国之大事，不可不察 /278
  "梦里的饺子"，还有"逍遥三笑散" /282
  "狼性"文化其实是个"阴谋" /291

第 6 章　手机管理软件 /293

- 第 1 节　手机管理软件的现状 /294
  会编软件的不懂销售管理，懂销售管理的不会编软件 /295
  智小谋大，有功能亮点，没有管理体系和管理智慧 /296
  手机管理软件企业的病根 /297

- 第 2 节　有了拍照功能，就能足不出户管理业务员？ /299
  足不出户管理业务员是个"混账逻辑" /300
  人员管理的逻辑，绝不仅仅是监控业务代表的手机在哪里 /300
  手机管理软件该怎么完善 /302

- 第 3 节　别指望靠拍照来管理核销终端费用 /306
  外行（财务）管理内行（销售）无异于死后验尸 /307
  正确的终端费用管理逻辑 /308
  企业费用管理和手机管理软件的改进方向 /311

- 第 4 节　SaaS 企业的产品和服务发展方向 /313
  不要用"工具"取代"管理逻辑" /314
  整合"行业、岗位、场景"三个交叉维度，提炼管理刚需，建立强大的底层平台，优化客户消费体验 /314
  软件的功能设计不但要取悦购买者，更要取悦使用者 /317
  提醒，不要让手机软件废掉你的销售管理武功 /321

高管篇

第 7 章　当终端遭遇销量 /324

终端销售，看起来很美 /325
陷阱一：信仰不坚定，做终端就成了"一场未遂的黄昏恋" /326
陷阱二：厂家唱独角戏，经销商成了"小儿麻痹"的送货司机 /326
陷阱三：人员管理失控，从上到下"鬼哄鬼" /328
陷阱四：运动扩大化，做终端却丢了销量 /330
陷阱五：工作量翻倍，奖金却不翻倍，民怨沸腾 /332

陷阱六：终端稽核部成了"东厂" /333

上下同欲，才能落实终端管理项目 /335

▶ 第8章 "区域市场增量模型"简述 /337

建立增量模型思想——增量机会永远存在 /338

基础管理增量模型 /339

市场策略管理增量模型 /342

通路管理增量模型 /346

延伸网络，细化渠道促销量 /352

终端管理增量模型 /355

打击竞品增量模型 /360

1000 种增量的方法 /361

自己动手，建立增量模型手册 /362

▶ 第9章 营销总经理的"第三只眼"及工作模型 /365

- **第1节 当销售遇到数据** /366

  百口莫辩的数据迷局 /367

  销售数据分析的前提：市场分类模型 /368

- **第2节 被遗忘的指标** /371

  客户结构和发货品种分析 /372

  发货速度和发货周期 /375

  深度分析"销售三率" /382

- **第3节 营销总经理的工作模型** /390

  数据分析模型 /391

  贴近市场，下情上传工作模型 /399

  "总部组织与战略管理"工作模型 /410

▶ 第10章 快消品行业的发展趋势 /423

趋势一：大卖场回归常态 /424

趋势二：电商的狂欢宴还在继续 /424

趋势三：B2B 订货平台与传统经销商互相促进 /425

趋势四：价格带升级，营销回归产品价值竞争 /427

趋势五：渠道回归，把终端还给经销商 /428

趋势六：经销商成为终端维护的主体，销售团队升级 /429

第1版后记 /432

第2版后记 /440

入门篇 ▶▶

第1章
基层销售人员的"心理问题"

基层销售人员的"心理问题"？听起来好像很严重。

销售行业有压力，多奔波是常态。

基层业务员爬冰卧雪、走街串巷、冲州过府、受人冷眼、前途迷茫，也是常态。

但是这些状态对于正常的人生来讲就是"非常态"，人处在"非常态"时间长了，就容易"变态"！

谁说只有知识分子才得抑郁症？

完不成任务怎么办？钱不够花怎么办？升职无望怎么办？遭遇不公平对待怎么办？常年出差与妻儿聚少离多怎么办？现在待的这家企业简直没法干怎么办？听完成功学的课热血沸腾，但是日子依旧灰暗怎么办？越混越差，工资比以前更低了怎么办？甚至还有人说："将来老了怎么办？打工不好混，魏庆，我跟你混，去当老师吧？"我的天，这该咋办？

第 1 节　苦中作乐，常生欢喜心

如果你爱他，让他去做销售，因为那是天堂——门槛低、赚钱多、见识广、技术含量高；如果你恨他，让他去做销售，因为那是地狱——体力透支、情感扭曲、老无所依。

基层销售人员活累，工资低，月月破产，升职机会也少，心理稍微脆弱一点儿就容易"抑郁"。

本节对销售行业做个全景特写，让大家从多角度观察销售行业的苦与乐，学会"不纠结，不悲观，人生失意需'偷欢'"，学会"笑对苦难，常生欢喜心"。

入门篇

销售之苦：体力透支、情感扭曲、老无所依

唉！原谅我吧，我要谈人生了！

《销售与市场》杂志曾约我答复一位读者的来信。这位读者是我专栏的常客，又是个快消品行业的业务员，与我算是未曾谋面的"老相识"。

信的内容大概是讲业务代表的生活和工作压力，以及渺茫前途。开篇第一句"自从踏入社会以来，所遇见的都是清一色冰冷的面孔和势利的眼神……"，悲风扑面，内容略显灰暗。但这信写得真实，完全是快消品行业一线业务代表艰辛生活的真实写照。读罢唏嘘，似乎有一把钝钝的刀在胸中搅动了一下。

恍惚中看到了十多年前那个消瘦、焦虑、惶恐又期待的自己。毕业后做过两份工作，都不称心，憧憬着能去京城见见世面。从小没出过远门的我满头大汗地站在绿皮火车过道上，穿着唯一的压箱底西装，系着一条劣质领带，拎着一大沓简历，耳边是 Beyond（摇滚乐队名）的《海阔天空》："今天我，寒夜里看雪飘过，怀着冷却了的心窝飘远方……"

虽然穿着西装，认真对待，但是那次赴京谋职还是失败了。我当时想去个外企，可是学历一般，英语更不灵光，没有"鬼子"肯搭理我。

彼时是刚褪毛不久的学生哥，两星级宾馆的门都没进过。如今小魏已变成了老魏，经历了外企，经历了民企，经历了创业。回头看看这 20 多年的销售生涯，给后来的同行们道一声辛苦。

第一苦：体力透支，"仕途"渺茫

销售队伍里，最苦的是快消品行业业务代表，公认的活儿累、工资低。

最最苦的是快消品行业的终端小店业务代表，这个职位和送奶工、送水工一样，处在销售行业链的最底层。他们每天骑自行车跑几十家小店，贴海报、整理货架、盘库存、订货、写报表……做着简单重复的工作。

最最最苦的是卖饮料、卖啤酒的。越到三伏天，任务越重，加班越多。40 摄氏度高温，一出门就会被烤得外焦里嫩，半天下来就会中暑，走路像踩在棉花上。

最最最最苦的是看不到希望的。基层小店业务代表很多都是"地招"临时工，连到总部"面圣"的机会都没有，升职机会渺茫。业绩不好要被炒掉，业绩好也是为他人作嫁衣裳。

很多年轻人刚进入销售行业的时候是满怀热忱的。但现实很残酷,天天在外面跑,折腾一两年没什么变化,无力感却越来越强,有时候真分不清自己是在"好好活着",还是"撑着不死"。路边豪车飚过,他们绝望地想:再这样勤扒苦做挣扎20年,攒的钱还买不起人家两个轮子,我这命咋这么苦呢?这日子啥时候是个头呢?

这些问题不能多想,多想一点儿就叫人伤心。

以上若干个最苦都让我赶上了,也让来信的这位赶上了。

第二苦:情感扭曲,骨肉分离

如果你从小店业务代表升职成为区域业务代表、区域经理……首先恭喜你,升职了,加薪了,你可以神情庄严地考虑是买奥拓还是买奇瑞QQ(汽车型号)了。然后,告诉你两个坏消息:第一,在销售行业,职位越高,销量压力就越大,在底层还能混混日子,当了领导就得死扛任务指标,从此睡觉都想着市场,做梦都扛着销量;第二,出差将会是你今后生活的主旋律,一年365天,骨肉分离倒有358天,让人感到无奈的事情经常发生。

比如,每天晚上万家灯火,别人一家老少团聚,共享天伦之乐,我们还要拖着疲惫的身体,在陌生的城市里来回奔波,寻找一个符合自己出差住宿标准的招待所。

比如,过年回家伺候老婆生孩子,年后一趟差出了几个月,再回到家,孩子都会翻身了。

春节终于到了!挣扎劳作一年,营销人终于可以回家了。把积蓄献给航空、车站和年货市场,抓一把钞票,扛一袋糖果四处散发,让乡亲们看着我在外面混得还不错,让家人知道我养得起这个家。

大过年,七天假,喝酒、看光盘、扎金花,喝不尽的壶中酒,花不完的玩笑钱,疯狂几天。

七天之后,放风结束,十二道金牌追杀,哪敢不及时归队。骨肉团聚,天伦之乐,一年一度,如同昙花!

第三苦:老无所依,缺乏安全感

销售行业没有安全感,财务、设计、医疗都是老来俏行业,不但可以卖艺,还可以卖老。销售行业不行,资历再老也有翻船的时候。这个行业受天气影响,

入门篇

受竞争产品（以下简称"竞品"）影响，受产品质量影响，受市场投入影响，受前期遗留问题影响，受经销商变动影响……太多因素在影响你的业绩。干这行成败有一定的偶然性，但又绝对是以成败论英雄！走千山万水，说千言万语，历千难万险，还是吉凶不知、福祸未卜、生死不定。

我不是在危言耸听，这就是销售行业的真相。既入此行，当认此命，销售行业命途凶险！但凡干这个活儿，就得受这个罪，我们都是当事人，无人幸免。岁月如歌，销售人员的岁月好像是悲歌。

上面说的都是实话，若是再这么专挑坏的讲下去，估计要把新来的小兄弟们都吓跑不可，那我给谁讲课去？就此打住。

销售之乐：门槛低、见识广、赚钱多、技术含量高

一条狗听说城里生活好，托人弄了张车票进城了。它在城里游荡了几天，饿得奄奄一息，跑回村里的茅坑大吃一顿，然后感叹："城里有什么好，吃屎都没热的。"

凡事不要往坏处想，越想越悲催！祸福相依，幸福总是和苦难相伴。干销售虽苦，却有几千万人与你同行，那么多人乐在其中，必定是有好处的。

第一乐：门槛低、空间大

环顾你身边的营销基层同行，很多是人穷貌丑、农村户口。这说明什么？如果你出生寒门，起于垄亩，没有名校背景，也拼不了爹，还想有所作为，恭喜你，销售行业最欢迎你！我在可口可乐工作时的总监就是个从搬运工做起、从奴隶到将军的打工英雄。况且，在销售行业这样的案例不胜枚举。

第二乐：庸俗点说，赚钱多

销售是个跟钱打交道的行业，所以赚大钱的可能性也较大。销售、财务、生产、品控、企划、研发，各个部门你掰着指头算算，同样的岗位和资历，哪个部门的收入高？还是销售部。企业挖大区经理，挖销售总监，年薪百万早就不是什么新鲜事了，别的行业则未必！

第三乐：见识广

读万卷书、行万里路、阅人无数，说的是谁？一个是送快递的，一个就是干销售的。在买卖"江湖"摸爬滚打：今天在乡镇睡大通铺，蹲在路边吃盒饭，明天却在五星级大酒店宴请经销商；今天卡拉OK纸醉金迷，明天又写报表通宵达旦；今天新品铺货势如破竹，户外拓展、名师培训，欲仙欲死、激情澎湃，明天产品却出了质量问题，解决客户投诉（以下简称"客诉"）被群众围攻痛骂如过街老鼠；今天和经销商称兄道弟酒后悲欢，明天换经销商又被人威胁要拿刀把你砍……真刺激！这个行业里的人经历的波诡云谲非常人能及，对你开阔眼界、积累人脉、创业铺垫都有好处。

第四乐：学问大、技术含量高

干基层的时候总以为销售就是那三斧子半，但越到高层越发现还有如山如海的管理制度、管理报表、培训教材、营销体系。这个行业入门简单，进去之后才知道学不完。销售绝对是个技术活，而且技术含量还非常高。

更妙的是，销售这门技术属于实践科学，其理论日新月异不断升级，创新空间很大。这意味着前人的理论你可以学习，但是无须仰视。没错！销售是有成熟的理论知识积淀的，但是具体到一个客户的获得、一个新品的铺货、一个合同的谈判，毛头小兵们可以自创招数出奇制胜——老经验面对新问题很有可能过时，后来者完全可以总结自己的方法超越前辈。

销售人员躺着中枪倒霉一两次固然是有的，但是只要你技术过硬，退路就会比较多。发展得好可封侯拜相、统率三军，积累到一定实力也可创业做经销商，若有意弃武从文也可考虑著书立说进入咨询培训行业……"立功、立德、立言"都有可能，再不济也可以一直干销售。销售行业虽然门槛低，但是对高级人才的需求量很大，有一定工作经验的熟手还是很好找工作的。

所以，别害怕。销售行业虽苦，但也有它的向阳坡。它的悲苦与欢乐相随，门槛低、机会多、收入高、见识广、退路多。总体来说，与火坑尚有一段距离。

不纠结，不悲观，人生失意须"偷欢"

弘一法师临终写下绝笔"悲欣交集"四个字。悲伤，适度即可，看淡点，未

入门篇

尝不是一种"欣"。既然销售行业苦乐相伴，不妨达观一点，学会苦中作乐。

别自卑，销售行业"好读诗书，懒看文凭"，以成败论英雄

很多身处销售行业底层的销售人员认为自己的困境是低学历造成的，我不这么看。

首先，低学历让你暂时陷入困境很可能是自己的原因。要么是自己不努力，要么是家庭不能为你提供更好的教育条件，这都怨不得别人。我的经历就是个例子，上大学时天天忙着做小生意，结果英语四级没考过，学位证书没拿到。毕业后找工作确实付出了代价，走了不少弯路，这只能怪自己。

其次，学历真的不决定什么。文凭好比是一张火车票，清华的是软卧，本科的是硬卧，专科的是硬座，民办的是站票，成教的挤在厕所里。火车到站，所有人都下车找工作，老板不会太关心你是怎么来的，而更关心你会干什么。企业更青睐名校毕业或学历高的人，是寄希望于他们的学习能力，希望这些人能够迅速上手、迅速学习、迅速提升，否则只能"送您上路"。

销售是个技术活，需要知识，需要技能。但是这个行业最不唯学历论，而是以工作中的成败论英雄，对大多数出身寒微的年轻人来说这又是个好消息。

别想得太远，一边谋生，一边寻找自己喜欢做的事

有一次在中山大学演讲，一个大学生问我"你的理想是什么？"，我回答："在你们这个年龄的时候，我的理想就是英语能过四级。"这不是开玩笑，当时过英语四级对我来说就是最大的挑战。

高度决定视野。刚入行时不要给自己做太长远的规划，因为你根本看不到，因为谁也不知道明天会发生什么。不妨简单一点，忘掉百年大计，先做好眼下的工作。别以精英自诩，把姿态放低一点，人生就通透了。

对自己的现状不满意吗？太正常了。个人之见，28岁之前钱够温饱就行，关键是得找到自己感兴趣又能发挥所长的领域。如果你不能从眼下的工作中获得乐趣，那工作就只是个为生活所迫、端在手中的饭碗，不是你的事业。你需要再次选择，一边谋生，一边看，看什么事情能让你做起来乐在其中，还能让你安身立命。然后，钻进去，死扛到底，苦撑待变。人经常会面临选择，很多时候选择什么不重要，而重要的是选择之后的坚持。

大多数人的心脏是桃形的，成天思考人生远大理想的人心脏是麻花形的——纠结啊！他们总是不开心，总是心事重重、魂神不宁。纠结不是一条明智的路，纠结多了甚至会走上绝路，只会越走越窄越无助，除了折腾自己之外，什么用处都没有。先把眼下过好吧，再黑暗的生活也会有一两缕阳光进来。放心，只要你比别人努力，总会有人看到的。在这个浮躁的社会环境里，肯"闷声做事、把小事做好"的人已是"稀有物种"。别说销售人员了，现在连干活用心的保姆都抢手得很。

别太悲观，快消品行业其实大有可为

快消品行业的基层销售人员每天做重复的终端拜访，容易产生厌倦。有人还羡慕卖中央空调和医疗器械的，"人家卖的是大件，有专业知识，有技术含量"。其实，营销人这种自怨自艾的情绪往好里说是企图心，往坏里说就是不成熟。

很多基层销售人员都有这种"吃着碗里，盯着锅里"的心理。不奇怪，这是人之常情。我想澄清的是，说快消品行业没有技术含量可就错了。

首先，终端拜访这个看似简单的工作，里面的学问却有无限空间。本书写的也只是冰山一角而已。

其次，为什么手机、建材、家电等行业都喜欢挖快消品行业的人？为什么快消品行业的人在各行各业都是最抢手的？因为营销界公认，快消品行业是高水平营销竞争的行业，原因如下：

快消品行业人员管理难度大。快消品的售点很多，一个城市数以万计的杂货店、超市、分销商、便利店都是快消品的销售网点。制造商要同时覆盖全国几百万个销售网点，完成铺货、物流配送、上架、稳定终端价格、管理库存和不良品、处理客诉等一系列工作，这需要投入大量的人力去细致执行，必然带来艰巨琐碎的管理任务，相应地要求快消品企业建立更细致、更完整、更科学的市场操作和管理系统。所以，这个行业里的高手一定是精细化管理的高手。

快消品行业的门槛低、竞争激烈。几乎每一个地级城市（包括部分县级城市）都有自己当地的牛奶厂、啤酒厂、食品厂，这就使得产品同质化严重，也必然造成过度竞争。拼价格，拼促销，为了市场份额，牛奶、方便面等多个领域已经出现了行业性亏损、龙头企业亏损。能在这个"斗兽场"里拼出名堂来的人和企业，都是百炼成钢的佼佼者。

入门篇

快消品行业的游戏规则比较"高级"。食品、饮料、日化用品三大行业是中国对外开放最早、进入市场经济最早的行业，宝洁、联合利华、康师傅、统一、可口可乐、百事可乐等国际型企业在中国市场上竞争，提高了整个行业的竞争"游戏规则"。坐销变行销、终端销售、深度分销、通路精耕，几乎每一个新的销售理念都从快消品行业开始。所以，从这个行业走出来去别的行业发展的人，都会变成有前瞻眼光的"行业技术革新带头人"。

幸福总是不如苦难来得深刻，世间的悲苦，也总是比欢喜更能停留在人的内心深处。但是，正所谓"人生失意须'偷欢'"，我还是建议大家往前看，销售本来就是个先苦后甜的职业，快消品行业更是如此。人生本来就很苦嘛，年轻的时候不苦点，老了就得受苦。生活像四季，不必拿自己的寒冬与别人的盛夏来比较，那样只会更寒冷。

祝君常生欢喜心

罗马不是一天建成的，总监也不是一天就当上的，百万年薪更不是一天就涨成那样的，其间一定有过无数的挣扎、恐惧和疲惫。我绝对算不上成功人士，只是借讲台之地利，在行业内有一点薄名。但是就这点成绩也代价不小：20多年的"劳模"生涯，颠沛流离、疲劳病痛、背井离乡、骨肉分离，也是一部有趣的冗长大戏。跌跌撞撞就这么过来了，期间也愤青过，也咬牙切齿骂过老天爷，现在看来老天爷终究还是待我不薄。

"风光的背后，不是沧桑，就是肮脏"，换句话说，羡慕别人活得潇洒的人，一定不知道这帮人都有过跳楼轻生的想法。"江湖是平的，高低都要还。"不出几身汗，不脱几层皮，不经历几回绝处逢生，不磨出几种慢性病，哪那么容易让你修成正果？

每个人都有过沧桑，只是大多数人不会说出来而已。冯仑先生说"伟大是熬出来的"，可见熬得住有多重要。

但是熬到了"伟大"的那一天，又能怎样？

如果让你当老板，多赚几枚散碎金银，你就不会有烦恼了吗？绝对不是！你越优秀，你面对的挑战就越大，这个道理永远不会变。温饱需求满足之后，人的幸福感都是自己给的，与你开什么车子、住什么房子、赚多少票子无关。

按照佛教理论，吃苦是了苦，享福是消福。早来的福报是祸患——因为你老了要还的。年轻的时候吃苦，总好过老来受罪。曾经的苦难终究会让我们引以为自豪，这些沧桑是我们过上好日子的资本。

所以，不妨想开点，受这点罪只不过是平湖微澜而已，是命中注定的青春往事，是福报到来之前上演的情景大戏。

记住，"让你难过的事情，有一天，你一定会笑着说出来！"(《肖申克的救赎》)

第 2 节　销售人员的成熟职场心态

有人的地方就有"江湖",销售人员应该如何面对职场政治?

本节不是成功学,也不是厚黑学,而是就销售人员经常碰到的几个职场问题进行讨论。

企业里有人欺负我怎么办?企业环境不好,我要不要跳槽?为什么别人做事没我努力,业绩没我好,升职却比我快?我要怎样才能快速成长(潜台词是升职加薪)?……

这些都是基层销售人员经常纠结和不平的问题,我在本节将会介绍销售人员应该保持的职场心态。

过量"打鸡血"让人"脑残"

做了 15 年培训讲师,常遇到企业提此类要求:"魏老师,我们的销售人员心态不好,没有激情,您讲课的时候激励他们一下。"我明白,企业是想让我讲成功学。

我总回答:"讲不了,我的课程都是教大家怎么做具体事情,没有心态激励课程。"

我个人对成功学并不看好,尤其排斥那种上课一起跳舞、做游戏、唱歌、喊口号甚至痛哭流涕的"伪成功学"。成功学不是不好,只是在中国被一些所谓的"大师"妖魔化了。他们讲的东西他们自己都不信,但是对一些涉世不深的年轻人和见识有限的小老板很有蛊惑性,其干扰心智的原理让人联想起邪教。总结一下,成功学的特征有两点:

其一,"伪成功学"把情绪放大了,以偏概全。在王小波的《缝扣子》里,有个傻大姐无意中学会了缝扣子,然后逢人就狂喊"我会缝扣子"。同样的道理,听两天课,认为喊口号就能成功,那太天真了。对一个成年人来说,激情只是起点和基础素质,成功(仅指事业成功)除了激情,还需要学习方法、商业机遇、发现商机的眼光、团队管理能力等因素。两个成功学的信徒竞争,当然是更疯狂、更有激情、更能见人就发名片的人占上风。反正都是瞎猫,越疯狂,碰到死耗子的概率就越大。但如果"成功学者"碰到专业人士呢?那就会不堪一击。流氓打架靠的是激情和不要命,专业搏击靠的是技术。

其二,不理性的激情不能持久,只能造就高喊成功口号的失败者。彪悍的"伪成功学"总告诉我们努力一定会成功,人定胜天,结局必胜。这些叫得响亮的口号,不知是鲜花还是毒草,麻醉了受众的神经,让大家亢奋地忘了为失败做好心理准备。而实际上人生"不如意者十之八九",大家"出来混","中弹"是经常的事情,常需要花很长时间去忍耐过程、等待胜利,运气不好的时候,百炼成钢的坚韧过后仍然可能落败。不了解这个真相,就不能面对暂时的失败,心浮气躁,在挫折中就没有什么耐受力,很容易夭折。

在中国 GDP(国内生产总值)连续 20 年高增长的背景下,整个社会都被成功的欲望打了鸡血,开口闭口要成功、要奋斗、要上市。"20 年太久,只争朝夕",忘了敬天畏人,忘了循序渐进,忘了自然规律,忘了水到渠成。这是

入门篇

时代之病。

所以我要事先声明：我拒绝"打鸡血"，我讲的不是"成功学"，而是针对营销人常见的职场困惑谈谈我的体会。

人不为己，天也不一定灭你

每次培训结束后我都会问大家："如果按魏老师课堂上讲的方法一丝不苟地去做市场，工作量会增加还是会减少？"

答案会令人沮丧："工作量一定会增加！"按照课堂上讲的方法去做，业绩可能会变好，但是工作量一定会成倍地增加。销售是份弹性很大的工作，想偷懒一定有办法，但想给自己找事做，一辈子都做不完。

再问大家："这样做，你在企业里是不是一定有好结果？"

"老江湖"会一声冷笑，然后很深沉地告诉你：

"很难讲……"

"兄弟们都跑得挺慢，你小子一个人跑得那么快，你就是被修理的对象。"

"多做多错，少做少错，嘿嘿，做得多的人死得快。"

"老师你讲的都很对，但是在别的公司可以，在咱们这站队很重要。"

……

让我吃惊又让我寒心的是，说这些话的"老江湖"可能只是大学毕业才一两年的年轻人。他们嘴唇边上还长着绒毛，第二性征还不太明显，却摇头晃脑地冒充世故老人。

说到营销人的成熟心态，我想告诉各位新入行的营销"菜鸟"，不要自己吓自己。

我承认职场存在办公室政治，嫉妒是人之常情，枪打出头鸟是团队里的潜规则，我也曾经多次被人修理。这太正常了，前进的道路上一定有人作梗，佛教讲"阿修罗"，基督教说"撒旦"，说的都是"坏人"。没事，年轻人吃点亏死不了！尤其是新人，要从这些事情中超脱出来，不要自己吓自己。那些"老江湖"的价值观其实只是夸大其词的传言，旁边的人看了都觉得搞笑——大区经理、总监这类人考虑职场政治我还能想得通，一个小业务员也考虑职场政治那就太好笑了，公司的职场政治关你一个业务员什么事情？

过来人都知道，"尘世如潮人如水，只叹江湖几人回"，醉心职场政治的人极少"善终"。早年我也有个擅长搞职场政治的同事,连连升迁,大家就送了个外号给他,叫"升职器"(谐音很可怕)。如今此人已沦落不堪。

你简单,你的世界就简单;你险恶,你的世界也险恶。武侠小说里武林高手在饭馆里吃饭,经常会遇到另一帮武林高手,然后打起来。我却一辈子都遇不到这种事,因为我本身就不是武林中人,有人打我,我就报警!

那些喜欢用"枪打出头鸟"这样的厚黑学来教训年轻人,并且因此觉得自己很成熟的"老人"们,希望你们有一天能明白一个道理:有的鸟儿来到世间是为了做它该做的事,而不是专门躲枪子儿。

要有企图心,立足行业,志存高远,心机单纯,"裸奔"向前

人一生的成就超不过他心胸的高度,心胸有多大,世界就有多大。销售人员应当有企图心,修炼自己的心胸格局,不要天天想着蝇头小利,惦记着躲枪子儿。

立足行业,志存高远

别拿自己工作的企业太当回事,这话听起来很像反动言论,实际上真是如此。世界500强企业的平均寿命才四十几年,你工作的这家企业难道能万古长青?就算这家企业万古长青,你又能在那儿上几天班?把自己定位在企业,心胸就会变小,像一个买菜的家庭主妇一样,斤斤计较。"都是经理,凭什么张三干那么少,我就要干这么多","这个月我不能再卖了,再卖下个月的任务量又增加了","这个人不能得罪,他是刘总的人……"这种活法,自己活得累,别人看得也恶心!营销人想一辈子在企业里混日子原地踏步是不可能的,最终你一定会从重用对象变成利用对象,最后成淘汰对象!这是规律。

"我这辈子就卖饮料了",定位太小。

"我这辈子就卖消费品了",还太小。

"我这辈子就卖了(搞营销)"!要把自己定位在行业。

志存高远才会无欲则刚,什么办公室政治,什么人事争斗,什么公平不公平,在我眼中,都是浮云,忘掉它吧。然后你就会像渴望学习知识的学生一样做市场,自己跟自己过不去,自己给自己找事干。不管任务有没有完成,你会始终想着"我能不能再推一个新品种,再开发一个新渠道,再打一次冲货……"

入门篇

心机单纯，"裸奔"向前

我看了"神舟六号"飞船上天的实况，发现它飞一阵子卸掉一个推进舱，再飞一阵子又卸掉一个推进舱。我明白了，"神舟六号"是"裸奔"上天的。

营销人在工作中要像飞船上天一样，除了必需的仪器设备外，别的都不带，能抛下的全抛下，做个心机单纯的"单细胞动物"。除了干活和学习外，其他的都不管，轻装上阵，才能一马当先。虽然在短期内会越做越累，但从长远来看，你的专业技能一定能提高很快，你不会吃亏的。

销售行业有能力却找不到工作、赚不到钱的人，你见过吗？不可能！用电影《天下无贼》里葛优扮演的黎叔的话来说："21世纪什么最贵？人才！"

电影《无间道》里也有一句经典台词："出来混，啥也别怕，有些债，迟早要还！"老天爷是喜欢算总账的，总有一天会把欠你的全部还给你！

竞争是有效劳动的正向积累

我去过不少国家，欧洲国家给我的印象最深，我不羡慕他们的富足，但羡慕他们的悠闲。欧洲人的生活方式和我们不太一样，拿英国来说，英国阴雨天较多，只要一出太阳，人们便走出家门围坐在草地上晒太阳，身边还有宠物狗在撒欢。和当地人聊过后，我才知道为什么国外民间会有排华情绪：因为中国人太敬业了，破坏了人家的行规。英国人开的大超市下午五点就关门，英国人周末也都休息，一天留给家人（去度假），一天留给上帝（去教堂）。但是中国人开的超市则24小时营业，周末不休息，价格便宜还经常促销，搞得开超市的英国人休假都不安心。所以他们认为中国人这是不正当竞争，影响了当地人的生活质量。

跟欧洲国家一比，人家在生活，咱们在生存。时间有两重属性：如果你花时间度假喝咖啡，那么时间就是消费品；如果你把时间用来加班，那么时间就是生产资料。

从总量上分析，时间是常量，一天24小时，所有人都一样。从属性上分析，时间是个变量，你多花一点时间用于加班，享受生活的时间就少了一点，反之亦然。时间作为消费品和生产资料二者此消彼长，是二律背反。

大众羡慕富贵闲人，羡慕他们既富有，又有时间享受生活。富贵闲人有两种：先天遗传（祖业）和后天积累。

后天积累要讲方法，方法不对，光努力也没用。农民工兄弟都不懒，但他们体力上付出多，智慧和技术的积累少。而技术工种的收入，大家都知道，现在熟手蓝领的工资比白领们高很多。

请记住这样一条经济学定律：竞争是有效劳动的正向积累。在一件事情上持续用功，按一个方向投资积累，在时间和精力上不吝啬，往同一个方向追加，才能有很好的积累效果。

要专心，不要轻易换行业

奉劝各位营销新人，跳槽不要太频繁，更不要轻易换行业，否则你永远做不到高层。

从个人经历来讲，我非常庆幸自己的职业生涯弯路走得很少。当年毕业因不喜欢本专业，跑去做了销售。最初去了一家红酒公司，后来辗转进入顶新集团、可口可乐等公司，反正一直是卖吃、卖喝、卖快消品，一口气卖了10年。2001年年底，一个偶然的机会我进入了培训顾问行业，把自己的工作经验讲给同行们听，因为营销人员迫切需要这些源于一线动作分解式的培训。于是我成为营销培训顾问，一口气又讲课15年。一个人首先要有企图心，志存高远，以研究学术的心态去做工作，他的生活就会单纯，就能"钻"得进去。其次要够专心，频繁换行业，对年轻人的损失太大。道理很简单，20岁开始工作一直到60岁退休，中间也就40年。你做10件事，每件事的经历和资历也就4年。我只做一件事，40年！是你的10倍！

专心是一种生产力。营销人盯着一个行业，花大量时间、精力、心思在一件事情上，心无旁骛。看书就看这个领域的书，听课就听这个领域的课，干活就干这个领域的活，没事就琢磨这个领域的学问，那么他的成长就是一个持续正向积累、集腋成裘、聚沙成塔的过程。很快他就会从生手到熟手，然后到高手，拥有更多话语权。工作上得心应手创造收入，时间上还能游刃有余，这样才有资格去消费时间。

半路出家，进入新行业、新领域后获得成功的人的确有，但是太少，不是人人都能企及的。我见得更多的是换行业把自己换完蛋的人。每换一次行业，之前积累的经验和人脉都打对折甚至归零。一次次当新手，一次次重头来过，一次次"今夜重又走进风雨"。试问你有多少时间可以挥霍？

入门篇

青春如同卫生纸，看着挺多，用着用着就没了；衰老则是一枚定时炸弹，大限一到就炸得你血肉横飞。终有一天，你会发现自己工龄比别人长，职位和收入却比别人低，新工作还找不到。最终这种人会沦落为销售行业的流浪汉，"一事无成人渐老，一文不值何消说"。破罐子破摔，毫无自信，只有通过不停地抱怨来发泄，来证明自己的存在。

给大家拜个晚年，祝大家晚年幸福

做销售吃的是青春饭，可以卖力，可以卖命，可以卖笑，就是不能卖老。人生苦短，营销人只能逆水行舟，不进则必退。过了这个村没有这个店，一旦成为职场上的剩男剩女，只怕你晚景凄凉。所以，给大家拜个晚年，祝大家晚年幸福。

这并不是耸人听闻，销售行业是一个非常残酷而且歧视"老人"的行业。看看招聘广告就能知道，营销人如果到了35岁还冲不到老总级（至少是经理级），以后在这一行里的生存就会变得越来越艰难。营销队伍里总有这样的"混混"，年轻时卖体力不思进取，压货窜货完成任务量，出卖公司的利益跟客户做交易，欺负新员工，再报销几张假发票，截留点市场费用，"蹉跎中练就一身生存本领"，日子也就这么一天天过下去了。这种人年轻时都很酷，吃得好、穿得好、玩得好、压力小、生活潇洒。而且，年轻嘛，换个公司找个业务代表工作也不太难。

但是好景不长，可歌必然可泣，乐极一定生悲。

我在离开康师傅的时候，行销协理黄行毅先生讲过的一句话给我印象非常深刻，他说"人生都会成长，过程在自己"。多年来这句话印在我的脑海中，掺杂着一种恐惧，不肯散去。我在课堂上讲这句话，学员们也深受触动。

大学毕业5年后同学聚会，你会发现当年一条板凳上的战友现在分"阶级"了。我同学里走仕途的有人做到了市政府的秘书长，打工的有人是500强企业的销售总监，创业的有人已经小有成就、成了企业家开始搞慈善，捧铁饭碗的有人上班混饭吃、下班练书法修身养性，倒也自得其乐。还有一位当年的风流人物至今在一家效益很差的国企当副科长，还得了肾结石。同学聚会那天，这位老兄眼镜片破了一道缝还缠着胶带，头发蓬乱，袖子上毛线掉着，满脸悲苦。最要命的是这位老兄心态很不好，既不安贫乐道，也不自我反思，看什么都不顺眼，唏嘘不已，说自己就像被命运一口气吹上天的蒲公英。

同学未必同路，殊途也许同归。铁打的营盘，流水的兵，企业会换人，人也会换企业。不管你对这家企业安的什么心，奉劝大家要专心，不专心是要遭报应的。专心做事不为别的，不为别人，为的是自己的"晚年幸福"。

有耐心，没当过孙子的爷爷不是好爷爷

很多销售人员羡慕我做顾问不仅风光，还收入可观（只是相对打工而言）。也有些同行托关系要来投奔，"职场失意，打工不好混了，我当讲师吧！""能不能把您的教材拷给我一套，我去讲？"这太可恨了！怎么会销售做得不行，才想到退而求其次当个讲师呢？讲师这个岗位就那么没技术含量吗？

问大家一个问题，把我的教材全套拷贝给你，"江湖"上会不会就多出一个魏庆来？

我敢肯定，不会。我的课程从来不保密，很早就出光盘了，网上的教材也是免费下载的。你买套光盘看一百遍，背会了去讲课，看看有没有人买你的账！

一般课程也许可以照本宣科，销售的课却不能这样讲。销售人员听课的目的性很强：超市合同费用越来越高怎么办？经销商没钱怎么办？新品卖不动怎么办……而且销售人员大多"好勇斗狠"，他们听课不是听讲课内容，而是看这个讲师有没有资格讲课，看讲师有没有深厚的阅历、应变能力和知识积累，看讲师能不能"罩得住"。

很多人想当培训讲师是想一朝得道，一朝致富，但是没有板凳一坐十年这种自我提升的耐心。他们回答："我的妈呀，照这么干，那要多少年？"

这恰恰是我要讲的。别着急，做销售要有耐心，伟大是时间的函数。

冯仑先生的《野蛮生长》里有一个观点讲得非常生动：

我拿着一杯水，马上就喝了，这叫喝水；如果我举10个小时，叫行为艺术，性质就变了；如果再放50年，拉根绳就可以卖票，就成文物或者新闻了；如果再放5000年，那就是国宝了。

这个论述太经典了。不是行为本身决定价值，而是时间会决定一件事的性质，会不断提升其价值。赵四小姐和张学良将军的爱情佳话感天动地，可贵的是赵四小姐跟随张少帅几十年不离不弃，那就是伟大的爱情。所以跟着谁只是一方面，重要的是坚持多少年——伟大是时间的函数。

入门篇

近日和某个很牛的企业家聊天，听他回顾自己创业史上的"瓜娃子"故事，笑得我肚子疼。笑完我吃惊地想：这位爷人前这么牛，原来也有这么倒霉、这么蠢的时候。

"爷爷都是从孙子走过来的"，再成功的企业家，他的创业史上也都犯过很多低级错误，走过很多弯路，败笔连连。他们的能力和运气并不一定比你好，唯一英明的地方就是他们坚持下来了。

我年少时顽劣不堪，不思学业，醉心发财。上大一时就创业，开过饭店，开过服装厂，摆过地摊，做过街头小贩。其间还一阵一阵抽风似的健身，练书法，吹洞箫，拉二胡，每次上来都是激情四射，用百米冲刺的速度玩命干，弄得自己筋疲力尽。休息几天后又换项目重新冲刺，折腾得自己如同一只新到马戏团还没训练好的猴子。最后，劳而不获，也罪有应得。

后来我工作了，上班后仍然不思悔改，频频跳槽。然而我发现一个事实：在一家公司里最终沉淀成为中流砥柱及决策层的，当了领导拿了股权的，有很多当年都不是公司里的风流人物，而是那些稳重、坚韧、踏实的"凡人"。那些风流人物没耐心，中途早都跑了。剩下的这些"凡人"，熬够了，自然就成了爷。唯一值得庆幸的是，虽然我频频换项目，频频跳槽，却一直没有换行业，做营销、做培训坚持了20多年，算是踏实下来了。估计再熬上20年，我这辈子也有当爷的那一天。

做人，做事，甚至培养业余爱好、养生保健都是一个理儿：爷爷都是从孙子走过来的。

成功是熬出来的，终究会"守得云开入洞房"

前面讲过，营销人要有企图心，立足行业，志存高远，要心机单纯，"裸奔"向前。

又讲了，营销人要专心，"人生都会成长，过程在自己"。竞争是有效劳动的正向积累，在一个行业里持续学习，最终会"晚年幸福"。

现在我要讲，营销人要有耐心，不要相信激情必胜、结局必胜的"伪成功学"。营销人总是一路和失败、挫折、挑战同行，少年得志往往是悲剧，急功近利会害了自己。我就是个倒霉的失败者，准确地说是"被折腾者"。

我入行做销售刚开始就遇到了困难，因为我滴酒不沾，但是20世纪90年代很多生意都是在酒桌上谈成的,不喝酒简直寸步难行。后来我硬着头皮上,却发现不喝酒也能做销售,只要你水平够专业,做人够坦荡,哪怕"江湖"手段差一点,别人照样认可你。

好不容易过了第一关,会做销售了,可当上经理后又遇到困难:我管不住人。我"原本是个红楼梦的性格,却生在三国纷飞的时代,还要在水浒的环境里,独自去西游"!刚开始我总觉得当领导只要对员工好就行了,结果发现事与愿违,几番磨炼逼得我恩威并施还要"杀人不眨眼"(咱原本是个好人)。

后来我到民营企业当总监,发现外企的营销套路在民营企业不好用,几经挫折差点被干掉,加班累倒住了两次院,最后才学会变通和乱中求治。

后来当了讲师,更是诚惶诚恐:啊?我要当讲师了?在企业里给自己员工们讲课好办,谁敢不听就骂他,但是作为培训讲师到企业讲课全靠内容吸引人啊,你的经验再多也不能上来就讲案例讲一天呀?几百双陌生的眼睛在台下看着你,心里没底啊!怎么办?压力就是动力,通宵备课,写教材写到手抽筋,讲课前到企业里跟学员互动访谈,有针对性地设置课程内容,然后上台讲,心里才比较有底。

后来出事了!要给可口可乐11个分厂的销售部总监培训,要给统一食品全国各地的总经理讲课!这些人在企业里资格都比我老,职位都比我高,甚至有的学员曾经是我的老板,压力大啊!又是通宵备课,实地走访,再做充分准备。结果在统一食品总部培训完,反响很好,接着又全国巡回培训几十场。

后来又出事了!康佳找我给全国分公司总经理讲课,可我是干快消品出身,从没做过家电,而台下的学员又都是分公司老总,24个学员就管了上百亿的销售额!压力太大了,又是通宵备课,实地走访。结果培训完反馈非常好,学员们说我讲的内容让他们耳目一新(给卖彩电的人讲怎么卖可乐肯定是耳目一新),又给康佳全国巡回培训几十场。此后,我不仅给快消品企业做培训,又先后进入建材、家电、日化、药品、IT(信息技术)等领域,靠的就是那次康佳跨行业培训给我的信心。

到现在做讲师快15年了,"江湖"上似乎积累了一点名气,但我还是天天如履薄冰。我就总有种危机感:市场总在变化,课程内容3个月不更新就会被行业甩在后面,要延长自己的"保质期",就需要做咨询顾问项目,继续在一线实践,看更多的书,听最前沿的课,做个有心人,以天下为师。

一次次诚惶诚恐,一次次如履薄冰,一次次山穷水尽,一次次绝处逢生,一

入门篇

次次挑战，一次次折腾，一次次总结之中，我承受着一次次的挫折和成功。终于明白，有阅历，有思考，有总结，加上有充分的准备，就可以做到有信心，然后开始从容。

今天我的生活已经从容了很多，有点"守得云开入洞房"的意思。

首先，我有专业积累。本人有10年国际企业一线销售工作经验。碰巧我记了10年的工作日记，后来上台当老师，我肯下功夫自己写教材。这些课程教材不是我编的，不是复制粘贴组装的，而是根据自己10年销售、15年培训、几十本工作日记、几百家企业几千次培训几万个学员身上学习到的东西，自己原创写出来的。行业里很少有人下这个功夫，这些就是我上台讲课的底气，是我在培训行业的核心竞争力。

其次，我有客户积累。多年培训积累了几百个对自己满意的客户，老客户不断续约就是我的业务保障，我不需要再费心费力找订单，专心备课就行。

这当然要付出代价——20多年的时间，做同一件事。尤其是当了讲师之后要板凳一坐10年去看书、学习、自我提升，写教材写得颈椎、腰椎增生，现在只能趴着敲电脑，而且只能睡硬板床；站讲台15年，膝关节受伤，从此告别球场；讲课嗓子变哑，以前唱歌都唱《男儿当自强》和《青藏高原》，现在只能唱《滚滚长江东逝水》。

健康是积累出来的，不健康也是！读者在我貌似搞笑的文字中可以看出点悲伤来。这一身病，就是我悲伤的源头。

其实年轻时养成些好习惯，也不致如此。大家千万别学我，我如今已经悔改，很认真地对待自己的身体，还自己年少时的孽债。

用我的经历举例，只是因为自己的体会更深而已。我绝对不是什么成功人士——论知名度，很多人认识我是因为听过我的课；论财富，可能很多经销商都比我阔得多；论事业，我也不是上市公司主席。我的兴趣不在那里，我知道自己的斤两，也知道自己想要什么。我只不过想当好一个讲师，在自己喜欢的专业领域里面不断进步。因此我绝不是主流价值观里的成功典范。

但是我相信所有成功的人走的道路跟我走的道路是差不多的——要有足够的耐心，量变一定会有质变，没有"读书破万卷"，哪来"下笔如有神"，没有聚精，哪来会神。时间是最可怕的东西，时间是成功和伟大的函数，伟大是熬出来的，积累够了，自然就伟大了。

没关系，我有耐心，再熬 30 年，看看自己这一生能不能取得一点成就。

当我干到 70 岁，电脑里应该至少有一两千万字的成熟教材吧？那时候我把毕生所学、所历编成体系讲给孩子们听，给他们讲一讲一个老营销人这 50 年营销生涯的心得体会，讲一讲中国营销 50 年的跌宕起伏，再出版一套 30 册的巨著《魏庆中国消费品营销培训全书》，开宗立派、传于后人，未必不可能。

清火气，养元气，做人要大气，三心合一，终成正果

成年人应该有底线思维，实力最重要，大巧守拙才是捷径。

要有足够的耐心。成功是时间的函数，成功是熬出来的，戒掉浮躁才能"清火气"。

要有足够的专心。聚焦行业，竞争是有效劳动正向积累，量变一定会质变，你才能"养元气"。

要有好的企图心。立足行业，志存高远。立志得道成仙，就不要在装神弄鬼上浪费工夫，做人就会大气！

三心合一，就会有结果。

试着想一想，一个人做一件事情：第一，他心思单纯，没有杂念，不关心所谓的"江湖"，不受干扰，一心一意乐在其中，把这件事情当作学问去研究；第二，他很专心，没有换行业，一直做这件事，看这个行业的书，听这个行业的课，做这个行业的学问；第三，他很有耐心，一件事情一做几十年。最后他会成为什么样的人？大富大贵也许要看因缘，但是生活对这个人来说肯定不成问题。

电影《没事偷着乐》里冯巩说了一句台词："孩子，好好活下去，只要你能活下去，你就会碰到好多好多的幸福，你就没事偷着乐吧。"我觉得这句话简直就是对营销人说的。

有耐心，有专心，有企图心。也许坎坷正伴你一路同行，但是不妨看远一点，多年以后的某一天，你的专业技能、影响力、人脉积累都大大提高，你才会——

专业上：比武招亲，打遍天下无敌手，随心所欲不逾矩，心中有剑手中无剑，折叶飞花也可伤人，开宗立派，笑傲天下！

行业地位上：你会成为业内闪亮耀眼的人，辞职后立刻有猎头来找你，你会

入门篇

成为男人的对手、女人的心事（假设你是男性）。

生活品质上：你不但有良田美宅，而且有时间享受生活。

你终能"守得云开入洞房"，安身立命，离苦得乐，逍遥自在，福寿双全，拥有真、善、美、慧的人生。"你会碰到好多好多的幸福，你就没事偷着乐吧！"

基础篇▶▶

第2章

终端业务代表的"一招制敌"推销模型

终端业务代表的工作非常细碎和具体，他们不需要面对KA采购的年度合同，不需要策划年度促销市场方案。他们只有一个赤裸裸的工作目标：把货卖给小店，然后摆起来，最好再能帮小店卖出去。他们感兴趣的是"近身肉搏，一招制敌"的擒拿手，要立刻见效！

这个相当有技术含量。所谓"一寸短、一寸险"，近身肉搏是剑挫交锋，比不得长枪大戟，中间还有段距离。精芒闪烁的利刃全在眉目之间，稍有差错，便血溅黄沙。

群众的智慧是可怕的，假如发动业务代表总结"肉搏"技巧，只要引导激励得法，他们会奉献出各种千奇百怪的招数。比如"为了让商店进货，提前把店里的方便面捏碎，过几天再去帮人家换破损""连续几周时间天天帮店主小孩辅导作业""专门在下大雨的时候淋得像落汤鸡一样去送货，说自己是勤工俭学的学生以博取同情"……看完之后我都替终端店主叫苦："一旦让这帮人盯上，想不进货都难！"

这些方法和案例让人觉得搞笑，但它们大都是个人的奇思妙想，仿佛每个人都是"迷踪拳传人"，从来不按套路出牌。乱拳打死老师傅，瞎猫撞上死耗子，切磋未通，琢磨欠工，这些不可复制的模型不能积累成实实在在的知识与财富，更别提分享给别人了。

本章讲述的几十个"一招制敌"的推销模型，就是在这些千方百计达到目标的方法之中，找到可复制的、有普适意义的规律，总结提炼为拿来就能用的东西，并将它固化、优化、标准化，让这些知识产品的效益得以放大。

说明：

1. 本章所针对的受众：一线终端销售人员，基层销售主管。

2. 本章为基层业务代表终端销售工作的实操内容，设有"课后思考与应用"环节，引导一线销售人员讨论和思考本书的内容是否完全适用，应该如何结合自己的实际情况修改，应该如何运用于实践。

第1节 "铺货率他妈"名叫"拜访率"

KA大卖场风光无限,但为什么以KA大卖场为主流销售界面的厂家却疲惫不堪?这其中有哪些不可回避的风险?

上有电商"砸价抢量",下有KA大卖场"收费欠钱",中小终端(中小餐饮店、中小超市等)似乎成了消费品行业的厂家和经销商的最后一块肥美牛排。但吃这块牛排可并不容易,很多企业被卡了喉咙,因为做中小终端首先要学会提高"铺货率",这可是个复杂而艰巨的工程。

中小终端的好处，谁用谁知道

"终端路线拜访管理"是一种国际企业在中国市场运行多年的销售体制：厂家协同经销商组建终端拜访团队，对数以千万的中小终端进行"定期、定人、定路线、定方式"的周期性拜访覆盖。

为什么要选择"一线终端销售人员工作技能模型"这个话题？

从企业角度讲

越来越多的厂家和经销商认识到中小终端是一片蓝海，销售份额过多集中于大超市、大卖场存在很多风险和结构性隐患。

1. 利润风险。大卖场费用高、账期长、利润低，不管是厂家直营还是经销商销售，鲜有能产生丰厚利润者。尤其是一、二线城市，大多数厂家只是为了一个伟大的目的——做形象，所以才有那么多企业在直营大卖场做了一段时间后不堪重负，又把大卖场交还给经销商来做。经销商利用低成本优势、客情（与客户的感情）关系优势、产品线丰富等优势做大卖场，情况似乎好一些，但最后也都是叫苦连天。

2. 竞争风险。大卖场各个竞争品牌的促销力度PK（对决）非常严重，你的销售份额集中在大卖场渠道，竞争对手一个特价活动打过来，你跟不跟？不跟，就会被排挤出来；跟，你的利润就会全军覆没。

3. 专业风险。中国每个城市都有专门做大超市和大卖场的经销商，这些专门做卖场的经销商，在物流配送、资金能力、财务管理、对账结款、业务洽谈、超市博弈、合同谈判、客情关系以及产品线等方面一定有普通经销商短期无法超越的优势。所以他能赚这个钱，别人一段时间内是学不来的。

4. 结构性风险。大厂家、大经销商和大卖场合作时间越长，大卖场占据的销售份额就越大。比如一些小家电企业在国美、苏宁两个系统动辄就是几亿甚至十几亿的销量，超市和卖场合同扣点年年上升，单店销量年年稀释，竞争对手逐年递增，促销力度的PK越来越严重。有时候年度合同签完就知道当年做这个零售系统又会赔钱，但是还得做。为什么？因为比例太大，企业不敢甩掉。

竞争残酷容易蚀本血拼，成本高、利润低容易亏损，专业要求高容易犯错误，结构风险大容易尾大不掉、骑虎难下。这就是完全依靠大卖场做销售的真相。

不管是经销商还是厂家，都应该考虑渠道多样化。渠道越丰富，销售机会就越多，利润结构就越稳定，结构性风险就越小。这样即使在一个渠道费用太高或者竞争残酷到跟对手血拼，还有其他渠道可以造血补充。

从营销角度讲

中小终端虽然单店销量小，但是总的销量大，而且深入居民区腹地，深入大卖场未能得逞的三、四线城市实施终端拦截，销量其实特别可观。而且中小终端基本没什么费用，现金结账的比例高，也不用担心年度合同扣点年年提升，店内竞争品种相对大卖场较少，店内促销力度的 PK 更少（超市里常见几个厂家搞特价唱对台戏，杂货店里这种情况非常少）。此外，因为在三、四线城市的中小终端覆盖需要组建庞大的业务队伍，所以也往往使很多企业畏难搁置或者干脆忽略。

可口可乐、康师傅这些注重深度分销的企业，在中国已经对中小终端进行"终端路线拜访管理"周期性拜访进行了十几年。国际知名企业能花时间、花钱坚持十几年做这件事，自然就证明这件事有意义。

如今，小家电行业的美的精品电器、九阳小家电、苏泊尔电器也在复制中小终端覆盖模式，足见其中端倪。

当然，中小终端做起来也有其难度和专业要求。但是真正把这个渠道坚持做上几年，你就会发现相对大卖场而言，中小终端尤其是三、四线城市的中小终端还是一片蓝海（除非你的产品只能在一、二线城市和大终端销售）。

中小终端覆盖的效果，谁用谁知道！

问候"铺货率他妈"

消费品行业言必及铺货率，但其实铺货率的前提是拜访率，拜访率是"铺货率他妈"。拜访率是因，铺货率是果，离开拜访率去谈铺货率就是倒果为因。但拜访率这个关键指标常被遗忘，是营销界普遍存在的一个常识性错误。

什么叫作拜访率？

可口可乐曾经在国内二十多个装瓶厂评选市场表现冠军，当时的冠军是杭州可口可乐。于是全国上下学杭州，二十多个装瓶厂派代表去杭州向冠军学习。

各个可口可乐装瓶厂的代表——销售经理们在当地的营销圈子都是牛人，这次向别人学习，心里难免不服气。头一天晚上在杭州聚会，个个都觉得不以为然:"我不相信杭州可口可乐厂能把市场做出花样来""不就是让我们看杭州的铺货率吗?说不定是上个礼拜突击的"……

第二天看完市场大家都服了,而且心服口服,晚宴上争相给杭州可口可乐的同事敬酒。

是什么让这些桀骜不驯的牛人折服呢?不是铺货率,不是终端表现,而是拜访率!

各地可口可乐厂共有四十几个代表,撒开了在杭州一万多家零售店走访,当然是要看终端表现。让大家震撼的不是海报和陈列,而是在每家店里都会问的几个问题:"你好老板,可口可乐厂的业务员姓什么?叫什么?长什么样?礼拜几来?"结果真的问十个售点,能有九家店张口就来,对答如流:"可口可乐的业务员叫张三,黑黑的,龅牙,每个礼拜四下午来。"

快消品行业的人都知道,让零售店主记住你的业务员姓什么、叫什么、长什么样、每个礼拜几来,这件事不容易做到,而且很难,相当难!

在杭州这个城市,终端店主每天会接触厂家终端拜访业务员至少二十个。可口可乐的人肯定来,百事可乐的人肯定来,康师傅的人肯定来,统一的人肯定来、宝洁的人肯定来,还有王老吉、青岛啤酒、联合利华等,凡是快消品行业数得着的大品牌都在做终端深度分销路线拜访。让店主记住你们公司的人姓什么、叫什么、长什么样、礼拜几来,这说明什么?说明杭州可口可乐的终端业务代表长期坚持对终端执行周期性拜访,风雨无阻,雷打不动,给店主留下了深刻的印象。

大家想象一下,当终端拜访率达到这个程度的时候,铺货率会不会提高?我想,肯定会!

相反,你作为厂家的营销总经理,一直头疼市场为什么做不起来,铺货率为什么那么低,先别急着请咨询公司考虑战略问题,我建议你自查一下"铺货率他妈"——拜访率!你到终端店里问问:"我是某厂的总部人员,下来做调查,请问我们A品牌厂家的业务员什么时候来过?"你信不信,也许店主会一脸茫然地回答:"A品牌?你们厂还有业务员呢?我咋不知道!"

当然,也有另一种情况,终端拜访的人员不是厂家的人,而是经销商的人。那你就追问一句:"我是B厂家总部的,下来找我们的经销商,你知道我们当地经销商姓什么、叫什么、电话是什么吗?"如果80%的店主对答如流地报出经销商的姓名、电话、地址等资料,这说明我们当地经销商的终端拜访服务做得很

基础篇

好，铺货率自然也不会太低。但是有没有可能大多数终端店会回答："B厂的经销商？我也不知道。"如果你不死心，就再追问一句："您不认识我们的经销商，您总有要货电话吧？"你信不信终端店可能会回答："要货电话我也没有。"你再追问："你没有要货电话，那您缺货的时候找谁要呢？"终端店的回答让你吐血："不一定，有时候他送货车来了我就卸两箱，送货车不来我就不卸了，没准！"

有点夸张，但这就是国内大多数企业的终端拜访现状！

要提高终端拜访率说起来容易，做起来却是个有着千丝万缕头绪、要历经千难万险的系统工程。首先，厂家要招人组建队伍，招来的人必须管理好，每天要有主管复查业务代表昨日的工作情况，尽可能地减少业务代表偷懒、跑大店不跑小店等"恶行"。然后，厂家要让经销商加人加车增加拜访能力做行销，还要厂商分工，防止"主劳臣逸"——经销商变成配送商。最后，还要调整产品结构，使终端销量能支撑得住这支庞大的终端销售队伍。而这些工作的总和，在康师傅叫作"通路精耕"，在可口可乐叫作"101深度分销系统"。

消费品行业靠产品优势、广告优势、促销在短期内获得利润的企业也有，但那都是智小谋大的格局，你的优势会被模仿，因为你在用工具做市场。相反，国际企业的拜访率管理、深度分销体系不是工具，而是模式。当工具遭遇模式的时候，也许工具会逞一时之利，但它终究会失败。

营销规则走到今天，已经偷不得懒，消费品企业想持续发展必然要走这条路。没有电梯，只能爬楼梯！

课后思考与应用

知识点

理念——单一的大卖场渠道销售的四种风险。
终端拜访率的概念解读。

思考

目前你的产品是否出现因为单一的大卖场渠道而产生"利润风险""竞争风险""专业风险""结构性风险"？你的产品有没有可能进行多渠道销售？

| 讨论 |

目前你能有规律地拜访的中小终端有多少个？如何通过"规划厂家人员按照拜访路线周期性拜访终端""让经销商加人加车拜访终端""开设分销商，覆盖经销商覆盖不到的终端"等方法，提高对终端的拜访率和覆盖面？

第 2 节　终端推销模型一：19 种破冰方法

万事开头难，最难的是业务代表和终端客户的第一次成交。

业务代表想运用推销话术和技巧，但是店主压根不给你沟通的机会。他根本不听你讲怎么办？碰上个专门跟你抬杠的"刺儿头"店主怎么办？店主说"你把名片留下，有事我找你"怎么办？老板要货，但是老板娘不要怎么办？老板的娘不要货怎么办？

这可不是玩笑话，也不是传说，而是活生生的"江湖"。只要你做终端业务代表，就一定会碰到这些问题。

本节我们来学习这些"怎么办"到底该怎么办？

跟店主"搭讪"的 6 种方法

业务代表拜访终端，如果店主一见业务代表进门就大喊大叫甚至破口大骂，拿出一堆遗留问题让业务代表处理，那么对这家店的推销还有戏吗？

有！绝对有！店主大叫大骂，一定是因为有什么问题没解决。业务代表帮他把这个问题解决了，说不定他俩还成朋友了。先交朋友后做买卖，那就很容易了。

哪种情况是没戏的？你进门推销了半天，然后店主面无表情地说："嗯嗯，这些货我都有……""好了，暂时不要……""好好，你把名片留下，有事我找你！"这种店是绝对没戏的。

终端业务代表去店里推销，尤其是第一次去陌生店会遇到这种情况，原因很简单，每个终端都有自己固定的、熟悉的供货客户，他和你不熟，所以就嗯嗯啊啊，压根不想搭理你。

这时候你抱着店主大腿哭也没用。那就聪明一点，告诉他："我不是来卖货的，我是来给您换破损的产品的，顺便来送礼的……"先交朋友，不招人嫌，卖货才有戏！

初次见面，不要一进门就卖货，先用服务破冰，才有沟通机会，进而获得信任，建立客情，销售自然水到渠成。

用态度破冰

自报家门，说明自己是来拜访不是来卖货的。见机行事，不招人嫌。

"老板您好，打扰一下，我是××，是××的业务人员。"（除非你是很知名的公司，否则店主会拒您于千里之外。）

"今天我来拜访一下，看看我们的产品，看看有什么问题我能帮您解决的。"（店老板听了会想：噢！不是来卖货的，是来看看的，行啊！看了你也拿不走，随便看。）

如果老板在忙着做事，你就不要上去喋喋不休，聪明的做法是要么帮老板干点活，要么说："您先忙，我看看我的产品，不打扰您，您忙完再说。"

店老板正在给客人推销："纯生啤酒 45 元一箱。"业务代表跑过来了，大喊："老板，厂价 40 元一箱，每箱还搭一瓶，您今天订几箱？"我估计店老板听了都能哭出声来！这个业务代表挺"二"的，业务代表拜访终端超市时，如碰到店里有客人，千万别"二"，千万别当着客人的面卖货（砸老板饭碗）。你过一会儿来

基础篇

也行，或者留下客户联系卡，将促销政策写在背面递给老板，这样成交的可能会比当时报价大得多。

用产品破冰

"您这里××和××是我们的产品。"（店主听到他店里卖的几种产品，都是你们公司的，关系会拉近很多。）

用熟人关系破冰

厂家业务员初次拜访时，有些老板不仅不搭理，甚至还质问："你们是干啥的？"这时可以把送货经销商的姓名说出来："老板您的货是不是张军安张哥给送的呀？"送货商和零售店一般都关系很好，老板一听你和经销商很熟，马上就能换个态度。

用广告宣传品破冰

"今天我来看一下我们产品卖的情况，另外给您送一些宣传品！"（我们是来给您送东西的，不是单纯来卖货的，关系又近了一步。）

用询问客诉和回访服务质量破冰

"您以前进的货有没有问题？送货的服务有没有问题？我们是来回访服务质量的，服务有问题您告诉我，我协调经销商进行改进，不良产品只要没过期的，出现质量问题您都留着，在公司政策允许的情况下我给您调换。"

注意：

不要过度承诺，不良品的处理要在公司的政策允许之内。况且，一般情况下店内没那么多不良品，即使有也早就扔了。但是店主听到有人上门来处理遗留问题，肯定当你是朋友，不是推销员。如果产品破损很多，那最好就别哪壶不开提哪壶了。

用处理客诉、警示不良品、异常价格破冰

检查货架，在权限范围处理客诉。比如你在店内发现了以前经销商送的两瓶即期产品（以下简称"即期品"），假设公司规定不良品、即期品可以调换，那就主动提出给店主换货，或者把即期品摆在货架最前面，提醒店主先卖这几瓶防止过期。如果店内有异常价格，就提醒店主："有两个五联包的价格比周围几家

店的价格低，咱这边可以适当调高多赚点儿……"一般情况下，店主这时候已经开始给你让座、递烟、倒茶了。

> **课后思考与应用**
>
> **| 知识点 |**
>
> 跟店主"搭讪"的 6 种工作方法。
>
> **| 讨论 |**
>
> 召集同事讨论还有什么可复制的破冰方法，总结你自己的破冰方法。
>
> **| 行动 |**
>
> 熟背破冰方法，在此基础上，按照学习—实践—修正—再实践的步骤反复应用，直至形成你的标准教材（指汇集一线销售工作技巧的手册）和工作习惯。

大王叫我来巡山哟——用拜访和服务流程反复破冰

有的冰"厚点儿"，用上个话题介绍的办法一时半会不能见效，那业务代表就得更加耐心，反复破冰，每次去都告诉店主："我不是来卖货的，你买不买货我都来，我是……大王派来巡山的！"关键是周而复始，用流程化的动作反复破冰。用拜访和服务流程破冰的话术模型如下。

"您要不要都无所谓，我们不是单纯来卖货的，从今天开始我们对终端客户进行规律的定期拜访，以后一周左右会来一次。您有任何服务上的问题，比如送货、退瓶子、兑现协议、调换货等，可以随时投诉，我们立刻解决。我们来主要是做以下几项工作：

首先是处理客户投诉。看您在送货、产品破损、促销品配送、返利发放等问题上有什么意见，我们会通过周期性拜访来帮您解决。

第二是广告宣传品布置。给您店里贴海报，海报旧了给您更新，保证您店里的宣传品永远是新的。

第三是帮您做货架整理。您进我们的产品，我帮您上货架，每周来一次帮您清洁整理，把我们的产品陈列好、擦干净。

基础篇

第四是帮您整理库存。我来给您整理库存，把生产日期早的放到前面，把生产日期晚的放到后面，这样就保证您卖的产品都是新鲜的，不会有过期产品。

第五是根据您的库存和销售情况给您建议订单。我们会给每个客户建一个档案，记录您每次的进货及销售情况。每次来我们都会根据您的销售记录给您建议订货量，保证进的货适合您这家店卖，不会压货，也不会断货。我们给您的建议是有依据的，当然最后还是您自己拿主意。

总之，我们每周来一次把您一周要的货记下来，第二天给您送到门上，您不用自己去进货。有任何问题随时打我的电话也行，我下周拜访时您再告诉我也行，我给您处理。宣传画我给您贴、给您更新，破损品我给您换，货架我给您摆、给您擦，要货量我帮您掌握。您别的都不用管，光收钱就行了……"

课后思考与应用

| 知识点 |
用拜访与服务流程破冰的话术。

| 讨论 |
讨论本话题所讲的拜访话术，结合你的情况进行修改。

| 行动 |
熟背你自己修改过的话术，按照学习—实践—修正—再实践的步骤反复应用，直至形成你的标准教材和工作习惯。

碰上"钉子店"压根不理你，怎么办

"不要寄期望于第一次就成交""客户的拒绝是常态""销售原本就是在概率中实现"，这都是老业务员口口相传的武功心法，落实到动作首先要心中有数，找出客户拒绝的原因，然后自己百折不挠去实践，直到找到你攻克"钉子店"的绝招。

心中有数，不要被客户的拒绝吓倒

态度最牛的不是中小终端夫妻店，而是超市。超市采购第一次见到陌生的供货商业务员，态度往往很强硬："我只有两分钟的时间，我们今年有规定，新厂牌进店费一律两万元，你能接受咱们就谈，不能接受就出去。"或者扔下一句"我们暂时没这个计划"，然后扬长而去。销售新手遇到这个情况往往会抓狂绝望。

实际上分析一下，超市真的对新产品没兴趣吗？不可能，新产品意味着新销量、新毛利、新费用！

两万元进店费真的不能谈吗？叫价两万元最后两千元成交的也比比皆是。

那为什么不跟你谈呢？

其实店方对厂家的拒绝只是职业习惯而已，他们习惯于"说不"。他也许是要给你个下马威，需要你多去磨几次；也许那天是他没时间、心情不好或者他最近正忙着促销没工夫谈新产品，你需要换个时间再来；也许是他对你的新产品一无所知，不知道怎么跟你谈，他扬长而去是去别的店调这个新产品的销售状况，你就需要给他点时间；也许是对你的产品和方案他不感兴趣，他最近正在头疼毛利太低，你却给他拿了个低价产品的特价计划……

总之一句话：这世界没有无缘无故的爱，也没有无缘无故的恨。店方也许对新产品没兴趣，但绝对不会对赚钱没兴趣！越是陌生的客户，越可以肯定他们的拒绝是假象。多去几次，找到对方态度强硬背后的原因，问题也就迎刃而解了。

主动出击，不要相信客户的推托和谎言

中小终端客户拒绝你的时候，直接说"不要"的比较少，大多数会给你一个借口。常见的借口如下：

"你别忙活了，等我想好了要货的时候，我给你打电话吧。"

"我先卖别的产品，下回再说吧。"

"我老婆不在，我不当家，等她回来商量一下。"

"老板不在。"

"我和老王（指经销商）多少年的交情了，我一个电话他就把货拿来了，还用你来推销，我这家店你以后就别管了。"

"这两天没钱，过两天再说。"

"没地方放了，下次再说吧。"

"淡季了，卖不动，等到旺季再来。"

仔细推敲这些话，什么"没钱""没地方""老板不在""淡季卖不动"，这些都是借口。其实这些话背后最具"欺骗性"的意思不是拒绝而是推托——"下回再说吧"或"我要货给你打电话"。要真相信这些话，销售就没法做了。

永远不要相信客户会主动找你！一定要主动出击！

设定拜访目标：迈小步，不停步

推销原本就是从客户说"不要"才开始的，上来就成交那不叫销售，叫运气，尤其对"钉子店"和大店不要寄希望于一次成交。给自己设定每次拜访的目标：比如第一次去可能只是认识一下、建立联系，介绍你的服务流程，登记客诉，展示样品；第二次去是要处理客诉，提升客情，做店内生动化布置，给对方讲利润故事并且分析"你店里缺这个产品"；第三次去要"利用从众心理推销"，给对方看另外几家卖得好的店的订单……迈小步，不停步，每次设定一个小目标，完成这个目标就是胜利。这样你的销售心态会更平和，自己不乱阵脚，客户也不会觉得太受"压迫"。

面对拒绝沟通的"怪蜀黍"（网络语）老板：坚决不要急于销售，给双方找个台阶下，关键是获得信任

碰到拒绝沟通的老板，你可以跟他强调：

"要不要无所谓，您给我一分钟时间，我介绍一下我们的服务，以后有机会咱们再慢慢聊。"

"没关系，咱们第一次见面，您不进货太正常了，反正我们不是单纯来卖货的，一周来搞一次服务。我会多来几次，等咱们熟悉了，相互信任了再合作也行，您今天有时间的话可以先了解一下。"

如果老板真的很忙，短时间顾不上理你，你就客客气气地给老板打个招呼，留个纸条把产品价格、促销政策、你检查库存的缺货和断货情况、店内的异常价格和不良品情况写上，晚上下班前再回来进行二次拜访。

> **课后思考与应用**
>
> **| 知识点 |**
> 应对"钉子店"的4种工作方法。
>
> **| 思考 |**
> 目前你有没有碰到"钉子店"的经历?若碰到过,根据本话题所学的内容思考"钉子店"为什么拒绝你?把分析和结论写下来。
>
> **| 行动 |**
> 用本话题学到的方法去攻克一个"钉子店",把结果和体会写下来。

老板说"老板不在",怎么办

去了很多次都被店里的一句"老板不在"顶回来,那太亏了,也许有一天你发现多次告诉你"老板不在"的那个人正是老板。"迈小步,不停步"的计划一步也实现不了,不过不用担心,总有应对方法。

端正心态

不少厂家的业务员对大店的老板都有点害怕,其实如果真的约到老板见了面,往往会发现老板还是挺客气的。你勤快点把服务做好,建立起客情,这个"老板总是不在"的店就成了"别的厂家攻不进去,而你可以直接跟老板接洽"的优势客户。

要电话

问店员,老板(也可以是管进货的经理)是谁,什么时候在店里,最好能把老板的手机号要到,打电话或发短信约好见面的时间,到时候再来一次。

书面沟通

把你的姓名和电话、要推销的产品的价格和政策写下来,托店员转交给老板,能把样品留下来更好。

基础篇

多拜访

当天二次拜访也许老板就在了，或者下次路过，隔着玻璃看见店内有领导模样的人在指手画脚，很可能就是老板。别怕！直接推门进去找他，也许就碰上了。

找内线

最了解老板在不在的人是谁？大店可能是门迎、保安，小店可能就是服务员、营业员。可以找一两个对你态度不那么排斥的人，比如领班、吧台服务员，每次去拜访都跟对方聊几句，再送一点小礼品，讲讲自己产品的利润故事，然后请他帮忙。他至少能透露给你，老板是谁、什么时间在店里、能在老板面前说得上话的人是谁。下次你和老板谈的时候，这个"内线"如果能挤过来插一句"这个产品附近几家店卖得不错"，那往往会起到关键作用。

熟人介绍

店老板总有熟人吧，如果他店里有经销商的其他产品，经销商可能认识他，隔壁或对门超市的老板也可能认识他，还有同学、老乡，只要想办法就一定能找到中间人。你也许能以介绍人的朋友、老乡的身份出现，反正只求一见，谈生意还是靠专业、靠产品、靠利润故事！

把客户变成员工

店老板们有个圈子，可能都认识，一起喝茶打牌什么的。业务员一番辛苦拿下了一个店老板，建立了客情，可以再嘴甜点，"拜托大哥帮忙介绍几个老板"，也未尝不可能。

课后思考与应用

| 知识点 |

攻克"老板不在"的店的 7 种工作方法。

| 思考 |

目前你碰到过"老板不在"的店吗？你是如何应对的？你有没有老板的电话？

> | 讨论 |
>
> 对攻克不下来的店，召集同事讨论对策。
>
> | 行动 |
>
> 熟背破冰方法，在此基础上按照学习—实践—修正—再实践的步骤反复应用，直至形成你的标准教材和工作习惯。

老板、老板娘、老板的娘，三个高层意见不一致，怎么办

民间有句谚语：硬石头还要软绳子来勒。强调以柔克刚、水滴石穿。销售人员遇到攻不下的"钉子店"，更需要这种精神——百折不挠，多次拜访。下面请看一个终端业务员的亲身经历。

第一次拜访

店里人多，老板压根就不理我——没关系，和老板认识一下，我执行客户拜访标准步骤。本次拜访的重点是展示样品、讲政策、询问有没客诉需要处理，另外送老板两个小礼品。

老板不让我贴海报——没关系，下次再见，临走时说一句："咱们第一次见面，您不进货太正常了，反正我们不是单纯来卖货的，一周来搞一次服务。多来几次，等咱们熟悉了，相互信任了再合作。"

第二次拜访

老板还不理我——没关系，我还执行客户拜访标准步骤。这次店里人少，有空间有地方，我正好做陈列，做库存管理。帮老板把货架整理一下，用抹布把货上面的灰尘擦擦，把店里的产品做个先进先出（先进的货，先出货），告诉老板："有两箱日期比较旧的货，我帮您放前面您先卖。另外，上次那两包破损，我给您换回来了。"

基础篇

第三次拜访

　　老板不冷不热地跟我打了个招呼，说暂时没钱不进货——没关系，我照样执行客户拜访标准步骤。这次重点是擦展示柜，我拿脸盆盛上热水加上洗衣粉，把展示柜擦得干干净净，告诉老板冬天制冷展示柜不用插电，但是也要保养好，否则夏天的时候就不能用了。"啊？上次我帮您把日期早的货摆在外面，怎么这次又压到里面了？没关系，我再帮您倒一次。"库房太黑，我用自己的手机照着把老货放在外面。数九寒天我忙得一脑袋汗，临走时老板给我递了根烟，说了声辛苦。我知道，有戏了，下回该出手了。

第四次拜访

　　出现意外了，老板娘在店里，一脸刻薄傲慢。我笑嘻嘻地打招呼，老板娘用特工般犀利的眼神扫过我，问我是来干什么的。我道明身份，老板娘立刻摆出"母仪天下"的姿态，用余光扫了我一眼，扔出一句"不进货！"本来经过前几次的努力，已经搞定老板了，这次却被老板娘搅黄了。没关系，我还是执行客户拜访标准步骤——老板娘爱财，我这次就重点讲利润故事，给她看别的店的订单，当面叫司机来给隔壁店送货。老板娘心动但是不行动，冷冷道："看看再说。"我回答："没关系，不管你进不进货，我每周都会来做服务。"临走前我再把店里的海报换成新的，还给了老板娘一支圆珠笔。

第五次拜访

　　真倒霉，老板、老板娘都不在，老板的娘在店里看门，老人家一嘴方言、口齿不清，我根本接不上话。欲哭无泪呀！正巧天阴下来要下毛毛雨，我赶紧帮她把店门口的产品往店里搬。一通忙活完，我衣服都淋湿了。老人家好像挺感动，让我进屋坐，这次我趁着老板、老板娘不在，而老板的娘又挺好说话，把货架上我们的产品摆在最好的位置，屋顶挂了十个吊旗，进门的墙上贴了六张海报，整个感觉好像这家店是我们的模范店一样。老板的娘硬要给我饮料喝，盛情难却，我临走时把钱放在窗台上跑了，这个便宜可不能占。

第六次拜访

　　太好了，店里三个"高层"——老板、老板娘、老板的娘都在！老板的娘老远看见我就招呼我进来喝水，老板也给我递了根烟，只有老板娘还是不热情，但是也勉强能给我个笑脸了。现在我终于能坐下了，这半年的销售经历告诉我，没有几单生意是站着能谈成的，店主给你凳子坐，你就有机会。趁机坐下喝杯水、抽根烟，跟老板拉拉家常："我知道你们没下决心进货，你们也别不欢迎我，我是来服务的。咱们开小店不容易，进货要慎重，但是我想知道你们担心的是什么，是不是我哪些地方没解释清楚？"老板娘说："主要你这个是新牌子，客人来了一般都不愿意买新产品，多亏你上次贴了一大堆海报，才有人问我这个产品有没有。"我心中狂喜，店家终于开始谈货了，于是我开始运用多种方法推销："如果店里只卖客人特别想买的产品，那你就赚不到钱了，你要卖自己想卖的产品才能赚到钱。""上次贴海报时都有人问了，我这次不但给您贴海报，还给您做空箱陈列奖励，帮您拉动消费。您先拿半箱试试看，我给您日期最新鲜的货，保质期还有 12 个月。另外我帮您申请新店进货陈列奖励的促销政策，本来这个活动前天已经停止了……"老板娘还犹犹豫豫，老板发话了："小伙子这么实在，来了这么多次，你磨叽什么，我做主，要两箱！"最后我只给他们下了一箱订单，怎么也得给老板娘个面子，人家论大小也是店里的高层。

走出门，我长出一口气，这个"钉子店"终于搞定了。前前后后跑了六次，卖了一箱新产品，最重要的是这家店开始跟我进货，它今天进一个新产品我将来就能让它全品种销售，只要我的后续服务跟得上，这家店就是我的"菜"。

什么人能做好销售，口才好不好无所谓，关键是要能执着下苦功，像绣花那样一针一线绣市场。跟自己较劲，再小的客户搞不定就会不舒服，不是为了卖这一箱货，而是给自己信心能再次成功。客户没有好坏，只有不同，要百折不挠多拜访。您不让我卖货，我递张名片咱认识下，总行吧？我送您两个小礼物，放下东西我就走，总行吧？我给您贴张海报，总行吧？我帮您处理客诉，总行吧？我帮您擦货架，总行吧？

课后思考与应用

| 知识点 |

百折不挠多次拜访完成交易的实例方法。

理念——销售原本就是在概率中实现。

| 讨论 |

召集同事共同学习本话题的案例,大家分享自己的"艰难经历"。

| 行动 |

"客户没有好坏,只有不同",锁定攻不下的"钉子店",用本话题所讲的方法多次拜访,不达目的不罢休,看看结果如何。把体会记录下来,将来你当了主管,这一场攻坚战就是你教导下属的绝好教材。

第3节 终端推销模型二：5种分析店内缺这个产品的方法

新手终端业务代表大多是"行动多于思考"，他们进门前不知道这家店里有什么货，不知道这家店适合什么品种，也不关心店内品种的安全库存够不够，只是进门就说"老板要货不"或"拿两箱吧"，不管卖什么品种，只要有订单就行。这种销售有点像乞讨，这么做销售可不行。

要变被动为主动，从"乞讨"变成"化缘"。终端店主有需求，给他进货是帮他完成心愿，所以掏了钱他还会行为恭敬，心生敬畏，弄不好还给你叩头呢！这么做销售的话，该有多幸福！

关键在于激发他的需求，让他自发地变"要您买"为"您需要买"，"您是一捆干到冒烟的干柴，饥渴中碰上我这把炽热的烈火，您就从了老衲吧！"

基础篇

不是我要推销，是您店里正好缺这个产品

从产品功能和消费群结构上分析，您店里缺我这个产品

"您这家店周围有小区，中老年人不少，很多中老年人有冬天用甘油润肤的习惯，您店里没有这个产品，而这个品种正好是我们公司的优势产品。"

烟草行业某客户经理针对烟草零售店的产品需求分析

这家店位于广东省某工业区，靠近五金批发市场，主要消费群体是工业区的务工者、本地居民和过路客人，所以店主对卷烟的需求变化比较大。客户经理对该店卷烟的消费需求做了具体分析，如表2-1所示。

表2-1　烟草行业某客户经理针对烟草零售店的产品需求分析

群体	收入结构	职业结构	群体籍贯	消费需求
务工者	低	铝材、五金回收	全国各地	中、低档卷烟，如白沙系列、红梅系列、双喜系列、红山茶系列、红金龙系列等
居民	中、低	各行各业	本地	本省的卷烟，如五叶神系列、红玫王系列、椰树系列等
过路客人	各层次	各行各业	本地	高、中、低档卷烟，如中华系列、双喜系列、白沙系列等

缺少价格带及形象产品

1. 缺价格带。"您店里的洗衣粉从3元一袋到15元一袋的都有，但是现在很多年轻人打工住的是临时租房子，他们不愿意买大袋和价格高的洗衣粉。我发现您店里没有3元以下的小袋洗衣粉，我这里刚好有1.5元一袋、2元一袋、2.5元一袋的三个单品可以给您做个补充。"

2. 缺少低价格形象的产品。"您知道为什么人家都说隔壁店卖的东西便宜吗？因为隔壁店里新来了一种'六丁目'方便面，超低价 0.6 元一包，一个超低价产品把他整个店内的价格形象都拉低了。不过您别担心，我这里刚好有几款低价产品可以给您补缺。"

3. 缺少高价格形象的产品。"对，咱们这个镇消费水平低，但还是有一部分高消费群呀，镇上奥迪车不是有好几辆吗？您这家店在交通要道，啥人都进来，店里有几个高端产品，摆着即使不卖，您也不吃亏。现在您这里没有高端产品，这几个有钱的主到您店里一看没有他要的烟，没有他要的酒，没有他家小孩要吃的奶粉，扭头走了，再也不来了，您损失可就大了！他们来这里购物一次可顶得上别人十次呀。我建议您还是把我们这几种高端产品每样都拿一点。"

某品类或某价格带品种不足，可选性不够

1. 品类可选性。"您店里的洗发水有近十种，但护发素只有两种，消费者可选择的余地太小了。我给您补充几种护发素新品呗？"

2. 价格带可选性。"您货架上的货真全，方便面从 0.8 元一包、1 元一包、1.2 元一包、1.6 元一包、2 元一包，一直到碗面、桶面、杯面、干拌面您都有，您备货可真是专业。但您注意到没有，您别的价格带品种都是五六个，1.6 元一包和 2 元一包这两个价格带您却只有两个品种。其实这两个价格带的消费人群很多的，对方便面这种产品，消费者不会常年只选择一个品牌，而是习惯过一段时间换同一个价格档次的新品种尝尝。您的货不够，消费者会觉得这里货不全，我今天就给您带了四种这个价格带的品种。"

参照系分析：畅销品种销售机会最大化，成系列销售

1. 优选几个畅销品尝试。"您先别担心卖不动，我们 200 毫升飘柔有六个单品，我建议您别全拿，先拿绿飘和蓝飘试一下，这两个品种是我们卖得最好的，几乎每家店都有，别人都能卖，您拿这几瓶货不会压住卖不动。"

2. 畅销品的关联品种。"您店里的男士 SOD 蜜（一种皮肤保养品）卖得还不错，说明您这家店有消费群。我觉得男士霜、男士洗面奶、男士护手霜应该都可以卖，畅销产品成系列，销售机会才多，您才赚钱。"

"橄榄油那么贵在您店里都能卖得动，说明您这里有注重心脑血管健康且不在乎价格的消费群。我们的西王玉米油的卖点就是关注心脑血管健康，您想想，

基础篇

怎么会卖不动呢？"

3. 畅销品同品种的关联规格。"既然福满多方便面卖得好，咱们最好把店里福满多的七个口味都进齐，您现在只有两个口味，浪费销售机会了。"

"老板，范公酒篓一斤三两装卖得这么好，说明消费者已经认这个牌子了，您最好再进几种范公酒篓的新包装产品。毕竟喝酒的人各有各的酒量，各有各的口味，畅销产品多样化，形成系列，卖货机会才多，您才赚钱。"

平衡供应商结构

"您超市里的方便面康师傅都占到货架的 80% 了，再这么下去它就把你们反控了。我进来您可以制约它一下，我们是大炮架子，您拿我们做架子，才能制约康师傅的一家独大。"

课后思考与应用

|知识点|

5 种分析店内缺这个产品的方法。

|讨论|

讨论本话题所讲的"5 种分析店内缺这个产品的方法"，在你目前的企业是否可以运用？需要如何修改？

|行动|

熟背破冰方法，在此基础上，按照学习—实践—修正—再实践的步骤反复应用，直至形成你的标准教材和工作习惯。

按照安全库存算出来的结果，您店里应该进这么多产品

"上次拜访时库存量＋上次客户进货量－本次拜访时客户库存量＝？"答案是"客户在这一个周期的销量"。要想客户在下一个周期内不断货（业务员是周期性拜访），那么客户最小库存量应该不小于上一周期的销量。为安全起见，把这个销量放大 1.5 倍，即周期销量 ×1.5，这就是一个比较安全的库存量。用安全库存量减去现有库存量，客户这次需要进多少货就可以算出来。

假设上周拜访时客户的库存是 100 箱,上周进货是 50 箱,本周库存是 120 箱,业务员每周拜访该经销商一次,那么这次客户需要进多少货?

周期销量 =(上周库存量 + 上周进货量 − 本周库存量)= 30 箱,
安全库存量 = 周期销量 × 1.5 = 45 箱,
本次进货量 = 安全库存量 − 本周库存量 = −75 箱。

所以,该客户这次不用进货。

注意:

"周期销量 = 上期库存量 + 上期进货量 − 本期库存量"不是绝对的,要排除上期促销、天气变化、淡旺季变化等因素,周期销量是"正常情况下一个周期可能的销量",或者说是个"经验值"。此外,"1.5 倍安全库存系数"也不是绝对的,保质期越长,系数越大,厂家送货周期越长,系数也越大。

当然了,如果需要进新产品,年前压货,促销压货,那得另当别论。

好的业务人员的订单一定是"算"出来的,而不是"要"出来的。运用安全库存订单法可以让你根据客户的实际销量、即期情况、断货情况下订单,帮助客户降低断货、即期风险,增强说服力。

是否存在店主不吃这一套的可能?跟他说了半天,店主说:"听不懂!"

太有可能了,做生意的小老板很多都不懂安全库存管理。但是没关系,不管店主有多么不屑,每次清点完库存就给店主"念经":"上期库存、上期进货、本期库存、实际销量、安全库存……"每念一次,他的印象就会加深一次。

现实很快就会教育他,因为现实生活中因为库存管理不善,断货、即期、破损、客诉几乎天天发生。下次再出现这些问题时,你的话就会回响在他的耳边,他就会想:

"唉!这个业务员每次都钻到我的库房里满头大汗地帮我点库存数字,统计即期品,做先进先出,现在想想好像人家说的什么'上期库存、上期进货、本期库存、本期进货、实际销量、1.5 倍安全库存法'也有一定的作用。每次按照这一套建议下订单,结果他的货就是不会断货也不会积压。另一个厂的业务员每次来都给我进货,结果搞得我有的品种积压,有的品种断货。这个业务员虽然年轻,但做事认真,而且好像还真有两下子。"

店主大多没这个耐心真的按照你教的库存管理方法把所有品种管理起来,但只要能对他有所触动，就已经达到目的了。店主承认你的专业水平，你的形象就高大了。

"念经"不仅仅是言传，还可以身教。你亲自动手为新产品打一个堆头，跟他"打赌"：做好陈列，销量就会上升。事实会让他信服。你让他按你的方式订货，一开始他不吃这一套，你就把按公式算出来的建议订单放在他下的订单旁边，一个月下来回顾一下，比一比谁的订单更科学。店主的专业水平一般都不够，还要同时照顾十几个品牌，专注度也不够，所以这场比赛八成是你赢。几个回合下来，他就服了你了，你的形象又高大了。也许从此以后他会对你说："你帮我下订单吧，我只管掏钱，别的不管。"

课后思考与应用

| 知识点 |

安全库存订单法。

| 讨论 |

召集同事讨论"安全库存订单法"在你目前的企业要如何变通，安全库存系数定多少才合适。

| 行动 |

按照学习—实践—修正—再实践的步骤反复应用，直至形成你的标准教材和工作习惯。

第 4 节　终端推销模型三：20 种利润故事的讲法

想象一下，你碰到多年没见面的老同学或老邻居，握手之后，你上来就告诉他："我现在正在做传销，正在卖保险，要给您推销一个产品……"我想你的话音未落，他就消失了。

真正卖保险、做传销的不会这么傻，他们不会上来就卖东西，他们一般会深情地关心你，告诉你一些好处。先讲好处，后卖货，突出价值。先讲利润故事，然后再讲价格。

开店做生意，店主最关心的是个"利"字。所以，讲利润故事是最有效的推销方法，也是业务员的必备技能。

投其所好，讲好利润故事

人和人不一样，你喜欢的别人不一定喜欢。讲利润故事，针对不同的人，得用不同的方法。

中小终端客户能拍板进货的有两种人，一种是老板，另一种是中小超市的店长和采购。老板们一般更关心的是利润，在新店开业期间则更关心开业活动能不能给他带来人气，能不能帮他提升店面形象。店长和采购首先关心的是畅销产品是否已经进店，因为没进店会被老板骂，其次关心的是自己这个月的考核指标有没有完成。因此，讲利润故事也要根据不同的对象，投其所好。

平时和店老板谈判，要强调产品销售利润

"老板您好，这个双面块的方便面是我们在当地最畅销的新产品，现在有电视广告，还有促销活动。我们公司给您一箱 20 元，一箱 24 包，折合约 0.83 元一包，再算上我们的搭赠，净进价 0.8 元一包，零售 1.5 元一包，一包您赚 0.7 元，利润率都超过 87% 了！我们公司对这款新产品的推广力度大，所以销量和价格都是有保障的。好又多超市上周拿我们这个产品做了一期海报，两周时间卖了 800 多箱。好又多超市平时都卖 1.7 元一包。您在家属区门口开店，平时按 1.5 元一包卖，您自己算算赚不赚？"

新店开业期间和店老板谈判，要强调利润、送货便利、破损调换、生动化工具支持

"老板您真有眼光，这家店的位置选得非常好，我们公司就是要和您这样店面形象好的客户合作。产品销售利润，我刚才给您算过了，再跟您汇报个好消息，我想把您这家店做模范店，您新店开业我们免费给您提升店面形象，给您店里贴高级压塑海报，外墙上布置高档的防水、防晒围挡膜，门口给您挂上灯笼做招牌。另外，还帮您做堆箱陈列奖励（给老板递模范店标准照片），您只要负责帮我们维护这些东西不被破坏，我们就一个月送您两件货作为奖励和支持。针对模范店，我们还有 VIP（贵宾）服务，我们每周拜访，您一个电话我们就送货上门，日期不好的产品只要保质期没有过半，我们就帮您调换。公司搞促销的时候，肯定优先照顾模范店，这可以帮您带动一下生意。对于位置好、配合好的店，我们还有可能申请给您做店铺的招牌（以下简称'店招'）和灯箱。"

对于中小超市的店长和采购，要强调别的店产品已经进入，还卖得很好

"这方便面您这个小区周围最大的万佳超市都已经进店做促销了，您可以去看看。另外，小区门口的宏城超市和路口的好迪便利店也进店了，都做了端架陈列。宏城超市还想让我们做中秋节的堆头买赠促销，我担心它那家店距离好迪便利店太近容易发生砸价，正拖着那个店长没答应呢！您这家店在家属区广场上，位置比它的好，您要是想做，我可以支持您！"（对采购暗示：这个商圈几个重点店都是他的竞争对手，它们做得这么火，他店里要是没有，搞不好哪天就得挨老板骂。）

对于管理正规的中小超市，还要试探采购考核指标

少数管理正规的中小超市会模仿大超市考核店长的几个工作指标，比如销量、毛利、费用、库存。在与店长沟通的过程中，如果你发现他对哪个指标感兴趣，就说明他这个月在哪个指标上有压力。然后对症下药：他关心业绩，你就强调要做活动提高销量人气；他关心毛利，你就要在他店里推高价新品；他关心费用，你就拿出模范店支持计划。

看准讲利润故事的时机

观察老板什么时候"动心"，赶紧"再烧一把火"。老板详细询问价格，或者拿计算器算利润，这就说明老板已经假设这个产品进店销售，看看能赚多少钱了，此时你要赶紧抓住机会详细算利润。

看店里谁最关心利润

有时候中小终端店老板考虑得比较周全，对进新产品顾虑较多。但是老板娘比较"财迷"，爱算细账，容易被利润打动，对"能不能卖得动""服务怎么样""能不能退货""会不会占资金"等考虑得不那么细。那么下次推销时，你的重点谈判对象就是老板娘。

基础篇

> **课后思考与应用**
>
> **|知识点|**
> 投其所好，6种利润故事的讲法。
>
> **|讨论|**
> 结合本话题的内容召集同事讨论，面对老板、老板娘、店长、新店、老店，他们关心的是什么？如何有针对性地讲你的利润故事？
>
> **|行动|**
> 提炼出自己面对不同类型的终端客户讲解不同利润故事的方法，按照学习—实践—修正—再实践的步骤反复应用，直至形成你的标准教材和工作习惯。

老板，听我帮您算本细账

利润故事绝对不是出价减去进价那么简单。"老板，您做了这么多年生意，利润早就算透了吧？搬个小马扎坐下来，听我用十几种方法给您算一下细账，看看您到底能赚多少钱。"

价差和促销政策产生单位利润

1. 进价。进价要扣除所有的促销搭赠支持，算出"裸价成本"。

2. 出价。零售店店主卖产品不是考虑自己卖多少价钱，而是先看隔壁店卖多少价钱。所以业务员要强调别的店卖这个价格，公司规定所有终端都卖这个价格，价格贴和海报上都注明这个价格，让店主对零售价建立信心。

3. 回报率。单包利润÷单包净进价＝回报率。本节开篇讲的案例里，店主一般只记得一包赚0.7元。0.7元听上去可能算不上多，但是如果算一算利润率，高达87%！说出来就更有说服力。

赠品产生利润

"福满多'箱箱有礼'送一条毛巾，您这个零售店大部分消费者不会整箱购买。箱子打开后散卖，毛巾您挂出来卖至少能卖3元一条，这样一箱方便面您又多了3

元利润。"

"您这么大的酒店,春节得给员工发福利吧?您只要卖我们十箱油,我们就送您十袋大米,这样您就可以发给十个员工了,一举两得,省得您拿钱买了。"

专供品种价格管理帮您保障单位利润

"我们一个村只给一个网点铺货,不会出现一个村里几个网点砸价的现象。而且我们给您的产品和大超市的产品是不一样的,不会因为镇上大超市砸价打乱您的价格,您的利润有保障。只要您认真陈列,主动推荐,让这个产品卖起来,利润就永远是您的。"

如果小区店老板听完你介绍新产品之后问:"你们会不会给其他几家店送货?"店老板是担心一个小区的店互相砸价,而老板的店又是这个小区位置规模都比较好的。你就答复老板:"我们新产品上市后的第一个月在这个小区只打算挑选一家比较好的店,帮他一起做活动把产品做起来,至少这个月其他的店我们是不会供货的。"

销量产生销售总利润

"价差利润摆在这里,看您能不能拿走。""销量大不大我不说,您自己看。"举出你的产品能卖的理由,比如广告促销支持,再举出别的店卖得好的具体案例。

消费者单次消费量大,客单价高,产生利润

"我们的酒喝起来清淡醇香不上头,又是小包装,现在高档饭店都流行喝健康酒,这种酒的消费者一次饮用量大,您也赚得多。××酒(竞品)在您店里卖的是一斤三两装的大瓶,度数高,还搞'再来一瓶'。您仔细想想,这让您店里少卖多少酒、少赚多少钱呀!"

回转快产生周转利润回报

"您作为店老板赚的不是单位利润,而是周转利润回报。卖我们的产品一包赚0.5元,卖杂牌货一包赚2元。但是我们的产品卖得快,三天卖完,一个月回转十次,月毛利是5元。杂牌货两个月才能卖完,但月毛利是1元。您算算谁的利润高?"

返利产生累计利润

"您一年累计卖够两百箱我们就送您一台冰箱,零售价 1700 元呢!两百箱什么概念?一天不到一箱,一天卖六瓶您就完成任务了。酒量好的客人一桌能喝好几箱,您只要认真推,肯定能完成。折合下来您一箱又多了 8 元的利润,刚才说利润率 87%,把这个算上,您的利润率都超过 100% 了。况且您开小超市,冰箱您是少不了的,我们不给您,您自己还是得花钱买。现在我们先给您冰箱,卖够任务量我们退押金,这样您提前一年就能用上冰箱了。"

注意:

任务量不要跟店主算总数,要分解到天。卖两百箱高档啤酒对一个小餐饮店并不容易,但是细分到一天六瓶听起来确实不难,实际上按天分解目标是个偷梁换柱的方法,因为没有考虑竞品和淡旺季因素。

退包装产生二次利润

针对酒水行业退瓶盖、方便面行业退箱皮促销的情况来算细账。比如,每个瓶盖退 0.5 元,一箱又多了 12 元的利润。又如,空瓶回收 0.5 元一个,竞品是 0.3 元一个,利润又多了。

退包装的手续费产生三次利润

"您作为终端小超市,回收瓶盖一个 0.5 元,一般这 0.5 元都是抵了购物款,是能促进您店里生意的。另外我们厂家给您兑换的时候,十个盖子给您十二个盖子的钱,那两个盖子是给您的手续费,我们做促销是促进您的销量和总利润,您兑换盖子我们再给您一道钱。"

陈列奖励产生稳定利润、促进销量增加销售总利润

"只要您陈列二十个空箱子在门口,一个月我们送您两件货,这又是 50 元的利润(按零售价格算)。而且这个钱是您白拿的,只要把空箱子摆着就能拿到,这是稳定利润。别忘了这两件货,我们同样还退瓶子、退箱皮、返瓶盖,这叫'利滚利'。"

"我们帮您做陈列奖励,每个餐桌上摆六瓶酒,挂上价格签,标上零售价,再配上压塑海报,消费者本来不想喝都有可能顺手拿着喝上一两瓶。产品陈列就好像在您店里蹲了一个不用发工资的促销员,不用您费口舌做介绍就能促进消费,相应地,您就增加了利润。"

特殊协议产生协议利润

特殊协议有专架陈列协议、完成任务量的返利协议、为防止竞争要求店主不卖竞品的排他性协议、酒水行业的专场销售协议等。"我们的产品和竞争对手是一个档次的，您是想赚卖一箱货的几十元，还是想赚我们一年给您的 5000 元专卖奖励？您做我们的专卖模范店除了销售利润之外，专卖合作一年额外拿 5000 元。凡是签约的模范店我们都会有记录，对模范店我们优先提供 VIP 服务……"

利润之外的利益：如果你的利润没有优势，要懂得跳出来，讲解利润之外的价值

1. 带人气。"超市要卖货，就要有不赚钱的产品带人气。一句话，店里没有不赚钱的产品您就赚不了钱。"

2. 带牛客户。"没错，我这个产品在您店里销量不大，给您带不了多少利润。但是这个产品主要针对的是白领，他们来这家店每次消费的客单价高，而且都是买高档产品。我的产品就是梧桐树、招财猫，引来的客户就是金凤凰、财神爷。"

3. 带价格形象。"我这个产品是低价产品，单件毛利很低，但这个产品是价格形象产品，因为这个超低价产品在您店里，人家都会觉得您这里的价格低，这就是间接给您创造利润。"

4. 物流服务好、不占资金、调新货等。"我们每周上门拜访，送货、退瓶子、算返利都及时，不占用您的资金。我们的产品保质期过半，只要外包装不破损都给调成新货，我们有促销员帮您做活动……"

我可以帮您提升利润

1. 动销产生新销量和新利润。"我计划给您投放陈列、促销，提升销量、提升利润……"

2. 改变产品结构产生利润。"我打算拿您这里做促销网点，在周围商圈发放消费者购物折价券，推销高价产品……"

"老卖顾客想买的成熟产品赚不了钱，只有把自己想卖的产品卖给顾客才能赚钱！"

"新产品刚开始利润高，先卖先赚钱。等卖起来了，万一价格乱了，就不赚钱了！"

让客户占点小便宜，他会觉得利润更高

1. 促销变通。比如小店一次要货量不够，在公司允许的前提下进行变通，可以让店里先少进几包，做好陈列试销，下周再做进货累计，达到进货等级就发放赠品。

2. 促销马上结束，给终端店申请延时。"现在天冷，我们铺货促销力度大。等过完节，天转暖了就没有促销了。反正那时候旺季也到了，这个货您不愁卖不掉。"

"本次活动已是最后一天，我是专门过来告诉您活动已经结束了。但是报表还没交上去，您要是想要，我想个办法给您按照原来的进货促销政策办，您可千万别说出去（就算老板不进货也会感谢你）。"

3. 货源不足，谁求谁还不一定。在确认给店老板讲清楚利润故事，店老板已经感兴趣但还在犹豫的时候，可以直接帮他拿主意给他写订单，或者做出告辞的样子，"您先忙吧，我那边还有几家店要货，等把他们的货卸完我再来吧，恐怕今天带的货还不一定够呢？"，甚至当着他的面吩咐司机给隔壁店卸货。

说明：

让客户占点小便宜，我们本身并没有付出更多代价，只是在增加客户怕失去优惠机会的忧虑——让他们意识到不接受我们的产品会造成损失。

课后思考与应用

| 知识点 |

14 种利润故事的讲法。

| 讨论 |

召集同事学习讨论本节所讲的利润故事的方法，看看哪些方法适合你们，除此之外你们还有什么新方法。

| 行动 |

总结出你们自己的利润故事方法，要求业务代表熟练背诵。在此基础上，按照学习—实践—修正—再实践的步骤反复应用，直至形成你的标准教材和工作习惯。

第5节　终端推销模型四：12种让终端客户产生安全感的工作方法

店主面对新产品总是既期待，又怕受伤害。

店主对新产品没兴趣？

不可能！新产品意味着更高的利润，当然也意味着不好卖和更大风险。

店主面对新产品总会纠结：万一卖不动，过期怎么办？占压资金怎么办？还是等这个产品卖起来我再开始卖吧……

面对新产品，他们其实首先关心的是"我卖这个产品会不会赔钱"，然后才关心是否能赚钱。

所以，业务代表要用自己"富于感染力的自信和强壮的臂弯"把"怕黑的女人（终端客户）"从忐忑不安中拯救出来。

基础篇

我帮您解除后顾之忧，所以您很安全

面对新产品，终端客户常见的顾虑有：卖不动怎么办？会不会过期？卖不动你们可不可以帮我调换？你们可不可以帮我促销消化？风险大不大？会不会占压我很多资金？我可不可以先看看形势，再决定卖不卖这个产品？

既然知道他们的后顾之忧，业务代表就应该做好准备，打消他们的顾虑。

进货量小，不压资金，吸引消费者，不妨少进一点试试看

"老板，今天我给您推荐个新产品（展示新产品样品）。这个您没卖过，先别急着多拿，先少进一点试一下，毕竟咱们零售店不是批发，一下能走几十件货。零售店走零售，量小就得货全，赚钱靠的就是多品种，最好是让人到您店里想买啥都能买到，而且您要给顾客货全、啥新产品都有的印象，这样才能留住人。要不然一次没有，两次没有，人家就去别的地方了，商店很多，说不定就去您对门了。"

说明：

向中小终端推销新产品的时候，首次订单最好不要下得太多。第一，降低店主的进货压力。第二，首批货迅速消化会让店主觉得新产品畅销。第一次进货动销之后，第二次可以适当增加订单量，通过增加终端库存压力来提高店主的主推意愿。

鼓励试销，首批进货可以调换货物，零风险

"对！您说得对！不一定每种产品到店里您都能卖掉，都能赚钱。但您可以试一下，少进一点试试能不能卖。如果不能卖，您进得少也不怕压货和压资金；如果一试就能卖，这是不是多了赚钱的品种？况且三个月之后如果您真觉得卖不动，我们可以给您调换成您需要的畅销产品。您知道平时我们不退换货的，这次保证换货只是针对首次铺的产品。所以说您今天进货是零风险，您不妨试一下？"

时间很充裕，而且我们公司推的新品一般都能推起来

1. 调货时间长。"新产品我们三个月内都可以调换，您有充足的时间尝试一下这个新产品能不能卖得动、能不能赚钱。"

2. 保质期长。"这个产品保质期12个月呢，您拿到的是这个月生产的，离过期还远着呢，就这几包产品，您还怕卖不了吗？"

3. 产品持续一段时间都能推起来。"您回想一下，哪个产品打开市场时不是很难，但最后不都火起来了吗？再说了，我们公司的产品是国内大品牌，在广告投入、促销支持、业务人员拜访这些方面，都是小企业不能比的。"

我们不是把产品卖给您就不管了，我们后面有周期性服务帮您动销

1. 有事您随时能找到我。"您现在进新产品算是赶上好时候了，以前这个市场是经销商操作，难免有些服务不到位的地方。从今年开始我们厂家成立办事处对零售终端进行周期性拜访，我每周都来拜访您一次，您有什么事直接和我说就行，我能解决的肯定帮您解决。您看我们贴在您店里的客户服务卡，上面有我的手机号，还有我们公司主管的电话，您有问题随时打电话就行。我们不是把产品卖给您就不管了，我们后面有周期性服务，帮您一起把这些产品卖出去！"

2. 咱们的利益是一致的，我必须帮您把货卖出去。"您放心，我不可能骗您，让您进不能卖的货。我的工作不是'让您进一次货'而是想办法'让您多卖货'，您有销量、有利润才会长期进我们的货。所以我必须给您提供一系列的服务，帮您摆货架促进销量，帮您算销量下订单，帮您管库存防止产品即期，有促销直接给您支持，保证您能拿到促销品。产品推广重点有变化也会及时告诉您，免得您进错货而错过公司的推广重点，我必须帮您把店里的生意搞红火，您卖得好，我拿的单子就多，咱俩的利益是一致的。这次让您进新产品我也不可能害您，最后您卖不动肯定要找我，我怎么可能给自己找麻烦呢？"

现在有政策，成本低风险小，早下手利润高

1. 成本低您不会赔钱。"对，新产品刚上市，消费者对产品不了解，刚开始肯定动销慢，但这只是时间的问题。就是因为现在新产品刚上市，才有这么大的进货促销力度。等过几个月产品逐渐推起来到旺季了，促销力度肯定减少了，您今天拿货的促销底价这么低，您进24瓶卖掉14瓶就把成本赚回来了，剩下的10瓶您净赚，不可能让货砸您手里让您赔钱。"

2. 早下手才能赚钱。"不要等到'火起来'之后您再卖，做生意就是要抢

在别人的前面，做别人没做的事。您看，零售店一半以上的生意都是来自卖给回头客，您早下手，您的老主顾就知道您这儿在卖这种产品，时间长了他们会习惯到您这来买这种产品。产品火起来的时候，您的路都铺好了。如果等到产品火起来了您再进货，那就迟了。再说了，现在进货利润高，过一段时间利润就可能降了。"

我们帮您做动销，咱们一起把货卖出去

1. 陈列动销。"老板您看，我们的新产品不仅利润高，而且它是公司今年的重点产品，公司配套了很多生动化工具，像条幅、海报、折页、吊旗、桌牌、立卡、围挡膜等。我们还专门进行了生动化提高销量的培训，从店外、店内和餐桌三个位置帮您做陈列。店外咱们挂条幅做空箱陈列奖励，店内我帮您在一进门的位置做个割箱梯形陈列，周围配上条幅、海报、折页、围挡膜。最靠近消费者的地方就是餐桌，我给您在大厅桌面上做摆台陈列，每张桌子上摆上产品，挂上价格牌，消费者坐下顺手就拿来消费了。其实好的产品陈列就是无声的推销员，我们已经在附近照这个生动化标准做了几家店了，您不信自己去看看，看看能不能帮您促进销量，看看做成那样会不会卖不动。"

2. 促销动销。"我们春节前上的这个产品，产品自带促销，每买一桶油送一个微波炉用饭盒，另外还带抽奖。您看过年的时候大家做饭做菜就多，微波饭盒很实用，而且它在超市里零售要十几元，消费者花60元买一桶油就能得到十几元赠品的话，他们会觉得实惠。除此之外，还有抽奖。有的消费者拿咱们的产品过年走亲戚送礼，跟对方说这个产品能抽大奖，中了的话可以去欧洲旅游，这更增加了他们送礼的分量，而且还不俗气。产品有这么大的促销力度，您再稍微主动介绍下，还愁卖不动吗？"

3. 广告动销。"产品刚开始卖肯定没那么多人点名要，但是很快就会有越来越多的人要了。因为这个新产品是我们公司今年的重点产品，针对这个产品投放的广告要播半年的时间呢。"

> **课后思考与应用**
>
> **|知识点|**
> 让客户后顾无忧的 6 种工作方法。
>
> **|思考|**
> 反思本话题讲的各种让客户后顾无忧的承诺，目前哪些是你无法做到和不敢承诺的。
>
> **|行动|**
> 把你能对客户的承诺总结出来，结合企业情况进行补充，使其具体化，变成业务代表拜访终端时的话术。按照学习—实践—修正—再实践的步骤反复应用，直至形成你的标准教材和工作习惯。

放心，我的货在您店里能卖，所以您没风险

没后顾之忧了，接下来要让客户产生信心。下面我给大家介绍新产品销售机会分析方法。

从商圈消费群分析新产品在店内的销售机会

1. 针对流动人口商圈。"您这家店周围流动人口多，天南海北的人都有，什么口味、价格的产品都有人需要，所以最好多进品种，多一个品种就多一个机会。"

2. 针对固定人口商圈。"您这家店固定人口多，新产品一旦培养起来，卖开之后会形成固定回头客。"

从商圈变化分析新产品在店内的销售机会

1. 商圈周围业态变化。"您这个超市附近新开了一家高档烧烤店和一家会所，这会带来新的高端消费群，所以您应该进点高档产品。"

2. 商圈人口变化。"没错，咱农村取暖设备不好，冬天没人喝啤酒，但是马上就过年了，外地打工的年轻人会形成一波返乡高峰。年轻人爱喝啤酒，在外头辛苦一年回来要撑面子，所以您应该进点中高档啤酒。"

3. 商圈周围事件变化。"交易会和旅游高峰马上就要到了，全国各地的人都

基础篇

会来，您得赶紧准备多品种产品线销售。"

从产品参照物分析新产品在店内的销售机会

1. 以强势产品做参照。"新产品的口味、价位、包装风格和××畅销产品很接近，它能卖，您为什么不能卖？"

2. 以目标消费群做参照。"您这个超市周围有个很大的桂林米粉店，说明这里经常有广西人来，您店里就得准备点广西特产卖！有消费群就不愁卖不动。"

"现在调和油主要是金龙鱼，豆油主要是福临门，花生油主要是鲁花，玉米油主要是谁——中国人谁都不知道！我们××玉米油关注心脑血管健康，针对的就是喜欢玉米油清淡口味、有心脑血管问题的中老年消费群体，目前同类产品市面上还没有，您周围这几个小区这类消费人群可不算少。"

"谁说本地人不抽外地烟、不喝外地酒？很多消费者属于好奇性消费，喜欢尝试新东西。另外，谁能保证您这里没有外地人？您旁边不远的一个城中村，那里不是外地人聚集的地方吗？这些人背井离乡，其实都想念家乡的饮食风味和家乡的产品。"

课后思考与应用

| 知识点 |

"我的货在您店里能卖得动"的 3 种工作方法。

| 思考 |

你是否同意在本话题介绍的"新产品销售机会分析方法"？请根据你的情况修改总结。

| 行动 |

运用你自己总结的"新产品销售机会分析方法"做课堂演练，按照学习—实践—修正—再实践的步骤反复应用，直至形成你的标准教材和工作习惯。

别人都不怕，您怕什么

终端店老板互相观望、互相模仿的心理很普遍，他自己进什么货，卖什么价格，先要看看别的店是怎么做的。营销界称这种现象为"NO.1效应"或"从众心理"，意思是利用客户之间的模仿观望心理做推销。

搞定第一家店

去乡镇铺货，一条街上的商店，一定要想尽办法把货铺进第一家店。货车停在离第一家店50米远的地方（业务员进店推销），等第一家店要货之后，业务员要对司机大喊"老张，这里要货15箱"，货车司机大声回应"来啦"，把车开过来，然后大声地送货找钱。总之，要喊得一条街都知道。如法炮制，只要前三家店要货，后面就不用愁了。

先挑客情最好的那家店铺货

某个小区有六家超市，业务员去铺新产品，要先思考哪一家容易要货，比如客情好的店、生意好的店、刚刚处理完不良品欠你人情的店、公司的分销商和协议店等，先把这种店铺上去，在店门口挂新产品条幅、做新产品堆箱陈列，吸引别的店进货。

给没进货的空白店看成交店的订单

1. 别人都进了。在没进货的店展示已经进货成交店的拿货订单，告诉店主这个小区就剩他这一家没有这个产品了。如果第一家店不要货，那就先去拜访第二、第三家店，成交后返回第一家店给店主看那两家的订单，让他知道他隔壁的两家店都进货了。

2. 别人卖得不错。对于长期不进新产品的"钉子店"，让店主看其他店的重复订单。"您看看别的店多长时间进一次货，卖得怎么样。"

3. 您的竞争店进货了。在空白店打电话给司机让他去隔壁店送货，看见空白店店主在吃饭，就说："大哥您先吃饭，我先去把××超市（可能是他的竞争超市）要的订单签完了，再过来和您谈。"碰到分销商不进新产品的情况，把别的分销商进货的订单给他看，告诉他们："其他分销商都有货了，如果您不上货，他们抢了您的客户，我们可管不了。"

课后思考与应用

| 知识点 |

"NO.1 效应"推销的 3 种工作方法。

| 思考 |

你现在有搞不定的终端店吗？你是否打算用这种方法去搞定"钉子店"？本节的所讲的"NO.1 效应"，你还可以补充什么细节和招数？

| 行动 |

用"NO.1 效应"的方法进行推销，按照学习—实践—修正—再实践的步骤反复应用，直至形成你的标准教材和工作习惯。

第6节 临门一脚，终端推销组合拳

前几节我们学习了四套终端推销近身肉搏的招数模型，本节回顾梳理这些招数，理清脉络，再增加一些新方法，把招数整合成"组合拳"。招数成了"阵法"，便可谋局，化被动为主动，自己创造进攻机会。

组合拳一：破冰。推销之前，要先和店主拉近距离，消除戒备心，才能赢得推销机会。

组合拳二：工作目标介绍。不管你今天是来卖货还是来洽谈陈列协议，要先把今天的来意讲明白，而且要迎合对方兴趣。

组合拳三：打消异议。推销是从客户说"不要"开始的，客户总会有多种借口拒绝，我们要学会如何化解。

组合拳四：讲利润故事。塑造安全感，让客户感到不会赔钱而且一定会赚钱，这是打消客户顾虑的必选方法。

组合拳五：最终要促成合作，达到推销目标。

基础篇

终端推销组合拳一：破冰

破冰的主要方法在本章第 2 节已经介绍过，此处不再详述。

万一碰上油盐不进的"中华鳖精"，把前面学过的方法都用完了，对方还是拒人于千里之外，怎么办呢？太厚的"冰"不是一次就能破掉的，要在拜访接触的过程中寻找裂缝，对着裂缝猛凿。

越是身份卑微的人，越在乎别人对他的尊重

记录客户的生日、店庆、装修、乔迁、红白喜事等"大日子"，到时候稍微表示一下，哪怕是一个短信，也能让你的客情加分。这个方法看似简单俗气，但对终端店的老板非常管用。因为越是身份卑微的人，越在乎别人对他的尊重！

拍准马屁

马屁是精神麻醉，多数人都受用。但马屁必须拍得专业，否则反倒让人起疑心——无事献殷勤，必怀鬼胎。拍客户马屁的核心技术在于投其所好，每个人都有自己的得意之处（甜点），也有他忧心的事情（痛点），这才是他真正需要被认同和被安慰的地方。拍马屁要提前找素材，业务员平时要察言观色，记下终端店主的喜好。处处留心皆学问，所以马屁拍对了，一句顶一万句。比如：

有的终端店主自认为素质高，和周围这些小老板不是一路人，马屁就应该这样拍："这条街上敢做高档货的老板也就您一个，推高端新品我肯定要找您。"

有些终端店主觉得自己神通广大，有很多关系，你就说："大哥，凭您这么多年在国营糖酒公司的经验和关系，您自己开个超市，做法就是跟别人不一样，您怎么赚的钱，别的老板可能都看不懂，也就是小弟跟您打交道时间长才明白一点儿。"

有的小饭店老板特别自豪自己是个厨师，他开的餐馆的饭菜有品位，他就喜欢听人这么说："大哥，别人可以心里没底，您还没底吗？他们的厨子是雇的，今天干、明天可能就走。您店里的招牌菜都是您这个金牌大厨自己做的，位置又这么好，菜又有特色，来您这里的客人是冲着您的饭菜来的，不是冲着酒来的，您卖啥酒全看您推荐了。"

还有的老板特别骄傲自己的儿子了考上名牌大学，你就可以说："哎呀，还是您有福，有个上名牌大学的儿子呀！我来打这份工也是勤工俭学赚个学费，但

是我那学校跟您儿子的肯定比不了。"

谈谈店主关心的人、事、话题

店主最近的兴奋点和焦虑点是什么？是足球赛？是儿子考大学报志愿？是房子拆迁？是宠物狗生病了？还是担心隔壁新开一家店抢走了生意？平时留意，然后准备些谈话内容，找机会切入，比如"我也是刚考上大学，假期勤工俭学打份工"或"我们院子里有条牧羊犬在宠物医院看感冒，结果给误诊死了"。沟通有共鸣，生意自然来，这就是所谓"先交朋友，后做生意"的含义。

客户没有好坏，只有不同，所以要"处心积虑，因材施教"

终端业务代表同时面对几百个中小终端客户，要做个有心人。本节前面提到的客户的"大日子"、客户一直以来的得意之处、客户近期关心的事情等资料要在平时搜集记录，这些资料就是冰面上的裂缝。另外，"客户没有好坏，只有不同"，不同的客户就要用不同的沟通策略，要对终端店店主的性格特点进行分类，记在客户卡上。比如有的客户爱占小便宜就画个铜钱，有的客户"江湖"气重就画个酒杯，有的客户是善心老太太就画个笑脸。在沟通过程中要有针对性："江湖"气重的客户要让他有面子，找他得意的地方恭维他，推销时让他觉得是在向他请教、找他帮忙而不是说服他；爱占小便宜的客户，促销政策别直接给他，让他"占便宜似的"才能拿走；对善心老太太要进门搓手搓耳朵跺着脚说"天太冷了，阿姨，让我在您这里暖和暖和吧"，就能赢得沟通机会。一年365天，天天都是生意机会，关键是事事留心、事先谋划。

课后思考与应用

知识点

本章第 2 节学习的破冰方法。

4 种"凿冰缝"工作方法。

行动

复习本章第 2 节学习的破冰方法。

基础篇

> **| 重点推荐 |**
>
> 对不同类型的客户，在客户卡上做标记，提示自己有针对性地沟通。
> 对重点客户的"大日子"，在客户卡上进行记录。

终端推销组合拳二：本次工作目标介绍

终端推销不一定是卖货，这次拜访的目标可能是提升陈列，也可能是签订协议……无论目标是什么，业务人员要能明确表达自己的来意，并且突出客户的利益点，赢得客户的认同。

先来分析几个失败的工作目标介绍的案例。

案例1："老板，您看您卖我的啤酒，但是吧台上都没摆我的酒，让我进去摆放一下吧。"

分析：

此时应分析老板会怎么想。老板想："我的店、我的吧台，我摆什么产品关你什么事！凭什么摆你的啤酒！再说了，我的吧台位置小，我肯定是摆价值高、利润高的白酒……"

建议：

进店后先把破旧的海报换了，把空啤酒瓶子整理一下，把货架擦一擦，让老板感到你真的是来服务的，然后见机行事。"老板，吧台可是咱店里的脸面，代表咱店里的形象。我已经把货架擦干净了，再帮您把吧台也整一下吧，您这吧台要是摆整齐还能腾出地方再放几个品种呢。""吧台酒柜上摆的陈列酒因为是展示品，不经常注意，日期就陈旧了，我帮您看看，把即期的产品拿到柜台上卖了吧。""老板，快过年了，我们公司印了新年的海报，上面有新年日历，还有'恭喜发财'，我再给您店里挂几个灯笼，咱新年也喜庆喜庆。"帮老板干活，老板就会接受，然后就有机会"动手"，只要有机会"动手"，就能给自己的产品挤出来陈列空间。

注意：

抢陈列位置一次到位易引起店主反感，要分步执行，不能着急。

案例2："老板，我们公司要求查看客户的库存，我要进您的库房看一看。"

分析：

同上例，又让老板感觉自己的地盘和利益被侵犯。

建议：

"老板您好，我上次帮您把三箱保质期过半的货搬出来放到门口让您先卖，怎么不见了？是您卖了，还是又搬回去了？我再到库房帮您看看吧。""没事没事，这是我的本职工作，我必须帮您看着生产日期，发现情况不对我就要想办法帮您消化，要不然最后即期了咱俩都难办！"

案例3："老板，我们给您的展示柜是让您展示饮料的，您怎么放了肉和菜？我要给您拿出来！请您配合我的工作。"

分析：

这样说不但让老板觉得你在侵犯他的地盘和利益，而且这位业务员话说得很不好听，居然明目张胆要求店主"配合工作"，真拿自己当领导了！换位思考一下，假如你是店老板，听到这样的话会是什么反应？

建议：

"老哥呀，我的上帝呀，我给您的饮料制冷展示柜您怎么放了肉和菜呀？公司检查的人看见肯定要扣我的工资，就算您不可怜兄弟，您也要关心自己的钱包啊。这冷藏展示柜您是交了押金的，您现在放肉，一是水汽大会使镀锌管容易生锈，二是容易堵塞气孔。过两天出问题了，我让公司来修，公司一检测不属于保修范围，还要扣您的押金，到时咱们怎么办呀？再说了，那饮料和肉、菜放到一个柜子里，饮料拿出来一股子肉味谁要呀？"

案例4："老板您好，我是某某公司的业务员，首先非常感谢您对我们公司一直以来的支持。您经营我们的产品很多年，是我们的优秀客户。新年到来之际，为了回馈各位优秀客户，我们公司推出了一个新品进货套餐，不知道可不可以打扰您几分钟……"

分析：

这一看就是没干过一线销售的人闭门造车写出来的销售话术。业务代表喋喋不休说了两分钟礼貌用语，还没说到正题上。哪个客户有时间听你废话？结果要么是店主直接吼起来"直接说你们要干啥？有什么优惠？"要么就会被店主直接轰出来！

基础篇

建议：

不如简单点儿说"老板您好，您店里缺个产品……"，或者"新品上市首轮铺货，促销限量……"

案例5："老板您好，向您推荐我们公司花巨资研发的纯天然配方防脱发洗发水新品……我们公司是上市企业……我们获得国家某某认证某某奖章……我们的市场投入……"

分析：

老板进产品不是自己用的，产品如何，企业如何，甚至市场投入如何他都未必感兴趣。他很可能就冷冷地回答"这个产品价格太贵，我不感兴趣"。

建议：

要从终端店主的角度出发思考问题，他最关心的是商业利益而非产品本身。他说没兴趣，业务代表可以说："对这款防脱发洗发水我自己也没兴趣，不信您看我的头发很好，一根都不掉。但是咱开店对赚钱有没有兴趣？产品价格贵不贵其实无所谓，您高买高卖嘛，关键您看它给您带来的是什么。"然后开始讲利润故事。

通过上述案例，不难发现推销的工作目标介绍必须遵守以下两个原则。

第一，简短、清晰、熟练。破冰方法讲了一大堆，绝对不是靠啰啰唆唆的礼貌用语和标准话术，谁都有自己的事，店主没时间听你兜圈子。

第二，换位思考，看看你的工作在他眼里能带来什么好处。把"我要做什么"变成"您店里需要什么，我来为您服务"，是"我给您好处，帮您解决问题，帮您提升生意"，而不是"要卖给您什么"，不能要求"请您配合我的工作"。

本章第3节就有典型的变"我要做什么"为"您店里需要什么"的例子，读者可以进行回顾。

> **课后思考与应用**
>
> **│知识点│**
> "工作目标介绍"的常见错误方法。
> "工作目标介绍"的两个正确原则。
>
> **│思考│**
> 将本话题讲的 5 个案例拿出来与同事分享,看他们认为应该如何回答这些问题,对照本话题给出的建议答案,寻找差异。
>
> **│讨论│**
> 总结业务代表目前正在介绍的"工作目标",运用本话题介绍的方法,讨论标准话术。
>
> **│行动│**
> 将你总结的工作话术进行课堂演练,按照学习—实践—修正—再实践的步骤反复应用,直至形成你的标准教材和工作习惯。

终端推销组合拳三:打消异议

破冰让我们能够赢得沟通机会,"工作目标介绍"清晰地介绍了本次工作目标并引起客户兴趣。大多数客户不会那么痛快地妥协,他一定会有这样或那样的顾虑,但客户提出异议是好事,说明他感兴趣。如果客户只是嗯嗯啊啊地应付,压根不谈反对意见,那只能说明你破冰不成功。终端推销组合拳的第三招就是打消异议,处理客户异议有以下 4 个原则。

原则一:永远不要和客户争论。无论他提出什么异议,我们都回答"对"或"我理解",然后顺着这个话题往下说。

原则二:永远想在他前面。客户会提什么异议我们应该可以猜出来,可以事前集思广益总结出来,答案要提前写出来并熟练背诵。为什么说"买的没有卖的精"?因为卖家天天在琢磨:"客户会问什么问题?我该怎么回答?"

原则三:顾虑抢先法。如果你知道终端店主一定会有某个顾虑,千万不要回避(让客户自己先把顾虑说出来,你就被动了),而要自己主动先把这个顾虑讲出来,而且要用一种大事化小的语气让终端店主觉得"这种困难是正常现象,是小

基础篇

事，完全可以化解"。

原则四：话术的总结不要天马行空。要注意使用前面介绍过的"利润故事""让客户产生不会赔钱吃亏的安全感""分析产品结构和销售机会""用从众心理推销""顾虑抢先法""不与客户争论"等推销方法。

案例1："都十二月了，天冷了啤酒不好卖了，咱这乡镇的小超市没多少量，我这次不进货了。"

回答："对，您担心天冷不好卖是正常的。但是别忘了马上就过年了，过年现在都流行去外面吃饭，咱这里饭店流行自带酒水，还是能卖不少啤酒的。"

运用方法：不与客户争论，分析产品结构和销售机会。

回答："对，您担心天冷不好卖是正常的。但是快过年了，外面打工的年轻人陆陆续续都回村里了，货就更好卖了。"

运用方法：不与客户争论，分析产品结构和销售机会。

回答："对，您担心天冷不好卖是正常的。但是现在不少居民家里有暖气，吃饭的时候还是能喝啤酒的。"

运用方法：不与客户争论，分析产品结构和销售机会。

回答："对，您担心天冷不好卖是正常的。但是人们天热的时候喝啤酒是一箱一箱喝，往往老百姓喝中低价啤酒；到了冬天吃饭喝啤酒也就喝一两瓶，反倒容易喝高价酒。所以冬天啤酒销量可能小一点，能挣钱的高价酒还要主推呢！"

运用方法：不与客户争论，分析产品结构和销售机会，利润故事。

回答："对，您担心天冷不好卖是正常的。但是我们也就是冬天淡季才搞这么大力度的促销活动，到了旺季促销力度就小了。"

运用方法：不与客户争论，利润故事。

回答："对，您担心天冷不好卖是正常的。但是您看看隔壁某某超市，人家现在啤酒的库存是多少。"

运用方法：不与客户争论，用从众心理推销。

案例2："我新装修的店面，不要在我店里乱贴海报、乱摆货……"

回答："对，大哥您这家店确实装修得很漂亮，乱贴乱摆就糟蹋了。但是我们的陈列海报工作是公司严格要求的，目的就是宣传产品、提升销量，还不影响店内美观，我们都是受过训练的。不信您看这是我们做生动化的标准照片。怎么样？我按照片上的样子给您试一下，不行我再给您恢复原样！我先给您贴一个包间,您看一下,觉得不好我们就不贴了,把这一张也给您揭下来。我也给您做一组割箱陈列,您先看个样子,觉得不好的话,我给您换回来。您放心,您不发话,我们绝不乱贴。我估计您不会让我返工的,我刚才给××超市布置了一遍,老板高兴得不得了。"

运用方法:不与客户争论,让客户产生不会赔钱吃亏的安全感,用从众心理推销。

回答:"对,大哥您这家店确实装修得很漂亮,乱贴乱摆就糟蹋了。这样吧,我们不在墙上贴海报,在每个包间门背后贴一张高档酒的海报,客人进来坐下点了菜、包间门关了就能看到,也方便服务员推产品,平时包间门开着看不到海报,不影响您店里的美观。"

运用方法:不与客户争论,讲利润故事。

回答:"对,大哥您这家店确实装修得很漂亮,乱贴乱摆就糟蹋了。但是门贴是贴在玻璃门把手上的,还能防止客人看不清撞到玻璃上,而且也就公司最近搞活动推新品时,我们贴一段时间,活动结束就揭掉。我们都是受过训练的,门贴温水一泡就能揭下来,一点痕迹都不留。"

运用方法:不与客户争论,让客户产生不会赔钱吃亏的安全感,我们是来服务的。

回答:"对,大哥您这家店确实装修得很漂亮,乱贴乱摆就糟蹋了。但是老板呀,大冷天我骑摩托车跑来说了半天、干了半天,您新产品不要,老产品(以下有时简称"老品")不接,那我也没办法。我能力差,您厉害,我认命。但是您不让我摆货,不让我换旧海报,也不让我做新品陈列。我是不是哪里做错惹到您老人家了?请您批评。"

运用方法:不与客户争论,用"可以,但是"沟通法(详见本节后文)。

案例3:"畅销烟不够卖……"(烟草行业有个特点,烟草公司根据终端客户的销量给客户定级别,客户销的滞销烟和非畅销烟越多,客户级别就越高,越能拿到中华等畅销烟的货源。反之级别低的客户,就拿不到畅销烟。)

回答:"对,咱们烟草行业都是这样,畅销烟都不够卖,刘老五的店这个月中华烟才给了他三条。"

运用方法:不与客户争论,让客户产生不会赔钱吃亏的安全感,利用从众心理推销。

基础篇

回答:"对,咱们烟草行业都是这样,畅销烟都不够卖,您别的非畅销烟够卖吗?我给您推荐几个最近还卖得不错的,非畅销烟的销量上去了,我就帮您调级别,就有畅销烟货源了。"

运用方法:不与客户争论,讲利润故事。

回答:"对,咱们烟草行业都是这样,畅销烟都不够卖,您别的非畅销烟够卖吗?别的非畅销烟也卖不完,那您只能卖这么多量,就这个级别了。只能卖畅销烟的客户是不可能上调级别的,我给不了您畅销烟,但是我可以想办法帮您调级别,店里的陈列……促销……装修……"

运用方法:不与客户争论,讲利润故事,分析产品结构和销售机会。

上述内容仅是业务员自己总结的原汁原味的案例,绝不是让大家照搬的范例。类似的问题成百上千,答案也可能有无数种。当一个产品的价格、包装政策确定后,业务员在终端会遇到的问题和异议是相对固定的,既然问题固定,标准答案或者相对好的回答也就能总结出来。死记硬背不是好方法,但是只有先固化,才可能优化——提前准备,肚子里有东西,才能更好地临场发挥。上面所有的武功招数贯穿的都是事前准备这个思想。

课后思考与应用

| 知识点 |

处理客户异议的4个原则。

理念——谈判桌上你有多少话语权,全看你在谈判桌下做了多少准备。

| 思考 |

请同事分享对本话题的3个案例的回答话术,对照本话题给出的建议答案,寻找差异。

| 讨论 |

总结目前终端业务代表常遇到的"异议",运用本话题介绍的方法,讨论标准回答话术。

| 行动 |

将你总结的"异议"回答话术进行课堂演练,按照学习—实践—修正—再实践的步骤反复应用,直至形成你的标准教材和工作习惯。

终端推销组合拳四：让客户成交得心甘情愿，甚至暗自庆幸

现在破冰已经成功，赢得了沟通的机会和氛围；本次的工作目标也已经明确提出，而且让客户感到业务代表是来提供服务的；客户异议在客户没说之前已经准备好答案并顺利化解。最后的"临门一脚"促成合作少不了三个动作：讲好利润故事，让客户相信肯定不会赔钱，利用从众心理打消客户顾虑。这三个动作是一定要有的，哪怕客户已经同意合作也最好用一遍，能让客户心甘情愿甚至暗自庆幸自己做出了一个明智的选择。这些环节我们在本章的第 4 节、第 5 节中已有详述，请参照这部分内容进行回顾。

> **课后思考与应用**
>
> **| 知识点 |**
> 推销最后阶段，"临门一脚"的三个必选动作。
>
> **| 行动 |**
> 复习本章第 4 节、第 5 节的内容，体会为什么说"讲好利润故事，让客户相信肯定不会赔钱，利用从众心理打消客户顾虑这三个动作是一定要有的"。

终端推销组合拳五：达到本次推销工作目标

破冰已经成功，双方有机会深入沟通；业务员的本次工作目标已经明确；客户异议已经顺利化解；客户相信这次合作对他有好处，相信"至少不赔钱"或"肯定能赚钱"，而且"别人都已经在进行了"。到这一步大多数客户也就被搞定了，只有极个别客户还要讨价还价，此时业务员需要帮助客户下决心。

帮助顾客拿主意

有些客户有意向合作，但就是犹豫不决，总要在"进哪个品种""价格政策、奖励额度到底划不划算""到底签保量协议还是专卖协议""进货量多少""卖不

完怎么办"等细节上不停地打转。这种客户以女性和做生意的新手居多，他们因为不自信而优柔寡断。这时候就需要别人帮他下决心，方法如下：

1. 帮他做决定。暂时不谈订单，直接帮他挑选品种、明确价格，利用从众心理告诉他"这一条街别的店都进货了"或"这个小区的几家店都签陈列协议了"，用自己的信心感染他："我天天卖货，我知道您这家店能卖什么品种……"然后，直接下订单让他签字。

2. 二选一沟通和多选一沟通法。这是个常识，不要问他要不要货，而是问"您要A还是要B"，或者问"我们这次的套餐有A、B、C、D、E、F，您选哪一种"。

添柴法

促销政策不要一进门就主动报出来，先盘点库存让客户下正常订单，再告诉他"您现在都进了140元的货了，我们规定进货200元以上就享受一个礼盒奖励，您不如再补充进货几十元，就能拿到40元的礼盒奖励了"或"您现在都进10箱货了，我劝您不如进够18箱，我们公司现在有一个陈列奖励政策，每个月陈列满18箱送2箱"。

高开低走

1. 产品推销先高后低。先看店内品种确定店内缺什么产品，然后"高开"——推销价格更高一档的产品。对方必然回答"太贵了，我这家店卖不动"。业务员立刻利用从众心理推销，告诉对方哪些同规模的店都在卖。最后"低走"——替老板考虑："大姐，这样吧，您觉得这个产品价格高了有压力，我也理解，咱们这次先不进，我帮您留意着那几家店这个产品卖得咋样，咱们到时候再说，我这次给您推荐一个价格实惠的产品，这个不愁卖……"

2. 政策坎级先高后低。公司的政策是进12箱送1箱（24瓶），相当于1箱送2瓶。业务员先"高开"——告诉店主进24箱送2箱，这个店主一般接受不了。再告诉他进12箱送20瓶（进货量小奖励额度变小），最后"低走"——打电话向主管申请，照顾老客户，进货坎级减半（进12箱），促销力度不变（送1箱）。

下钩子

1. 先贴海报后卖货。要推新品，老板不愿意进货不必强求，可以用生动化工作吸引消费者。先在店内、店外的墙上，在隔壁店里大量张贴新品的海报、吊旗、立牌、灯笼（只要老板让你贴海报，他一般不在乎你贴哪个产品的海报），拿新品的空瓶子在这个酒店的餐桌上做摆台，把新品的空箱子放到这家店的大厅做堆箱。这样肯定会有消费者点名要的，店里没有这个产品，老板就会茫然。如果正好让业务员碰上了，业务员就去隔壁店拿几瓶过来给消费者，告诉老板"咱不能得罪客人"，老板肯定会进货的。

2. 先兑现政策后卖货。前面欠客户的陈列奖励和进货返利？客户的空酒瓶子没有回收？客户垫付的"再来一瓶"的奖品没有兑现？"哎哟，对不起，我们马上上门兑现，全部折成进货款。"

3. 先赊销后卖货。铺新品时，如果终端客户担心不好卖不愿意进货，业务员就应鼓励分销商对熟悉的终端客户进行赊销，为了防止终端赊销接货而不主动推新品，业务员要告诉终端客户："新品进货10箱（新品）送2箱（畅销的老品）是陈列奖励政策，不过有三个注意事项要跟您说下。第一，必须把新品摆在门口的醒目位置；第二，赊销铺货当时不给赠品，卖完货付清货款才给；第三，陈列检查合格后，我们才给赠品。"

可以，但是

客户总希望能获得一点特殊的照顾，占一点小便宜，最后通常会提出一点小要求。如果业务员直接回答"不行"，那就太笨了。谈判高手永远不会说"不"，谈判高手面对任何挑战都回答"可以，但是"。

采购说"给个特价支持我""给我费用""给我搞个活动"，业务员要回答"可以，但是这批货我们不赚钱，您要给我现款""可以，但是您要给我堆头支持""可以，我特价的时候竞品不能搞特价""可以，但是要允许我上两个临时促销而且免费用的场地""可以，但是我先交一半费用，然后给您承诺一个保底销量。完成销量的话，剩下的一半费用我们就免了（因为我们给您创造了足够的毛利），完不成的话，我们就把费用补上"。

中小终端店主说"给我换个破损""给我修一下灯箱""给我做个店招""给我兑现陈列奖励"，业务员要回答"可以，但是下次陈列你必须配合""可以，

基础篇

但是您店里的灯笼得全部换成我们公司的""可以,但是您靠街道的窗台上要摆上我们的空瓶子""可以,但是您店里的墙上只能贴我们的海报""可以,但是您必须答应不做其他竞品""可以,但是您要进新品,哪怕进半箱也行""可以,但是您必须保证新品的库存不低于两箱,这个货又不是不能卖,您最好保证安全库存"。

"可以,但是"这四个字是最经典的讨价还价技巧,也符合中国人的语言习惯——"正经话"都是放在"但是"后才说的。

小杂货店老板的生意经

小生意有大智慧。同样在小区开一家烟酒店、奶店、化妆品店。为什么有人生意好,有人生意差?看看一个小杂货店老板总结的生意经,语言朴实,却兼顾了如何聚客提高人气、如何提高客单价、如何推新品,简单实用,很土很强大。

聚客

和气生财:小生意做的就是人缘和回头客,所以和气生财。做买卖平时要广结善缘,不要临时抱佛脚。不能因为这个人不来店里买东西就不理他。平时见到人要主动打招呼问好,点头微笑,夸夸人家孩子漂亮,夸夸人家的宠物狗漂亮,赞赞人家老人气色好等。关系融洽了,他买东西就会首先考虑到你这里。

增值服务:比如帮别人存个车子,暂放东西,电脑让人家免费上网发个邮件,帮别人临时看看孩子,人家去超市买东西时宠物狗在你这里暂时放一下等免费服务。小生意,要先交朋友,后做买卖。所以吃亏是福,吃小亏才能占大便宜。

熟客管理

送货上门:别怕麻烦,人家要的东西少?没关系,照样送货上门,还要跑得气喘吁吁。人心都是肉长的,这个消费者心里会过意不去的,下回可能要的就多了。至少能落个好口碑。

诚信口碑:社区做生意完全靠口碑,绝对要诚信,不销假烟,不卖假货。诚信是在社区店赚钱的前提。店里卖出去的香烟、奶粉最好在上面做个记号,告诉消费者,有假包换。其实假货没那么多,但是你故意这么高调打假,就让别人觉得踏实。

重视熟客:记住每个熟客的名字、电话,有可能的话,可以在节日、生日发个慰问短信。客人要是和朋友一起来,一定要殷勤备至,让这个熟客在朋友面前有 VIP 的感觉，让他有面子。

培养熟客：对熟客，要摸准他的消费档次，店里新进了高价的新产品，可以先让有消费能力的顾客品尝一下，"您吃着好了，下回来我再收钱，这回就当交朋友了"。一个高价位的新品，如果能培养几个回头客，就有得赚了。

熟悉产品

自己熟悉：进了一款新烟，首先看产地、焦油含量等信息，了解烟的特点和口味，便于根据客人偏好进行介绍。进其他的新品也一样。先向熟客推荐新品，听听他们的意见，有信心后再向其他人推荐。

产品推广

促销推广：充分利用厂家的新品促销活动，第一时间将促销活动海报张贴出来，把促销礼品给消费者，不截留，不贪小便宜。

专业形象：充分利用厂家提供的产品介绍资料、授权书、烟草专卖证、牛奶厂奶点授权证，或争取做厂家在小区的消费者促销礼品兑换点，表明自己的正宗地位。

产品推销

喝茶让座：有人进门就让他坐下来喝茶，把客户留下来，坐下来就有生意做。

察言观色：留意客人的眼睛，看他视线变化，如果客人一进门直接将视线停留在一种烟上——这个人有品牌偏好，基本很难推荐新品；如果他眼睛在几种烟上来回瞄，这说明他在思考，是推荐新品的最佳时机；如果他眼睛在 10 元价格的香烟区间来回巡视，这说明了他的消费水平，应介绍 10 元的香烟。

新品推荐话术

"我这新上了一种烟，您尝尝！"

"来点新感觉，给您一份新的享受、新的体验、新的心情。"

"新烟一般无假烟，抽着安全。"

"您觉得这款烟口味好就帮忙宣传一下，觉得不好就告诉我，我告诉厂家。"（即使客户抱怨这个烟不好抽，总比客人不来品尝、不购买要好很多，只要来了，你就有机会抓住回头客。）

基础篇

课后思考与应用

|知识点|
　　帮讨价还价的客户下决心的5种沟通方法。

|应用|
　　针对本话题所讲的"临门一脚，促成交易"的沟通方法，写出体会。

|行动|
　　熟悉本话题所讲的"小杂货店老板的生意经"，多找几个店老板聊聊。这个话题一打开，他们会讲出自己的生意经，把每次交谈后所收获的新知识记录下来，积少成多。

|重点推荐|
　　"可以，但是"沟通法适用面广，是所有谈判技巧的基本功，建议针对自己目前的工作，写出20条"但是"之后的"交换条件"，背熟后找家终端店练练。

第 7 节　不要一次挫折就放弃——终端推销的加速杠杆

上节我们把前文所讲的招数重新整合为"终端推销组合拳的5种拳法",熟练运用这些招数和拳法可演练出千般变化,中小终端推销的绝大部分工作场景都可以从中找到答案。

但销售总有例外,如果你的品牌处于弱势呢?如果你的新品价格高而当地消费水平却低呢?如果你的促销力度输给竞品呢?似乎这些拳法和招数又失效了。

此外,面对新品铺货任务,业务员遭遇挫折就说"铺不动",新品肯定不好铺,作为销售人员"不要一次挫折就放弃"。终端推销的方法是"以正合",除此之外,还有些"加速杠杆"是"以奇胜"。把这些"以正合"和"以奇胜"的方法全部用完了,再说"铺不动"!

终端推销加速杠杆一：经销商协助杠杆

你有没有见过这样的场景：

有个终端客户，厂家销售人员去了 8 次，但这个终端客户是刀剁不进、斧砍不烂的"铁蚕豆"，怎么都搞不定。可经销商去了，一努嘴说一句"大姐，这是我的货"，终端客户大呼"哎呀，张哥你咋不早说呢，来来来，卸两箱"。

有没有见过经销商倚老卖老跟终端客户"强买强卖"？终端客户刚说一句"这饮料可能不好卖"，经销商老太太勃然大怒，对着终端客户就吼："不好卖？我在这里卖了几十年货了，我会不知道好不好卖？少废话，你先卸 10 箱，我现在就喝两罐，下个月你要卖不掉我来把它全喝了。开玩笑！我老太太卖饮料几十年了，我还不知道好不好卖，卸货！"

铺新品到底谁厉害？是厂家人员？还是经销商？肯定是经销商！经销商的终端客情是厂家人员根本比不了的。厂家业务也许更专业，但厂家人员和终端客户的接触有限。一周拜访一次只是拿个订单，不送货、不赊销，搞个促销陈列活动，奖品还是经销商给送过去的。经销商和终端客户是天天送货十几年送出来的客情，是同宗同族、沾亲带故的客情，是逢年过节礼尚往来、一起喝酒的客情，是多年换破损、解决问题的客情，甚至是赊销卖货、资金支持的客情。

厂家人员铺新品铺不动怎么办——启动经销商的力量。

加速杠杆 1：坐在经销商的车上去铺货

新品铺不动？厂家人手不够怎么办？先把前面讲的"破冰""利润故事""品种分析""终端推销组合拳"等方法用完，尽百分百努力做到。还铺不动？给你个笨办法，让厂家业务员坐着经销商送货车去铺货。经销商有客情，但是不专业，而且他们车上带着很多产品，未必主推你的新品。厂家业务员自己铺货铺得山穷水尽了，上经销商的车，嘴甜些，手快些，上午买包烟，中午请顿饭，再以身示范亲自铺货，把经销商的司机发动起来，把他的客情利用起来，肯定能再铺很多家。

加速杠杆 2：修改经销商人员的日常考核

经销商老板其实不是卖货的，他们大多数已经"坐台不出台了"，凡事听下面汇报，自己当甩手掌柜，真正卖货的是经销商下面的业务员。下去跟着经销商的车送送货，就知道为什么新品卖不动了。经销商大多数是车销拜访终端，司机业务二合一，这些人下去根本不是卖货，他们是送货的。他们只跑老店、不跑新店，只卖老品、不卖新品，反正他们是拿提成，跑新店、卖新品肯定要比跑老店、卖老品难得多。

员工永远做你考核的，绝不做你希望的，想让经销商好好卖新品，就要从考核方面下功夫。

激励：提高新品铺货提成，降低老品提成。新品单箱提成2元，老品单箱提成1元（经销商的业务员绝大多数见钱眼开，但出去一试，发现新品不好卖，这2元不好挣，还是卖老品算了。所以仅靠激励不够，必须结合处罚）。

处罚：给每个业务员定死任务，一个月至少卖掉200箱新品，完不成这个新品的基本任务，倒扣老品提成。

档期管理：新品铺货期间，每辆车一天至少铺新品网点三家，超过三家当天晚上每家奖励5元，低于三家当天晚上每家处罚5元。每周做新品铺货龙鼠榜，第一名奖励50元，最后一名处罚50元。

过程管理：新品铺货期间，每家新品铺货网点必须拆箱上架，要求做到一个单品两个排面一张海报。凡检查不合格的，收回该网点的新品铺货奖励。

加速杠杆3：经销商人员新品铺货奖励

新品铺不动？想上经销商的车去铺货容易，但是要介入经销商的人员日常考核就有难度。经销商凭什么让你这么做？这需要你一次又一次帮他做人员考核、人员管理的小改善，让他尝到甜头，最后他说："兄弟，我看这方面你挺擅长，干脆这事你来替我办。"当你能全面介入经销商人员考核的时候，你才真正地掌控了经销商。此时，给经销商的人员做短期新品铺货奖励就比较容易。

厂家业务员："老板您好，李总今天来看市场很不满意，说我的新品铺得太差，给我下最后通牒，这个月新品销量600箱，下个月卖不到1200箱就干掉我，我让他中午跟您一块坐坐吃顿饭，他黑着脸饭都不吃就走了。"

经销商张老板："饭都不吃了！那我帮你进点新品吧。但是，上个月新品该铺的点都铺了，这新上市产品确实不好卖。"

厂家业务员："张哥，您进了货放到库房里卖不出去到最后还是我的事，再说李总下个月还要检查我的新品铺货率呢！其实不是新品卖不动，也不是该铺的货都铺好了，我统计了一下，城乡接合部不算，光市区还有300多家店没有铺进去，您看这是新品空白店的名单。"

经销商张老板："啊，还有300多家没铺啊？这帮王八蛋（指他的司机和业务员）说他们都铺过了，我明天开会骂他们。"

厂家业务员："您可别骂人，您骂人我以后这活儿就没法干了，这样吧，咱们下个月一起搞个活动，我把这300个没铺货的店名单给你，下个月我的人和你的人都奔着这300家店去，我们出钱给奖励，只要铺进去一家店，现金奖励5元，当天晚上报清单，我验收之后第二天早上发奖励，这钱您留2元，给兄弟们3元，行不？"

经销商张老板："开玩笑，我要你那2元干啥？铺新品不也是给我增加网点和利润吗？你小看老哥了，这样吧，每家店我再出3元，下个月多铺一家新品，每家店给8元，你们出5元，我出3元，怎么样？"

厂家业务员："太好了，还是您仗义，就这么定了，我今天下午就给您的兄弟们开会。"

大家试想，接下来给经销商的人员开会，把新品没铺货的店名单亮出来，告诉他们下个月大家各显神通，每铺进去一家店奖励8元，当天算账第二天兑现银子。你认为他们有没有积极性？他们全部发动起来，铺货速度会不会加快？这些人逼急了，可以死皮赖脸用客情铺货，可以赊销，可以用白酒带啤酒或带方便面、以产品线互相带动，等等。真动起来铺新品，经销商一定比厂家厉害。

加速杠杆4：邀请经销商老板上车铺货

新品铺不动？此时经销商会找厂家要费用、要支持，我会回答"可以，但是"。"但是"背后跟的就是我想要的支持，比如经销商加人、加车铺新品，经销商对人员进行新品专项考核等。除此之外，还有一个条件很有效："咱俩签个协议，您书面承诺新品上市后，您亲自上车跟我一起下去铺三天货！"这个条件大多出乎经销商预料，但是他们也很容易接受，这不是什么大不了的要求。

为什么要这么做呢？如上文所言，老板们已经很久"坐台不出台了"。厂家经理拉着经销商老板一起上车铺新品的好处有三：第一，借船出海。经销商老板出面，终端客户都会给面子，铺货更容易。第二，示范效应。当着经销商老板的面，厂家经理使出浑身本事铺货，经销商老板看到这个货虽然新上市，但是只要认真卖还是能卖的，回去就会给他的司机和业务员提要求、下硬指标。第三，狐假虎威。经销商的司机和业务员会大吃一惊，"这老东西这么多年都在家待着不下来，这会儿上新品竟然亲自上阵铺货了"，司机和业务员看到老板对这个产品如此重视，他们自然会重视。

加速杠杆 5：开发经销商的赊销能力

新品铺不动？除了上述方法，还可以鼓励经销商赊销，用他的"钱"来铺货——对新品铺货的目标网点让经销商赊销。

1. 激将法。"您这么大的老板，这几箱货都赊不起，传出去终端客户都看不起您。再说了，本地人开的店，人又跑不了，您还怕啥？"

2. 行业分析。"干咱们这行，有些店您是必须要赊销的，这是行业规则，酒店拿货都是月结没有付现款的，您不赊，别人赊。"

3. 威逼。"公司不可能因为您不赊，就不做餐饮渠道，肯定要开餐饮分销商，弄不好这个分销商过两天就划成经销商了。"

4. 利诱。"一家店赊 100 元的货，100 家店多少钱？1 万元，30% 的坏账提留够了吧，亏多少钱？3000 元！别忘了卖 1 万元您还赚 2000 元呢，赚 2000 元、亏 3000 元，您亏多少？才 1000 元！那 1000 元我们厂家补给您！您赊销 100 家店，我们给您投放 1000 元陈列费用。"

结果厂家投放 1000 元市场费用，经销商赊销出去 1 万元。

有什么具体方法呢？比如经销商给司机、业务员每人的赊销限额是 1500 元，每家店最高赊销 100 元，司机每天出去现金铺货一家奖励 10 元，赊销铺货一家只奖励 3 元，赊销方式一律滚结（第二单送货时结第一单的钱），赊销目标店只能是老客户。然后建立账款看板，每天追踪异常账款……

加速杠杆 6：利用经销商的产品线带动能力

新品铺不动？还可以用经销商的"货"来铺货，用经销商手里的一线强势产品把新品带进去。比如经销商除了做我们的产品还做王老吉、可口可乐，我们可以说服经销商搞一个进货奖励套装，两箱可口可乐加一箱王老吉，再加一箱新品，总共四箱做一个套装，终端进货时一个套装奖励一箱可口可乐。终端店看在王老吉、可口可乐的份上会进这个套装，王老吉、可口可乐的高铺货率会把我们的新品铺货带动起来。

注意：

这种组合进货套装奖励政策一定要再跟进组合陈列，把我们的新品和王老吉、可口可乐摆在店里醒目的位置，陈列一个月再奖励一箱王老吉。组合进货套装加上组合陈列奖励，可以瞬间提高新品的铺货率，还能让新品的陈列表现大幅度提升一个月的时间。只要产品不是太烂，这样一个月下来，肯定会动销。

组合进货套装绝对不是买赠，千万别搞成买十箱可口可乐送一箱新品，那新品就死定了，不但新品陈列出不来，而且店主会觉得这个新品是赠品，不是花钱买的，不会主推，稍微滞销就会降价抛售。

加速杠杆 7：整理分销商结构

新品铺不动？上面的招数都用了还是搞不定怎么办？有些店就是铺不进去，可能是经销商根本没有做这些网点的能力和相应的经销网络，甚至我们拿了订单，他的货也送不进去。这怎么办？结构决定功能，要么逼经销商改变（太难太慢），要么换经销商（成本太高），要么架设分销商。

为什么很多网点厂家铺货铺不进去，经销商能铺进去？因为厂家客情不行，经销商常年拜访过无数次。同样道理，为什么有些网点经销商也铺不进去？因为这些网点经销商之前也没去过（这些网点属于"敌占区"）。但是这些网点总有固定的送货商，去打听打听看看谁在给它送货，他们跟这些网点已经有很固定的拜访和客情，找这个人做我们的分销商，不仅要给他们产品销售利润，还要给"买点"，给他们需要铺货的网点目录以及新品铺货目标的网点开户奖励，这效果比我们自己硬干好得多。

> **课后思考与应用**
>
> **|知识点|**
>
> 通过经销商协助提升铺货率的 7 种工作方法。
>
> **|思考|**
>
> "终端铺货,经销商比厂家更具备客情优势",这个观点你认可吗?为什么?
>
> **|讨论|**
>
> 召集下属和同事,就本话题内容对他们进行培训分享和讨论,让大家体会"不要一次挫折就放弃"的观点。同时发动大家开展头脑风暴,就"借经销商之力铺货",讨论更多的细节和方法。
>
> **|行动|**
>
> 本话题学习的 7 种铺货的杠杆,哪些适用你目前的工作?写出行动计划,付诸行动,并记录行动后的收获和体会。
>
> **|重点推荐|**
>
> 着重使用"修改经销商人员的日常考核""经销商人员新品铺货奖励""整理分销商结构"这 3 种方法,一旦运用成功,铺货效果会显著提升。

终端推销加速杠杆二:拜访效率杠杆

常见到这样的情景,一些企业生搬硬套地模仿康师傅和可口可乐的终端路线拜访模式,统计终端网点客户资料,建立路线手册,业务员每天按照固定路线拜访 30~40 个终端店,每周轮回一次。之后企业发现这种拜访模式拿不到多少订单,卖不了多少货,还浪费人力物力,最后导致失败。为什么?

1. 目标店选择错误,不能成交。品牌弱势的时候,按固定路线拜访,成交率非常低,业务员不断遭到拒绝,一天拿不到几个订单会受打击。而业务员订单越少就越容易懈怠散漫,长时间恶性循环下去,团队管理甚至会崩溃,离职率升高,假报表盛行。

2. 拜访频率错误,不能满足售点要求。不同行业要求的网点拜访频率是不同的。饮料、方便面是快速消费品，你每周去一次总能拿到订单，日化行业的产品消化速度没有那么快，店主进一箱护发素、护手霜可能一个月都消化不完。所以要根据行业特点所决定的产品销售速度重新考虑拜访周期。同样道理，大店与小店的产品消化速度也不同，一刀切地每周拜访一次，有些店会断货，有些店你跑 8 趟还是没订单。

3. 拜访模式僵化，不能满足市场需求。终端路线周期性拜访是一种做市场的工具，要适应市场阶段性的需求，否则就成了负担。比如竞品在城乡接合部大做促销活动打得不亦乐乎，你还在这里四平八稳，一周一次拜访市区终端客户，显然就教条了。此外，终端拜访和市场工作重点脱节，也不利于铺货进度。

4. 后勤系统出问题。对于预售拜访（先拿订单，后送货）模式，第二天订单能不能及时送达，直接影响客情以及下次业务代表能不能拿到订单。对于车销拜访模式，在售卖现场的配货和卸货、返程装货时间等铺货后勤系统效率，会直接影响一天的铺货量。

5. 管理问题。庞大的终端销售队伍，需要成熟细致的考核、检核、管理体系来支撑。打造这个体系，绝非简单拷贝几张报表那么简单。

如何杜绝以上弊病，下面将从如何提高拜访效率的角度，给大家讲解新的铺货加速杠杆。

加速杠杆 1：寻找机会店

健力宝之前推过不少新产品，但存活下来的很少，也出现过不少经营风波，导致终端铺货率严重下滑。健力宝要铺新产品，如果按传统模式挨家拜访，成交希望太渺茫，有些终端店甚至可能会认为健力宝已经倒闭了。但是健力宝被统一公司接手管理后，业绩止跌回升，2010 年有十几亿元的销量，说明中国还是有不少终端客户痴心不改地在卖健力宝！请问，这些到今天还在卖健力宝的终端客户对健力宝品牌有没有感情？有没有信任度？这个终端周围的商圈有没有消费者是健力宝的老主顾？那么健力宝今天铺新产品最容易铺进去的是陌生店，还是已经销售健力宝的有货店？当然是已经销售健力宝的有货店！这些店就是健力宝的机会店，针对这些机会店进行铺货成交才有胜算！

新产品上市总是这样，100 家店都卖得不好，总有几家店能卖好。所以销售主管在新产品铺货阶段要去抓这些动销好的网点，徒步把这些店走一遍，跟老板聊一聊，看看这些店本身有什么特点，看看这些店在产品、陈列、促销、价格方面有什么方法……只要你用心去看、去问、去体会，一定能找到规律。然后恍然大悟："我明白了，靠近学校的店能卖得动这个产品""哎呀，我明白了，那些卖不动的店档次太低，要集中力量攻打高档店""我明白了，本地人都认当地牌子，我这个外地产品初来乍到铺不动。但是靠近旅游景点的店能卖得动，因为来这里消费的是外地人""哈哈，我找到窍门了，我先让业务人员把终端客户走一遍，把客户资料建立起来，把对竞品有遗留问题、有抱怨、有客诉的店统计出来，这些店比较容易攻打进去""哈哈，我明白了，我第一步专打城乡接合部，竞品在市区非常厉害，但是它的经销商在这些地方配送能力不行，服务很差"。

加速杠杆2：机会店集中拜访

在品牌号召力不够强大的区域，不要按照传统做法一周一次按路线拜访，因为弱势品牌广泛拜访很难拿到订单。要筛选自己的机会店，安排业务人员先对机会店集中拜访，针对这些机会店设计促销政策，把这些店拿下，建立新产品的"革命根据地"。新产品在这些网点铺货、动销、"站住脚"之后，再扩大拜访范围。

加速杠杆3：自由分级拜访模式

这是最粗放的模式。这种模式就是给业务员规定拜访区域，建立基本客户资料，然后给业务员规定订单任务量，让他们自主决定每天的拜访客户，业务员最清楚自己哪些店需要多跑，哪些店需要少跑，同时必须规定业务员对终端客户的最小拜访频率。例如，让业务员根据对客户的掌握自行决定哪些大客户要多跑几次，哪些小客户要少跑几次，但是所有终端客户一个月至少拜访一次，否则就是漏访旷工，要处罚。此方法适合管理粗放的中小企业和经销商。

注意：

这种拜访模式员工每天的工作自主性大。自主性大，员工就容易偷懒翘班。所以必须规定员工每天固定拜访家数，比如员工自己选30家拜访，并且记录明细，主管要抽查员工每天的工作量，看他们是否漏访翘班、填写假报表。

加速杠杆4：5+1分级拜访模式

每周6天拜访路线：5天路线为正常拜访，比如每天按路线拜访30家客户，周六拿出一天时间对机会店、大店或者重点店进行二次拜访。举例来说：铺了新产品的店有竞品进入就需要高频率拜访，增加我们的终端客情和动销机会；本品的新产品铺货店要高频率拜访，增加陈列，执行好促销，提高动销机会；本品（自己销售的产品）陈列协议、专卖协议、促销协议店需要高频拜访，维护协议执行。

加速杠杆5：20+10分级拜访模式

根据面积、销量等因素把终端店分为A、B、C等级。A级店是大店，最好单独挑出来建立拜访路线手册，有专人进行两天一次的高频率拜访。跑大型超市、大型餐饮店的业务员的素质要求与跑小店的业务员的素质要求也不一样，最好区分开进行单独拜访。对B、C级店建立终端拜访分级路线手册。比如业务员每天跑30家店，其中20家C级店是一周一访，10家B级店是一周两访，也就是说，可能B级店的名字会在同一本分级路线手册中重复出现两次。

其实这种方法和上面讲的5+1分级拜访模式大同小异，只不过5+1分级拜访模式是把需要重复拜访的店集中在一天拜访，20+10分级拜访是先把A级店摘出来单独专人拜访，然后B级店正常拜访一次，再分散到一周其他某天的路线重复拜访一次，C级店是按路线每周拜访一次。

加速杠杆6：终端拜访路线优化

建立终端拜访基础资料是为了让业务员能够规范地拜访终端客户，不断把空白店变成有货店、单品店、多品店、模范店。主管根据基础资料数字可以分析空白店、单品店等终端品种结构指标，判断市场空间，给业务人员定销量目标、终端铺货目标，进而制定铺货目标网点目录。但是，有时候终端路线资料使用不当也会影响铺货绩效，需要不断对其进行优化。

1. 路线手册更新。餐饮店和中小超市每年有20%~30%的老店倒闭、新店开业，不及时升级自己的终端客户资料，会造成终端资源浪费。不但拜访不全，还会造成员工窝工，按照路线手册今天应该跑30家店，结果可能因为拆迁的原因，这条路线已经关了9家店。所以，业务员要注意自己区域的新开店补充、老店销户。对业务员提报新开店要奖励，对业务员漏报新开店要处罚。

2. 抓季节性网点。水库旁边的鱼庄、山上的农家乐、海边旅游景点的餐饮店和超市就是典型的季节性网点，这些店往往每年5~10月营业，到了冬天就关门。另外，学校的商店到假期也关门了，但是网吧生意火了。还有各个城市开展的风筝节、啤酒节，乃至修铁路、城市拆迁等活动带旺的一批售点，这些都属于季节性售点和事件售点。平时没有销量，短时期又会出现销量井喷。有心的业务员和主管会注意总结当地这些售点的规律，提前建立客户资料。"当季"之时（比如4月份天气刚刚回暖、海边旅游景点的餐饮店刚刚准备开业），终端店有大量进货需求，竞品往往还没反应过来，你第一个对这些店进行重点拜访，卖起货来自然所向披靡。

3. 阶段性停止正常路线拜访，集中拜访重点区域。一周一次按路线拜访，是常规作战的方法。但是遇到非常规情况怎么办？比如竞品强势铺货攻击我们的市场，春节前需要压货，最近需要集中搞活动，给终端客户兑付去年的陈列协议、专卖协议奖励，那就必须暂时停止拜访路线，集中力量拜访竞品铺货网点去迎击竞品，集中力量跟车压货，集中力量尽快兑付协议奖励。

加速杠杆7：打拜访时间差

老虎总有打盹的时候，在它打盹的时候就能"虎口夺食"。

大部分企业过年都放了7天假，初八上班干什么？很多企业要开年会、开团拜会、培训、分年度任务量等，继续沉浸在节日气氛之中，一般要等到元宵节过后才会出发。上了市场肯定还要和经销商们喝酒，再过几天"小年"，一晃就正月二十了。大家想想，北方讲究"破五开业"，很多终端大年初五就放鞭炮开门做生意了，这时候他们有没有钱？手里攥着大把卖完年货的钱。他们库房里有没有货？过年都卖空了。有钱没货，竞品又没上班，这就是终端进货的饥饿期，对卖货的业务员来说这是天堂！本人亲身经历，用这个方法让企业初四上班（年前规定经销商的人也必须初五开业），初五和企业领导们出去铺货。爽啊！那不是卖货，简直是卸货！平时要一两箱的客户，现在张口就要卸十箱货。第一年这么干还有点不忍心，觉得对员工太残酷。结果那一年当月我们的业绩比去年同期几乎翻了一倍，而且促销费一分钱没多花。到了月底开庆功宴，发奖金，发了三倍加班工资，当选业绩冠军，大家群情激奋、士气高涨。现在这个方法我已经用了多年，但是竞品的老爷、太太、达官显贵们过年还是老样子，他们还没睡醒。

加速杠杆 8：提高带车铺货效率和装卸效率

本方法适合带车铺货，运用此办法能提高带车铺货效率和装卸效率。

1. 节省空跑时间。出发前给客户打电话，告知对方我们的铺货政策和大致到达的时间，请老板在家等待，最好准备好进货款，免得空跑。

2. 节省现场配货时间。铺货现场，车内装的货物要分品种码放整齐，节省业务员从车上找货、配货的时间。比如日化行业有的经销商在车内焊装货架，把产品码放在货架上方便配货。

3. 节省回程装车时间。远距离车销铺货，比如去乡镇铺货，出现某个品种装货量不够会影响铺货效果，回程装货又浪费太多时间。可以采用几辆小厢式货车在前面铺货，一辆卡车跟在后面做中转仓，节省回城装车时间。

加速杠杆 9：小组铺货

单个业务代表去铺货，终端店可能不要。对重点路线、重点店改成小组铺货：一辆车上面三五个人，下了车一个人给老板展示样品、卖货、递货、收钱、记账，一个人帮老板整理货架做陈列，一个人贴海报做生动化布置，一个人在外面吆喝着给别的店送货，一个人看车看货……人多势众，铺货效果往往比单兵作战好得多。

加速杠杆 10：提高订单送达率

1. 订单要标准。尤其是路线拜访刚开始，经销商的订单送货流程还没有磨合好，首先要和经销商明确有效订单的标准，比如约定订单是否必须超过一箱，经销商是否同意拆箱配送。

2. 地址要清晰。业务代表第一天拿了订单，必须按照标准清楚地写明客户的地址甚至配上草图，交给主管审核通过后，才能转交给经销商送货。

3. 异常送货回馈。经销商司机送货时，对找不到送货地址或拒收的异常订单要上报主管，主管落实后要答复经销商司机该订单是取消还是二次送货。

4. 业务代表追踪订单送达率。新品铺货期间要求业务代表第一天拿到订单，第三天打电话追踪是否送达。如果没有，及时报主管追踪经销商的司机为什么没有送达。

5. 周会盘点。主管每周和经销商及经销商的司机开会，盘点本周送货不及时的订单，双方当面对质，说明原因，决定这个订单是取消还是二次补送，界定责任。按照约定处罚经销商，扣除配送补助或者返利。

> **课后思考与应用**
>
> **| 知识点 |**
> 5 种常见的错误终端拜访模式。
> 改善终端拜访模式，提高铺货率的工作方法。
>
> **| 思考 |**
> 对照本话题内容，反思自己目前的终端拜访模式是否需要改进。
>
> **| 讨论 |**
> 召集同事培训和分享本话题的内容，发动大家开展头脑风暴，就"提高拜访效率"铺货，讨论更多的细节和方法。
>
> **| 行动 |**
> 本话题学习的终端推销加速杠杆，哪些适合你目前的工作，写出行动计划，付诸行动，并记录行动后的收获和体会。
>
> **| 重点推荐 |**
> "寻找机会店""5+1 分级拜访模式""打拜访时间差"这 3 个终端推销加速杠杆的普适性很强，而且立竿见影。

终端推销加速杠杆三：促销和管理杠杆

加速杠杆 1：打消后顾之忧，用降低铺货坎级和退换政策铺货

通过拆箱铺货、综合箱铺货降低客户进货坎级，用新品铺货给客户的退换承诺打消他们的后顾之忧。这些虽然是常规方法，但是肯定能降低铺货难度，提高铺货业绩。

对于加速杠杆 2：放大"群众基础"，用开户率政策提高铺货

对于一个市场要新启动终端拜访模式，康师傅的传统做法是：第一个月统计终端客户资料、客诉，处理遗留问题。第二个月的第一周用成熟产品搞终端铺货

政策，比如"康师傅珍品红烧牛肉袋面买一箱送四包，限量一箱"。大家想一下，康师傅珍品红烧牛肉袋面这样的成熟产品还需要"买一箱送四包"去铺货吗？显然不需要。那为什么要推出这个促销政策呢？为了提高开户率（开户率＝有交易的客户数÷总客户数）。终端业务代表面对陌生终端客户，第一次拜访对方不要货，第二次拜访对方又不要货，第三次业务代表往往就不想去了，以后就算去拜访，也是走过场，不会认真推销。结果可能出现这样的情况，号称一个业务代表拜访300家终端，10个业务代表总共拜访3000家终端，实际上半年以后统计发现，3000家终端客户只有1800家从业务代表手里进货，另外1200家客户从来就没有搭理过我们。也就是说，建立3000家终端客户资料，但是实际有效覆盖的只有1800家，有1200家是从来不进货的"钉子户"。怎么办？正式开始拜访终端卖货的第一个月，用成熟产品搞一个促销政策，让终端业务代表带着好消息拜访终端客户，尽可能多地与终端客户迅速发生第一次交易，结下实实在在的客情。提高开户率，打下"群众基础"，然后在此基础上再铺新品就容易多了。

加速杠杆3：突出优势产品铺货，抓机会产品铺货，机会产品成系列铺货

1. 突出优势产品。统一方便面曾经在战略上输给康师傅一招，康师傅很早就有大众口味的"红烧牛肉味"，统一公司直到前几年才开发出自己的优势口味"老坛酸菜"。统一的"老坛酸菜"口味消费者反响很不错，康师傅又没有这个口味，所以"老坛酸菜"是统一公司的差异化优势产品。那么统一的业务人员就应该把优势产品的铺货率提到最高，在每一个终端尽量先铺"老坛酸菜"，把"老坛酸菜"摆在最好的位置。优势产品的销售机会最大化，不但能提高销量，而且能迅速提高开户率，和终端结下客情，促进其他新品的铺货。

2. 抓机会产品。什么叫机会产品？顾名思义，有销售机会的产品。怎么寻找机会产品呢？首先看本品，本品的优势产品当然是机会产品；其次，要看竞品，竞品的哪个品种在当地卖得很好，这就说明当地的机会产品是什么类型；再次，看当地消费者的偏好，这也在告诉你寻找机会产品的线索；最后，看渠道，不同渠道需要的产品不一样，比如超市需要看起来打了特价的产品，乡镇需要低价和看起来实惠的产品，麦德龙需要箱装产品，团购需要价格模糊的产品（方便操作当事人礼金）。看本品，看竞品，看消费者偏好，看渠道需求，寻找到自

己有销售机会的产品，针对机会产品进行铺货，产品选对了，铺货自然会提速。

3. 机会产品成系列。机会产品和优势产品铺货快、起量快，接下来要思考机会产品多规格、多渠道成系列销售，这也是借力打力提高铺货速度的好方法。举个例子，既然福满多红烧牛肉味方便面已经在当地卖得很好，想提高业绩是再新推一个面霸系列呢，还是集中力量再推出一个福满多新口味？当然是推老品牌的新口味、新规格、新品种起量快！同理，假如 A 产品在酒店已经很流行，那么在流通渠道铺新品 B 起量快，还是把 A 产品包装稍改一下，搞一个 A 产品的流通版起量快？当然是 A 产品的流通版。机会产品已经被消费者认可，把它的销售机会最大化，多渠道、多规格成系列销售，是一种四两拨千斤的铺货办法。

加速杠杆 4：铺货政策加动销政策

只要产品在销售终端能卖得动，就不愁终端客户不要货。在终端铺货政策中，同时把促进产品销售的动销政策加进去，通过促进动销提高铺货速度。动销政策一般包括以下几种方式。

（1）产品陈列标准和陈列奖励。

（2）安全库存标准。

（3）产品按公司指导价格明码标价，纠正异常价格。

（4）消费者促销执行标准和执行奖励，比如赠品陈列、促销海报悬挂。

（5）排他性政策，比如做特价的档期其他类别的产品不能做特价，享受模范店奖励的终端要承诺不经营指定竞品或者竞品不得做特殊陈列。

（6）从业人员奖励，比如开瓶费、营业人员奖励。

加速杠杆 5：以强带弱——组合进货、组合陈列政策

这种方法在前文的"加速杠杆 6：利用经销商的产品线带动能力"部分已经讲过，但此处是利用"促销和管理杠杆"，二者分属不同类别，可谓"术相同，道不同"，下面举例详细解读。

假设当地有 1000 家店，A 产品在当地铺货率为 80%，B 产品在当地铺货率为 20%。这意味着 800 家终端有 A 产品，200 家终端有 B 产品，这之间有 600 家的差额。也就是说，A 产品可以带动 B 产品，但绝不是买 A 产品送 B 产品，那会把 B 产品送死，因为终端客户不会主推不掏钱的产品，而且产品卖不动就会砸价。

最快的方法是做进货奖励套装——"三箱A产品加一箱B产品总共四箱做一个进货套装，终端客户进货一套奖励一箱A产品"。有多少家店会对这个政策感兴趣？800家，有800家店看在A产品的面子上进了套装。B产品的铺货率骤然提高，铺货家数从200家提升到800家。接下来还要运用组合进货、组合陈列来促进B产品的动销。因此完整的政策是"三箱A产品加一箱B产品总共四箱做一个套装，终端客户进货一个套装奖励一箱A产品，但是奖励搭赠先不发放。终端店必须把一箱A产品和一箱B产品陈列在店头指定位置，同时保证店内安全库存，低于安全库存要立刻补货。月底再追加送一箱A产品，总共两箱A产品作为奖励，一次性发放给月底检查合格者"。组合进货政策配套组合陈列，能以强带弱，迅速提高弱产品的铺货率，更重要的是组合陈列政策让B产品的陈列表现也大大提高，每家店都把B产品摆在最好位置，和畅销产品A陈列在一起，这样的话，B产品的动销肯定会提前。

同样道理，还可以用A产品的促销政策带动B产品的铺货。比如A产品做"再来一瓶，中奖送一瓶B产品"促销活动，终端店为了给A产品兑奖，店里必须有B产品，这也可以提高B产品的铺货速度。

加速杠杆6：优化铺货政策

1. 发动群众，全通路促销。众人拾柴火焰高，新品铺货慢，看看能不能实现统一战线，提高铺货的速度——要综合考虑经销商、分销商、终端客户三者的利益，因为无论哪个环节照顾不到都会造成铺货障碍。比如给终端客户搞"买1箱送2包"的铺货活动，要求经销商和分销商把这个活动的信息传递到终端客户。如果在经销商和分销商往下传递信息的过程中，他们没有得到额外好处，就会没有积极性，从而影响铺货的速度。在铺货的速度缓慢的时候，应该改变一下政策，实行全通路促销。比如在要求经销商和分销商把"买1箱送2包"的信息传递给终端客户后，给经销商和分销商额外奖励100箱搭1箱。同样道理，开瓶有奖"再来一瓶"活动中，客户从消费者手中收回来10个盖子兑出去10瓶酒，厂家却只给客户兑换10瓶酒，他们无利可图，就会嫌麻烦。如果终端客户回收10个瓶盖，公司兑换11瓶酒；经销商、分销商每回收100个瓶盖，公司额外给经销商、分销商再兑换1瓶酒，这样经销商、分销商、终端客户的积极性就很高。

2. 用针对不同渠道的针对性政策铺货。新品终端铺货"买一箱啤酒赠送一包 500 克袋装盐"行不行？酒店乐于接受，他们要盐可以做菜。"阿婆店"、小超市也乐于接受，他们可以卖盐。但是那些专门卖烟酒的专卖店要那么多盐干什么？结果厂家经理走访市场的时候，这些烟酒专卖店的老板惊恐地喊："你们厂不能再送盐了，我们进啤酒你们送盐，这收来的盐十年都吃不完了。"同样道理，买一箱啤酒赠送一包洗衣粉行不行？超市、流通（零售兼批发店、杂货店、分销商统称流通，下文同）都乐于接受，但是酒店和餐饮店不高兴，因为他们既用不着那么多洗衣粉，又卖不了。那赠品干脆送吃的吧，大家总得吃饭吧，买啤酒送大米行不行？超市能卖、餐饮店能用，大家都高兴。但是高档酒店觉得你的大米档次低，他们又不要。算了！赠品干脆送产品吧，为了避免送本品造成砸价，我们用不同品种搭赠，全国一盘棋"进 A 产品送 B 产品"行不？不一定，如果 B 产品在这个区域市场卖得不好，或者 B 产品的档次不适合这个渠道销售，又会出问题。众口难调，想一个政策通吃，难啊！不同渠道、不同终端需要的产品不同，需要的赠品也不同，往往我们在制定铺货政策的时候忽略了这一点，制定了一揽子统一的铺货政策。所以我们再把政策调整一下，首先，明确这次在哪些渠道铺货，然后针对不同渠道、不同规模的店制定不同的铺货品种、铺货坎级、铺货赠品的政策。

3. 用单店政策铺货。把铺不进去货的"钉子店"清单列出来，分析原因，不外乎以下几种。

（1）遗留问题需要处理。比如这家店有过期产品需要解决，而业务代表手里没有相关资源和权限。

（2）分销标准问题。这家店不适合卖这个产品，那就把这家店从目录清单上划掉。

（3）拜访效率问题。比如这家店晚上是营业高峰，老板晚上在，业务代表却是白天拜访，这就需要调整业务代表的拜访时间。

（4）业务代表能力问题。比如这是家大店，业务代表的沟通和谈判能力不足，这就需要主管亲自出马。

（5）政策力度问题。比如这家店里面卖得多的是高毛利产品，对目前产品的铺货政策不感兴趣，这就需要调整铺货产品种类、铺货政策力度、铺货赠品形式，甚至为这家店量身定做单店铺货政策。

（6）经销商服务问题。比如这家店要求赊销，而经销商没有赊销能力或经销商配送能力不够，这就需要和经销商沟通，或者寻找有能力的分销商覆盖这个点。

（7）网络客情问题。我们的经销商跟这家店没有客情，而且这个终端有自己固定的送货客户，这就需要寻找他的送货客户作为自己的分销商。

（8）品牌影响力问题。公司品牌和产品在这些店影响力较小，对方不要，那就需要挑选其中的机会店，对其进行集中拜访。

从这些方面反思一下，将暂时无法满足的店舍弃掉，剩下能解决的，针对每家店推出政策。把目录清单分配到业务代表、主管、经销商、分销商头上，公司提供支持，限期铺货，奖励与处罚并行。

4. 促销分离进行铺货。最后剩下一批大店，业务代表铺货铺不动了。为什么？公司是裸价供货给经销商，对终端的陈列费、赊销权利、换破损、投放设备等费用权限都不在业务代表手里，都是经销商说了算。甚至终端客户要一把太阳伞，业务代表都做不了主，业务代表自然铺不动。怎么办？要么调整政策，"促"和"销"分离，给业务代表一部分"促"的权利，要么经销商作为"促"和"销"的主体，考核经销商，让他们把费用吐出来去铺货。

5. 用实时校准促销政策来提升铺货。主管经理们制定新品铺货政策都煞费苦心，但是在办公室里再绞尽脑汁努力制定的新品铺货政策，在实践中往往会发现漏洞。比如上述案例中"买啤酒送盐或大米"都不合适，"再来一瓶"本来是好事情，但由于没有给终端客户手续费而造成阻力。所以，在整个铺货过程中，下情上传、快速反应、快速修正至关重要。

（1）通过跟车铺货调整政策。铺货前两天，主管一定要亲自上阵跟车铺货，亲身验证铺货政策有什么漏洞。业务代表发现铺货漏洞也要尽快反馈给主管经理去修改。

（2）通过追踪数据调整政策。在整个铺货过程中，要每天紧盯铺货数据，发现数字有异常就马上到一线了解为什么会出现这种状况，政策上要做什么支持和调整。

（3）通过监控竞品调整政策。开始铺货后，竞品可能会有大的反击行动，所以，昨天非常有效的促销政策，今天就可能因为竞品的反击使得政策过时了。这就要求业务代表每天关注竞品动态，如果发现异常，及时调整政策进行回击。

> **课后思考与应用**
>
> **│知识点│**
>
> 用"促销和管理杠杆"提高铺货率的 6 种工作方法。
>
> **│思考│**
>
> 对照本话题内容,反思你目前的终端铺货政策有什么漏洞。
>
> **│讨论│**
>
> 召集同事培训,分享本话题内容,发动大家开展头脑风暴,就铺货杠杆的更多细节和方法进行讨论。
>
> **│行动│**
>
> 本话题学习的铺货杠杆中,哪些适合你目前的工作,写出行动计划并付诸行动,记录行动后的收获和体会。
>
> **│重点推荐│**
>
> "用开户率政策提高铺货""机会产品成系列铺货""以强带弱——组合进货、组合陈列政策",是平时大家工作中经常忽视的方法,但在实际运用时收效显著,所以重点推荐。

不要一次挫折就放弃

推销是基层业务员的工作,这份工作并非大家想象的那么没有技术含量。从最初的"终端推销模型"到"终端推销组合拳",再到"终端推销加速杠杆",截至目前总计学习了终端铺货几十个招数和动作。每一个方法和动作都能一次又一次地让你再攻克几个"钉子户"、再铺几家店,再一次把原来认为不可能、铺不动的事情变得可能。记住,不要轻言放弃。

中小终端铺货先"以正合"——使用终端推销模型和组合拳,再"以奇胜"——启动终端推销加速杠杆,这将使得终端推销工作总会"柳暗花明又一村"。所以,不要一次挫折就放弃。

通过促销来提高终端推销的办法还有很多,本节主要是站在业务代表和基层主管的角度,重点提炼"容易忽略"和"可复制"的终端推销加速杠杆。除此之外，还有关于通过销售团队管理方法加速推销的内容，我们在本书第 5 章"终端销售团队管理核心工具"讲述。

> **课后思考与应用**
>
> **| 知识点 |**
>
> 终端推销加速杠杆。
>
> 理念——不要一次挫折就放弃。
>
> **| 思考 |**
>
> 复习本章学习的"终端推销模型""终端推销组合拳""终端推销加速杠杆"，对你不认可的内容进行修改删减和修正，最终形成适合你的"终端推销方法清单"。
>
> **| 行动 |**
>
> 把你提炼的"终端推销方法清单"以关键词的形式浓缩成一张表格，不断熟悉，不断运用，不断修改，直至这些内容成为你的标准教材和工作习惯。

第3章
解密正在失传的武功——终端拜访八步骤

终端拜访八步骤？老掉牙的东西了，"江湖"上已经流传了几十年。

为什么我还要说"解密正在失传的武功"？

因为这门看起来老掉牙的武功，真的已经失传。

很多企业会培训这个"八步骤"，但大多是蜻蜓点水，让员工背诵几句干巴巴的口诀。很多业务代表也对此不屑一顾，觉得"八步骤"是花拳绣腿，"我不按八步骤来，货也照样卖"。

而真相是，这门武功其实招招制敌、拳拳到肉。看似平常的招式，每一招都隐藏着直接提高销量的"杀机"，只是大多数人并不了解罢了。

我们将详细解读"八步骤"的全貌，还这门武功一个清白。千万别小看这门武功！武侠小说里，少林寺方丈对抗强敌打的是"罗汉伏虎拳"，这是少林武功最入门的武功，而真正领悟了这门粗浅武功的高手，打出来却是石破天惊！

基础篇

第 1 节　出门前的准备工作：锁定目标店

　　早上开完早会，"菜鸟"业务代表不加思考直接出门，他出门前不知道今天应该带什么东西，不知道今天出去会被客户问到什么问题，不知道该怎么回答，他更没有考虑今天要跑的几十家店里哪些店是目标店……

　　他们乐呵呵，或者说傻乎乎地就出门推销了，这叫"猪八戒踩西瓜，滑到哪里算哪里"。有勇无谋者，往往丢三落四，事倍功半。

　　本节介绍业务代表出门前要具体做哪些准备工作，助你今后的工作事半功倍。

三个"螺栓"固定业务代表工作

业务代表按照固定的路线进行终端拜访，每天出门前要对当天的拜访工作进行反思和准备。首先要考虑今天去哪里。本书第 5 章"终端销售团队管理核心工具"会详细介绍如何管理业务代表，其中一个核心工具就是"员工工作要固定"——业务代表每天的工作轨迹、工作量、工作目标必须固定下来。

业务代表行踪要固定

如果企业实行固定终端拜访路线的模式，那么业务代表的行踪就很清晰。业务代表只需要拿出当天的路线手册，按照当天的固定路线进行拜访就好。跑超市的业务代表的路线不固定怎么办？比如业务代表本来计划拜访好又多超市，但是大润发超市的经理电话召见，或者其他店有突发事件，他们又不可能不去支援。那就让超市卖场的业务代表每周填写拜访计划，当天行程有变就当天报备。无论如何，一定要把业务代表每天的工作行踪固定下来。为什么？道理很简单，把业务代表前一天的工作路线、工作内容记录下来，那么这个业务代表的工作就有迹可循，主管第二天才可以循迹检核，业务代表的脱岗、翘班、截留促销礼品、做假报表、跑大店不跑小店等违纪行为才能及时被纠正。

工作量要固定

经常看到一些管理粗放的企业，给业务代表分配一小片区或者几百个终端客户，让他们出去做终端销售，卖货拿提成，具体怎么跑由业务代表自己安排。这种做法的效率极低：第一，业务代表每天的拜访路线是自己安排的，行踪不透明、不固定，主管第二天无法循迹检核；第二，业务代表每天的工作量也不固定，可能今天状态好就多跑几家，状态不好或者想偷懒就少跑几家，每天干多少就成了"良心活"。纯粹靠员工的自觉性，结果根本不可控。所以，业务代表每天最少跑多少家店、多少个乡镇等基本工作量必须固定下来。

拜访目标要固定

如果单纯考核业务代表的销量，那业务代表就一定会跑大店不跑小店，跑熟悉的店不跑陌生店，终端实际掌控数（有货家数）和铺货率结构改善也就无从谈起。所以，必须给业务代表设定固定的拜访目标，今天跑哪条街道，跑多少家，并要求业务代表必须挨家拜访，不允许跳访。而且考核业务代表一定不能只考核销量，要包含终端销售结构的变化，比如新品铺货了多少家，模范店做了多少家，把多少家单品店提升成了多品店，把多少家空白店变成了有货店，等等。

总之，业务代表每天出门前要确定他的拜访路线，要上三个"螺栓"对工作进行固定：第一，业务代表行踪必须透明——主管第二天才能循迹检核，然后才会有检核、奖罚、排名等一系列的管理动作；第二，每天跑多少家要固定——业务代表才有工作量的压力；第三，拜访目标和改善终端销售结构的目标要固定——避免他们跳访，要求他们挨家拜访，真正改善终端销售结构。

课后思考与应用

知识点

固定业务代表工作的必要性。
固定业务代表工作的三个"螺栓"工作方法。

思考

你公司的业务代表行踪固定了吗？工作量固定了吗？拜访目标固定了吗？

讨论

召集同事讨论"三固定"在你们企业的业务代表管理上的可行性。可能有人会提出"我们有特殊情况，不可能"等异议，对这些异议开展头脑风暴，并记录下来。

行动

对照本话题内容，如果你觉得哪些工作是现在能改善的，就立刻着手试点实施，并记录结果和体会。

五项准备，带着目标上路

出门前准备工作一：带什么物料

查看路线手册中上次的拜访步骤，可能上次拜访的时候有些客户要求给即期品调货，有的客户需要发放陈列奖励或发放返利，有的客户要更换破损产品，等等。出门前看一看，把该带的物料都带上。

出门前准备工作二:带什么货

如果业务代表今天是开车带货拜访,那么去不同的街道、不同的路线要带的货物也不一样。比如卖日化的业务代表去工厂区物流园,车上就要多带小袋洗衣粉、200毫升瓶装洗发水和8毫升袋装洗发水;去市区就要多带大包装产品,如1升瓶装沐浴露、400毫升瓶装洗发水等。

出门前准备工作三:带什么工具

今天要签订陈列协议,那就要把空白的陈列协议带上;今天要做生动化模范店,那就要带上美工刀、胶带、KT板(一种新型材料广告宣传展板)等工具;今天要推新产品,那就要带上样品、新产品专用海报;今天没什么特殊工作,就是做正常拜访,那就把抹布、路线手册、海报等拜访工具带上。

出门前准备工作四:准备好今天说什么

今天铺新品,那就提前把新品的产品介绍、政策介绍、利润故事、NO.1效应等话术准备好。今天出去铺货实行"买1箱饮料送1个杯子",可能有的店主会说"你们那个赠品杯子不值钱",那么你应该怎么回答,要提前把话术准备好。

出门前准备工作五:今天准备干什么,寻找今天的目标店

快消品行业中小终端业务代表一天要拜访30~50家店,在这些店平均分配拜访时间的话,显然不够聪明。举例来说,如果业务代表今天的工作目标是铺新品和签订陈列协议,那么就应该在出门前把客户档案卡翻一遍,寻找目标店,看看哪些店是今天的拜访重点。

业务代表出门前把客户卡翻看一遍,嘴里念叨:"这个店主要是卖低价产品,新品价格高,没戏;这家店太小,也没戏;这家店档次比较高,而且上周我给他们老板换了一箱破损产品,他高兴得不得了,老板欠我人情呢,估计他能进货。"这家店就是今天的目标店,应该把这家店的客户销售记录卡折角做个标记……最后业务代表当天要跑30家店,路线手册里有30张客户卡,其中12张客户卡折角。这就意味着业务代表当天在这12家店要多待些时间,这12家店是新品销售的目标店!

由于新品铺货是终端铺货的重点和难点,这里再分享几个识别可能成为新品铺货目标店的小技巧。

（1）客情关系好，帮他解决过客诉，欠你人情的店。

（2）公司签过陈列奖励、排他性奖励协议的协议店。

（3）相对规模大、能吃货的店。

（4）同一价格档次的老产品或者竞品卖得好的店。

（5）店主意识比较好，愿意推新品抓利润的店。

（6）商圈档次适合消费这个产品的店。比如工厂区、外来务工人口多的地区适合卖低价产品，矿区、商业区、高档居民区适合卖高档次产品。

注意：

不要预设销售立场，要勇于尝试。出门前寻找目标店，是为了让业务代表每天带着目标出门，这样的拜访终端客户更有针对性。第一轮目标店铺完之后，要在剩下的客户中再筛选第二轮目标店。不要在主观上轻易下结论，认为哪家店不会进新品就放弃这家店，如果连推销尝试都不做，这样就把自己困住了。目标店要一轮一轮地设定，对适合这个产品销售的终端客户都要尝试进行推销，谋求新品销售的成功数量。

课后思考与应用

| 知识点 |

业务代表出门前的五项准备工作。

| 思考 |

你同意本话题所讲的"业务代表出门前的五项准备工作"吗？根据你的实际情况进行修改，找到适合你的"业务代表出门前的准备工作"。

| 行动 |

按照你的"业务代表出门前的准备工作"，认真进行一次完整的出门前的准备工作，把结果全部记录下来，体会这些准备工作给你实际销售工作带来的益处，然后反复实践，直到这些准备工作变成你的工作习惯。

| 重点推荐 |

"出门前准备工作五：今天准备干什么，寻找今天的目标店"，这种方法对业务代表的销售有直接推进效果，建议全面推行。

第 2 节　店外的准备工作：作战规划和店外执行

上节我们学习了业务代表出门前的准备工作，本节再来学习业务代表在店外的准备工作。

怎么这么复杂？还要准备？对，这两项准备工作是不一样的。

出门前的工作主要是带齐东西，找到目标店。

店外的准备工作是先想好在这家店里面你要干什么。

在店外对照客户登记卡，看看店内缺什么品种，想想这家店是不是促销目标店，要处理什么问题，等等，细节多着呢！

莫做只拉车不看路的营销莽汉，目标越清晰，行动越精准。

基础篇

作战规划：对这家店我要做哪些工作

"终端拜访步骤"第一步——店外准备：整理服装，看客户卡，熟悉老板姓名，思考店内工作目标

"整理服装"不用多说，你的形象能被客户接受，客户才能接受你的产品。"看客户卡、熟悉老板姓名"也很简单，进门能叫出"张健老板"和进门叫"嗨"的效果大不一样。"思考店内工作目标"这一步就复杂了，笼统地讲就是进门前你要思考"在这家店里要做什么"，思考针对这家店的店内工作目标。

1. 进店前看客户卡，思考这家店内销售状况是否异常。如果你发现品种A前四次拜访登记的库存都是5箱，这意味着什么？这意味着A滞销，4个星期都没动销。这时你就要思考：进店以后要重点关注A的生产日期，调换即期品；把A摆在货架前面优先销售；问问老板为什么A卖不动，是不是竞品搞促销使得A滞销……

2. 进店前看客户卡上的品种记录，着手进行品种管理。业务代表每次拜访终端，要统计店内本公司重点产品库存，或者登记有货品种，思考本店的"终端品种结构的改善目标"。终端品种结构分为以下几种类型，每一种类型都有针对性的工作改善清单。

（1）目标店。假如你翻开这家店的客户卡，发现客户卡折角，说明什么？对了，这就是你早上出门前确定的目标店。目标店要怎么办？不用说了，目标店的改善目标是"完成"。

（2）丢失店。上上次拜访这家店时，店内有6个品种，上一次店内有5个品种，也就是说这家店删减了我们的一个品种。对这种丢失店该怎么办？这时就要反思店内删减的品种是否适合此店销售，如果适销，那就要询问对方删减品种的原因，解决问题，进行推销，争取把这个品种补回来。所以，丢失店的改善目标是"补回"。

（3）空白店。店内现在没有经营我们的品种，这是家空白店。这家店要怎么办？让他进货？不行，空白店现在没有经营你的任何产品，和你的客情肯定不好。而且每个终端客户都有自己的固定送货客户，不会轻易从陌生人手里接货。怎么办？空白店首先要变成"客情店"。怎么变成"客情店"呢？比如问问店主有没有什么客诉需要处理，送他两个小礼品，帮他换破损品（可能前期曾经经营过我

们的产品），提醒他店内有些即期品要放到前面赶快卖掉（未必是本品，可能是其他产品），提醒他有个产品价格太低可能是标错了，跟他签个空箱陈列奖励然后亲手把奖品发放给他。办了这些好事，你才有客情，有了客情，对方才可能进货。所以，空白店的改善目标是先变成"客情店"，再变成"有货店"。

（4）单品店。店内只有我们某一个品种的店，叫作单品店。店里有我们的产品说明我们有机会，但是店里只有一个品种，就会使得销量小、配送成本高、终端店主不重视，结果反而非常容易被"清理"出去。那么"单品店"的目标是变成"多品店"吗？不是的，单品店要先反思有没有突出优势单品，比如统一方便面的优势口味是"老坛酸菜"，懂行的业务代表进店首先要把"老坛酸菜"口味铺进去，这个单品是"当家花旦"。所以，单品店的目标首先是反思优势产品有没有进去，在此基础上再反思能不能增加品种。

（5）多品店。店内有我们好几个品种，恭喜！这家店我们做得不错！怎么办？首先还是反思优势单品有没有进店。如果店内有十几个品种，但是最好卖的产品没有进店，那就闹了笑话了，赶紧调整。然后反思这家店我们需要补什么品种。大多数品牌都有几十个甚至几百个单品，中小终端店没那么大地方，不可能让你全系列产品进店销售。那么应该怎么判断这个多品店还需要进一步增加新品种呢？

①对应竞品。对于竞争成熟的行业，各个厂家的产品之间都有一一对应的竞争关系，举例来说，低价袋装方便面（以下简称"袋面"）中，康师傅是"福满多"、统一是"好劲道"、华龙是"小康一百"；中价袋面中，康师傅是"超级福满多"、统一是"超级好劲道"、华龙是"小康130"；高档袋面中，康师傅是"珍品袋面"、统一是"统一100"、华龙是"今麦郎"……同一个终端店消费群固定，客流量固定，该店某一类产品的总体销量也是相对稳定的。各厂家产品之间的竞争是此消彼长——竞品多卖100箱，你就会少卖100箱！多品店首先要看竞争对手的产品，如果某个品种有竞品，而且卖得还不算差，但是店里你没有对应的品种，这意味着你在某一价位、某一包装、某一口味的市场上主动退出竞争，放弃抵抗，让竞品酣畅淋漓地"独自跳舞"，自己白白损失这一块的销量。所以，凡是竞争对手进店而且能动销的品种，我们必须顶上！

②补缺。补缺有两层意思，第一层意思是价格带补缺。比如这个酒店我们的啤酒有零售3元的、零售5元的、零售10元的三个品种，缺什么？当然是缺少

基础篇

零售 8 元的产品。第二层意思是产品成系列，店内动销好的单品，要尽可能形成多口味、多包装、多规格系列产品销售。

③升级。店内产品对应竞品没有发现漏洞，补缺也没有发现漏洞，接下来怎么办？要思考升级。能不能引入高一个价位的产品，让经销商、厂家、终端店都获得更多的利润？

④协议。如果店内"对应竞品""补缺""升级"都没有发现漏洞，那太好了，这说明这家店我们的品种结构非常好，我们占了优势。接下来就要把优势放大，给竞争对手设置壁垒，与终端店签订各种销售协议。主要的销售协议有以下几种。

陈列协议：进一步扩大销量。

独家陈列协议：最好的位置只陈列我们的产品，我们给予奖励。

独家促销协议：只有我们能进行促销或者上导购员。

保量协议：店主在规定时间内完成任务量，我们给予奖励。

排他协议：店内不销售指定竞品，我们给予奖励。

说明：

后几种协议不但有利于扩大我们的销量，还能压制竞品的销量，在酒水、日化行业比较常见。当竞品在店内的销售份额越来越小、我们占了绝对优势的时候，我们甚至可以跟店主谈："这个品类你能不能专销我们的产品？"协议的终极类型就是专卖！

（6）混场店。如果这家店里我们有很多品种，竞争对手也有很多品种，这说明什么？说明这家店生意很好，而且我们没有优势，竞争对手表现也不错。这种店怎么办？当然是争取库存优势。大家的品种数旗鼓相当，这个时候谁能让店主大量屯货增加库存优势（店内陈列和店主的主推意愿就会加强），谁就能把竞争对手排挤出去。所以，混场店要加大促销的进货坎级，"把终端店的肚子搞大"。

3. 进店前思考陈列机会的工作目标。还没进店呢，在店外能琢磨什么陈列机会？

（1）按陈列政策下单。首先，看看这家店是不是陈列奖励的目标店，如果是，就思考此店能否利用公司的陈列政策下订单。比如公司规定"门口陈列 20 箱，每月月底奖励 1 箱"，进门后就可以跟店主说："我们公司打算给您搞一个陈列奖励，陈列 20 箱送 1 箱，但您店里只有 16 箱库存，所以这次您最好再进 10 箱货，这样就能达到 20 箱以上的陈列库存，可以得到 1 箱的陈列奖励。"

（2）户外陈列机会。比如这家店有个大橱窗正对着马路，那你就要思考，能不能进门后争取让店老板在橱窗窗台上做陈列，这样从外面一眼就能看见你们的产品，陈列效果非常好。

4. 进店前思考异常价格管理的工作目标。如果上次拜访发现这家店把我们零售指导价为 4 元的产品以 3 元的价格销售，这次就要提醒自己进门看看标价对不对，不对的话及时跟老板沟通。

5. 进店前思考促销落地的工作目标。公司最近在开展终端促销活动，那么业务代表在终端店肯定就要有落地动作。业务代表进门前想一想：促销方面自己要在这家店做什么工作？举例来说，如果公司最近准备召开订货会，那么进店后就要给店主发邀请函；公司最近在搞赠品促销，那么进店就要把赠品摆出来，把促销海报贴出来；公司最近在搞"再来一瓶"中奖活动，那你进门就要兑换老板手里的瓶盖，还要把"再来一瓶"的活动海报贴出来……

6. 进店前思考营销服务的工作目标。业务代表根据客户卡，看看上次客户有没有提出客诉。比如要求调换日期陈旧的残品，要求兑付返利，投诉隔壁店砸价……反思自己本次拜访该怎么解决这些客诉，对终端怎么交代。进门后应主动向店主汇报，别让店主问你。

品种、陈列、价格、促销、服务是终端工作的动销五要素，业务代表在进门之前要从这 5 个方面中思考进店后的工作目标和增量机会。

课后思考与应用

知识点

进店前的"思考店内工作目标"的 6 种工作方法。

5 种不同品种结构类型的终端店的店内工作模型。

"终端拜访步骤"第一步。

思考

本话题所讲的"品种管理""客户登记卡"是国际企业管理终端店内品种结构的成熟方法。你认为自己目前能执行吗？是否可以先部分借鉴，从终端重点客户做起？

基础篇

| 讨论 |
　　对于本话题讲解的多品店的品种反思模式，你有什么建议？请总结你自己的多品店的品种反思模式，召集同事讨论。

| 行动 |
　　熟练掌握品种管理，按照学习—实践—修正—再实践的步骤反复应用，直至形成你的标准教材和工作习惯。

| 重点推荐 |
　　本话题所讲的单品店、多品店等终端店的品种管理对销售工作会有直接推进作用，建议重点学习并实践。

店外生动化工作

"终端拜访步骤"第二步——户外工作：检查户外广告，优陈优售

"优陈优售"是什么意思？海报、广告宣传品不但要有数量，还要花心思提升质量。店内主推什么产品和活动，店外的海报、广告宣传品必须和店内的主题保持一致。否则店内推的是新产品 A，店外张贴的却是老产品 B 的海报，这样形不成合力，不能推动销售。

"检查户外广告"是什么意思？直白一点讲就是撕掉别人的海报，贴自己的海报。

我给食品、日化、家电、建材、医药等行业进行企业培训的时候，每家企业都觉得他们所在的行业竞争是最激烈的。我个人对行业竞争是否足够激烈有三条判断标准。

第一，行业有没有形成"寡占"？即行业内几家大企业的市场份额加起来有没有超过 30%。在中国，宝洁和联合利华两家企业加起来占了中国日化行业多少份额？可口可乐、百事可乐加上康师傅、统一四家企业占了中国饮料行业多少份额？康师傅、统一、华龙、白象四家企业占了中国方便面行业多少份额？青岛啤酒、燕京啤酒、雪花啤酒加起来占了中国啤酒行业多少份额？完全竞争的行业必然形成"寡占"，而规模较小的企业将很难生存。你所在的行业竞争激烈吗？

出现行业"寡占"了吗？

第二，这个行业经销商的利润率是否低于5%？拿方便面来说，经销商38元购进一箱康师傅方便面，38.5元或者39元批发出去，赚不到3%的微利，还要送货上门。竞争激烈的行业必然进入微利时代。

第三，这个行业有没有因为做业务而出现恶性刑事案件？这不是危言耸听，大家可以去问问在方便面、饮料、啤酒行业做业务的朋友，两个竞争企业的业务员发生打架斗殴这种事情一点也不新鲜。

每次看到这些事情我都觉得不忍。那时候一张全背胶防晒海报采购价格2元，一个业务员一天只赚20元，但是海报"糟蹋"掉200元——他一天要跑50家店，每家店面张贴2张海报，50家店100张海报就是200元啊！为什么说是"糟蹋"呢？一张2元的海报贴在店门口不到5分钟，就被另一个厂家的人撕掉了。结果呢，你撕我的海报，我覆盖你的海报，就打起来了。年轻人冲动，弄不好一失手就成恶性事件了。

我想提醒大家的是，如果店头陈列、店头广告宣传品和海报对销售没有直接刺激的提升作用，康师傅、统一公司、可口可乐这些企业犯得着花这么多钱吗？一瓶饮料、一瓶啤酒、一包方便面才几元，在生动化工作方面就能有如此投入！这对化妆品、医药、农药、建材等行业有没有启发呢？

课后思考与应用

知识点

"优陈优售"的概念。
店外生动化工作的重要性。
"终端拜访步骤"第二步。

思考

就你目前所在的行业而言，店外生动化工作是否必要？你们公司是否就店外生动化工作对业务代表进行考核、奖罚？

行动

如果你是主管，请在权限范围内对员工进行生动化工作的考核奖罚；如果你是业务代表，请立刻动手，养成执行生动化工作的习惯。

第 3 节　店内的准备工作：实战演习——思考店内工作清单

在本章第 1 节中，我们学习了"出门前的准备工作"，第 2 节中我们学习了"店外的准备工作"，本节我们学习"店内的准备工作"。

咋还准备呢？别急！店外你只看到客户卡，只能对着"地图"模拟作战规划。进了店你就看到了店主，以及本品和竞品的陈列、库存、价格，就可以实战演习了。

别着急动手，再把这些实物看一遍，在头脑中演练一下，该做什么事，列出工作清单来。

进店破冰

"终端拜访步骤"第三步——进店：打招呼，自我介绍，运用破冰方法，赢得沟通机会

"打招呼，自我介绍，运用破冰方法，赢得沟通机会"的内容我们在第 2 章第 2 节详细介绍过，此处不再赘述。

> **课后思考与应用**
>
> | 行动 |
>
> 可根据第三步的标题自行练习打招呼和自我介绍，再到第 2 章第 2 节查看详细内容，从中找出自己的不足。

在这家店里，我能做些什么

"终端拜访步骤"第四步——店内思考：确定店内工作目标和增量机会

进了店，跟老板打了招呼，运用破冰方法赢得了沟通机会，接下来是要开始卖货、做店内陈列了吗？稍等，谋定而后动。我们先在店内认真检查一遍，看看能做什么，然后再动手。在本章第 2 节学习"店外的准备工作"时已经告诉业务代表，在进门之前要看客户卡，从"品种、陈列、价格、促销、服务"这 5 项终端动销要素思考进店后的工作目标和增量机会。然而那是在店外思考，看客户卡相当于看"图片"。现在进了店，站在货架前面，看着店内的产品实物，相当于看"视频"，"视频"肯定比"图片"过瘾！看"视频"或看"图片"都是思考工作目标和增量机会，两者有什么区别呢？

1. 品种"错漏打"。店外看不到产品陈列，店内可以看到，所以进店后的工作目标反思，首先要看上次在客户卡上登记的"店内有货品种要打钩"有没有错打或漏打。

2. 运用品种分析模型。店外看不到竞品的品种和陈列，店内可以看到，那么我们在店内就可以使用在前文详细介绍过的品种分析模型，要点如下：

（1）"从您店里的产品功能和周围消费群需求上分析，您店里缺我这个产品。"

（2）"您店里缺少这个价格带的产品，缺少高/低形象价格的产品。"

（3）"您店里的产品在某品类/价格带的品种不全，消费者可选性不够，需要补充。"

（4）参照系分析。"我拿我们公司最畅销的品种给您试一下。""您店里的畅销品销售机会想要最大化就必须成系列，所以您需要进畅销品的关联品种（比如男士护手霜卖得不错，就可以考虑增加其他男士护手霜）和跟畅销品同品种的新规格产品（不同的包装形式和容量）。"

（5）"康师傅在您店里占的比例太高，对您不利，您进我们统一公司的货就可以平衡供应商结构。"

3. 店内陈列机会。进店前在店外思考的是"店外陈列机会"，进店后看着店里的货架和环境就可以思考"店内陈列机会"。

4. 利润对比。店外看不到竞品价格，也不了解竞品的进货价格和促销信息。进店后就可以观察竞品价格，了解竞品的终端铺货价格和政策，对比过后看看本品在终端利润空间方面有没有输给竞品，需不需要通过价格调整和促销回击来提升销量。

5. 库存管理。进店前看不到本品和竞品的实际库存，进店后就可以实地观察本品和竞品的库存，若发现本品断货、断品种或低于安全库存，就要思考订单机会；发现店内库存方法的问题（比如防潮、堆高、冰柜清洁等），就要思考改善方案；发现不良品，就要立刻动手调换新货；发现这家店是混场店但是本品不占库存优势，就要想办法"把终端的肚子搞大"……

"终端拜访步骤"的第一步和第四步这两步容易混淆，在这里用表格做对比，如表3-1所示。

表3-1 第一步"店外思考"与第四步"店内思考"的区别

项目	第一步 店外思考	第四步 店内思考
	在店外思考店内工作目标和增量机会	在店内思考店内工作目标和增量机会
销量	店外通过客户卡看是否有滞销和流转异常现象，是否需要关注不良品	进店看产品日期，验证店外设想的工作目标

续表

	第一步 店外思考	第四步 店内思考
销量	看客户卡上的品种登记，按照下面的顺序改善通路结构。目标店——完成，丢失店——补回，空白店——客情/有货，单品店——突出优势/多品，多品店——突出优势/对应竞品/补缺/升级/协议，混场店——库存优势	进店看是否出现品种"错漏打"，验证店外设想的工作目标。此外，在店内运用品种分析模型，观察本品和竞品，寻找店内品种结构的漏洞
陈列	思考这家店是不是陈列协议目标店，能不能用陈列政策下订单，观察这家店的户外陈列机会	验证店外设想的工作目标，同时观察这家店的店内陈列的增量机会
价格	查看这家店的上次拜访记录并回顾周围店的反应，思考该店有没有异常价格需要管理	验证店外设想的工作目标，同时了解竞品的进货政策，对比本品和竞品的终端利润，思考是否需要调整价格和进货政策来促进销量
促销	思考公司正在开展的终端促销活动，在终端有哪些落地动作要做	验证店外设想的工作目标，同时检查现有促销活动的执行情况，哪些地方还需要纠偏、提升
服务	思考上次拜访时终端有没有提到客诉需要处理	下订单后看店内是否有错误的库存方法需要纠正，是否有不良品需要处理，思考如何提高本品库存的占比和库存优势

此外，本步骤有一个重点环节——如何在店内做好生动化陈列？如何通过陈列增加销量？这个话题老掉牙了，各大企业也有自己图文并茂的生动化手册。但奇怪的是，业务人员接受了生动化工作的培训，也明白生动化陈列很重要，还背诵了"包装水平、品牌垂直、集中陈列、上小下大、中文商标朝外"等生动化工作的口诀，为什么他们就是不能把生动化工作落实到位呢？

首先，企业没有就此进行专项考核。其次，业务人员没有从促进销量的角度

基础篇

去理解生动化工作，没有尝到甜头。换句话说，他们空背了一肚子的生动化工作的口诀，但不会"更聪明"地做陈列工作，感受不到陈列工作提升销量的效果。所以生动化工作在业务人员眼中就慢慢变成了可有可无的工作，他们的动力自然就衰减了。

如何"更聪明"地做陈列工作让销量提升呢？举个例子，卖啤酒的在餐饮渠道可以做的生动化项目有门贴、POP（店头陈设）、吧台陈列、大厅堆箱、酒水柜货架陈列、展示柜陈列、灯笼、桌贴、橱窗陈列、摆桌陈列，其中摆桌陈列指的是在餐厅桌子上预先摆上几瓶啤酒，消费者一坐下来就能看到，消费的可能性就会增加。

生动化工作的口诀是死的，人必须是活的。店内生动化工作要以销量为导向——做生动化陈列不是为了更标准，不是为了更好看，而是为了更好卖！这才是生动化陈列的精髓。在此仅提出观点，相关的细节动作将在本章最后一节进行专题解读。

课后思考与应用

| 知识点 |

"终端拜访步骤"第四步。

| 思考 |

请按表格内容讨论终端拜访八步骤的第一步"店外思考"和第四步"店内思考"的差异。

| 讨论 |

召集同事围绕"生动化陈列不是为了好看，是为了好卖"这个观点进行讨论，并分析目前你的产品在终端店对销量影响最大的陈列项目是什么。

| 行动 |

按本话题介绍的方法在终端店进行店内思考，确定店内工作目标和增量机会。按照学习—实践—修改—再实践的步骤反复应用，直至形成你的标准教材和工作习惯。

第4节 精准打击——店内工作实施

动手了！经过出门前、店外、店内三轮准备，现在终于动手了！

有了前面充足的准备——对店内工作清单的再三确认，经历了"作战规划""实战演习"，现在动手就能精准打击。

动完手后，要动口。整理完货架，执行完生动化陈列、库存统计之后，还要卖货。怎么卖？

在店内要做哪些细节工作？为什么必须按照这个套路做？如果一进门就卖货会有什么后果？

经过了前四步，该走了吧？别！临走前再做点细节工作，最重要的是，我这一趟不能白来，必须产生绩效才行。

基础篇

君子先动手，后动口

"终端拜访步骤"第五步——动手：具体实施前几步思考过的店内、店外工作机会

纯销量考核体制下的终端业务代表会只跑大店、不跑小店，只拜访老客户（老客户客情好，好说话，容易成交）、不拜访新客户（新客户成交困难）。他们会克扣小店的促销品给大客户，车销时（司机兼业务员带车卖货）跑几家大店完成销量，然后用公司的车接老婆下班。终端客户打电话质问："怎么要一箱货打几次电话你都不来呢？"业务代表回答："多少箱？一箱？一箱你牛气啥呢！人家某某超市要五十箱我还没送呢，你算老几呀？"终端客户要求业务代表："我这里的陈列奖励到期了，你们该给我兑现陈列奖品了。"业务代表回答："你要货不？你要货，我就来，不要货，我不可能专门跑一趟。"

"唯销量论"做终端销售，会导致业务代表只讨好少部分大客户，得罪大部分小客户。而市场上小客户远多于大客户，于是，竞争对手多了朋友，我们多了敌人。

"唯销量论"做终端销售，会导致业务代表只讨好要货的老客户，不去开发新客户，只卖容易起量的老产品，不卖新产品。结果呢？请问老客户会不会关门、转业、品种流失？肯定会！老客户、老品种在流失，新客户又没有开发，青黄不接，终端销售的"盘子（网点数、店内品种数、店内生动化表现）"就会变小。

做终端销售主要是为了提高销量，但是终端销售不能"唯销量论"。做终端销售要对每个终端客户进行周期性重复拜访，并对每个终端客户的"品种、陈列、价格、促销、服务"动销五要素进行维护，改善终端客户的品种结构、陈列表现、价格秩序、促销执行、服务兑现，最终提高空白店、目标店、丢失店、单品店、多品店、混场店的终端表现。做大终端销售的"盘子"，产生更多实际销量，才能实现可持续发展。

如果把做市场比作种庄稼的话：

丈量土地，看看耕种这块地要配备多少农具和劳动力——统计市场的终端网点数、铺货率等基本信息，配备足以覆盖这些终端的经销商、分销商和厂家销售队伍。

把石头、瓦块挑出来——拜访终端店，记录并处理终端遗留问题（有遗留问题的店是不会跟你合作的）。

锄地松土——拜访终端店，把无货店变成有货店。

播种——向终端推新产品（卖低价产品就相当于种小麦，卖高价产品就相当于种经济作物）。

施肥浇水——日常拜访，做好服务，维护客情，管好价格，做好生动化陈列工作，执行促销等。

扶苗——哪家店的品种数减少了？哪家店以前卖你的产品现在不卖了？赶紧去解决问题，争取让这家店把产品补回来继续合作。

除草——挤占竞品终端库存，让竞品没有铺货空间，就需要与店主签订排他性协议，甚至专卖协议。

种庄稼要先丈量土地和配备农具，再把石头剔除，然后锄地松土，再播种，施肥浇水、扶苗、除草……该干的都干了，庄稼才有可能丰收。这个道理农民都懂，但是很多厂家和经销商老板不懂，只想着收庄稼，不种庄稼，迟早会败家。

"终端拜访步骤"第六步——动口：运用推销模型，提出合理订单建议

如果业务代表将前五步做到位了——出门前锁定了工作目标，第一步和第四步分析了店内的品种结构和安全库存，第三步跟店老板赢得了沟通机会，第五步动手落实前面设定的工作目标，那么到此为止，这家店应该上什么品种、拿多少订单已经水到渠成。

如果店主还是犹豫不决，业务代表就需要进一步推销。

再复杂的算术题，用九九乘法表都能推演出来。因为九九乘法表是普适规律，是工作模型。掌握普适规律和工作模型，就可以从容应对各种变化。同样的道理，终端推销的方法千千万万，大体也离不开本书第2章提炼、固化的那几个推销模型。

课后思考与应用

知识点

理念——员工只做你考核的，绝不做你希望的。

纯销量考核体制之下，终端业务代表的常见行为和危害。

"终端拜访步骤"的第五、第六步。

基础篇

> **| 思考与讨论 |**
>
> 召集同事讨论本话题所讲的挂着做终端的招牌，干着"唯销量"论的买卖，类似情况你们公司有吗？如果有，该如何改善？

念经，念不"疯"你，我不停口

"终端拜访步骤"第七步——念经：了解市场动态，告知产品和政策信息

经过前六步，店内、店外工作机会已经落实了，订单已经拿到了，接下来就是收尾工作。收集市场动态信息，了解店方对产品、价格、政策的抱怨和建议，同时做"政治思想"工作，把厂家的政策告知终端店店主。我们要告知终端以下信息：

（1）产品的利润信息（比如新品利润高），以提高店老板购进本品的意愿。

（2）产品的卖点信息（比如这个玉米油的卖点是不含胆固醇，辅助降血脂），以帮助店老板更专业地向消费者推销。

（3）告知产品的促销信息（比如本品有"再来一瓶"中奖活动），为店老板的推销工作提供助力。

推新品时往往会告诉终端店店主"新品利润高，一箱赚两元，老品一箱赚一元"，这是引导店主关注新品，主动推荐新品。当你一个月后走访终端店，问店主新品和老品哪个利润高时，猜猜店主是否能马上说出来"这个产品一箱赚两元，那个一箱赚一元"。我敢肯定，绝对不会，因为我问过，而他们只是回答"差不多"。除非这个产品一箱赚八元，那个产品一箱赚一元，差别大了，店主才能记得住。但是大家想想，店主回答"差不多"对你的新品销售"伤害"大不大？这就是问题所在，新品利润高，但是这个新品的利润信息没有被有效地告知终端客户。

员工只做你考核的，绝不做你希望的。我曾经对员工进行信息告知到达率考核：新品铺货一个月之后进行终端客户回访，问终端客户哪个产品利润高？这个产品一箱赚多少钱？那个产品一箱赚多少钱？要求对终端店百分之百告知到位。

一家店答不出来，罚业务代表五十元；店店都告知到位，奖励业务代表一百元。所谓"简单粗暴，行之有效"，执行这个考核政策后，业务代表好像被鬼捏了一样，到终端店就开始念经："老板您记住，这个产品一箱赚一元，那个产品一箱赚两元。""老板娘您记住，这个产品一箱赚一元，那个产品一箱赚两元。""老板的娘您记住，这个产品一箱赚一元，那个产品一箱赚两元。""吧台经理您记住，这个产品一箱赚一元，那个产品一箱赚两元。""包间领班您记住，这个产品一箱赚一元，那个产品一箱赚两元。""大厅服务员您记住，这个产品一箱赚一元，那个产品一箱赚两元。"……见一次念一次经，一直念到对方恶心为止，念到对方一见业务代表就惊恐万分地摆手："大哥，别说了！我记住了，这个产品一箱赚一元，那个产品一箱赚两元，卖那个一箱相当于卖这个两箱。我记住了，求求你别说了。"

这有用吗？当大厅服务员、包间领班、吧台经理、老板、老板娘、老板的娘都牢记"这个老产品一箱赚一元，那个新产品一箱赚两元，卖那个新品一箱相当于卖这个老品两箱"的时候，你的新品会不会好卖一点？

课后思考与应用

知识点

考核信息告知到达率的工作方法。
"终端拜访步骤"第七步。

思考

你目前销售的产品需要告知终端店主哪些信息？

讨论与行动

召集同事讨论你的产品信息告知话术，进行课堂演练，按照学习—实践—修正—再实践的步骤反复应用，直至形成你的标准教材和工作习惯。

重点推荐

基层主管可尝试使用信息告知到达率对业务代表进行考核。

基础篇

收官，没有绩效我不走

"终端拜访步骤"第八步——再次确认订货量，约定下次拜访时间，争取二次拜访目标店，反思绩效，道谢出门

为什么要再次确认订货量？业务代表拿到订单，第二天送货上门的时候终端店可能会反悔，"我没要这个货呀，我老婆要的货吧？她今天不在，我做不了主，你明天再送来"。为了降低发生类似情况的概率，业务代表最好再次确认订货量："您是要10箱可乐、15箱雪碧、1箱果粒橙吗？我把订单写好了，麻烦您签字。"

约定下次拜访时间有什么意义呢？临走前业务代表告诉店主"大哥我走了，下周四我再过来"，强调"我们一周拜访一次是来服务的，不是单纯来卖货的"，更容易树立专业形象，与终端客户拉近距离。其实，终端店主下周不一定非要找你，但是你打声招呼，对他礼貌，他也会尊重你，给你面子。

"争取二次拜访目标店"是什么意思？拜访终端店时，如果店主不在，或者店主太忙顾不上你，业务代表不妨先记在拜访路线手册上，争取在下午原路返回公司的时候再拜访一遍。

绩效是一个容易被营销界忽略的概念。绩效的反面就是例行，例行是每天都在重复做的工作，绩效则是指今天做完之后，状态和结果有了突破，变得和之前不一样，如表3-2所示。

表3-2 例行与绩效的区别

例行	绩效
业务代表每月月底拿对账单	业务代表追回10万元逾期账款，与店主沟通后，将账期从30天缩短为10天
区域经理给经销商下订单，补老产品的库存	区域经理说服经销商按照安全库存数补货，同时订购两个新品种各200箱
大区经理拜访A市场，与经销商沟通	大区经理拜访A市场，协助区域经理说服了经销商放弃经营同类竞品，专销本公司产品，同时增加2辆送货车。另外，大区经理核查了上月交办给区域经理的工作情况，给区域经理制定了下月需交办的工作事项
周期性拜访，店里人都和我很熟悉	终端店老板娘和我结婚了（这可是个大绩效！开个玩笑，不要盲目模仿）

企业到底希望员工做例行还是做绩效？当然是做绩效。所以，业务代表晚上回来，主管要跟他面谈当天的"绩效"，开早会要汇报"绩效"，出门拜访前也要反思"绩效"。

要言不烦，整个终端拜访八步骤结束，业务代表跟店主客客气气打招呼，道谢出门，奔赴下一个店。

课后思考与应用

知识点

"终端拜访步骤"第八步。

思考

本话题所讲的"签字确认""二次拜访""约定拜访时间""反思绩效"这四个动作适合你目前的终端拜访工作吗？

讨论

召集同事学习并讨论"绩效"和"例行"的区别。

行动

按照学习—实践—修正—再实践的步骤反复应用，直至形成你的标准教材和工作习惯。

重点推荐

在终端销售时"反思绩效"，提高自己的绩效意识。

终端拜访八步骤，绝不是花拳绣腿

终端拜访八步骤在"江湖"上流传久远，最初发轫于可口可乐、康师傅这样的名门正派，后来被很多民营企业拿去改成"零售店拜访N步骤"，但内容大同小异。如今各企业的终端业务代表大多数对这门"武功"很不屑，觉得这个八步骤是花拳绣腿，"我不按照八步骤来，货照样卖"。实际上这套业务模型很实用，用好了能直接提升销量。

终端拜访八步骤绝不是花拳绣腿，只因其普及程度高而不被重视，弃之如敝屣，其精髓在传承中不断流失，大多数人学到的只是皮毛，所以认为学了也没用。我们在此正解终端拜访八步骤，大家通过学习后会明白看似平淡的招式中其实暗含"杀机"。

课后思考与应用

| 思考 |

　　将第2章的推销模型等内容融入终端拜访八步骤，并以关键词形式将其提炼成"拳谱"。

| 行动 |

　　将你提炼的"终端拜访八步骤"置于你的工作笔记首页，每天按照学习—实践—修改—再实践的步骤反复应用，体会终端拜访八步骤中的"杀机"，直至成为你的标准教材和工作习惯。

第 5 节　生动化陈列不是为了好看，而是为了好卖

本章第 3 节提到过生动化工作的重要性，当时为了使终端拜访八步骤的行文主线不被新话题干扰，故改在本节进行详述。

很多国际企业都有非常细致的生动化工作手册和教材，但是我个人觉得太复杂了，记不住！

本节以"生动化陈列不是为了好看，而是为了好卖"为主题，把纷繁复杂的生动化工作教材浓缩成简单的几句口诀，配以图文说明，化繁为简，方便实用。

基础篇

以销量为导向——生动化陈列的精髓

突出主次，提升销量

1. 用销量最大化的思路做陈列。优先陈列重点品种、重点店、重点项目。

（1）重点品种。生动化为的是好卖，我们要以"销量最大化"的思路看待生动化工作。要突出陈列优势产品，因为同样的陈列位置，放置优势产品会产生更大的销量。比如统一方便面的优势口味是"老坛酸菜面"，那么统一公司的业务人员就应该在店内优先陈列这个产品，把这个产品放在最好的位置。反之，如果统一公司在超市的货架和堆头上最好的位置陈列的是"西红柿打卤面"或"翡翠鲜虾面"，"老坛酸菜面"却藏在货架上不起眼的位置，那样就会造成陈列资源的浪费。

（2）重点店。一个业务代表每天拜访30~50家零售店，把自己的工作时间平均分配给这些店肯定不行，业务代表出门前要寻找当天的目标店，在能"出量"的目标店里花更多的时间！再举个例子，现在大超市的陈列费用很高，厂家也乐于往里面砸钱，但是大多数厂家对中小超市没有费用预算。实际上，如果在这种店每月投入200元的陈列费，店主就会很满足，而且你想怎么陈列都好商量。比较一下，这些店的费用投入是不是比大超市更划算？这些店也许就是陈列的重点店。

（3）重点项目。举例来说，假如你的产品在做买赠活动，那么进店后最重要的陈列项目是什么？肯定是赠品展示、赠品捆绑、赠品促销海报的张贴。再比如卖啤酒的业务员要先抓什么陈列项目，当然不是POP，不是门贴，不是挂灯笼，不是吧台陈列，而是摆桌陈列（指在餐厅桌子上预先摆上几瓶啤酒，消费者一坐下来就能看到，有可能顺手就消费）和夏天的冰冻展示柜陈列。会做生动化的业务代表就知道从"销量最大化"的思路出发，先把对销量影响最大的陈列项做好。

2. 突出卖点提升销量。"面对同质化的行业竞争，大家拼赠品，拼促销力度，拼特价力度，怎么办？"面对学员的问题我的回答是：第一，拼执行力——看看谁补货及时，排面维护及时，促销海报告知规范，导购员敬业专业，赠品供给和展示标准，价格维护标准；第二，跳出价格竞争的泥潭，凸显自己与众不同的卖点。当你做到与众不同的时候，价格竞争就离你远去了。举例来说，我曾经给恒顺香醋做过培训，那时还赶上他们170年厂庆，我吓了一跳，太有历史了！大家想一想，如果把170年的老字号当作卖点，消费者会产生什么联想？好品质？珍贵？放心？这个卖点传播出去后，恒顺香醋会不会更具价值感？能不能卖得比别的产品贵一点？答案是肯定的，相反，如果恒顺香醋在终端的陈列上没有凸显这个卖点，反而是在拼命搞特价，那就相当于端着金饭碗要饭了。

卖点这个东西，只要有所依据，消费者接受了，就能帮你卖货。格力天天喊“掌握核心科技”，但说实话，消费者大多不了解格力掌握了什么核心科技，但是这个卖点传播成功了，大家就相信格力掌握了核心科技。

3. 明码标价提升销量。很多企业给员工进行生动化打分，可打分标准中就是没有明码标价这一条。很多业务员做生动化只重视大工程（陈列面、海报等），不重视小细节（价格标签）。终端店私自抬价，异常价格，货架上产品和价签位置不能一一对应，新产品没有价格标签……这些细节业务人员往往视而不见。实际上对没有价格标签的产品，消费者的购买概率会大大降低，抬价、砸价、异常价格更会直接影响销量。以销量为导向做生动化，一定要关注标价，此事事关销量，并非只是细节。

陈列外观博眼球，刺激销量提升

1. 集中陈列，吸引眼球。商品在超市货架上分散陈列难以形成陈列气势，也就不能吸引消费者。因此，要尽可能做到集中陈列。

很多超市现在不按品牌集中陈列方便面，而是按照口味陈列，一般是由左到右，价格由低至高，如图 3-1 所示。

海鲜味				红烧牛肉味				香辣味		
A厂	B厂	C厂	D厂	A厂	W厂	W厂	X厂	…	……	……………
D厂	F厂	A厂	F厂	C厂	E厂	B厂	A厂	…	……	……………
A厂	X厂	F厂	B厂	C厂	C厂	A厂	X厂	…	……	……………

图3-1　A厂方便面分散陈列

这种陈列模式方便消费者选购，但各厂家产品无法集中陈列，不便于厂家推销自己的产品。怎么办？

可以按照超市的口味陈列规定，同一口味区内尽可能使自己的产品“上下打通，竖直排列”，形成集中陈列效果，如图 3-2 所示。

基础篇

海鲜味					红烧牛肉味			香辣味		
D厂	B厂	C厂	A厂	A厂	W厂	W厂	X厂	…	……	……………
D厂	F厂	F厂	A厂	A厂	E厂	B厂	C厂	…	……	……………
B厂	X厂	F厂	A厂	A厂	C厂	C厂	X厂	…	……	……………

图3-2　A厂方便面集中陈列

此外，值得注意的是，外资企业在产品设计上用了心思，同一品牌的产品外观风格相似成系列，摆在一起一眼就能看出是一家的，所以很吸引眼球。反观国内一些企业的产品，设计风格五花八门，尺寸不一，色调不齐，摆在一起很凌乱，集中陈列的效果也不好。

2. 跳出货架，吸引眼球。超市里有那么多堆头，如何让自己的堆头脱颖而出？企划部的人一定要把这件事当作大事来抓，超市里造价昂贵的异型堆头是为了什么？还不是为了博眼球。其实跳出货架也不一定要拿钱堆，给大家看几张图片，相信大家就明白什么叫作"跳出货架，吸引眼球"了。

产品中最难陈列的是袋装膨化食品，放在货架上站不稳，放在堆头上乱七八糟。如图3-3所示的堆头就比较有创意，简单、经济、博眼球，超市还不会多收钱——它们可以收堆头费，但没听说过收"顶头费"。

图3-3　袋装膨化食品堆头陈列

再看看如图 3-4 所示中的拖布，很有创意，所以能吸引眼球。

图3-4　拖布生动化陈列

3. 卖相好，提高购买机会。店内产品卖相好的口诀是"货品清洁、不良品（即期品、破损品）管理、货品先进先出、货品包装正面迎客"。哪里的产品容易出问题？堆头的下层（补货是从上层补货，堆头下层会被遗忘导致产品即期）、货架的最高层（货物不易被拿到）、生意不好业务员拜访不勤的店……在这里，你会看到污损、磨毛、压瘪、即期的产品，看到乱七八糟的陈列。如图 3-5 所示的这种陈列形象，消费者会产生购买欲望吗？要想提高购买机会，必须卖相好。

图3-5　某杂货店的无序陈列

基础篇

用陈列数量刺激销量

1. 陈列数量越多越好。不用多说，陈列数量越大，排面越大，销售机会也就越多。

2. 前后线转置。中小终端货架叫作"前线"，老板凳子下面、门背后、床底下、楼梯拐角存放整箱货物的地方叫作"后线"。"前线"当然要尽量多陈列，"后线"要空仓，把货全部拆箱搬到"前线"去。一方面"前线"排面大，好处不言而喻；另一方面老板都是看"后线"库存来订货的，你把他的"后线"搬空了，下次他就会说："没货了，该进货了。"

3. 打击竞品。一个终端能卖多少货是比较固定的，本品和竞品的销量是此消彼长的。所以，让竞品少卖，我们就能多卖。"江湖"险恶，超市里业务员经常互相使坏：偷竞品的价格签，把竞品的货藏起来，把竞品的方便面捏碎，给人家的纸包装饮料上面扎针眼，偷竞品的赠品，撕竞品促销告知海报……唉！这些行为用的就是这个原则，让"我的货摆得越多越好，竞品越少越好"。但这些"江湖"招数还是少用，往往你做初一我做十五，容易激发矛盾，得不偿失。

用陈列位置促进销量

1. 多点陈列，方便拿取。王老吉的多点陈列做得好，超市里到处都是它的小挂篮，随时可能被买走一瓶。与之类似的原则还有"方便拿取"，就是摆在货架上的黄金陈列位，餐饮摆台陈列和自动售货机的投放都是"方便拿取"。总之，越是多点陈列就越容易被看到，越是方便拿取就越容易卖掉，正所谓"你离消费者越近，就离竞争越远"。

2. 店外可见。这一条一点也不神秘，但是很容易被忽视。不少终端有个大玻璃门，玻璃橱窗正对着马路，这个位置一定要利用起来。在窗台上陈列产品，在玻璃门后面陈列产品并悬挂海报，产品陈列得越多越好，越壮观越好，从店外看就好像一个广告墙，能刺激销量，如图3-6所示。

第 3 章 解密正在失传的武功——终端拜访八步骤

图3-6 店外可见陈列

课后思考与应用

知识点

理念——生动化陈列不是为了好看，而是为了好卖。

以销量为导向的 4 种生动化陈列工作。

思考与讨论

再次召集同事讨论"生动化陈列不是为了好看，是为了好卖"这个观点，讨论目前你的产品对销量影响最大的陈列项目是什么。看看学习到这里，我们的讨论结果和在本章第 3 节时的讨论结果有什么不同。

行动

总结你的"以销量为导向"的生动化陈列工作方法，按照学习—实践—修改—再实践的步骤反复应用，直至形成你的标准教材和工作习惯。

进阶篇

第4章
终端业务代表的培训体系

有趣得很,在培训问题上,营销老总和营销"菜鸟"有相同的忧虑和困境。

"菜鸟"刚入行,惴惴惶恐地揣测:我要学什么营销知识?怎样学才能变成高手?

老总们则希望:公司内部能建立营销培训系统,新人进门按照这个系统进行"加工",就能变成"老鸟"。

本章就来解答这个老总和"菜鸟"共同的困惑。

1. 给出营销人员快速学习的"吸星大法"。

2. 列出营销人员从"菜鸟"变"老鸟"过程中要学习的技能模块清单。

3. 提出企业内部营销人员"知识管理"的观点。

4. 给出企业内部搭建培训体系,进行"知识管理"的具体步骤和工具。

说明:

1. 针对受众:终端销售业务代表、终端销售主管、企业培训经理、企业销售经理。

2. 本章为培训思路和自我学习方法探讨,而非一线销售操作内容,仅供一线销售人员学习和培训经理参考,故不设"课后思考与应用"环节。

第 1 节　营销人员的营销技能模块

一些人也许上学时顽劣不堪，但是一旦踏上营销征途，立刻变得孜孜不倦，培训课堂上全都如饥似渴地学习。因为他们在工作中遇到了太多困难，想在课堂上寻找答案。

本节提出"营销并不神秘，由几十个营销技能模块组成""吸星大法快速学习"这两个核心观点，并给出"吸星大法"的具体修炼步骤以及营销技能模块的具体菜单。

进阶篇

营销一点不神秘，营销是门技术

有趣得很，在培训问题上，营销老总和营销"菜鸟"有相同的忧虑和困扰。

"菜鸟"刚入行，惴惴惶恐地揣测：我要学什么营销知识？怎样学才能变成高手？

老总们则希望：公司内部能建立营销培训系统，新人进门按照这个系统进行"加工"，就能变成"老鸟"。

于是，企业成立了培训部，但很多培训部的职责就是把公司的培训费花完。社会上流行什么课题，最近哪个老师"火"，就请这个老师到公司"表演"一场。掌声或者倒彩过后，喧闹归于平静，老师拿着钱走了，学员们的兴奋也会很快降温，该干啥还是干啥。铁打的营盘，流水的兵，营销人新旧更迭之中，培训内容已成水过鸭背，了无痕迹。老总们心疼培训成了无效成本，销售人员也觉得茫然："听了这么多课，好像还是有很多事情摆不平，不知道该学什么好。"

营销人到底该学什么？该怎么学才能少走弯路？仅靠下苦功是没用的。求学本身就是件苦差事，所谓"学海无涯苦作舟"，过去学生上学要受罚还要挨手板子，考虑学生的承受能力才没有上老虎凳。孔夫子说"学而时习之，不亦说乎"。相比之下，庄子比较聪明，他说："吾生也有涯，而知也无涯。以有涯随无涯，殆已！"意思是人的生命有限，但是知识无限是学不完的，用有限的生命去追求无限的知识肯定失败。所以，要聪明地学习，学习要讲方法，要有取舍。

这个道理用到营销人身上，就是告诉你别死学！学营销要有计划、有系统。不加选择地听一大堆课看一大堆书，该学的没学，不该学的学了，结果方法不对，劳而无获，白耽误了功夫。

那么，对的方法是什么？

别听所谓的大师瞎忽悠，其实营销一点也不神秘，营销就是门技术，学营销跟学理发、修脚、烹饪、缝纫差不多。

一门技术，肯定是由很多技能模块组成的，比如厨艺。要成为食神，得看这个厨师投入多少心血，有多少创意、执着和天分。但是要成为一个熟手厨师并不难，会择菜、洗菜、配菜，有刀工会切菜，懂调味、火候会下锅炒菜，再熟背上百个家常菜的菜谱，操作熟练了，你就是个厨师了。愿不愿意去拿个国家特级厨师证是你的个人兴趣，但是只要这些功夫都下到了，你就已经是个厨师了。

营销也是如此，营销并不神秘，从营销"菜鸟"到营销老手，要学习、练习和经历的东西，无非就那么几十个营销技能模块。把这些模块做成目录展示出来，企业可以据此整理自己的培训系统和培训教材，模块化地把新人批量加工成"成品"。营销新人能按照营销技能模块的目录，按图索骥去学习，就能少走弯路。

吸星大法

在讲营销技能模块之前，先讲讲学习方法。

在给企业培训的时候，经常会遇到一些大学刚毕业的"菜鸟"，眨巴着天真无邪的眼睛问我："魏老师，你这么年轻，就这么有料，您能不能给我列一个读书目录，再写一个做事清单，我按照您的目录清单把书读一遍、把事情做一遍就能立刻变高手？"

好家伙，这个问题太有创意了，极品！这样的方法有吗？有！这个方法的名字大家都熟悉，叫作"吸星大法"。

听起来有点雷人，但是别担心，若练此功，不必自宫。

吸星大法第一招：记好读书笔记

这听起来一点也不新鲜。很多人在看专业书籍的时候产生颇多共鸣："对，对，对，超市谈判是应该做好准备，书里写的有道理。""对，对，对，广州市场我做过，书里写的这个案例我也碰到过，嗯，写得好……"书一合呢？会不会忘掉？我讲课内容的很大一部分就是曾经出版过的书和发表过的文章，学员们听我的课，会觉得似曾相识，好像这个内容在哪里见过。但是上课我问问题，他们还是回答不上来。奇怪，教材都看过，为什么回答不上来呢？"看是看过，当时也觉得挺好，内容嘛，早就忘了！"所以，吸星大法第一招"记好读书笔记"听起来平淡无奇，但是如果和第二、第三招联合起来用，威力就大了。

吸星大法第二招：做好分档保存

我是买书、看书（每个月我都逼自己看完 4 本书，大多是在飞机和车上看），却从不藏书。我知道很多同行是买书、藏书，但不看书，他们买本营销管理书看完前十页就扔到书柜里了，一年买书花了上千元，最后连一本书都没看完。我看书不仅仅是用眼睛看，而且还是用剪子"看"。下次如果你在飞机上看到一个留

进阶篇

寸头的老男人拿着剪子咔咔咔地剪一本新书，那很可能就是我。我糟蹋东西特别快，一本 20 万字的书，差不多 4 个小时（两趟飞机旅途）我就能把它干掉。对我没有触动的内容我就一扫而过，对我有触动的我就立刻用剪子剪下来。问题是你剪这一页的内容的时候，这一页的反面也被剪了。所以我买书有点浪费，相同的书一次买两本，一本剪正面，一本剪反面，剪完剩下书的残骸肯定得扔，但书里面对我有用的内容我已经剪走了。

剪下来东西干什么？以前可苦了，用糨糊贴到自己的剪贴本里，过几天还得重新分类，搞得自己活像个糊纸盒的。现在有了笔记本电脑，减少了这件事的工作量。我只需把剪下来的东西交给助理，他把我剪的内容变成电子版，存进我的电脑。如果你也能做到这一步，你已经做到了记好读书笔记并且做了保存，但没有做分档保存。

什么叫分档保存呢？在电脑里建一个大文件夹，"日经一事，必长一智"，在里面建立一个一个的 word（微软公司文字处理应用程序）子文件，再根据自己的工作内容命名文件。

把营销人面临的问题分分类，比如"经销商管理"算一个问题建一个文件，"超市谈判"算一个问题建一个文件，"小店拜访"算一个问题建一个文件，"账款管理"算一个问题建一个文件，"新品上市"算一个问题建一个文件，"促销管理"算一个问题建一个文件……

仔细想想，营销人面对难题不少，刚开始分类可能分不出 20 个，根据自己的工作把这些文件都提前起好名字建好，这就是分档。

然后，你看书做的笔记、剪下来的东西，就可以归类保存。比如你看书上有一句："管经销商关键是管他的团队，经销商老板很多都是听下面员工汇报的，所以老板不是管卖货的，而是管进货的……"好，这段内容有道理，变成电子文档，存进电脑里的"经销商管理"文件。明天听课，老师讲"家乐福超市系统大区制之后的谈判注意事项"，好，这段内容有用，变成电子文档，存进电脑里的"超市谈判"文件里。

吸星大法第三招：记好工作日记

书本和课堂上有知识，实际工作中更有，但不及时总结记录就容易忘掉。善于总结的人才能快速成长，每天勤写工作日记，会使你的经历更有含金量，积累经验的速度更快。工作日记不是记流水账，而是思考和总结。今天和经销商谈判失败了，回来要总结错在哪里，假如重来一次你应该怎么谈。明天新品上市成功了，要思考这一次赢在哪里。后天同事张三被公司开除了，你要思考他为什么被开除，教训是什么。先记下来，然后找时间整理，有用的东西变成电子文档，再存进电脑文件夹分档保存。

吸星大法第四招：维护分档目录，收发由心

资料收集越来越多，你对内容的理解也会越来越深，文档会越分越细。比如刚开始你建立了一个"超市谈判"的文件，后来发现这个话题可以分成"超市合同谈判""超市业绩管理""超市促销""超市对账结款""超市订单物流管理"等几个小文件。分档会越来越细，电子文档会不断地重新分拣归类整理，最终形成你自己的全套分档模型，就像一个全自动分拣机器。一旦此功练成，形成习惯，你就像练成了"吸星大法"，不管是听课、看光盘，甚至跟别人闲聊，只要有触动、有收获，就立刻吸纳进去，放在固定的分类位置。使用的时候更是"收发由心"。大家想一下，假如你 5 年前就练习这个功夫，你是不是相当于有了过目不忘的神通？过目不忘就是，需要的时候知识立刻可以想起来，现在你只需要动一下手指。

注意：

吸星大法还有第五招，叫"采阴补阳"。那可厉害了！这点会在本书第 5 章"终端团队管理核心工具"之"早会"环节详述。

营销"老鸟"的技能模块目录

行业不同，企业规模不同，"营销技能模块"多少有些细节差异，但大框架是一致的。先给大家建立概念和框架，然后用图示说明细节模块，大家上下对照着看更容易理解。

企业知识模块

让学员认识企业，了解企业，融入企业文化，建立对企业的信心和荣誉感。

建议：

这条主线与营销技能无关，学员往往是"被培训"。可由企业培训部自行研

进阶篇

发，形成标准课程，对刚入职的新人进行标准化培训；对营销人而言，这些内容的学习是"政治需要"，必须过关。

营销人员基本职业素养知识模块

提升职业素养，规范新人的听、说、读、写、行。

建议：

此类课程市场上已经有很多成熟的音像及文字教材，可由企业培训部人员引进并修改，转化为标准课程，内部进行标准化培训。对营销人而言，这些课程偏于形式，熟练掌握就好，不必下太多功夫（一线人员除外）。

市场管理技能知识模块

营销人员管理市场，需要学习市场管理的基本知识、规范步骤和常用工具，更需要掌握如何解决市场难题的预案，要分渠道展开——经销商管理、超市卖场管理、中小终端店管理、区域市场管理等，每个渠道有不同的应知应会内容。

建议：

这条主线是营销培训的重头戏，对企业而言要以外部师资课程引进和内部自身总结研发两种形式进行，针对营销人员的不同岗位分阶次进行。最重要的是知识的传承、积累和内化。对营销人而言，这条主线应该是用"吸星大法"分档保存的主要方向。

管理知识模块

营销人员从市场执行上升到团队管理角色，需要初步掌握的管理知识和管理工具。

建议：

管理本身有艺术的成分，讲起来玄之又玄。但管理也有很多可以固化的方法和工具，要重视培训固化的工具，培训的目的不在于给学员讲了多少高深的管理理论，而在于他们听课之后使用了多少管理工具。建议企业也用外请内研的方法，逐渐积累形成自己的课程体系，分阶次进行。对营销人员而言，学管理要注重实际操练，如果管理方法和工具不实际，靠操练是学不会的，可以先使用基本的管理工具，入门了，再提升管理艺术。

图 4-1 至图 4-8 为各种知识模块。

第 4 章 终端业务代表的培训体系

图4-1 营销人员企业知识模块

进阶篇

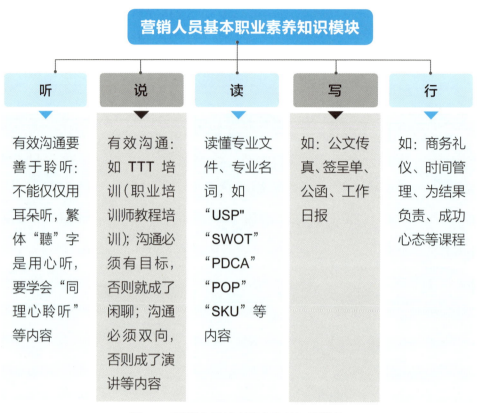

图4-2　营销人员基本职业素养知识模块

图4-3　市场管理技能知识模块

第 4 章　终端业务代表的培训体系

```
                    ┌──────────────────────┐
                    │  经销商管理知识模块   │
                    └──────────────────────┘
```

掌握基本技能	业务工具使用	常遇问题解决预案
1. 全面认识厂商关系 2. 掌握选择经销商的标准和流程 3. 掌握经销商拜访标准步骤 4. 掌握新经销商合作谈判方法 5. 掌握协同经销商铺货方法 6. 掌握帮经销商组织订货会的流程 7. 掌握帮经销商做人员考核，召开标准业务早会的流程 8. 掌握帮经销商制订压货政策的方案	1. 使用"经销商评估表"评估并选择经销商 2. 使用"周行程计划表"管理自己出差拜访经销商的行程计划和绩效 3. 使用"新市场开发市场支持计划模型"与新经销商沟通市场开发方案 4. 使用"经销商进销存报表"，管理经销商库存，并计算和建议订单量 5. 使用经销商"利润核算模型"，计算经销商利润并形成下个月改善经销商利润的方案 6. 使用"销售数据报表"帮经销商分析业绩问题 7. 使用"财务台账"管理公司与经销商之间的往来费用、返利账目 8. 帮经销商建立"销售台账"，管理其重点终端的业绩和应收账款 9. 使用"经销商拜访绩效日记"记录拜访经销商的业绩分析、市场走访等 10. 使用经销商销售团队"检核""考核"等模型帮经销商管理他的团队 11. 使用"经销商业绩回顾模型"与经销商进行月度沟通	1. 经销商冲货砸价等价格冲突解决预案 2. 应对经销商资金不够、人车投入不足的解决预案 3. 经销商利润提升预案 4. 经销商常见异议和客诉回答预案 5. 经销商更换预案

图4-4　经销商管理知识模块

进阶篇

```
                    ┌─────────────────────────┐
                    │   超市卖场管理知识模块    │
                    └─────────────────────────┘
```

掌握基本技能	业务工具使用	常遇问题解决预案
1. 建立观念，不同的卖场意味着不同的系统。了解卖场内部架构、分工、权限、专业名词	1. 使用"卖场月度业绩回顾模型"与大卖场进行月度业绩回顾	1. 卖场年度合同的签订谈判预案
2. 了解卖场年度合同条款	2. 使用"卖场动销要素管理模型"管理卖场业绩	2. 卖场突发性事件处理预案
3. 掌握卖场采购内部谈判的常用招数和教材	3. 使用"卖场谈判前准备模型"进行卖场谈判前准备	3. 卖场恶性乱价处理预案
4. 了解卖场超市的订单、物流、结款对账、收货的内部流程	4. 使用"卖场新品卖入谈判模型"进行卖场新品谈判	4. 卖场恶性账款处理预案
5. 了解卖场采购自身的6个主要考核指标，学会针对每个指标站在采购角度制订迎合采购需求的方案	5. 使用"卖场脱销跟踪表"管理卖场物流和脱销	5. 卖场撤场预案
6. 运用"卖场动销要素"管理卖场业绩	6. 使用"卖场促销方案提报及促销协议模型"与卖场洽谈促销活动	
7. 掌握卖场专项生动化陈列标准	7. 使用"卖场促销事前、事中、事后管理和检点流程"进行卖场促销控制	
8. 掌握卖场3种常用促销活动（捆赠、品尝演示、特价）的操作规范	8. 使用"卖场白皮书"（即对不同大卖场建立的该卖场系统内部业务流程及架构说明）管理卖场业务	
9. 掌握卖场谈判报价、还价、沟通的标准技巧和常用模式	9. 使用WHW（Who—How—When，谁—如何—何时）分析法分析卖场订单、结款问题，找到解决方案	
	10. 使用"大卖场应收—应付—已付账款台账"管理卖场账款和费用	

图4-5　超市卖场管理知识模块

第 4 章 终端业务代表的培训体系

```
                    中小终端店管理知识模块
                              │
         ┌────────────────────┼────────────────────┐
    掌握基本技能          业务工具使用           常遇问题
                                                解决预案
```

掌握基本技能

1. 执行部分：
- 终端销售概念和理念建立
- 掌握分销标准：不同产品铺进不同渠道的对应标准
- 掌握生动化陈列标准、生动化陈列技能
- 掌握终端库存管理技能
- 掌握公司投放陈列设备的维护流程
- 掌握客诉处理权限和处理流程
- 掌握终端陈列协议、保量协议签署和执行技能
- 掌握终端开瓶费的竞现流程和操作规范（限酒水类企业）
- 掌握终端拜访步骤（车销、预售、电话拜访、小组铺货4种形式）

2. 管理部分：
- 掌握不同市场阶段的终端拜访模式组合
- 使用终端业务代表考核规范，制定并执行业务代表考核
- 进行终端业务代表检核和协同辅导，并通过市场检核和寻找市场提升方案
- 能够召开标准业务早会
- 使用路线手册，进行品种管理。对丢品种、停止进货的终端进行"目标店管理"，有针对性地提升铺货率
- 使用铺货率对照表分析当月市场问题，导出下月终端工作目标
- 使用路线手册结合铺货率分析，对重点店进行目标店目录清单营销

业务工具使用

1. 执行部分：
- 用"客户卡"管理终端客户的订单、库存、客诉
- 使用终端拜访破冰方法、终端推销组合阵法等方式推销，说服店主接受建议订单
- 填写终端路线管理相应表单，使用路线手册做业绩规划和目标店管理
- 使用终端绩效反思模型进行绩效反思

2. 管理部分
- 使用"终端业务代表考核、检核、辅导、会议模型"及相关表单进行人员管理
- 运用"铺货率对照表分析模型"进行业绩管理
- 运用"终端生动化陈列打分标准"进行终端表现管理

常遇问题解决预案

1. 执行部分：
- 新开终端店拜访预案
- 初次拜访终端破冰话术预案
- 说服店主允许做生动化陈列话术预案
- 保持生动化陈列效果预案
- 终端异常价格处理预案
- 终端销货提速的常用方法和杠杆预案

2. 管理部分：
- 发动经销商做终端，避免主劳臣逸预案
- 管理报表效率，避免员工填写假报表预案

图4-6 中小终端店管理知识模块

进阶篇

区域市场管理知识模块

掌握基本技能
1. 熟练应用区域市场增量规划的9个主要方向：通路、产品、渠道、价格、打击冲货、促销、终端、打击竞品、人员管理
2. 掌握发掘区域增量的"机会产品"和"机会渠道"技能
3. 掌握增设分销商、弥补经销商网络空白的技能
4. 掌握区域市场各层级价格稳定的方法和涨价流程
5. 掌握区域市场分产品、分渠道、分节气、分系统的年度销量拐点
6. 掌握区域市场的常用促销活动执行流程
7. 掌握市场布局，循序渐进推进终端动销，最终全面覆盖

业务工具使用
1. 使用"区域市场增量规划模型"规划区域市场的增量机会
2. 使用"区域增量拐点模型"发掘区域市场的销售拐点
3. 使用"拐点压货促销管理流程"管理"拐点压货"
4. 使用"通路利润提升模型"管理区域价格秩序

常遇问题解决预案
1. 竞品突发性压货促销的反击预案
2. 区域价格混乱处理预案
3. 终端动销预案
4. 产品升级换代预案

图4-7 区域市场管理知识模块

第 4 章　终端业务代表的培训体系

```
                    ┌─────────────────────┐
                    │   团队管理知识模块    │
                    └─────────────────────┘
```

1. 心理建设：
- 建立管理者思维方式
- 建立利润核算、成本控制思想，并学会计算方法
- 掌握管理工作的核心概念和基本武器:标准授权、监控、检核、激励、考核、培训、奖罚、会议
- 应用"管理者要事管理模型"工作

2. 标准、授权、监控、会议工具：
- 建立"授权事前建立标准"的管理思想和步骤，使用"甘特图（条状图）""排期表"等管理工具建立事前标准
- 建立"授权事中监控"的思想，养成"检核"习惯，学会运用"关键指标"等工具控制工作进度
- 掌握员工工作质量监控的常用方法，如"动态监控""凭据监控""数据监控""关键指标监控""看板监控""下游客户监控"
- 掌握销售数据分析方法，从报表中发现业绩问题
- 熟练运用标准化业务例会流程召开业务例会

3. 激励和考核工具：
- 掌握员工招聘面试流程技巧
- 掌握员工培训、协同辅导技巧
- 掌握员工阶段性业绩面谈流程
- 掌握员工鼓励正向沟通技巧
- 掌握业绩排名制造压力方法和流程
- 掌握现场会制造压力方法和流程
- 掌握月度专案竞赛制造压力方法和流程
- 掌握销量任务分配预案，如何避免销量考核压力带来的短期操作
- 掌握过程指标考核的方法
- 掌握考核漏洞避免下属钻空子的方法
- 使用"人员考核模板"制订并执行销售人员考核方案
- 学会正确使用KPI（关键业绩指标）管理工具
- 掌握与员工进行"月度薪资考核面谈"的流程

4. 命令与奖罚工具：
（1）决策模型
- 决策前如何做到"源于一线，集思广益"，讨论期"重视反面意见"，执行期"民主集中制保证执行效果"，同时"关注反馈，随时校准"
（2）命令奖罚模型
- 如何清晰下达目标
- 如何按制度执行奖罚
- 如何按检核结果执行奖罚
- 如何以身作则执行奖罚
- 如何给当事人解释机会后再奖罚
- 如何面对奖罚事项的特例
- 如何应对员工常用的自我辩护
- 位阶管理思想和案例体会
- 如何通过管理行为维护公司统一的企业文化
- 对共性问题如何进行流程再造，预防问题再次发生
- 离职员工的管理

图4-8　团队管理知识模块

进阶篇

营销不神秘,你的产品走什么渠道,你就要做什么事情,偷工减料或者故弄玄虚都要不得。

看起来要学的内容挺多,其实真的有计划地学起来,循序渐进,三五年工夫就可以完成。若修炼"吸星大法",更可提高模块化学习的效率。

再长的路长不过双脚,只要方法对,有恒心,就不难。

营销"老鸟"就是这样炼成的。

第2节　企业内部营销知识管理

不管你是卖饮料、食品，还是卖保健品、化妆品，经历多了，你会发现消费品行业的不同企业，销售人员碰到的市场问题都是相似的。

这些相似的问题该如何解决呢？一线的销售人员各有各的答案，可惜的是这些智慧大多散落在民间，不能共享。结果，同一条河，少数人摸着石头过去了，更多人掉河里了。

企业内部营销知识管理就是把这些来自一线的智慧总结提炼，找到"石头"，做出"标记"，形成"模型"，给大家"指路"。后来者踩在前辈的肩头，就能看清来路，避过凶险，把握那些将要发生的未来。

本节就来学习知识管理的现状、改善方向、路径和工具。

进阶篇

什么叫知识管理

外资企业比较喜欢标准化，不管是拜访客户、生动化陈列、营销会议，企业都给你一套标准流程。新人进门就要学习这套标准，然后按照标准去工作。

标准化的管理贡献是什么？

绩效追踪和考核：做事有了目标和统一的路径，便于主管对下属的工作质量进行检核、评估。

经验总结和培训：标准和模型本身就是从前人的经验中总结出来的，前辈们就是这样做的，他们这样做成功了，后来者踩着前辈的脚印、吸取前辈的成功经验，在此基础上创新，重蹈覆辙的概率就会小，工作的效率就会高。

这个标准化、模型化的过程其实就是一种知识管理，知识和经验只有变成有形的东西才能传承下来。

在工作中实践，不断发掘和提炼其中的经验和教训，上升为理论，成为知识产品，通过培训和管理手段加以贯彻，指导后来者的实践，然后在新的实践过程中加以印证并升级为知识产品，最终理论和实践得以互相促进、互相指导，这就是知识管理的原理。

知识管理的"败家"现状

知识管理首先要把无形的经验变成有形的知识产品——教材、培训产品、制度、流程、表单……

以企业的内部培训（以下简称"内训"）教材为例：

90%以上的中小企业，甚至部分超大型内资企业是没有内训教材的，其培训部的主要责任就是花钱。市场上流行"九型人格"，培训经理就赶紧买一堂"九型人格"的课；市场上流行"执行力"，就赶快找老师来讲"执行力"……

做知识管理，沉淀企业内部经验，编写内部教材，把外来课程内化整理，可能想都没有想过！

这样的企业，培训经理更像采购经理，其知识管理的现状和效果不值一提，不说也罢。

在这方面做得较好的是国际企业。

外界对国际知名企业都有点神化，大多认为，在这样的跨国公司里，人人都是高学历，讲洋文，读砖头厚的书，接受最先进、最实用的培训。

其实，大家误会了。我打工 10 年，曾经也是国际知名企业中的一员，我知道他们的管理系统没那么玄。优秀的地方我们要学习，但大家也不必迷信。

以下列举部分国际企业目前的知识管理现状，供大家观摩、对照、自省。

现状一：国际企业知识管理的优点

大多数成熟的国际企业会培养自己专门的讲师队伍，有自己系统的内训教材，人力资源部会对不同职位的员工设计相应的培训计划。在这种企业培训不是年会上的应景之作，是有计划的。对员工来讲，接受培训也不是可有可无的福利，而是必须履行的义务。

部分民营企业在知识管理方面也在做积极的尝试，比如制作业务员、主管、经销商的情景培训光盘，把这些岗位应知应会的知识以演员模拟的形式呈现出来。

抛开其内容质量不谈，至少这种形式更贴近实际场景、更易吸收，值得大家思考、借鉴。

现状二：自家武功秘籍已经失传

前段时间帮一家国际知名企业做销售人员培训，有两件事让我非常吃惊。

第一，这家威名赫赫的企业，区域经理级别的干部竟然有一半不知道 1.5 倍安全库存的计算方法！

第二，这家企业经营历史不算短，在国际上也享有盛誉。其实该企业早就有四册系统的培训教材，我十几年前在企业里做销售时，早把这四册教材像宝贝一样拜读收藏，像 1.5 倍安全库存这样的营销常识在教材第一册早有详述。但是令人难以置信的是，该企业从总部的职训人员到各省的大区总经理，竟然没有一个人能拿得出这四册教材。下课后有一个营业所经理告诉我："魏老师，传说我们公司有四册教材，但我一册也没见到，我们老总也只有两册。"

十几年前在外企打工时，我也常听到前辈炫耀："我们当年进公司，接受的培训那是什么品质，现在你们这一批人听的培训就没那么好了，数量和质量都不行……"

行内人都知道，中国的第一批外企白领，那可真的是精英，学历高、工资

进阶篇

高、福利待遇好、培训多，还动不动就出国受训。后来外企都流行本土化经营，外企白领从几百个变成几十万个，人员素质要求、待遇、培训自然会缩水，变成了"非典型性外企白领"。

人员层级降低了，培训数量减少了，人员流动却变快了。

内资企业现在气势恢宏，而且喜欢从外企挖人。铁打的营盘流水的兵，十几年下来，外企员工一个又一个另谋高就，内部培训又没跟上，新老更替之中，先辈们的"文化遗产"就这样磨灭了。

自家武功已失传，这样的案例绝非个别现象。繁华萎谢，衰败得让人刺目，败家不等天亮啊！

现状三：一套教材，多年不变

十几年前我在某国际知名饮料企业打工时就领过一套教材《销售精英步步升训练》，分第1步、第2步、第3步三册。2008年，我邂逅一名该企业的现任销售经理（此君不知道我也是出身同门），席间这位老兄向我展示所谓的武功秘籍，我一看，跟我当年拿到的一模一样，一字未改！

十几年过去了，快消品行业先后经历了"广告制胜""供销""大客户代理""赊销成灾""密集分销""坐商变行商""终端销售""厂方执行预售制掌控销售网络和经销商开始向物流商发展"八个阶段，眼下又有人提出"还原经销商的销售功能，企业需要行销商不需要配送商"的反思。

十几年过去了，赊销、恶性冲货已从厂家头痛的营销"癌症"转变成正规企业的"历史故事"。大家面临新一轮的问题是，如何提高物流效率，如何改进现有的销售队伍和经销通路，更有效地跟国际大卖场打交道。

十几年过去了，以前中国的超市根本不成气候，现在已经统领城市通路；以前批发市场车水马龙、国营商场趾高气扬，现在很多批发市场已经消失，国营商场已经倒闭；以前业务代表上街可以随便贴海报，现在城管不允许了；以前业务代表在店里陈列不要钱，现在小店都找你要陈列费；以前人们都喝碳酸饮料，现在喝茶、水、果汁；以前凉白开装在瓶子里卖钱，别人说你是疯子，现在一瓶矿泉水卖几元，水比汽油贵了；录像机消失了，BP机（寻呼机）没人用了，黑社会都不用大哥大了……

十几年过去了，中国的市场营销竞争焦点、市场格局、通路格局发生了翻天覆地的变化。变化的市场中，每一家企业都是"新兵"，收藏的武功是会贬值的，固守以往的经验一定会被淘汰！但十几年过去了，教材居然连一个字都没变！

现状四：企业内训系统性、生动性有余，但实用性尚待提升

我去一家国际知名企业讲课，学员告诉我，我是他们公司第一次外聘的营销培训老师。

为什么我会是他们公司"第一次"外聘的营销培训老师？外企没有培训预算吗？

原因是他们有自己成套的营销内训教材和讲师。

国际知名企业采购课程，一般都倾向于新观念课程（比如"九型人格""全脑分析""同理心聆听"）、激励课程（比如"巅峰销售心理"），或者户外拓展，他们极少请外面的老师，他们认为"我们的营销管理是天下第一的，别人要向我们学才对"。

要真是这样也行呀！

误会了，大家又误会了。

根据我打工的亲身经历，加上近几年和同行的广泛交流，以及对各"名门正派"培训资料的搜集学习所知，国际知名企业的培训系统大致分四个方向。

企业知识：企业文化、产品特征、系统利益等。

基本素质教育：TTT、有效沟通、时间管理、SWOT（优势、劣势、机会、威胁）、4P（产品、价格、渠道、促销）、4C（消费者、成本、便利、沟通）等。

业务基本功：终端拜访八步骤、利润故事、安全库存、生动化陈列技能等。

管理素质：管理者的理念、授权、激励、终端路线规划、市场分析等。

客观点讲，这些国际知名企业的内部培训系统，有可取之处，但也不乏瑕疵。

优点

1. 系统性不错。毕竟是领袖企业，内部训练体系的设计有素质教育、技能教育、晋阶培训，从知识结构上讲，相对完整。

2. 生动性不错。课堂都是小班，一堂课20个人，保证大家能充分互动。讲课的老师大多受过专业训练，非常善于搞气氛，分组讨论、角色扮演、互动游戏，

唱《成吉思汗》《感恩的心》《我们都是一家人》。课堂上欢声笑语，很热闹，气氛很好，学员也很开心。需要提醒的是，老师要有很好的控场能力，不能只顾搞气氛，而忽略了"干货"的传授。否则学员在课堂上激动，可第二天睡醒后一想，昨天好像老师啥也没讲。这就变成了生动性有余，优点变成了缺点。

缺点

1. 实战性不足。培训课上老师也讲了一些实用的内容（终端拜访八步骤、利润故事），但都属于入门功夫，太粗浅，涉及管理层次的话题（路线规划、市场分析等）大多只讲些空间理论和概念，不具体，不深入，在实战中指导意义不大。

2. 故步自封。外企的营销管理和培训系统是不错，但那是建立在外企这个背景下的，有大品牌支撑、充足的资金投入、高素质的人员队伍、完整的部门协作机构、完善的信息技术平台、成熟的市场支持。但除非你待在外企干一辈子，否则你走出门就会知道"江湖很大，道行尚浅"。在大多数中国企业做市场，要学会无中生有、乱中求治、量入为出，甚至做无米之炊。这么多年，多少外企的职业经理走出外企做高管，掰着手指算看看，成功了几个？尤其是从外企跨入民企的第一次经历者，大多数"生死时速两三年"。

"我天下第一，从来不外请营销课程。"错！

十几年后回头看，如果我照搬当年在外企接受的培训系统，在培训界一定没饭吃。他们的培训和管理并非不好，而是不能乱中求治，不能直击目标迅速解决针对性问题，学员不爽，老板也不欢迎。

知识管理的改善方向

观念突破：没有什么经验是不能具体化、标准化的

一说知识管理、经验总结，就会听到一个声音："兵无常势，水无常形。"说话的人大多一脸肃穆、高深莫测。他们的意思是，销售是很复杂的，对不同的经销商、不同的产品、不同的竞争环境用的方法不一样，没办法具体化、标准化。

培训师也很会找借口，他们解决不了学员的具体问题时就会说："听课不在乎你听到了什么，关键在你想到了什么。"这句话就是说，老师可以给你理念，

办法你自己想去吧。

我不这么看。

什么叫作标准化？前人的经验变成文字，给后人启发。这个世界没有什么经验是不能具体化的，关键看你善不善于总结，有没有心。

气功够玄吧，但是还是有气功教材，教大家"两脚同肩宽站立，脚趾扣地，舌尖顶上腭，掌心相对，意守眉心，想象两手之间有一个气球在阻挡，然后把手慢慢拉开来，合拢，拉开，合拢，再拉开，合拢……"

中国的山水国画够神吧，但是美术学院的老师还在教学生运笔，侧锋、破锋怎么用，留白怎么设计，落款在哪个位置……

行兵打仗变化够多吧，《孙子兵法》绝大部分内容都在教大家怎么选择有利地形，怎么选择行军路线，怎么侦察敌兵人数，怎么派间谍，怎么用水火攻击敌人等具体的动作。"兵无常势，水无常形"，抓住这一句做文章，纯粹是断章取义。原文是：

> 夫兵形象水，水之形，避高而趋下，兵之形，避实而击虚。水因地而制流，兵因敌而制胜。故兵无常势，水无常形。能因敌变化而取胜者，谓之神。故五行无常胜，四时无常位，日有短长，月有死生。

孙子的原意是：变化一定有，但是变化也一定有规律。日月的变化尚有规律可循，何况万物。谁能熟知变化，见招拆招，并且掌握规律，谁就用兵如神。

如果一个经验不能具体化，从相对意义上标准化，那它就没有意义了。扪心自问，区域市场规划、经销商管理、客户谈判、促销计划拟订，这些没有规律可循吗？不能具体化变成知识产品，甚至做到相对标准化吗？不可能！

知识产品选题要有针对性和前瞻性

总结和提炼应该是自下而上，而不是自上而下。

这里说的前瞻性不是指国际视野、引导理论潮流，而是指具备预见性——我知道你们会遇到什么问题，我这里罗列了前人总结的答案。

此处以销售培训教材的编写为例进行说明。

销售人员在市场上近身肉搏，会遇到成百上千个难题。经销商不主推自己的产品怎么办？超市采购要回扣怎么办？竞争对手突然搞订货会怎么办？经理给下面分配任务，下面人不服怎么办？公司考核费用，市场又需要投入，怎样才能平衡？

这些问题绝对不是偶然性的，而是每一个销售人员都一定会碰到的重复问题。

解决这些问题会对企业的业绩增长有直接推动作用。

目前企业里的培训教材为什么很少涉及这些针对性的内容？这是因为写教材的人虽然学历、表达能力、沟通能力都很好，但是他们对市场上到底会出现什么问题并不了解，所以造成教材的编写方法有问题。让猫拉车，难免拉到床底下；秀才给兵写教材，写出来的教材自然隔靴搔痒，叫座不叫好。

这些问题也并非无解命题，答案蕴藏在民间布衣贩夫走卒之中。每个一线人员都曾经面对和解决过这些问题，他们都有自己的杀招、绝招，甚至损招。

"治天下者当用天下之心为心"，企业高层要重视这些散落在民间的智慧资源，否则就会明珠深埋，随风逝去。

最好的方法是自下而上搜集一线人员对这些重复性问题的各种解决方案，整理编撰，汇集成册，传于后来人。告诉他"你会遇到什么问题，请打开第几个锦囊，里面有答案供你参考"。聚沙成塔，集腋成裘，这些智慧最终会成为具备指导意义的步兵操典。

知识产品要注重模型化

什么叫模型？

我是讲师，天天出差，天天换宾馆，所以很容易丢东西，充电器、电源线、剃须刀……怎么办？建立模型：在箱子上贴一张"出差要检查的物品备忘清单"，每次换宾馆前看一遍，检查一下，这个问题就迎刃而解了。这叫行动模型。

有个销售经理功力还不深，老总让他写一份区域市场研究报告。犯愁啊！怎么办？没关系，照固定格式写，先写 4P，再写 SWOT。照猫画虎，一路写下来，不管内容如何，架势看上去就挺唬人。这叫思维模型。

洗衣机都附带常见故障排除说明，如果洗衣机不运转了，一看电源有没有电，二用测电笔看洗衣机的电源线有没有断（电源线根部是否有电），三看开关是否打开，四看承重量是否超过最大标准，如此这般，常见故障就能解决。这叫故障排除模型。

模型可以让你更周密，避免丢三落四。

模型可以让你按照前人总结过的正确方法去思考，去行动，少走弯路。

模型可以让你按图索骥，用排除法找到解决问题的方法。

高手当然可以源于模型再超出模型去创新，但是对大多数人来讲，模型让你更专业、更高效！

模型化最适合去针对那些会重复发生的问题，总结已有的经验让成功重演，让失败不再重复。

企业经营中有很多重复性的、很重要的工作模块。比如新品销售的推进、区域市场的增量机会寻找、经销商的拜访步骤，乃至一个大型促销活动的准备和现场的控制工作，这些工作都是企业每年或每月在各个区域要重复进行的。把这些常态工作涉及的动作、步骤、分工、检核等细节固化、标准化、模型化，变成类似"商超谈判前的准备工作清单""寻找区域市场增量机会的自我诊断列表""新品销售的自我反省问卷""经销商拜访标准流程"等。越是模型化的东西，越方便管理，也越具备实战指导意义。

注重知识产品产生后的管理动作

培训是讲给"有心人"听的，"无心人"听培训压根儿没用。

100个人听课，可能只有30个人有心。"有心人"和"无心人"的区别在哪里？

每次培训结束，"有心人"和"无心人"都会起立鼓掌，一般主持人为表示礼貌，会动员学员再次鼓掌。然后，老师拿钱走人。"无心人"吃完饭凑到一个房间"斗地主"，过两星期，你问他"老师讲什么了"，他一脸茫然，已经全忘了。

"有心人"听完课后，当天会再复习一遍讲义，把自己觉得有用的动作和理念摘录下来，甚至给自己制订行动计划：今天我从老师这里学习了100个动作，其中30个动作跟我的行业不相关——删掉，另外20个动作我不同意——删掉，还有50个动作可以用。我的行动计划是准备在什么时间、什么地点、对什么客户、用哪种方式切入，去尝试运用这些新学到的动作。把这个计划写下来并且保存好，三个月之后回头看，自己当时的行动计划有没有落实，有什么新体会。六个月之后再回头看……就这样一次一次又一次逼自己复习、巩固、体验，课堂里的知识才能转化为自己的技能。

进阶篇

从企业角度看，怎样才能让培训真正产生生产力？

靠学员自觉地变成"有心人"吗？别做梦了，想想我们上学的时候，寒假作业是哪一天才写的？老师不检查作业，你会主动写作业吗？

要有企业行为的推动把培训的内容内化，把课堂上的知识变成实实在在的改善动作，目前我看到的大概有下面四种做法。

方法一：现场录音、录像

培训的时候，有家企业安排人在下面录音、录像（培训协议上签订不允许录音、录像）。被我发现后，老板满脸通红，一个劲儿地道歉。两年之后这家企业又找我讲同样的课程，原因是他的员工都换完了，又来了一大批新人，而且学员一致反映看光盘没意思，还是要找"活人"来讲课比较过瘾。第二次授课之后，他们一致反映我讲的跟光盘不一样。

点评：

培训时录音、录像意义不大，除非你想当讲师出去讲课，而且我讲的很多课都拍成了光盘，价钱又不贵，你去买就行了嘛！

再说了，如果看光盘就能取代讲师现场授课的话，那么哪个讲师还会拍摄光盘？同一个讲师同一门课如果半年、一年不更新，这门课肯定会被淘汰。

方法二：内化培训课程复制培训师

在美的、TCL等企业培训，我发现这些企业的培训经理自己就是不错的培训师。他们出去听一些基础素质的课程，比如"沙盘演练""TTT培训""时间管理""卓越销售人员的良好习惯"等，把教材拿回来强行记忆，反复练习，以后这些课程就自己讲，不用找外面的讲师。

点评：

素质类的课程内化是很容易的，但是销售管理类的课程内化就需要讲师的功力了。但真的很有功力的销售精英、管理干将，大多数企业是不舍得让他做培训的。

方法三：培训部主导的行动计划工程

企业的培训部比较负责，培训后他们会按照我前面讲过的方法要求学员提交课后感、行动计划和行动总结，甚至要求学员下去再给自己的下属把我讲过的课转训一遍，把自己的讲义和学员评估交上来。

点评：

这个想法不错，但布局有问题，这些行为都停留在督促学员加强个人课后学习和实践的层面，学员应付差事交报告就了事了。再说了，这批学员要是走了怎么办？

方法四：把培训内容内化成企业流程和制度，并加以推动贯彻

2007年我给统一企业做各区域巡回培训，让我深受触动的是，他们安排了一位协理级的高层干部和我同步巡回。白天我讲课，晚上这位协理根据我讲的内容出一个主题，讨论怎样结合老师讲的内容，制定和更新本公司的标准，然后，作为制度在全区域推行。

点评：

管理就是一个强制和引导团队成员去执行的过程，听完课觉得有些地方讲得很对，切合实际，怎么办？指望员工自觉学习、自觉提高是不可能的，能产生持续推动力的就是企业的流程和制度。统一企业培训后的管理力度，是我在近千家企业的培训经历中难得一见的案例。

抚掌称善之余需反思，教材有了，流程有了，制度更新了，真的就万事大吉了吗？多少企业的流程手册、标准化手册只不过是摆摆样子。一个新的知识产品诞生并开始推广，如同推广一个新项目，各区域经理、部门主管都是为自己的业绩负责，他们大多认为总部推广的管理项目是可有可无的，甚至是负担。总部有没有专人负责监控这个项目的宣传、执行、排名和奖罚？项目的执行进度和障碍有没有向总部反映？

知识管理的改善路径和工具

明确了知识管理的概念，了解了现状和改善方向，现在我们来谈一谈知识管理的改善路径和工具。

如前文所言，目前企业在这方面有成熟经验的很少。作为培训师，几年来我在这个方面下了些功夫，又作为咨询方在操盘企业销售管理时做了不少专项实践，此处罗列以下心得供同行指正。

进阶篇

第一步：完善组织结构

思考一下，为什么企业有财务部门、销售部门、生产部门、安保部门，就没有知识管理的负责机构？结构决定功能，真的重视这件事，就要有专门的机构和人员去执行。

机构设立的必要性说明

企业需要设立专门的机构和职位负责这项工作。此事涉及对企业各区域部门人员的调派和指令，还有大量的文字整理、编撰、培训、宣传、执行、跟踪等工作内容，必须有专人和专门机构以项目管理的流程去推进，刚开始工作量不饱满可以让总部人员兼任，工作量满负荷后必须有专人负责。

部门及岗位工作内容

1. 在企业高层的支持下，自下而上收集一线人员技巧，发动一线人员通过多种渠道，以各种形式进行智慧分享和贡献。

2. 设立并不断更新升级知识产品的选题体系。

3. 对一线人员的技巧进行编撰、校正、选录、编辑，并按知识管理的选题目录进行分类整理、更新。

4. 知识产品的下发、落实。

5. 把知识产品分为培训内容（要求员工接受培训）、工具内容（要求员工熟练掌握并对照执行）、管理内容（强制要求相关人员执行）三个级别进行贯彻，对员工的培训情况、熟练程度、执行进度和结果进行追踪、评估、检讨和奖罚，为最终贯彻结果负责。

部门岗位设置要求

1. 岗位归属：可以单独成立部门（负责人叫知识管理经理），也可以归教育训练部门的新增功能。

2. 岗位人员要求：

（1）素质要求。总结能力、文字表达能力、沟通能力。

（2）资历和技能要求。对归口的部门要求有 3~5 年的执行和管理经验，如果 A 负责进行营销口知识管理，那么 A 最好要有 3~5 年大区销售经理的工作经验。一个资深大区经理更了解哪些东西是有效技巧，而且有一定资历和威信，便于他和各区域人员的沟通。

说明：

第一，建议企业的知识管理要先从营销版块做起，形成产品和经验之后再全面推广。第二，知识管理经理的关键能力是专业功底，文字表达整理能力欠缺的话，可以用文职助理来弥补。第三，部门编制可大可小，根据企业规模和知识管理的深度及工作量决定，但为确保质量，不同的功能口（营销口、生产口、财务口）最好安排有该项业务经验的人员做知识管理工作，也可考虑以专职知识管理经理（负责营销版块知识管理）带领兼职知识管理专员（生产口、财务口方面的工作量相对小，可以让相应部门资深员工兼任）的形式。

第二步：自下而上收集技巧的流程启动、实施、质量控制和管理

最初一线人员上交的技巧总结通常是错字连篇、词不达意、空话一堆，让你哭笑不得，请做好思想准备。不过这在终端也很普遍，毕竟销售人员不是文字专业出身，总结能力有限，要知道技巧的质量完全在于知识管理经理的引导。归纳终端一线技巧贡献的现状，通常有以下几个特点。

神志不清

业务人员表达能力差，区域经理对这件事又不上心，结果报上来的技巧，总部的人看不懂。这是一个厨具小家电导购员上报的技巧："我要用气球做载体留住顾客，产生销售，实现业绩。"

点评：

这段话里面的每个字我都懂，但整段话到底是什么意思我不懂。实际上这个导购员的意思是："我发现不少买厨具的主妇逛商场都带着小孩，我就在推销的时候带上气球，见到这样的客户先给小孩一个气球，小孩一高兴拉着气球不走了，小孩不走，他妈妈就走不了，我就有推销机会了……"

官话连篇

区域经理会给你报上来所谓的业务技巧："管理经销商关键是要搞好客情，要帮他创造利润……"

点评：

这不是废话吗？大道理谁都懂，这还用你讲吗？问题是你要用什么动作来提

进阶篇

高经销商利润？用什么动作提高客情？不用讲得太系统，讲一两点心得，哪怕讲你自己的案例也行，知识管理经理可以帮你提炼成理论。

拿常识当技巧

业务人员经常会出现的一种情况是把常识当技巧，比如"我给店主算清楚卖我一箱啤酒能赚多少钱，他就进货了，所以还是要算清利润。"

点评：

刚开始总部收上来的一线技巧会有大量类似这样的常识，没什么价值，白白增加了知识管理人员的工作量。

总结错误的技巧

有终端业务员总结："我告诉店主，只要你进货，卖不动算我的，包在我身上。"

点评：

店主其实最怕听这种话，听着就像骗子，一个业务员怎么能说"卖不动算我的"？将来万一卖不动，难道让他自己买回去吗？

培训

刚开始要在企业的行销月会上进行点评，最好用范例形式让大家清楚地知道什么才是有效的一线技巧。以下是某业务经理总结的有效技巧：

"我和新经销商合作，刚开始他的积极性不高。我上一个月也没干别的，就是天天带着办事处的业务员和他的司机帮他出去卖高价产品（这个产品经销商利润高）。我每天都向他汇报：'本期我帮你卖了多少高价产品，给你赚了多少钱。如果你在这方面加大力度，比如给你的人定清楚高价产品的提成、基本销量任务、网点开发任务量等，我预计这个产品一旦推起来，铺货网点达到 1000 个，你到明年旺季一个月可以卖多少……'一个月下来，经销商看到我真的在帮他赚钱，配合度大不一样了。"

点评：

这个技巧不系统，也没什么理论高度，但简单、实用，有一定的可复制性。

激励和引导

1. 物质奖励。前期一线技巧总结以激励为主，不要处罚，以免引发一线人员的逆反情绪，可以考虑用"技巧总结大比武""智多星排名"的方法予以奖励。

尤其不要给下面定每月必须贡献多少技巧的死任务。一线人员的主业还是销量，不要把"运动扩大化"，不然大家不卖货都去写文章了。

2. 精神鼓励。每月月会给大家公布上月技巧总结的精选通告，通告上每一个技巧都写上上报者的名字，告诉大家名字将来会出现在公司的教材上"流芳千古，永垂不朽"。

3. 培训引导。每月月会上向大家重点培训和宣讲优秀的技巧和案例，让大家真正感到这个东西能解决问题。你放心，各区域经理会迫不及待地拿优盘要拷贝你的东西。

4. 现场激发。可以在公司的营销月会上发起案例大比武的活动。以下是我在某公司营销月会上举办的"你想挑战吗？"大比武活动的实景：

佛山区的经理提出他目前工作中遇到的实际问题，请全体人员上台讲自己会如何应对。最后佛山区的经理向大家讲述，他作为当事人是怎么解决问题的，同时非常感谢兄弟区域给他出谋划策……

思考：

销售人员点子多，好胜心强，只要台上的案例与他的实际工作贴近，今天在佛山发生的案例，明天就可能在别的区域重现。并且讨论会的气氛会很热烈，大家互相启发，同一个案例也许能讨论出十几种不同的解决方法。知识管理经理的责任就是引导、会议主持、现场控制、记录、整理、提炼，然后第一时间以快报形式下发，全区域分享。

第三步：选题的建立和更新

这一条最重要，这一条必须做，而且必须做好。

让大家漫无目的地总结技巧，效率一定很低，销售人员会感到："满肚子技巧，但一时又不知如何说起。"

给大家缩小话题范围，拿出具体的选题，比如这个月总结如何帮经销商提高利润的技巧，大家反倒更有话讲。

提出初始选题

在知识管理的大会上，负责人要给大家提供一个选题，刚开始选题可以宽泛一些。比如大家在总结技巧的时候，选题可以是：

经销商选题技巧；

进阶篇

经销商谈判技巧；

经销商常问我们的 10 个问题，如何回答；

零售店开户的技巧；

终端生动化的技巧；

……

上下选题要配套

总部要求各办事处建立技巧点滴记录本，记录本用分页标签把上面的选题目录体现出来（有条件的企业最好要求大家全部建立电子文档）。一线人员汇报的技巧经过主任审批筛选后，按选题目录分类登记，月底上交总部，总部进行评比。

选题要逐渐细化

虽然总部刚开始给的选题会比较宽泛，但随着一线人员贡献技巧的增多，知识管理经理会在其中发现细分类的可能，把选题细化。比如最初的选题是生动化技巧，细分之后的选题为：

如何说服老板配合我做生动化陈列；

如何提高生动化陈列效果的保持时间；

如何跟竞品拼抢生动化陈列的效果；

专项生动化陈列的技巧：

海报张贴技巧；

堆箱陈列技巧；

空箱陈列技巧；

展示柜、冰柜陈列技巧；

货架陈列技巧；

协议店陈列技巧；

……

过一段时间，他们报上来的技巧越来越多，你会发现选题还可以再进行细化，如以上选题可以按超市、零售店、批发等不同渠道再细分，"如何提高生动化陈列效果的保持时间"可以再细分为"如何通过陈列张贴技巧，提高生动化陈列效果的保持时间"和"如何争取店内人员支持，提高生动化陈列效果的保持时间"等。

注意：

选题会越来越细化，需要不断地重新分拣归类，所以纸质文档是不方便整理的，要用电子文档来整理；只有选题更细化、更具体，才更容易激发销售人员讲出有价值的东西。

知识管理人员对选题模型的熟悉和使用

知识产品的编撰人员要对现有的知识产品选题和既有内容"烂熟于心"，这样才能辨认新报上来的技巧和原来的技巧有没有重复，才会对新筛选出来的技巧更精准地分类。更重要的是，你会在新技巧里发现新的分类，再一联想，"对了！这个分类在原有知识产品某个章节也有十几条，我把它们重新定义、分类、整理。"

最终一旦形成一个完整的知识产品选题体系，并且选题体系相对稳定（选题细分要适可而止，别做无用功），它就能像一个全自动分拣机，源源不断地把千万个一线技巧加工成成品。

知识管理经理就像练成了"吸星大法"，不管是听课、看光盘、看书，还是审阅下面报上来的新技巧，立刻可以吸纳进去，放在固定的分类位置。而使用的时候，也是收发由心，只需要点一下鼠标，这个细分选题下的所有知识产品立刻在眼前呈现。

第四步：重点工作环节的固化模型

对一些重要的、高度重复的工作模块，要建立固定的工作模型，让它成为业务人员的常见故障维修说明书和行动指南。以下是某国际知名饮料企业的新品上市自我反省评估问卷。

新产品XY纯净水和茶系列上市目标准则施行进展自我评估问卷

问卷使用指引

1. 如果所有答案都是"有"或"对"——好成绩！成功！
2. 如果所有答案很多是"没有"或"未做到"——有问题！不成功！
3. 如果你需要帮助——请与你的上司联系！

进阶篇

一、正确的渠道分销与铺货

内　　容		是/否，或有/没有
1. 经销商是否有新品的各种口味的安全库存（400箱以上）		
2. 是否在正确的渠道分销（产品上市第3个月内达标）	量贩店及大型超市100%进店	
	食杂店70%以上的铺货率	
	机场、车站80%以上的铺货率	
	所在区域40家酒店进店销售	
	所在区域80家分销商进店销售	

二、价格

内容		是/否，或有/没有
1. 零售价格是否正确	XY水 人民币1.8~2.2元	
	XY茶（罐装）人民币2.5~3.0元	
	XY茶（瓶装）人民币3.0~3.5元	
	XY果汁 人民币2.8~3.3元	
2. 经销商出货价格是否正确，有没有按公司规定价格执行		

三、卖场布置

内容		是/否，或有/没有
1. XY 水是否在水区域内，在主要竞争对手旁边		
2. XY 茶是否在茶区域内，在主要竞争对手旁边		
3. 每种口味是否有 3~5 个排面	XY 水	
	XY 茶（罐装）	
	XY 茶（瓶装）	
4. 产品是否在消费者伸手可得的最佳位置——肩与臀之间（1.1~1.6m）	XY 水	
	XY 茶（罐装）	
	XY 茶（瓶装）	
5. 有没有在店内大量应用售点广告	海报	
	布旗	
	价格牌	
	特价海报	
6. 有没有做到 5000 m^2 以上每个卖场有 2 m^2 以上的新品落地陈列		
7. 有没有在割箱陈列贴上大量售点广告，如海报、特价海报、价格牌		
8. 陈列是否坐落在人流量大的地方		
9. 有没有投放 XY 专用陈列架		
10. 专用陈列架顶层是否陈列 XY 水		

进阶篇

四、模范店计划

内容	是/否，或有/没有
1. 在你的市场内，是否有 15~30 家模范店	
2. 如果你拜访的这家客户是模范店，是否符合标准	
3. 如果你拜访的这家店不是模范店，是否将它变成模范店	

五、试饮

内容	是/否，或有/没有
1. 有没有每星期在 20 家大型超级市场店进行试饮活动	
2. 在试饮台旁边有没有建立 50~100 个割箱陈列	
3. 有没有大量售点广告宣传试饮活动	
4. 有没有安排同时进行促销活动	
5. 试饮点是否位于人流量大的地区	

六、促销活动

内容	是/否，或有/没有
1. 有没有按公司计划执行促销	
2. 有没有大量运用售点广告宣传促销活动	
3. 有没有建立 50~100 个割箱陈列支持促销活动	

七、A 公司专用冰柜陈列

内容		是/否，或有/没有
1. 在 A 公司冰柜内，有没有陈列	XY 水	
	XY 茶	
2. XY 产品是否在顶层		

八、餐饮渠道生动化

内容		是/否，或有/没有
1. 有没有在吧台上陈列产品	XY 水	
	XY 茶	
2. 有没有在显眼处张贴售点广告，如海报		
3. 有没有运用餐饮陈列座		
4. 餐牌上有没有注明产品名称及价格	XY 水	
	XY 茶	
5. 有没有提供服务员奖励		

　　上面这份自我评估问卷有一定的实践指导意义，遗憾的是设计这份问卷的人销售功力还欠火候，恐怕也没有由下而上去收集大家的意见和经验。实际上，新品卖得好不好，需要关注的绝对不仅仅是这些表面功夫，还有更多更深层更细节

的因素，几乎会在每一次新品上市的推进过程中重演。比如：

人员管理方面。内部人员有没有接受足够的教育，以排除他们的畏难情绪和只喜欢卖老产品的惰性？有没有修理那些在新品销售期大放厥词，公然宣称"新品是狗屎，根本没法卖"的人？有没有做到"人人头上有目标"？有没有做到过程目标不仅下到区域，还到了终端业务代表、导购员、经销商甚至重点门店？

经销商管理方面。该区域经销商是否有适合这个新品的销售网络（比如赊销给餐饮渠道）？该区域经销商是否有前期库存遗留问题，妨碍新品经营意愿？该经销商目前经营的别的厂家的产品是否正处在旺季，造成经销商的人力、运力、资金无暇顾及本公司的新品？经销商的员工是否以销量计提成（不分品种），所以员工都去多卖白酒，不注重推销本公司的方便面新品？

……

新品销售不好，关键取决于产品价格和促销政策、通路主推、终端目标网点铺货和展示、内部队伍的培训管理和考核、公司的后勤补给和产销协调、消费者从接触认知到重复购买、竞品的阻击力度等因素，其中每个因素都存在几种甚至几十种的常见问题和解决方法。为什么不动手把这些问题和答案全部汇集起来，编成一本新品上市常见障碍排除实战动作指南？

同理，区域市场的增量机会开发、经销商拜访、卖场年度谈判、经销商大会、各种常见促销活动的策划执行，这些都是企业高度重复的工作模块，其中的专业知识与技能、工作技巧、执行法则都可以在不断改善和补充的过程中实现模型化。

没错！这种模型建起来的工作量大，但这才是真正解决问题、有实战指导意义的培训工具和知识产品。模型一旦建立，就会把变动、不可控的因素变成固定、可预防、可控制的因素，变成预警系统、工作流程、自我对照表、工作清单等。这才是销售人员的枕边兵书与执行工具！

第五步：知识产品的分级管理

1. 培训内容。主要是指技巧总结类的内容。这些内容取材于各地一线人员上报的技巧，经过知识管理负责人的筛选，按选题目录整理，然后逐级下发进行培训和转训，其中的重点内容要求相关人员熟记。此模块的意义在于提高人员技能、成为丰富业务人员知识的"工具箱"。

2. 模型内容。也就是第四步中讲到的重复性工作模块的固化模型。这些内容会成为执行和管理模板，由此衍生出工作流程、过程指标、检核标准、考核标准。此模块的意义在于减少重复错误、优化工作流程。

3. 管理类内容。一些可复制的，对市场有推动性的经验，可以以制度的形式强制执行。办事处每周以快报的形式向经销商汇报战果（本期终端铺货新开网点数、高价产品销售数等），从而让经销商切实体会到办事处是来帮经销商做市场、创造价值的，而不是来收编经销商队伍、抢经销商饭碗的。此模块的意义在于迅速全面推广优秀的技巧、提高市场业绩。

这些管理工作谁来做？如果由知识管理经理执行，那么这个知识管理经理最好是副总级别的人物，否则就需要高层领导的强力支持。如果由总部专门的人员，如销售总监或副总监、管理部经理亲自挂帅任专案推广经理，也许效率会更高。

管理项目的推进说起来几万字也讲不完，也不在本节内容讨论之列，最后用四句话点出要害：

量化目标。每个人知道自己要干什么，比如要背诵哪些内容，要对照什么模型检查自己的工作，要执行什么新的工作要求。

紧密跟进。不要秋后算账，要紧密跟进，建立过程汇报、检核、排名机制，一切进度在总部掌握之中。

有效激励。每个人为自己的工作成果付出代价，兑现周期越短越好。

双向互动。理论指导实践，实践又验证理论。管理项目的内容、目标等细节都可以在执行过程中进行升级和调整。

管理篇 ▶▶

第5章

终端销售团队管理核心工具

　　打工10年，我有幸作为当事人经历了康师傅"通路精耕"和可口可乐"101深度分销系统"的启动、修正和执行过程。做培训咨询顾问11年，先后帮6家民营企业建立全国深度分销管理体系。其间机缘所致，又深入了解了宝洁的"终端深度分销"、统一公司的"营业所辅销终端路线管理"、青岛啤酒的"微观运营系统"……

　　看多了，体验多了，终于能"把书读薄"。通过各种报表、流程、执行细节差异，发现"各大门派"的销售团队管理虽然招数不同，叫法不同，但是"内功心法"却彼此暗合，如出一辙。那些千思百巧的报表、流程、制度、执行细节，其实都是表象和障眼法，屏蔽掉诸多细节和形式。反观销售团队管理体系里蕴含的根本规律，才发现事情本身如此简单！

　　人员管理这个话题实在太大，相关文献也是车载斗量。此章大题小做，把营销界各大"名门正派"运用成熟的终端销售队伍管理的"内功心法"和"管理核心工具"提炼出来，供大家学习。这些"管理伦常"不管对管人的，还是对被人管的都有好处，基层干部可以依葫芦画瓢应用这些工具管理自己的团队，被人管理的了解这些"管理伦常"，也更能适应组织氛围，不至于因为被管理而怒不可遏、愤愤不平。大家互相理解，尊重游戏规则，有益于团队和谐。

　　说明：

　　1. 本章针对受众：终端销售主管、办事处主管、经理。

　　2. 本章为终端销售团队管理方面的实践操作内容，设"课后思考与应用"环节，引导读者反思：本书内容是否完全适用？需要根据自己的实际情况做哪些修改？如何应用于工作中？

第 1 节　终端销售团队管理核心工具一：员工工作要固定

曝光真相：以当事人亲身经历和目前企业现状为背景，曝光终端业务代表的管理现状真相——一半以上的终端业务代表在"放羊"。

深度解析：大多数企业对员工在"放羊"的真相一无所知。所以，有必要详细解读终端业务代表放羊式管理的特征，以及由此带来的恶果，供大家自检。

明确原则：业务代表的每日工作量、拜访目标、工作行踪、过程指标考核必须固定下来，方便业务代表进行自我管理，方便主管对业务代表进行检核与考核，从而真正达到"提高市场终端表现"的目的。

推荐方法：国际企业使用的"一图两表""路线拜访手册"风靡快消品行业 20 年，历久弥坚，我们如何因地制宜，活学活用？

破解难题：KA 业务代表和区域业务代表工作变动性较大，行踪飘忽不定怎么办？办事处主任在当地是"老大"，无人监控怎么办？如何对这些岗位实现"员工工作要固定"的管理原则？

管理篇

曝光真相：一半以上的终端业务代表在"放羊"

基层终端销售队伍最难管，终端业务代表人数多，工资不高，年龄偏小。一大群素质有限的年轻人分散在遍布城乡的六百多万家终端店里工作，管理难度之大，不难想象。

十几年前，我在康师傅企划部做产品经理，公司要求我们下一线实习，我被派到了最苦的部门，跟终端业务代表一起跑小店。第一天就把我累惨了！从早上8点半跑到下午6点，三伏天啊！每家店贴海报、整货架、盘库存、填表、下订单……我跟在业务代表身后打下手，晚上回去的时候都快中暑了，我由衷地感慨："一线的兄弟们，你们太辛苦了，我们以前坐办公室真是不知道，今天累死我了。"结果那个业务代表一点都不领情，冷眼看我说："我今天也快累死了。"然后问："魏经理，你明天还来不？"

我当时年少，听不出弦外之音，答："我还要跟你们协同体验一个月呢！"业务代表"嗷"了一声，摇摇头走了。第二天，又是一天的"魔鬼训练"！几天下来，我都快被烤熟了，业务代表也连连叫苦，多次问我："魏经理，你啥时走呢？真要跟一个月啊？"哎！这时我就听出意思了，咱不能招人恨啊！后来一起拜访终端时我就给业务代表递话："你们可太二了，这么拼命拿几个钱啊！我又不是你们部门的，我这个经理又不管你，别那么客气。"当然，一天拜访所消耗的饮料、西瓜、香烟我都主动奉上，吃完饭我也主动买单，谁让咱挂着"产品经理"的工牌呢。再说了，又是在人家地头上，关系得处好了。有一天就发生故事了，那天吃着午饭，我给业务代表加了个菜又上了一瓶啤酒，他非常满意，把油嘴一抹："其实不是那么跑的，但是你挂着经理的牌儿来协同拜访，我们头儿以为是总部派你来找事的，专门叮嘱我玩命跑，三天把这家伙累晕滚蛋。可你却没滚蛋，我这腰可快跑断了……"过两天他又说："其实不是那么跑的，每天在店里打铺货率（打钩，统计铺货率）太麻烦了，我们都是凭记忆，数据都是在中午吃饭时一口气瞎编的。啊！其实也不是瞎编的，每家店卖什么东西我们心里有数……"再喝回酒又曝料："其实不是那么跑的，我这么多年从来没跑完过，哪家店要货，我们心里有数，只去要货的店就好了，别的店晃一圈或者打个电话就成。"最后又曝："我管六条路线，离办事处最远的路线光骑自行车过去就得一个小时，我都几个月没去了。打电话搞定就行。没事，客户都熟。销量压力？不怕！我们老业务谁手里没几个客情好的大店，这几家店平时多给点促销，销量有压力就找他们，啥时候去他们都要货，他们量大……"

100个终端业务代表，有10~20个是"笨人"，会从早上8点半开完早会一口气干到下午6点下班；有60~70个是"正常人"，会在中午吃饭前结束全天工作，中午吃饭时在饭店里面造假报表；有10~20个"聪明人"，会在一个小时内结束全天的拜访任务，甚至仅仅打电话拜访几个大客户。终端业务代表的工作现状真相大致如此。只不过这个真相，业务代表和主管们都知道，老总们都不知道。管理跟不上，"聪明人"翘班后寂寞难耐肯定呼朋唤友，"聪明人"的比例会迅速扩张，此风气一旦蔓延，经理们就会落入"人民战争"的海洋。什么填报表，什么监控都会失效，群众的智慧是可怕的。千里之堤，毁于蚁穴，多少企业终端深度分销工作轰轰烈烈开始，垂头丧气结束，最终都是毁在团队管理失控、业务代表集体填假报表、集体翘班之下。

课后思考与应用

知识点

终端业务代表"放羊"的真相。

思考

在学习下一个话题之前，先反思一下你认为管理终端销售团队的核心工具，即最重要的工作是什么？

行动

对你公司现在的终端业务代表进行一次全面检核摸底，看本话题所讲的真相是否存在？把结果记录下来，对照后面学到的知识，寻找答案。

不承认终端业务代表在"放羊"？对着镜子自己照照

某家日化企业，在某省会城市共有3个经销商，已经开发了150个终端网点。厂家在该城市设立办事处，设1个办事处主任，下面设4个终端业务员。

业务员分工和工作情况：150个终端客户责任到人，每个业务员分配几十个责任客户。平时由业务员自行安排每天的终端拜访路线。

管理篇

业务员考核：业务人员考核的是各自对应经销商的销量，其中两名业务员考核同一名经销商的销量。

业务员管理：办事处主任每周召开两次业务人员早会，平时不开业务员晚会。询问办事处主任每天在干什么，办事处主任主要是拜访经销商，另外检查辅导业务员工作。但是经检查发现办事处主任拿不出前三个月任何一天他对员工的检核和奖罚记录。虽然三天开一次业务早会，但是办事处也没有对业务员进行每天或者每三天的业绩排名追踪。询问业务员跑终端店做什么？业务员说主要是做生动化陈列，但他拿不出办事处主任要求的终端生动化陈列标准。

先看这些内容，思考该公司这个办事处会出现什么问题？上课的时候，很多学员似懂非懂地回答我，答案包括管理不严、员工积极性不高、市场管理粗放等。还是透过现象看本质，我来指出这种放羊式管理的五种病状。

病状一：人员工作量不固定，工作靠自觉

我年轻时练过几个月的散打，起初看武侠小说看得心潮澎湃，打算去寻找名门正派苦练武功。报名交了一学期学费，练了两个月，学费没退我就跑了。不是怕吃苦，而是太枯燥！学了两个月，老师就教了一招"正踹腿"，动作要领总共讲了不到一小时。然后大师兄带着我们每天"呼呼嗨嗨"踹腿500下，冲拳500下，拉筋半小时……天天如此，太枯燥了，还不如我去跑步、打球呢！但现在我知道，散打就是这么练出来的，把动作要领做对了，重复10万次，肌肉就能形成记忆，出手就快准狠！同样，小孩子学钢琴每天"叮叮咣咣"在钢琴上弹4个小时，否则不让吃饭；学美术的人要先画几百遍鸡蛋……大家想一想，天底下哪个职业是不固定每天工作量的？业务员每天自行安排终端拜访路线，这意味着什么？意味着他今天心情好可以跑30家终端店，明天家里有事想偷懒跑3家也可以，每天工作靠自觉。开玩笑，哪有那么多自觉的人啊？

病状二：缺乏基本管理动作，基层管理完全失效

员工的工作量怎样才能饱满呢？基层主管可以运用以下几个武器。固定员工每天的工作量，当天跟员工"过堂"讨论本日的工作结果，"今天业绩怎么样？有什么问题？为什么今天成交比较差？"每天检核、奖罚，让员工知道主管第二天会复查他昨天拜访的终端。

可是看看上述案例，有这些基本管理动作吗？没有业务晚会，没有点评业

绩，主管没有检核、奖罚，难道真的全凭员工自觉啊？

病状三：人员考核内容与工作内容不统一

考核业务员什么？经销商进货量。业务员干什么？自行安排路线拜访终端"维护生动化陈列"。也就是说业务员在终端要不要推销新产品，要不要管理异常价格，要不要执行终端促销，要不要处理终端店主投诉，这些都是自愿行为！而且业务人员还不知道生动化陈列标准，主管还没有检核、奖罚，员工每天干的活和他拿的工资还没关系！让孩子学语文，考试却考数学，这太雷人了！

病状四：老圈子里打转转，业绩如何提升

"业务员每个人分别负责几十个网点"，这句话是什么意思？业务员永远在重复拜访已经开发的 150 个网点，不去开发新网点。终端数字不拓展，哪里来的业绩增量？

病状五：销售团队会"放羊"

大家想想，一个业务员，领导分给他几十家老终端店让他跑，考核的却是经销商进货量，这就是说干的活和拿的钱是两回事，干得多少和好坏与收入无关。他也不知道什么叫干好，公司没给他规定生动化陈列标准。因为每天自己安排跑哪些终端店，这意味着业务员可以给自己放假。因为每天不开晚会，没有主管逼问他当天的业绩，这意味着今天给自己放假也不会被修理！因为第二天没人检核、奖罚，意味着他给自己放假第二天也不会被修理！因为没有业绩排名，意味着每周两次早会上还是不会被修理！那就混呗！

值得重视的是，此案例体现的绝不是某一个企业的悲剧，中国的企业除了方便面、饮料、啤酒这几个比较成熟的行业做得会比较细之外，绝大多数内资企业（如日化、食用油、纸品企业）的基层团队管理都是这个现状。员工放羊，主管扯淡，跑终端的在老圈子里面打转，终端业务代表干的活和拿的钱没关系，基层管理乱象丛生而不自知，领导却感慨竞争激烈，"80后"和"90后"的刁民难管。殊不知并非员工们大面积"缺德"，根源在于背离了终端销售团队管理的常识——员工工作要固定。

管理篇

课后思考与应用

|知识点|

终端业务代表放羊式管理的五种病状。

|思考|

根据本话题内容自我反思：每天有没有拜访量的压力？每天下午会不会被领导"过堂"？有没有每天检核、奖罚？第二天早会有没有追踪点评业绩？终端业务代表考核的内容和他们的工作内容是否一致？他们是否在重复拜访老网点，而不去开发新网点？如果这些现象存在，你打算如何改善？把结论记录下来。

|讨论|

召集同事讨论，看大家针对放羊式管理有什么改善建议，把结果记录下来。

|行动|

先学完本章再行动，避免走弯路。

国际企业的终端业务代表为啥就不会"放羊"呢

销售团队管理难啊！财务经理管财务人员是现场管理：财务经理坐在办公室最后面抬头看，什么人在打游戏，什么人在吃东西，什么人在开小差，全部一目了然。销售经理抬头看，身边一个人都没有。人呢？上市场了。上市场干什么了？布朗运动。什么叫布朗运动？分子无规则热运动。销售经理管理团队难就难在不是现场管理，而是遥控管理。遥控往往会失控，要想遥控不失控，必须遥控变现控。怎么办？其中一个理想化的方法就是用录像机把员工昨天一天的工作录下来，第二天做回放——这显然不可能。所以，要把员工工作固定下来，记录员工昨天的行为、轨迹、工作内容，主管第二天的复查才能有迹可循。当事人都知道，只要认真查核，终端业务代表的脱岗、翘班、截留促销礼品、假报表、跑大店不跑小店等违纪行为一查一大把。只有天天检查，天天奖罚，把"杀气"制造出来了，这些"不法行为"才会有所收敛。

第 5 章 终端销售团队管理核心工具

说到把销售团队管理遥控变现控，营销史上的一段故事不可不提：顶新国际集团和可口可乐公司在 1993 年相继开始使用路线手册管理——"一图两表"，后成为消费品行业最普及、最流行的团队管理方法。其大意是建立路线手册，把员工每天要拜访的客户规划成固定路线，如图 5-1 所示。路线手册内包含"一图两表"：第一页是"当天拜访路线图"，如图 5-2 所示；第二页是"当天拜访客户明细目录"，如表 5-1 所示；第三页及其后页是"当天拜访客户进货登记档案表"，如表 5-2 所示。业务代表每天拿着路线手册拜访客户，记录当天的拜访、成交、库存情况和拜访时间等信息。第二天主管拿着业务代表昨天的路线手册打开第一页"当天拜访路线图"就能知道业务代表昨天的行踪，打开第二页"当天拜访客户明细目录"就能知道业务代表昨天拜访什么客户，打开第二页之后的"当天拜访客户进货登记档案表"就能知道业务代表拜访每一个客户是什么时间去的、卖了什么货、送了什么赠品、重点品种有多少库存。然后主管就可复查业务代表的拜访效果。

图5-1　建立路线手册

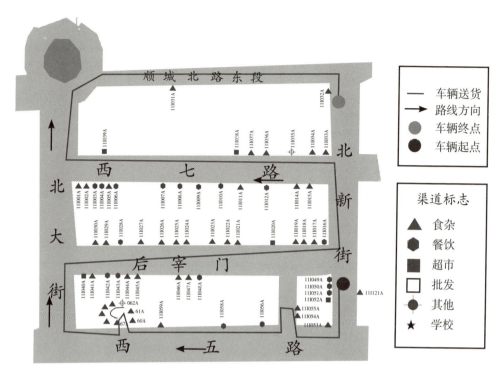

图5-2 路线手册第一页：当天拜访路线图

表5-1 路线手册第二页：当天拜访客户明细目录

序号	客户编号	客户名称	地址	联系人	电话	渠道	信用额度	信用期限	面积	备注
1										
2										
3										
4										
5										
6										
7										
8										
9										
10										

表5-2　路线手册第三页及其后页：当天拜访客户进货登记档案表

开户日期　　客户编号　　客户名称　　地址　　联系人　　电话
区域　　渠道　　账号　　信用额度　　信用期限　　发票种类

日期	摘要	品种	拜访时间		备注
			时	分	
	库存				
	进货				
	库存				
	进货				
	库存				
	进货				
	库存				
	进货				
合计	进货量		进货次数		

路线手册管理风靡消费品行业20多年，虽然工作琐碎复杂，管理成本很高，依然被大型消费品企业广为实践、苦学不止。这些消费品国际企业又不傻，他们在1993年相继开始做这项工作，一直延续至今，足见这个方法成熟和有效。管理细节绝对不可以照搬，但是思路可以借鉴。路线手册管理的魅力不仅仅在于为终端客户提供周期性服务，让顾客满意，更重要的意义在于通过路线手册把千千万万个终端业务员每天的工作固定化，使基层主管第二天检核有迹可循。如此反复循环，员工"放羊"的概率自然大大减少。

把员工工作固定下来，主管每日进行复查，这并非不信任，而是管理的基本逻辑，尤其适用于基层团队管理。否则就成了隧道式管理——这头进去，那头出来，中间是"黑"的，无法监控，坐等结果出现，很可怕。

说明：

要活学活用"一图两表"，不要照搬，要领会它的精神，然后根据自己的需要进行再创造。比如：

"当天拜访路线图"，目的不过是方便新老业务代表交接，方便主管检核的地图而已。你的企业可以变通，这张地图可以是纸质的，也可以是电子的，可以是当天路线图，也可以是这个业务代表负责的所有终端的总图（如果该业务代表负责终端并不多的话）。

"当天拜访客户明细目录"，目的就是对所有客户列个清单，方便我们一目了然地了解当天要拜访的所有终端的基本情况。企业可以根据需要进行更改，比如可以在表内加上该店各月的销量记录（如超市）、可以加上该店的协议类型（是专卖、包量，还是陈列协议店）……只需把表格变一下格式就行。有些企业因陋就简干脆把这张表删去了，直接用下一张"当天拜访客户进货登记档案表"代替，对终端数较少的企业，这也未尝不可。

"当天拜访客户进货登记档案表"的作用是对每个客户建立档案，完整记录相关信息。企业可根据需要加上所需内容，如 1~12 月销量记录、1~12 月陈列买位情况、1~12 月导购人员编制等。总之，达到"档案"的目的就行。

课后思考与应用

知识点

"一图两表"及其使用原则。

思考与讨论

召集同事讨论"一图两表"在本企业如何应用，需要做哪些修改，把结果记录下来。

行动

据本话题所学以及同事的讨论结果，设计本企业终端业务代表的"一图两表"，并在使用的过程中记录遇到的困难和体会，逐步修正。

如何管理终端业务代表，尤其是行踪"飘忽不定"的"野羊"

终端业务代表每天的工作要千方百计固定

对企业来讲，要反思各级员工昨天的工作地点、工作内容、工作时间固定了吗？都记录了吗？管理不能寄望于员工的自觉性，要先从固定员工工作开始改善。不管用什么报表工具，哪怕用短信，哪怕拿个本子做记录，先把业务骨干的固定工作抓起来，然后逐级下延。对基层主管而言，关键是把终端业务代表每天跑多少家终端店，跑哪些终端店固定下来让他完整拜访，绝对不能任他挑肥拣瘦，自己安排。就算要让他自己安排，也要提前报备，主管核准他是否会完整拜访？工作量够不够？然后存档，以备查核。

员工工作固定的意义是方便主管第二天查核。但是有些岗位的员工，工作行踪飘忽不定，有点像"野羊"，怎样固定他们的工作？我们用以下案例和工具来说明。

1. KA 业务代表的每周拜访计划

比如跑大超市的业务代表，他们的行程无法完全固定。他们本来计划拜访好又多，但是大润发的经理电话召见，或者有其他店发生突发事件，一般不可能不去，怎么办？那就让超市卖场业务代表每周末填写下周拜访计划，如表 5-3 所示，当天行程如果有变更就当天报备，主管第二天查核。

表5-3 卖场拜访计划表

日期：　月　日至　月　日　　　　　　　　业务代表：

每日拜访计划 \ 门店清单	家乐福一店	好又多一店	大润发历下店	银座超市北园店	大润发红楼店	世茂购物广场	大润发舜耕店	……
周一	◎		◎		◎			◎
周二		◎	◎	◎				
周三			◎			◎		
周四	◎				◎	◎	◎	◎
周五		◎	◎				◎	
周六				◎	◎	◎		

管理篇

说明：

加圆圈的空格代表当天计划拜访对应的门店。

2. 出差业务代表的工作日报

出差拜访经销商的区域业务代表行踪无法完全固定，那就让他们填写下周的拜访工作计划，每天再填写工作日报，如表 5-4 所示。

表5-4　出差业务代表的工作日报

日期				住宿地点		出发地点	
到达地点				相关人员			
工作内容	序号	起始/截止时间		具体内容描述			
当天市场问题汇总							
明日计划							

工作日报的作用包括以下三点。

第一，工作日报可以落实阳光管理原则，逐级行踪透明化。有些企业还同时用手机定位来核查员工的工作日报行程是否造假，结果笑料百出。比如有的区域经理的工作日报体现员工在北京跑市场，但是手机定位显示人在河北老家。我曾抓到过一个区域经理，他的工作日报简直就是个大笑话：

按公司要求，各个区域经理每天工作日报不能断，月底各区经理都在公司总部开会，很多人的工作日报只写五个字"在总部开会"，只有一个区域经理的工作日报洋洋洒洒地写了好几页。我感动之余，仔细一看，见鬼了？这家伙明明在总部开会，怎么工作日报反映他在山东驻地走访市场？我叫他过来审问："咱们俩是谁疯了？你会分身术？我该收拾你了吧？你招了吧，怎么回事？"该经理承认："工作日报我懒得写，是内勤替我写的，内勤太没脑子了，写工作日报也不看看情况，我回去骂他……不不不，我回去改正！以后我亲自写工作日报。"

第二，工作日报是沟通工具。区域经理要勤快点看看邮箱里、公司网络信息平台上的领导工作日报，领导在别的区域发现什么问题（比如分销商库存断货、赠品截留、陈列奖励兑现不及时），对你有没有帮助？绝对有！

第三，工作日报是推进工具。各级干部必须在工作日报中体现总部安排的事项的进度。比如总部规定要推新品，老总每天会看区域经理的工作日报，看他们有没有在管理这件事，对进度缓慢的可以当头棒喝，这样大区经理和总部销售总监的指令才能"一张皮"，形成合力。

说明：

销售人员工作日报是个很好的管理工具。建议企业上至大区经理下至区域主管全部都要填写，而且要上传到公司网络平台，信息共享，人人可看。

3. 办事处主任的工作日报张贴在看板上

驻外办事处主任回总部是"国家最低领导人"，但是在当地，天是王大，我是王二！当地老大无人监控怎么办？要求他们管理透明化，每天填写昨日工作行程，把工作日报贴在办公室大厅供员工共同监督。老大在当地会偷懒，但他决不想让员工知道他偷懒。同时，大区经理来视察的话，随时可以从墙上扯下办事处主任昨天的工作日报进行循迹复查。

原则一旦确定，办法总会有的。基层主管权力有限，无权定考核，可以用奖罚权替代，不能设报表，可以让业务代表写工作日记。不拘于用报表工具的形式，只要把员工的工作固定下来，痕迹留下来，主管就能循迹查核。在这个大原则之下，可采用路线手册、手机定位、行销人员工作日记、超市业务代表每日绩效日报、终端拜访点读机（随时显示业务代表位置，业务代表随时可上传终端库存销售数据的设备），让业务代表每天在驻地和客户处用手机打电话到公司上报行踪，甚至有的企业要求业务代表使用手机随时把身边环境拍照传回总部以示清

管理篇

白。方法多种多样，不少做法或漏洞百出，或引发抵触、有待改善，但是大原则一定是对的，员工工作要固定，做过的工作要记录，这样主管才能进行核查。这是基层销售团队管理的开始，也是基石。

报表设计尽可能简化

基层主管千万别走极端，照搬别的企业的管理报表，或者闭门造车设立一堆报表浪费大家的时间。

注意：

报表一定不要复杂，填表人写的字越少越好。业务员都是"宁可拉一车货，不愿填一张表"，"一图两表"之所以经久不衰，就是因为业务员不用重复写今天拜访的每家店的店名、地址、联系人，只需要填写到店时间、店内进货、重点品种进货，减少了业务代表的填表工作量，因而更具操作性。

终端业务代表必须固定过程指标考核

基层主管无权定考核，那就用奖罚权替代。你考核终端业务代表"经销商进货量"，他们却在"跑终端店"，终端业务代表干的活和考核内容不一样，长此以往，不是他疯，就是你疯。要考核和终端业务代表实际工作相关的内容。

注意：

绝对不能图省事用考核终端销量来取代对终端业务代表的管理。你对业务代表奖罚终端销量，他们就会以销量为导向去终端卖货，肯定会不跑小店只跑大店、不跑新店只跑老店、不卖新品只卖老品，更不会关注生动化陈列、终端异常价格管理、客诉处理了。终端业务代表的具体考核奖罚公式，各家企业差异很大。此外，还要有检核体系配套，这些内容又是一本书的容量，我们另案研讨。但是有几个指标是跑不掉的，比如"新品铺货家数考核""新店开发家数考核""老店丢失/老品种丢失扣罚""生动化陈列打分奖罚""专项奖罚（赠品海报悬挂和赠品捆绑）"。还是那句话，员工永远做你考核的，绝不做你希望的！你必须让员工干的活和他拿的钱一致才行！你要他干什么，他正在干什么，你就考核奖罚什么。

课后思考与应用

| 知识点 |

终端业务代表,尤其是行踪飘忽不定的"野羊"的管理原则和工具。工作日报的作用。

| 思考 |

"员工工作要固定"是管理原则,不可改变。在这个原则的指导下,借鉴本话题给出的管理工具,请思考:你下属的岗位如何设计报表,如何简化报表,以及建立制度达到固定员工工作量、固定员工行踪、固定过程指标考核的目的?

| 行动 |

此环节很容易出错,先小范围试用你设计的管理报表,主管要亲身体验,收集试用者的意见反馈,至少要修改三稿,确认可行之后再推广。

管理篇

第2节　终端销售团队管理核心工具二：标准化管理

西方人喜欢使用"标准化"，这一思想在西方的企业管理、医学乃至社会学等各个领域都有体现。东方人则喜欢"玄学"，我们总说"兵无常势，水无常形""道可道，非常道"。

到底标准化管理的好处是什么？标准化管理是否可以在各类企业全面推行？如何落实推广标准化管理？

本节将详述其中答案。

一样的月光，为什么执行力就是不一样

有句歌词："一样的月光，怎么看得我越来越心慌。一样的月光，怎么照不亮未来的形状？"为啥我单单想起来唱这句呢？为什么康师傅、宝洁、可口可乐细做终端，销售团队动辄成千上万，但是基层执行力还能这么强？

有人说是因为外资国际企业品牌大、工资高、待遇高，所以招来的员工素质高，因为团队素质高，所以执行力就好。你同意吗？我不同意。作为国际企业的当事人，我知道所谓国际企业人员素质并没有想象的那么高。20世纪90年代是国际企业最牛（在大学毕业生里掐尖招人，待遇高、福利好、培训多）的时候，即使在国际企业的"最牛时代"，康师傅和可口可乐公司里面仍然有大把大专生，一线业务代表里面甚至还有不少高中生。但是我们又不能不承认，可口可乐、百事可乐、康师傅、统一这几家企业几乎占据了国内超市零售店饮料和方便面货架的半壁河山。反之，国内民营企业现在招人可都是要求本科以上学历。一样是大学生，到国际企业，到民营企业都一样是打工，国际企业、民营企业，都是"一样的月光"，但是到了不同企业，表现咋就不一样呢？都是人，怎么到了国际企业就不一样呢？国际企业基层团队的执行力从哪里来？

我的打工生涯，有过一段辛酸沉浮的经历。起初我在康师傅历任营业务代表表、企划部市调专员、企划部产品经理，后来年少气盛和台湾来的上级吵架拍了桌子，拂袖而去，应聘到可口可乐做区域销售经理。但是可口可乐规定，不管你过去是什么角色，来可口可乐应聘的是什么职位，都要先从一线实习开始。于是我挂着销售主任的工牌，又去一线实习三个月当协销业务（实际就是跟车搬运工）。当时我这个"老家伙"和新人一起参加培训。培训什么？培训怎么贴海报，怎么撕海报！培训部的小女孩把我和一帮刚毕业的小孩集中在一起，给我们讲"海报怎么贴，怎么捋才平整，才不会起泡，海报怎么撕才能撕得干净"。然后喊号子"大家跟我一起练，一嗒嗒、二嗒嗒……"哎呀，我当时满腔悲愤：本科毕业！一把年纪了！也曾当过"元帅"，"掌管过天河八十万水军"！你让我练这个？转念一想，释然了。康师傅也一样。你们去看看，康师傅从大门到办公大楼之间有一块两百米长的绿地。本来大家信马由缰就过去了。不！康师傅在办公绿地画了条羊肠小道步行线，上班的时候几百人沿着步

行线走猫步鱼贯而入，下班的时候几百人沿着步行线鱼贯而出。我感觉活脱脱像一群僵尸。对了，这就是国际企业的标准化管理。

在国际企业和民营企业营销队伍滚滚红尘里待过11年后，我个人最深刻的体会就是，内资民营企业和外资国际企业在管理方面最大的差别不是品牌投入，不是决策，不是资金，更不是勤奋程度，内资企业在这些方面都不差，关键差别是外资企业喜欢事事讲标准化。"生动化陈列标准""终端拜访标准""促销活动申请总结标准"，并将其渗透到经营管理的每一个细节中。标准化管理之下确实令人压抑，我最初"被标准化"的时候也悲愤不已。后来年龄长了，阅历多了，手下团队多了，我越来越明白，标准化管理是提高团队执行力最稳妥的方法。你身边只有一两个爱将的时候，你可以对他们进行人性化管理，言传身教，然后给他们平台让他们自由发挥。当你身边是几十个、几百个、上千个部属的时候，最危险的办法就是让员工按照自己的想法做事，最后他们给你的一定不是你想要的结果。

企业之间的营销竞争不是单兵较量，而是成千上万人之间的对决。两军对垒不可能让士兵各显其能，必须军纪严明、整齐划一，一切行动听指挥才有胜算。要想让数量庞大、人员素质参差不齐的基层销售团队做好一件事情，最简单的方法就是制定标准，告诉他们："抬腿，往前伸，前脚尖离后脚尖45厘米，脚跟离地15厘米，往下踩！抬腿，往前伸，前脚尖离后脚尖45厘米，脚跟离地15厘米，往下踩！"为什么要这么僵化？听我慢慢道来。

观点一：宝洁把人逼"疯"了——标准化管理可以产生标准化员工行为

有个关于宝洁公司的笑话，说的是大学生进宝洁实习怎么变"疯"的：

刚进宝洁的时候孩子给妈妈写信夹叙夹议，声情并茂，信是这样写的："妈妈，我终于来到我梦想中的宝洁公司。这里是一个精英荟萃的平台，待遇高、福利好、培训多……现在我们新人集训，每天早上我们都跑操，然后列队上课……我觉得这里的生活好充实，一切都是新鲜的，我有信心在这里展开我新的人生画卷……"

几个月之后这孩子"疯了"，不会说"人话"了，被"宝洁化"了，给他妈妈写信是这样的内容：

To：妈妈

From：儿子

Cc：爸爸

有关：我来宝洁三个月的生活汇报

正文：

我来宝洁三个月，主要做了以下工作：1.…… 2.…… 3.…… 4.……

后面三个月我有以下计划：1.…… 2.…… 3.…… 4.……

祝商祺

儿子敬上

某年某月某日

笑话也许夸张，但绝对源于生活，真正在宝洁干过的人一定有同感。所以有人开玩笑说："外资企业的标准化管理就像一把电动剃须刀，一个大箱子里面刀片飞转，所有新人都把脑袋伸进去刮脸。"有人疑惑："那每个人脸型不一样呀？"对！进去时候不一样，出来时候都一样！标准化管理，让员工的行为都标准化了，执行效果自然就容易控制。

观点二：肯德基把员工弄"傻"了——员工行为标准化产生标准化的执行效果

为什么肯德基能在中国开四千多家店？中国美食传天下，为什么肯德基能在"吃"上赚中国人这么多的钱？是因为它的鸡肉很好吃吗？不是！中国很多家庭主妇的烹饪技术绝对不输给肯德基，我妈做的红烧鸡块都比它的好吃。肯德基凭什么？

肯德基这样的国际企业，肯定非常注重食品质量。那你猜猜肯德基培养一个从鸡肉分割到裹粉、上锅、烹饪、出锅、总配、收银、传餐、服务、四步清洁等十六道工序全部熟练的技术人员要多少时间？1年？不对！10年？10年就成"鸡精"了！我作为在20世纪90年代初已经在肯德基里勤工俭学打工的"祖师爷"级别的肯德基服务员，郑重地告诉大家，肯德基从培养新人到全面掌握十六道工序的熟练工种只需要7天，而不是7年！你也许会问："这么短时间的培训会不会太儿戏？"我告诉你："不会。"你们吃的肯德基鸡块外面不是有一层脆脆的皮吗？那是什么——面粉。怎么给鸡肉裹粉呢？这就是肯德基的拌粉工序，叫

管理篇

作"七七七二二四拌粉步骤":先把鸡肉在水桶里打湿,放进面粉缸,操作员对着墙上的图示开始拌粉。"前后搅拌七下,左右搅拌七下,再前后搅拌七下,然后拿起两块鸡肉手腕对手腕砰砰磕两下,哗哗抖两下,放进漏勺里面啪啪啪啪翻动四下,最后下锅!"明白了吗?大家说这个动作你要学多长时间?5分钟就学会了吧,半身不遂都能干——只需要两只手干啊!大家现在明白为什么肯德基可以7天培养一个技术人员了吗?它把一切工序都傻瓜化、标准化了!

员工行为标准化,执行效果就会标准化。你在世界各地任何地方吃肯德基的鸡块,味道肯定都一样!这就是标准化的执行效果!

观点三:军队把人整成"机器"了——标准化管理使创新更具可复制性

标准化管理就是把人当机器,给人编程序。这有点压抑吧,会不会扼杀员工的积极性和创造性?这是个两难的问题,我刚开始也是这么纠结的。后来我渐渐明白了,标准化和创新并不矛盾,还能互相促进。军队是否允许创新?允许!现在军队有"军事园地",你可以搞军事创新,可以写军事论文,军校还有创新奖、科研奖,军队还有"首长接见日",让首长和士兵零距离沟通。军队鼓励创新,但是士兵操练的时候口号是"一二一、一二一……"连"三"都没有!通过标准行为的强化,慢慢地让士兵们明白军人的天职是服从。然后上阵杀敌,面对枪林弹雨才能同进同退。企业也是一模一样的道理,员工当然要创新,对公司的指令当然有权利发言,这个区域需要什么促销政策、什么促销品,员工往往比领导更清楚,但是得有规矩,这就是民主集中制。公司指令出来,员工可以讲话,如果你讲得有道理,公司采纳并修改,领导会高看你一眼,员工当获嘉奖。但是在公司指令修改之前,员工必须遵守,否则当"杀无赦,斩立决"。

没有绝对的自由!小鸟在天上自由翱翔,飞累了也要找个枝头停一下。自由,是需要落脚点的!

国际企业强调标准化管理,因为标准化的管理产生标准化的员工行为——员工行为更可控,标准化的员工行为产生标准化的效果——执行效果更可控。鼓励创新,但是从制度上,创新必须经过公司批准,成为公司的新标准才可以推行,使创新可以标准化复制。正是国际企业的这种标准化模式,让一群平凡的人经过打磨,变"疯"变"傻",变成"机器",最终可以组成神勇的团队,做出点不平凡的事情来。

外企的"月光"、民企的"月光",都是一样的"月光"。因为标准化的推行,同样的"月光"照出了不同的方向。

> **课后思考与应用**
>
> **| 知识点 |**
> 深度解读国际企业的标准化管理模式。
>
> **| 思考 |**
> 目前下属执行的哪些工作是最让你不满意的?对他们,你打算如何进行标准化的管理?
>
> **| 讨论 |**
> 召集同事讨论,把他们对标准化管理的建议记下来。一定会有人反对说"某些环节变数太多,不可以标准化",请把这些意见也记录下来。
>
> **| 行动 |**
> 学完本节再行动,避免走不必要的弯路。

标准化管理的推行原则

标准化管理是继"员工工作要固定"之后的第二个终端销售团队管理核心工具,这是管理的基本逻辑,大到企业老总小到城市经理都需要遵守。在具体推行时需按如下原则落实。

复杂问题简单化,让员工即学即用,立竿见影

中华武术博大精深,为什么部队练习拼刺刀,不是"一连练习杨家枪,二连练习八卦掌,三连练习玄天玉女剑,四连练习九阴白骨爪",而是所有人都只练习一个动作——"杀"!你们看这个动作是不是僵化?是不是很蠢?难道我们五千年的文化积累就会这一下?你有没有发现这个动作虽然很简单但是很好学,而且很实用?假如全军几千人见了敌人,全都能做好这个动作,那就是执行力!

管理篇

要想推行标准化管理，先要学会把复杂的工作简单化。本书所讲的"中小终端推销话题"看似简单，其实当中蕴含非常多的技巧。把这些技巧简化，固化成各种推销模型和拜访步骤，大家操练起来就简单易行。基层管理永远是最简单的最有效，我们教给员工的不能是"一阳指拳谱"，要练几年才能用，最好是红缨枪，拿来就能"扎人"。

简单问题标准化，把完成工作的路径固化、标准化，方便事中管理

先实现复杂的问题简单化，接下来要简单的问题标准化，让大家做事有统一的路径。主管设定标准化管理的关键节点，比如外资企业大多有新产品上市规定，有统一的上市工作步骤排期，规定什么时间经销商提货，什么时间分销和二批铺货多少家，什么时间终端铺货多少家，每天铺多少家，终端陈列标准等，主管在每一个关键节点上可以对下属的工作质量进行检核、评估。同样道理，"终端拜访八步骤"把业务代表终端拜访的工作过程和店内路径固化了，主管督察的不是终端店拜访的业绩结果，而是报表填写、分销完成、生动化陈列、异常价格管理、促销执行、库存管理等过程指标。做事中管理，可以及时纠偏，控制过程，避免"死后验尸"。

科学化地制定标准，让前辈的经验沉淀为后人可传承的简单、实用标准

标准怎样制定才更科学？把前辈成功的经验不断固化，供后人使用。前辈这样做的，他们这样做成功了，前人的经验变成标准给后人启发，后来者的锦囊袋和工具箱里就多了几件工具可挑选使用。所以，这些前尘是为了后来者所写，后来者踩着前辈的脚印、吸取前辈的成功经验，在此基础上再创新，重蹈覆辙的概率变小，工作的效率就会提高。

可口可乐的生动化陈列标准不仅仅是为了统一管理和美观，而是经过多次测试后发现这样陈列更安全、更吸引眼球、更能促进销量。比如争取货架通道的5个排面以后的位置，因为货架通道的前4个排面经过的人多但购买的人少；比如岛形陈列高度不超过1.4米，梯形陈列高度不超过1.6米，因为经测试落地陈列高度必须超过1米才能吸引注意力，而梯形陈列要有一面靠墙或靠货架，所以可以高一点，而岛形陈列太高容易倒掉；比如落地陈列除了最下面一层的其他层全

部要割箱露出中文商标，因为割箱露出中文商标能提示消费者购买，而最下面一层要承重，所以必须保持箱体完整，否则整个堆头会散掉。

谁来制定标准？领导摸石头，群众过河

领导说让大家"摸着石头过河"，很多人误解为跟着感觉走。摸石头过河的意思是领导摸石头，给后来者做出标记，建立标准，然后群众安全、省力、胜利过河。为什么很多企业的好市场呈孤岛状，在全国零零散散地就那么几个好市场？就是因为大家都摸石头过河，"过了河"的市场是少数，而"掉进河里"的市场一大片。不管是老总还是经理，从领导的角度出发，分析成功背后的道理，就知道哪些成功为必然，哪些成功为偶然，将其总结成模式再以自己的专业视角规范和创新，固化为标准，然后全面推广、放大优势、回避劣势，让优势变成壁垒，自己可以复制，而别人不能复制。

后辈们有一天也会变成前辈，新的经验与教训又会产生，所以标准总要不断升级。落实到基层管理话题，终端的各种推销模型、拜访步骤和标准谁来总结？谁来不断更新升级？谁来"摸石头"？当然是一线城市的经理们。

标准化管理推进：从碎片模块改善到系统工程建立

听完课别"疯"了！经理也罢，老总也罢，别听完课一下搞几大本标准化手册出来，剂量太猛，估计员工吃了不消化。

如果企业之前没有标准化管理的基础，不必一下子就大干快上搞系统标准化。思考下现在企业哪个业务环节最重要且问题最多？找出来后召集业务骨干商讨经验，再借鉴点外企的培训资料，有条件的还可以请咨询公司进行理论提升，把解决方案简化、固化成适合企业的管理动作后再执行。待这次的改善调整稳定之后，再找另一个业务环节。比如企业先推行终端陈列标准和安全库存，接着推行拜访八步骤，然后推行路线拜访标准，进而推行主管检核标准、办事处早会标准……坚持几年后，企业就能形成自己的标准化管理体系。标准化是做出来的，不是抄出来的。照搬别人的标准大干快上，一定适得其反，自讨苦吃。

管理篇

课后思考与应用

|知识点|

标准化管理的推进原则。

|思考|

复习本节内容，锁定目前员工工作执行效果中最让你不满意却又最重要的环节，思考如何制定这个环节的标准化制度，记录结果。

|讨论|

召集下属学习本节内容，让大家对标准化管理完成共识。就标准化制度内容细节征集大家意见，记录结果。

|行动|

制定标准化制度，按照学习—实践—修正—再实践的循环反复应用，直至成为企业团队管理的成熟机制。

第 3 节 终端销售团队管理核心工具三：检核

为什么说如果不检核团队管理就和"光屁股扎领带"一样离谱？专业的检核包括哪些细节和流程？怎样锁定需要被重点检核的"坏人"？怎样提前锁定最容易查出问题的雷区？检核不是单纯为了整人，那么怎样检核才能对市场业绩有所推动呢？

针对以上疑问，本节会进行解读并给出具体步骤分解和应用工具。

管理篇

抛开检核谈战略,就是"光屁股扎领带"

目前终端检核管理机制不成熟,总体说来存在以下四种病状。

病状一:不检核

为什么要领导天天做检核?

终端业务人员普遍会填假报表、翘班(一上午跑马观花,蜻蜓点水般拜访完,下午打牌,甚至直接旷工)、漏访(跳过小客户不拜访)、漏单(业务代表昨天刚跑的客户,主管第二天去客户那又要了很多货,说明业务代表昨天订单没拿完)、假单(虚假订单套取促销品)、绩效不足(业务代表昨天拜访的经销商,主管复查发现该经销商断货而业务代表没发现,日报里没有反映等)、不执行标准化(业务代表刚拜访完的终端的竞品海报没有撕掉,本品新品没有拆箱上货架)……这些行为通过检核才能发现、纠偏,营造管理氛围。

"层层检核"就像军队管理上的"向右看齐"一样,是销售团队管理的基本动作,是外企的基本管理制度,就像人活着要吃饭一样,其必要性无可争议。但是就有企业不吃这一套!我见过有的企业请咨询公司培训,一年的培训费用几百万元,企业文化手册人手一本,企业口号天天喊,企业战略规划已经做到了10年之后,但是最基本的活儿却没干。公司没有形成各级经理逐级检核下属工作并填写检核记录的机制,检核成了经理们的个人自选动作,而不是团队管理的规定动作。我觉得这就和一个人天天吃人参却不吃饭一样致命!这种企业一般不是职业经理人掌舵(职业经理人但凡在正规企业做过,都明白这个道理),而是董事长兼总经理掌舵(董事长兼总经理往往是战略把握内行,执行管理外行)。其中有的人听完培训恍然大悟:"原来要先把基本工作做好,再抓战略,我对销售管理有了新的认识。"还有人跟我抬杠:"每个领导都检核员工,这不是不信任员工吗?"身为总经理竟然提出如此纠结的问题,我只好说:"您的企业想管理提升,要么找职业经理人来管团队,要么掌舵人回炉进行管理知识扫盲。"

病状二:应付检核

某方便面企业,学习外企方法,要求逐级检核,每个经理每天检核30个终端填写检核记录,否则……结果我培训前翻了翻他们的检核记录,去市场上走了走,发现不少经理始终在重复检核两条街——办事处楼下那条街和经销商门口那条街！明白了吗？这些经理纯粹为了完成每天的检核任务在检核，中午吃饭到办事处楼下检核15家店，拜访经销商前在他门口再检核15家店，最方便检核的这两条街，就成了"严管街"。

应付检核很普遍，经理们为了完成检核任务而检核，为了给上面交差而检核。检核本来是个管理工具，到了这里却成了累赘。

病状三：病态检核

说得不好听就是变态检核，检核就是为了整人！经理下去检核，查出员工问题然后罚款、修理人、骂人。如果今天检核不出问题，找不出碴子，就觉得检核不成功，检核没有绩效。

病状四：不会检核

主管经理检核市场，他们自己也不知道该检核什么，脑子里没有检核模型，检核后没有检核记录，没有跟进奖罚和培训动作，这样的检核对市场没有实质推动。

不检核、应付检核、病态检核多是因为企业掌舵人耐心不够，同时自信心太强，抄了几张外企报表就觉得自己会了。听了老师讲上半句，下半句顾不上听就跑回去执行了。而且回去还增加了很多自创动作，结果搞了个"四不像"。这就好像听了一堂养生课，就敢回去给自己开治病药方了。还是耐心点学习吧！

课后思考与应用

知识点

检核管理机制不成熟的四种病状。

思考

你的团队中是否形成各级领导每天检核下属工作的管理习惯？作为主管，你会去哪里检核？你检核的目的是什么？你去终端检核什么内容？把你的想法写下来，对照后面讲的知识寻找差异，看看是否有新的体会。

管理篇

让很多学员感到大脑缺氧的问题：检核什么

让很多学员感到大脑缺氧的问题是检核什么？

检核是管理工具，必须对管理有推动。所以，检核一定要围绕你眼下的管理重点。换句话说，公司最近抓什么，就考核员工什么，而考核员工什么，领导肯定就检核什么，检核完的奖罚和培训也肯定围绕什么。比如公司最近在抓新产品铺货，你今天去哪里检核？当然是去看昨天的新品铺货路线。你去检核什么内容？当然是看看新品铺得怎么样，有什么问题需要解决，怎样能推动新品的铺货和动销等。下面我们从几个角度来做具体分析。

从员工拜访效率上看

公司抓新品铺货，领导着急得直蹦，员工有没有可能"放羊"，下午三点就提前结束战斗了？有没有可能员工压根儿就没去拜访？员工有没有漏单？……如果这些问题存在，就要在早会上抓典型，出奖罚制度，对漏单员工要处罚公示，激励大家全力铺新品，从人员管理效率上挤水分。

从新品分销标准上看

新品不可能适合所有终端店。员工有没有遵守新品分销标准（新品铺货目标网点指引）？有没有把新品铺进压根儿卖不动该产品的网点？要不要修改新品分销标准？在早会上要不要重申新品分销标准并执行奖罚制度？

从陈列表现上看

新品铺进店里有没有拆箱上货架陈列？有没有贴海报？店内陈列有没有突出新品？有没有遵守公司的新品陈列标准？要不要修改新品陈列标准？要不要开会重申新品陈列标准，强调"我们不但要把新品铺货进店，还要做好陈列让新品动销"，并跟进奖罚动作？

从价格上看

新品上市后终端有没有异常价格？有没有终端抬价或砸价现象？经销商出货价有没有异常？新品明码标价工作做得怎么样？新品对比老品或竞品，通路利润有没有优势？如果出现价格异常和利润异常，要怎么改善？

从库存上看

有没有出现新品不良库存？有没有出现新品库存太小造成终端没有推销压力？对新品模范店我们有没有做到新品的优势库存？要不要推出终端的新品最小库存标准、模范店最小库存标准以及配套的员工和经销商奖罚制度？

从促销上看

新品上市促销有没有切实执行？通路搭赠有没有被截留？消费者促销海报告知做得怎么样？有没有明确展示消费者促销赠品？需不需要推出人员管理专案确保促销执行？终端店对促销接受度如何？对比竞品，看本品促销政策是否需要调整？

从服务上看

新品订单经销商能不能及时送到？新品的促销政策信息有没有及时传达所有终端？需不需要对经销商新品配送不到位的问题进行管理？需不需要推出新品信息传达奖罚专案？终端有什么客诉和遗留问题需要集中解决？

总之，管理什么就检核什么。比如公司最近在抓新品铺货，检核就要围绕新品铺货这个"轴心"检核新品铺货阶段的人员拜访效率存在什么问题，检核新品的铺货、陈列表现、异常价格、促销执行、库存表现，以及员工和经销商对新品铺货终端的服务跟进有什么问题。

最后，要反思以下问题：通过检核发现新品铺不动和终端不动销的原因是什么？这些问题该如何改善？是需要员工考核和培训，还是要让经销商赊销铺货，还是要修改新品铺货政策，还是要处理终端遗留问题……只有通过检核，发现问题，解决问题，新品铺售才能得以推进。

管理篇

> **课后思考与应用**
>
> | 知识点 |
>
> 理念——管理什么就检核什么，检核才会对管理工作有所推动。
>
> | 思考 |
>
> 你目前的管理重点是什么？围绕这些管理重点，你在市场上要检核哪些细节才能推动这个管理事项？把你的检核方法写下来，对照本文后面学到的内容，寻找差异，看看有什么新体会。

抓"坏人"——谁是需要被重点检核的员工

有经验的经理去检核哪个员工的路线是提前想好了的，他心里清楚哪个员工有问题，上市场就是按图索骥找罪证抓"坏人"的，而且一抓一个准！这么多终端销售人员，谁看起来像"坏人"？"坏人"长什么样？

从人员状态找"坏人"

1. 早上出门的时候。终端业务代表不拿海报，不拿生动化陈列道具的——"坏人"；服装怪异，比如突然穿了一身西装，跟踪检查，结果发现这家伙今天去相亲——可能是"坏人"；鬼鬼祟祟接电话的，大多数今天有私事要处理——可能是"坏人"。

2. 下班状态。大夏天跑一天终端回来还白白净净、玉树临风的，尤其是今天跑的路线比较偏远，要长途跋涉的——"坏人"；下班回来不喝水的，因为终端业务代表跑一天，回来第一件事一般就是喝水——可能是"坏人"；下班回来不断有客户打电话要货的——"坏人"；主管问今天有什么问题，眼睛不敢直视主管顾左右而言他的——可能是"坏人"；路线上总是没有客诉需要解决的——"坏人"；经常结伴回来的——"坏人"。

从报表状态找"坏人"

1. 笔迹。终端路线手册报表笔迹一看就很整齐是一气呵成的，这肯定不是在每家店里填写的，比如我们每个月让业务代表打对钩统计铺货率，业务代表分别在每家店里打的对钩和他后来造假一口气打出来的钩是不一样的。一口气打出来的对钩会连笔，对钩尾巴会朝下——"坏人"。

2. 报表外观。业务代表每天出去，胳膊底下夹着海报，手上拿着客户销售记录卡，到店里还要拿抹布擦货架还要搬货，还要倒库存，可能下雨还得用脖子夹一把伞。一个月下来路线手册报表早就又卷又皱又脏了。所以，有时候看到报表用了几个月了，边还是白的——"坏人"。

3. 终端拜访时间间隔相同的。路线手册内当天客户进货登记档案表上面要求业务代表填写每个终端的拜访时间。业务代表造假不熟练会出现第一家店 9：10，第二家店 9：20，第三家店 9：30，第四家店 9：40……这不但是"坏人"，而且是很笨的"坏人"。

4. 终端拜访时间涂改的。刚开始造假的时候业务代表没经验，自己捏造时间，第一家店 9：10，第二家店 9：27，第三家店 9：41……一边编造时间，一边提醒自己"不能每 10 分钟一家店，上次就露馅了"，结果造到最后一家店发现，才下午 2：30！哎呀！划掉全部重新改过，凡是拜访时间连着几家店涂改的——"坏人"。

5. 终端拜访时间怪异的，比如：

（1）上午拜访 5 家店，下午拜访 30 家店——怎么下午跑得这么快？可能是"坏人"。

（2）最后一家店拜访时间是 6：30——你那么勤快？你 6：40 就回来了，6：30 还在最后一家店？你飞回来的？可能是"坏人"。

（3）中午吃饭时间 10 分钟——你不是吃下去的，你是倒下去的吗？可能是"坏人"。

（4）昨天早上 8：30 开完早会，到中午 12：00 你拜访了 10 家店。今天早上 10 点才开完早会让大家出发，到中午你也拜访了 10 家店——你还"自动调焦"啊？可能是"坏人"。

从业绩状态找"坏人"

1. 拜访率。每天"应拜访家数"和"实际拜访家数"都一样的，可能是"坏人"，因为一般路线上总有一两家店有事关门或者老板不在无法拜访的。同样，每天"实际拜访家数"总比"应拜访家数"少很多，可能也是"坏人"。

管理篇

2. 弱势业务代表。铺货率越低、成交越差的业务代表越可能是"坏人"。因为成交越差，业务代表越没激情，越容易偷懒，变成"坏人"。

3. 业绩差。总是卖老品不卖新品，品种丢失、客户丢失比较多，近期公司专案，比如签署陈列协议店，完成进度差的业务代表——不是"笨人"就是"坏人"。主管在办事处坐班时，业务代表每天成交几十家，主管离开办事处回公司开月会，这个业务代表当天成交就低于5家——估计该业务代表那一天当了"坏人"。

4. 数字矛盾。路线手册上反映你今天成交5家终端店，与之配套的订单、墙报、考勤数字都要一致，数字前后矛盾的——"坏人"！

5. 数字蹊跷。平时都卖不动的奶茶突然有了销量？C类小店进高档产品？——可能是"坏人"。

从检核记录找"坏人"

1. 将前几次检核锁定的"坏人"列为"嫌疑坏人"，重点检核，直到他确实变成"好人"。

2. 前半个月没有检核过一次的业务代表，不管是不是"嫌疑坏人"，都该检核了，否则月底给他发奖金，面谈他这个月工作表现的时候没有素材依据。

课后思考与应用

| 知识点 |

抓"坏人"的4种工作方法。

| 讨论 |

有关抓"坏人"，你还有什么新方法？结合你的工作实际，写出你的体会。

| 行动 |

按本话题学的内容先抓"坏人"，然后再检核，看看结果怎么样。

挖"地雷"——哪里是最容易查出问题的终端网点

找到"坏人"了！去哪些网点检核最容易抓住罪证？别急，再给大家讲一套挖"地雷"（锁定最容易发现问题的终端网点）的方法。

从成交记录寻找目标检核网点

1. 异常网点。管理什么就检核什么，比如昨天新铺货的网点，昨天新签订销量协议的网点，最近经销商送货不到位的网点。而业务代表反映有客诉需要解决的网点，也要重点检核。对于昨天丢失品种的网点、竞品增加品种的网点，要去查看并分析本品丢失品种的原因，以及了解竞品又是通过什么方式增加了品种。

2. 重点网点。本品的模范店、样板街、协议店（比如酒水的专场）的业务标准要求高，容易出问题。

3. 弱势路线。本品铺货率最低的路线——竞品最强势，我们的客情最差，业务代表成交最难，最容易出问题。

从检核记录寻找目标检核网点

1. 问题路线。连续"牺牲"业务代表（因业绩差、终端表现差，处罚业务代表）的终端路线，可能路线本身有问题。比如路线太长跑不完，路线太短半天就跑完，所以业务代表造假报表；这条路线要赊销，经销商不愿意送货；这条路线有很多遗留问题没有解决。

2. 经理要复查主管检核过的网点。经理下来检核市场，要专门挑主管检核过的网点进行复查。一来看主管检核过的问题有没有改善，二来可以同时检核主管的检核质量，让主管对检核工作不敢掉以轻心。

锁定被检核人员之后，再锁定这个人的被检核网点

1. 如果最近订单比较多，业务代表的工作和管理重点就是订单而不是生动化陈列，那就着重检核业务代表昨天的路线。

（1）最后几家店：最好检查最后几家店，这几家店的拜访时间最容易造假。

（2）不成交店：一直不成交的店，可能是有客诉或者竞品出了较大促销政策，也可能是业务代表不愿意去拜访。

管理篇

（3）对典型"坏人"偶尔抽一条路线彻查：偶尔对典型"坏人"抽一条路线从头查到尾，第二天宣布"我昨天查了某某整条路线 40 家网点……"，形成威慑力。

2. 如果最近订单比较少，业务代表有时间整理店内生动化陈列，那么最好检查业务代表当天跑的网点。

（1）电话查岗："在哪家店呢？用那家店的座机给我打过来……"中途打电话时如果业务代表当时脱岗，肯定恨不得插双翅膀飞过去。

（2）熟人查岗：主管拜托路线上客情比较好的客户，暗中记录业务代表的到店时间和离店时间，回来和业务代表的路线手册记录核对。

（3）守株待兔：根据路线手册的记录，估计这个时间段业务代表在哪几家店附近，提前埋伏，然后打电话给业务代表："在哪呢，太好了，我就在附近，5 分钟之内出现在我面前。"或者提前打听好业务代表脱岗后的据点，比如麦当劳、环城公园，主管埋伏在附近守株待兔，一抓一窝"兔子"。

（4）现场查报表：路上截住业务代表，第一句话"把路线手册拿来"，第二句话"你上午哪家店待的时间最长，待了多长时间，几点去的？"连查带诈唬，一般都能抓住业务代表路线手册没有填写，正打算找个地方填写假报表。或者下午 2 点截住业务代表，发现他的路线手册拜访记录已经写到下午 6 点了，或者业务代表说的重点店拜访时间和路线手册上记录的完全对不上号。

（5）现场回访：路上截住业务代表，告诉他："走，咱们把你刚跑的几家店回访一遍。"刚跑过的店，生动化陈列做得不好，海报没贴，客诉不记录，业务代表就无话可说。

（6）回马枪：上午截住业务代表检查他几家店，以教育、培训、辅导为主，不处罚。业务代表想不到主管下午快下班的时候又杀回来找他，又跟他复查刚跑的 5 家店。"上午刚给你辅导完，下午趁热又检查一次，这次再做不好，'杀你'，你都别怨我。"

抓"坏人"、挖"地雷"这两个话题在培训时总是很受学员欢迎。我想强调一下，别断章取义、走火入魔，有的主管学到这里就"疯"了，恨不得马上回去找个"坏人"练练。如果你检核就是为了抓"坏人"，修理"坏人"，那你的检核就变态了。检核要整人（管理被检核对象），但检核绝不仅仅为了整人，检核的最终目的是要提升市场业绩！

> **课后思考与应用**
>
> **|知识点|**
> 　　挖"地雷"的 3 种工作方法。
> **|讨论|**
> 　　有关挖"地雷",你还有什么新方法?结合你的工作实际,写出你的体会。
> **|行动|**
> 　　按照本话题学到的内容先挖"地雷",然后再检核,看看结果怎么样。

终端检核流程的五个步骤

通过以上内容,我们知道了"管理什么就检核什么",也知道了"检核哪个人"和"检核哪些网点"。现在我们来学习一下终端检核流程的五个步骤。

进店检核前准备

管理什么就检核什么,思考近期管理重点和店内相关检核内容。

看路线手册熟悉终端店主的姓名,看业务代表记录的拜访时间、进货档案记录、赠品记录。

思考:

对这个步骤,主管除了熟悉店内的基本资料外,更重要的是思考这家店需要重点检查的产品和问题。比如:

路线手册拜访时间涂改——思考进店后要复查确认拜访时间。

进货档案反映产品 A 连续 5 个星期没有二次进货——思考讲店要看产品 A 的陈列和日期,小心产生不良品,要问问导购有什么困难,为什么这家店不动销。

进店打招呼、询问客诉、处理客诉

"老板您好,我是某某公司的业务经理(首先表明身份),今天过来看看市场,看产品卖得怎么样?有问题您就说,我今天专程过来就是为了了解产品的销售状

管理篇

况和我们业务员、经销商有什么服务不周到的地方，有什么问题我尽量帮您解决。"第一次开口重在破冰，不要让对方觉得你是来检核的，要让对方感觉你是来服务的。

思考：

这个步骤也许终端店主会反应强烈，比如"你们的陈列奖励一直没有兑现""你们送过来的货少两袋，给业务代表说业务代表老是推托""新品根本卖不动"等。对此，主管要思考这是个别现象需要个案交办解决，还是共性问题需要出管理专案。

经销商管理：比如如何管理经销商的送货质量，客诉处理不及时如何处罚经销商等。

人员管理：比如让业务代表遇到终端客诉就立刻填写"终端客诉登记表"，走客诉处理流程杜绝此类事件发生；又如调整人员拜访频率，对问题店、重点店高频率拜访等。

政策管理：比如给业务代表一定客诉处理权限，在权限内可以现场处理；又如调整新产品的陈列、促销、终端价格政策，促进新品的回转；再如寻找能动销的机会产品、机会网点，重点铺货、重点拜访等。

核对业务员诚实度

"我们的业务员常来吗？您记得他叫什么名字吗？赠品您收到了吗？他周几来？昨天来了吗？昨天上午来的还是下午来的……"如果发现"犯罪嫌疑"，就要一追到底。一家店反应业务代表的拜访时间、赠品记录和路线手册记录不符，就应该对周围几家店都要细查。几家店拜访时间和店内反映不符，就能给业务员"立案、审问、判决"。

思考：

这是个别现象要对个人行为处罚纠正，还是共性问题？

经销商管理：如果终端拜访是以经销商人员为主体，要不要介入经销商人员考核，要求他的人能挨家挨户按规律拜访，辅导经销商对他的员工进行检核等。

人员管理：比如要给主管施加压力让他加大管理力度，或者出管理制度、管理专案弥补管理漏洞等。

对比评估本品终端拜访率

"哪个厂家业务员来拜访您比较多呀？您订货打哪个电话？"如果终端店主要货都打我们业务员的电话，那就说明主劳臣逸，经销商坐在家里不动，只管送货。

思考：

这是个别现象需要交办解决，还是共性问题？如果我们在拜访频率上输给竞品，主管就要思考我们该如何改善。

经销商管理：比如逼经销商加人加车拜访终端，增加分销商，逼经销商建立团队出门行销，终端订货电话一律写经销商的电话等。

人员管理：比如增加我们人员的拜访量，调整我们的终端分级拜访频率，删掉无效的小店，增加重点店的拜访频率等。

检核店内动销要素

1. 检核铺货品种。看店内的品种结构的改善机会，回去告诉业务代表，"你没铺进去的品种我检查时帮你铺了，你的店要我帮你搞定？说明你漏单了！"对暂时不能成交的终端客户，经理在这个客户的客户进货记录档案卡上做出标注，提醒业务代表下次拜访时补品种。

思考：

这是个别现象需要领导交办立刻解决，还是共性问题？

经销商管理：怎样让经销商参与提升铺货绩效？比如设立经销商铺货奖励专案，说服经销商对重点店赊销铺货等。

人员管理：业务代表铺货品种普遍不完整，怎样运用铺货杠杆改善铺货绩效等。

产品线管理：比如通过竞品和消费者的反馈信息，看本公司产品线上是否先天不足，是否需要增加或者调整品种等。

专项管理：比如是否需要调整终端分销标准，修改新产品的目标铺货网点等。

2. 检核店内的陈列表现。店内的生动化陈列表现能达到公司的标准吗？生动化陈列效果能否进一步改善？

思考：

这是个别现象需要领导交办立刻解决，还是共性问题？

管理篇

经销商管理：怎样让经销商参与提升陈列绩效？比如设立经销商的终端陈列奖励专案等。

人员管理：比如是否需要调整陈列奖罚考核制度等。

政策管理：比如是否需要调整陈列标准，是否需要进行针对性陈列费用投入等（比如对中小超市做模范店，超市里常年进行堆头生动化陈列传播卖点）。

3. 检核店内的价格执行。明码标价做得怎么样？终端有没有异常价格？对比竞品，看看我们在通路利润上是不是处于劣势？

思考：

异常价格、异常利润是个别现象需要领导交办立刻解决，还是共性问题？

经销商管理：比如管理经销商出货价，要求经销商给砸价网点断货，要求经销商的送货人员送货时粘贴价格签等。

人员管理：比如实行员工的终端明码标价专案奖罚等。

政策调整：比如调整通路搭赠政策，赠品滞后发放，规定终端砸价的扣发赠品等。

产品线管理：比如现有产品线在通路利润上先天不足，需要产品升级，或者分渠道投放不同产品避免砸价等。

专项管理：比如终端谈判改变终端加价率，限制终端网点数保价格等。

4. 检核店内促销执行。店主是否知道我们的促销政策？店员是否知道我们的促销政策？公司规定的促销政策在终端店执行如何？对比竞品的促销政策，我们是否处于劣势？店主和消费者对我们的促销政策有什么反馈？

思考：

促销执行不到位、促销政策输给竞品等，是个别现象需要领导交办立刻解决，还是共性问题？

经销商管理：比如如果终端陈列赠品发放不及时就处罚经销商等。

人员管理：比如要求业务代表必须悬挂赠品海报，并对此实行专案奖罚等。

政策管理：比如增加通路搭赠，调换成更适合当地的赠品，缩短陈列奖励兑现周期等。

专项管理：比如更新促销费用管理流程，陈列模范店名单上报大区稽核部抽查，陈列赠品发放必须终端签字等。

5. 检核店内库存。店内产品是否能保障安全库存，是否具备库存优势？产品货龄怎么样？

思考：

这是个别现象需要领导交办立刻解决，还是共性问题？

经销商管理：比如针对保障安全库存给经销商推出管理专案。

人员管理：比如明确门店排面加货的责任人和奖罚制度等。

政策管理：比如明确终端货龄到多长时间可以调换新货等。

专项管理：比如旺季到来前统计终端库存，对库存不占优势的店列出明细，进行促销补货等。

6. 检核店内其他事项。

信息告知：店主是否知道我们的促销政策、新产品信息、价格信息？

导购：导购是否在岗，店内有什么反馈？

近期公司在抓的管理重点事项（比如树立模范店、建立终端店销售台账、签订排他性销售协议）进度如何？

思考：

这是个别现象需要领导交办立刻解决，还是共性问题？

经销商管理：比如针对"终端信息告知"给经销商设立奖罚专案，跟进经销商按公司要求兑现导购员薪资的提成奖金部分。

人员管理：比如实行信息告知奖罚专案、导购管理制度。

专项管理：比如集中签订专卖协议，盘点仍在销售竞品的终端，找到"软柿子"（本品强势、竞品销售情况较差的店），限期"清理门户"。

管理篇

> **课后思考与应用**
>
> **|知识点|**
>
> 理念——检核不是为了整人。
> 终端检核流程。
>
> **|思考与讨论|**
>
> 召集同事讨论本节所讲的检核流程，哪些地方与你们目前的工作不吻合，请修改。
>
> **|行动|**
>
> 把你修改的终端检核流程简化为一张工具表，熟记熟背，然后照此执行，直至这套流程牢记于心，成为工作习惯。

企业推广逐级检核机制的实施步骤

企业当自查

公司有没有要求逐级检核？有没有要求在每位主管的工作日报里体现检核记录？有没有上级复查并点评每个主管的检核记录？主管们有没有接受有效检核的培训？有没有检核工作模型？检核记录有没有模型和范本？公司是否完成共识："有效的检核应该是围绕近期市场管理重点，检核后应该有交办事项、奖罚动作、制度修订或市场专案……"以上事项如果自查有问题当立即改善，细节可以不拘，但大项不能缺。层层检核，日日检核，这是最没有副作用、最无风险，而且一定见效的销售团队管理增效方法，不管企业大小，放之四海皆准。

从营销总经理做起，通告各级检核结果，树立层层检核的管理文化

1. 通告营销总经理的巡检内容。楚王好细腰，宫中多饿死。上面关注什么，下面才会做什么。营销总经理日理万机，很难经常去一线检核。但即使是一个月看一次市场，哪怕是开会路上的顺路检核，也要大张旗鼓地把检核结果通告出来，意在告诉大家，营销总经理会亲自下来看市场，营销总经理很重视终端表

现，发现问题会一追到底。营销总经理一次检核结果通告，胜过十次培训。

提醒：

在通告检核和奖罚结果之前，营销总经理最好和当事经理沟通一下，毕竟营销总经理对一线情况了解比较少，也许其中另有隐情或存在历史遗留问题，让当事人有讲话的机会以避免冤假错案，避免打击当事人的积极性。

2. 通告稽核部的巡检内容。营销总经理看市场的时间毕竟不多，必须有稽核部人员替他下去检核、追踪，营销总经理的眼睛才能"延伸"下去，才能掌握总部的意图是否在贯彻落实之中。有关稽核部的流程和标准涉及内容繁杂，我们另案讲解，此处，仅提示此部门的主要工作方向：

（1）推动总部专案执行：稽核营销总经理当月指定的工作重点，比如铺新品、乡镇分销商的各区执行效果。

（2）稽核终端表现：设定终端表现打分标准，对各区逐月巡检记分，作为对各区经理过程指标考核和晋升考核的部分依据。

（3）稽核异常事项：市场稽核过程中发现异常事项，比如竞品大的促销活动、本品质量客诉、严重人员管理问题，立刻向营销总经理和本区经理通报。

（4）稽核大区交办事项：稽核人员不是上面派下来找事的。稽核人员在各区的市场稽核结果要抄送本区责任人和大区经理知晓。同时稽核人员在下市场前会请大区经理指定"本月大区待稽核管理事项"，稽核人员同时替大区稽核其关心的市场问题。

3. 通告大区经理的巡检内容。有营销总经理的巡检内容通告做榜样，各大区经理、省区经理的巡检内容通告就顺理成章。逐级传递下去，每层领导都在内部对巡检和奖罚内容做出通告，在工作日报中反馈即可。

首先，起到震慑作用，老虎都没有打盹，猴子自然不敢称大王；其次，各位干部的检核结果及时呈现出来，其实都在替营销总经理看市场，营销总经理可据此"稳坐军中而知天下大事"；再次，各经理会互相看其他区域的检核结果，所列现象和案例是生动的培训教材，大家可以互相吸取经验，比如 A 区域经理看到 B 区域经理巡检发现乡镇村级网络断货，马上在自己区域展开自查；最后，也起到群众监督干部的工作量和工作绩效的作用。衍生下去，可以要求每级干部的日报不但发给上级还要发给下级，比如大区经理去哪个区域巡检，次日就要把自己昨天在这个区域的行程日报发给营销总经理并抄送区域经理，办事处主任每天要把自己昨天的行程和绩效日报张贴在办事处的墙上，供大家监督。

强制执行逐级检核制度

增加检核数量：主管们大多数懒得认真检核，他们更乐意在办公室里待着，在经销商的饭桌上"扯淡"，在会上骂骂人发发官威。所以企业要强制执行逐级检核制度，要求所有主管的工作日报必须按规定格式写出当天的"检核记录""检核发现的问题""检核后的跟进奖罚"等。

给主管们的培训内容：主管每天再忙都要抽出时间去检核员工昨日的工作，这是管理伦常，是基层管理最重要的游戏规则。主管有时间，就同时抽查两个员工昨日的工作——一个好的，一个差的，回来好做对比进行奖罚。没时间，就查一个人的工作——查一个人半天的工作，查一个人昨天跑的三家店，哪怕只查一家店，哪怕花一分钟打电话抽查。一定要查！只有检查之后主管才能心里有底，第二天的早会你就可以"骂"。"骂"是广义的，可以是奖励，也可以是惩罚。其实这样做并不是为了奖励或者惩罚某一个人，而是要在你带领的销售团队中营造一种杀气。"你们在前面干，我在后面盯着看，你投机倒把，我就要你好看！"这样你的员工才会真的"怕"你。

复查检核记录，提升逐级检核质量

复查检核记录。比如"检核张三的 10 家店，发现客情还可以，新品订单属实，但是新品铺货不好，吧台陈列有待改善"，这种检核记录就是在应付，说不定是主管吩咐业务代表替他捏造的。如果主管认真检核，检核记录一定会反映以下特点：

发现终端的客诉或者问题需要处理。比如哪家店灯箱坏了需要修理，哪家店需要做 KT 板等。

对被检核人有交办事项。比如处理某个客诉，哪家店的位置好要立刻签订陈列奖励，哪家店需要跟踪返利兑现等。

对个别极端事件肯定会有奖罚。比如员工漏访、填写假报表等。

对共性问题会建立新的制度或采取新的市场管理动作。比如规定所有员工中午不能跨区域呼朋唤友扎堆一起吃饭，比如要求所有人自查并更正客户资料，下周起发现客户资料电话错误开始罚款，又如某个产品即期品下周全部回收等。

课后思考与应用

知识点

企业推广逐级检核制度的实施步骤。

行动

本话题已详细列明了企业推广逐级检核机制的实施步骤,请你认真挑选你目前能做的工作,列出清单并贯彻实施。

第 4 节　终端销售团队管理核心工具四：奖罚和考核"绞肉机"

为什么我们上学的时候总要拖到寒假最后一天才写作业？为什么我们做销售的时候总是月底压货冲任务？考核周期越短，激励作用就越大。这个道理就是给这样的"我们"量身定做的。老销售们给这类方法起了个花名叫"绞肉机"。本节推荐五个能把"干毛巾拧出水来""把石头榨出汁来"的考核"绞肉机"，详述其构造、原理、使用方法和维修指南，欢迎大家体验。

考核锁喉术：缩短考核周期

考核周期是长了好，还是短了好？咱就先不跟大家讲道理了，听我给你讲讲那过去的事情。

拖到最后一天完成的寒假作业

大家想一下自己是"好人"，还是"坏人"？"好人"？请问您这个"好人"上学的时候寒假作业什么时间写的？别装了，大家都知道，是开学前最后一天，而且是最后一天夜里！您都是"好人"咋还干这活儿呢？这是青春往事，更是人之常情，大多数人需要压力和监督。当年老师就是为了不让我们开学前突击写作业，寒假会让我们做一次什么？想不起来了吗？寒假是不会让小学生一个月都休假的，中间有一次返校！对了，就是假期中间让你回来一趟。返校有什么目的？第一看大家是否安全健在（老师担心学生出事）；第二是大扫除，打扫教室卫生；第三就是检查前半个月的作业，作业写完了就没事，作业没写完，就让你爸打你一顿。返校，缩短了考核的周期，让大家从月底突击写作业，变成不得不半个月突击写一次。大家想象一下，要是有个老师他够"狠"，让你一个寒假返校30次，你的作业会不会写不完？那就相当于没放假嘛！

华龙的三天一考核

大家在企业里面做销售有没有压力？不用说，销售人员个个都觉得自己是"鲁花，一级压榨"！其实你说自己压力大，是因为你不知道别人的压力有多大。大多数企业是按照月度给员工算任务量和考核的，所以员工"月初像公子，月底像孙子"。月初潇洒——"让历史告诉未来，咱们今天晚上打牌"！到了月底就找几个好欺负的客户使劲压货，把客户"肚子搞大"。华龙公司可不是这样，2002年我去华龙拜访，看到华龙营销总经理办公室门口挂了一块大黑板，几百个区域经理的名字都写在上面，每三天登记一次档期销量，一个档期销量比去年下滑就给你贴一个黄牌，一个月贴三个黄牌月底就下岗！你们说在这家公司里，你怎么喘气？气还没倒上来呢，三天到了！

心怀鬼胎的销售指标

有个经理，月初三天就发了几十吨货，业绩非常好，为什么？因为市场爆发性增长了？因为GDP突然提高了？可能性都不大。我告诉你为什么，因为这个经理上个月"挂倒挡"了。销售部到了月底会出现三种人：第一种人月底"踩油

管理篇

门"——"进货进货进货，赶快进货！"为什么？因为该经理这个月销量完不成；第二种人月底"挂空挡"——"爱进货进货，不进货拉到，淡定！"这说明该经理的本月任务刚好完成；第三种人"挂倒挡"——想办法让经销商不进货。我们怎么才能让经销商不进货呢？告诉他们断货了，这太粗暴了！你只需要悄悄说一句"听说下个月初有促销政策呢"，客户立马就不进货了。其实不用我教，这招数你们都会。那么大家想一想，有个经理月初爆发性发货，说明他上个月月底控制销量"挂倒挡"了。有个经理月底发力，全月销量八成都是月底完成的，说明这个经理突击踩油门了，所谓销量都是虚假的库存转移，"便秘"在经销商库房里，没有形成实际销量。那推理一下：公司一个月考核一次销量，销售人员就月初或月末搞一次鬼（压一次货）。那要是半个月考核他一次呢？他就得半个月搞一次鬼。那要是一周考核他一次呢？他就得每周搞一次鬼。那要是三天考核他一次呢？他就得三天搞一次鬼。那我要是一天考核他三次呢？他自己就得变成鬼，有能耐你一天压三次货给我看看，我就不信了！

上面这三个案例都在告诉我们，员工的考核周期缩短之后，激励效果会倍增。当然压力也会倍增！学生、业务代表、经理都是如此，这是常态，人同此心。月底考核是"事后管理，死后验尸"，等到月底销量出来的时候，这个月已经结束了，你处罚业务代表，你就算把业务代表"杀了煮着吃了，还得吐二十个指甲——你消化不了"，没用！因为这个月已经过去了。你是不可能再穿越回去，把这个月失去的销量补回来。缩短考核周期，做事中考核，才是"掌控过程，最终改善结果"。

课后思考与应用

| 知识点 |

理念——考核周期缩短，激励效果倍增。

| 思考 |

你同意"考核周期缩短"这个管理思路吗？你目前正在，或者打算用什么方法实施？困难在哪里？把你的想法记录下来，对照后面讲的知识寻找差异，看看是否会有新的体会。

三个奖罚"绞肉"工具

工具一：随时检核，随时奖罚。考核周期？不定期！

做过销售的都知道，单纯用销量考核，员工总有很多办法缓解压力。比如突击压货完成销量，或者哭穷跟领导要促销，或者哭诉不公平要求降低任务，或者"死猪不怕开水烫"混吃等死。纯销量考核的效果往往"跑偏"，甚至失效。

可口可乐的考核和检核机制

可口可乐公司的主任和经理很少因为完不成销量被"干掉"，他们的工资不是提成制，销量完成率和奖金高低并非是绝对的成正比的关系。但是千万别以为这帮人压力小，他们听说内线来报"总监马上来看你的市场"（这个内线一般就是总部的司机或者内勤），吓得像见鬼一样，抱一摞东西就往外跑。一边跑，一边打电话通知手下："兄弟们赶紧动手，鬼子来了！"你们猜他抱的什么东西——海报！在可口可乐，逐级检核的文化早已深入人心，大家不会太纠结销量任务的高低，任务能否完成不是最重要的，关键是千万别让领导看到你的市场上终端表现差。销量超额完成？别得意，要是领导来了看到终端陈列不好、铺货不好、海报张贴不好，那就说明给你定的任务量太低了，或者你的销量是冲货完成的。反之，任务量完不成，也不一定是坏事，领导来巡查，看到你的市场上终端陈列很好、铺货很好、海报张贴不错、报表填写也很规范……那就说明是你的任务量有问题，领导回来就给你减任务量。

所以，我们要做到从上至下，层层检核，天天检核，随时检核，而且检核之后就会有奖罚、交办，有新的制度建立，有新的市场专案推进。当考核周期变成了"不定时"，就会对员工造成无时无刻的压力。

工具二：天天排名奖罚，规定每天最低成交任务，从此"生无宁日"。考核周期？每天！

每天排名，终端业务代表每天回来都要把自己的业绩写上墙报，如表5-5所示。

表5-5　业务代表业绩排行榜

时间：　年　月　日　　　　　　　　　　　　　　　　零售店主管：

指标 姓名 日期	拜访店		成交店		成交率		成交金额		新开客户		新品开户		新增达标家数	
	当天	累计	当天	累计	当天	累计	当天	累计	当天	累计	当天	累计	当天	累计
业务代表A														
业务代表B														
业务代表C														
业务代表D														

情景模拟

张庆写：我今天拜访50家店，成交30家店，成交率60%，新开客户4家，新品铺货18家。一边写一边窃喜，"老子今天稳拿第一"。

李庆写：我今天拜访50家店，成交20家店，成交率40%，新开客户8家，新品铺货10家。一边写一边不服气，"张庆这小子今天又得意了，明天……哼"。

西门庆写：我今天拜访50家店，成交2家店，成交率4%，新开客户0家，新品铺货1家。一边写一边哭，"为什么受伤害的总是我"。

业绩天天排名，每天都在墙上的"龙鼠榜"公示。业务代表如果今天业绩不好，回来时就发怵，想着回去怎么交代，晚上"过堂"又要受酷刑。这其实就像毕业班每天做小测验、每周评小红星一样，虽然方法简单、古老，但是管用。终端业务代表大多年龄不大，工资也不高，年轻人还没定性，需要鞭策。他们一天跑 30 家店，每家店全力以赴卖货维护终端，和"蜻蜓点水"走走过场的效果一样吗？差别大吗？一家店一天少卖一箱货，一天可就是 30 箱货。10 个业务代表一个月少卖多少箱货？

按照这个思路还可以推陈出新，规定每天最低成交任务量。比如在新品铺货期间每人每天的铺货家数必须超过 8 家，超过 8 家当天奖励 10 元 / 家，低于 8 家当天处罚 10 元 / 家；如果没有正当理由，一天的新品铺货家数低于 5 家，当天算账"杀全家"（除了罚款，可能还要打扫卫生、做俯卧撑、给其他人鞠躬道歉）。

工具三：目标到店。你有权保持沉默，但是如果你开口，你说的每一句话都将成为遗言！考核周期？今天！就今天晚上！

情景模拟

主管把最近做得比较差的业务代表叫过来，定出目标店，当天晚上单独"过堂"。

主管：你今天新品打算铺多少家呀？

业务代表：争取 5 家。

主管：5 家？你疯了还是我疯了？你这个月铺新品目标还有 60 家没有完成，到月底还剩 8 天，你再说一遍今天你要铺几家？

业务代表：那就 10 家，可是真的很难铺！

主管：难铺？来把你的路线手册拿过来，咱们过一遍。第一家能不能铺新品？

业务代表：铺不进去，他那家店太小。

主管：让我看看你的铺货历史记录，嗯，这家店以前卖的都是 1 元一袋的方便面。咱们这个 2 元一袋的高档面他可能卖不动。第二家店呢，能铺不？

业务代表：也不能，咱的新品太贵！

主管：放屁！看看你的客户卡记录，这家店里有什么产品，日清杯面、飞碟炒面，这都是高档面！他能卖日清和飞碟，卖不动你 2 元一袋的方便面？

业务代表：那……能铺。

主管：我再问你，你 1.6 元一袋的"面霸 120"有几家店卖得好？自己看客

管理篇

户档案给我找出来。

业务代表：老大您不用说了，今天的路线上能卖1.6元一袋的"面霸120"的有8家，我明白您的意思，这几家能把1.6元一袋的面卖起来，卖2元的新品也有戏。

主管：你明白就好，把这几家店给我在路线手册上圈出来。另外，今天的路线上应该还有3家签订了陈列协议的协议店？

业务代表：有……

主管：我们签了陈列协议的店，是我们花了钱的、客情好的协议店，能不能铺新品？

业务代表：能。

主管：你上礼拜说有一家小超市要月结，经销商不愿意？

业务代表：对，那家店其实挺能卖的，就是……

主管：告诉你个好消息，再告诉你个坏消息。好消息是我已经说服经销商可以给那家客户月结供货了。坏消息是这家店月结的事我帮你搞定了，新品你必须铺进去！

业务代表：没问题。

主管：好了，把你今天要跑的客户的客户卡一家一家翻一遍，你觉得哪个客户铺货铺不进去，得给我个理由。按刚才我粗算的，现在有多少家能铺新品的目标店了？

业务代表：1家加8家加3家，一共12家。

主管：把这12家圈出来，今天你出去跑，别的店我不管，这12家店，每家都得把新品铺进去。

业务代表：好。

主管：这可是你自己说的，要是哪家铺不进去，你就在店里给我耗上半个小时，晚上回来还要给我汇报这家店为什么铺不进去。我可丑话说前面，要是你铺不进去，让我明天去一趟铺进去了，你有权保持沉默，但是如果你开口，你说的每一句话都将成为遗言！

业务代表：世事艰辛啊，男人何苦为难男人。

主管：滚……

目标到店，不仅仅适用于铺新品，包括签陈列协议店、集中处理不良品、做模范店等终端工作都可以用这种方法来管理。相对于简单粗暴每天定死任务和天天排名的办法，目标到店是"简单不粗暴"，给业务代表施加压力的同时也给业务代表提供辅导，帮他聚焦，帮他分析。

> **课后思考与应用**
>
> **| 知识点 |**
>
> 三个奖罚"绞肉"工具。
>
> **| 讨论 |**
>
> "随时检核，随时奖罚""天天排名奖罚，规定每天最低成交任务""目标到店"这3种方法怎么样？建议你马上找个人练习。
>
> **| 行动 |**
>
> "目标到店"既是管理手段，又是培训方法，建议读者试用。

两个考核"绞肉"工具

工具一：档期考核。考核周期？一次考核变成多次考核！

月度销量完成1000箱，奖励2000元，同时要求第一周完成400箱以上，第二周完成650箱以上，第三周完成850箱以上，最后一周完成1000箱。一个档期（周）没完成，倒扣400元。

假设有人全月完成了1000箱任务量，但是当月前三周都出货很少，第四周突击完成，那就悲催了，最终到手的奖金是2000元－400元－400元－400元=800元。任务量完成了，但钱没拿着，劳而不获。

前面讲的"随时检核""天天排名""目标到店"都属于动态的奖罚范畴。档期管理就已经上升到常态的考核了，把一个月一次考核变成了四次考核，这在特殊时期非常有效。

新品铺货的时候，档期考核可以推进进度。

在月底员工压货成风的时候，档期考核可以改善发货周期，减少物流压力，促进市场良性发展。

过年前要压货的时候，档期考核的第一个档期很重要。第一个档期压狠一

管理篇

点，逼着大家早动手。否则到了年前竞品都压过货了，你就压不动了，弄不好1月中旬下一场大雪，即使你报订单，公司也发不出货了。

过年后档期考核的第一个档期也很重要。员工过完年刚上班还没进入状态，第一个档期压狠一点可以让他们早点从春节休假的状态中醒过来。

与之配套的是公司总部每个档期再发一个数据通告，把业绩的前三名、倒数三名公示，如表5-6所示。

工具二：假如今天是月底，薪资预测。考核周期？有多少爱可以重来！

昆德拉说："生命不是话剧，可以彩排一次再正式登台。他们的悲剧一次性上演，就挥霍完他们的一生了。"

我们干销售的不要这么惨，悲剧可以变成喜剧，上半个月不行，下半个月能重来。

每个月到了15号，把员工召集起来开个会。假设今天是月底，我们用前15天的业绩乘以2预测全月业绩，然后预测出各位员工的当月工资和奖金。肯定是有人欢喜有人愁。

情景模拟

主管：张三，站起来，按照薪资预测你这个月能拿多少钱？

张三：1400多。

主管：美金？

张三：人民币。

主管：李四预测能拿多少钱？

张三：4700多，人民币。

主管：都是业务代表，人家赚的是你的3倍啊。你甘心吗？

张三：我不甘心，我下半个月努力往上追。可是我那里竞品在搞样板街，促销力度很大……

主管：好，下半个月，你就是我的管理重点，你的路线，我陪你跑。你技能不行，我现场教你，有市场问题，如果在权限内，我帮你解决。再给你批10家店的陈列奖励政策支持你。你可别不争气。

张三：一定一定……

表5-6 同类市场销售数据分类分析快报

指标\名次\项目	完成率差值：时间进度差						成长率差值：与同类市场均值差						增长率差值：与同类市场均值差						重点产品完成率差值：时间进度差					
	-3	-2	-1	+3	+2	+1	-3	-2	-1	+3	+2	+1	-3	-2	-1	+3	+2	+1	-3	-2	-1	+3	+2	+1
区域名																								
指标	时间进度						同类市场对比同期成长率平均值						同类市场对比上月增长率平均值						时间进度					
差值																								
异常说明综合评价																								

说明：

异常说明综合评价：主管对该区域的数字异常做出问题点评，批评表扬，奖罚交办。

管理篇

薪资考核的目的是什么？不是为了让业务代表拿不到钱，而是为了让他们每天不松懈，不要"月底写寒假作业"，要随时保持一级战斗状态。

通过薪资预测，给大家敲警钟。找到上半个月业绩不好业务代表。请问这个业务代表上半个月的工作有没有问题？肯定有，也许是个人技能和工作态度存在问题，也许是市场上有不良品遗留问题，也许是经销商送货不及时，也许是竞品在搞活动……找到这个人，下半个月跟他协同拜访市场，重点检核他，给他压力，同时帮他解决问题，帮他后半个月把钱赚回来！这才是业务代表心中的好主管。

> **课后思考与应用**
>
> | 知识点 |
>
> 两个考核"绞肉"工具。
>
> | 应用 |
>
> 档期考核和薪资预测这两个考核"绞肉机"是很多企业已经用得很成熟的方法，建议你不仅要找人练习，还要形成你们团队的管理机制。

"绞肉机"式管理

大家学完这个内容，别闲着！回去找人练习！也许有人会说："太残忍了，把人整死怎么办？"

别疯！我没让你把这些招数一下全用上。有人学完这个"绞肉机"工具，人生观、世界观都发生了很大改变，抓着员工挨个放血。结果，轻轻地我走了，正如我轻轻地来，我挥一挥匕首，不留下一个活口。

基层员工需要压力

上文中我们讲过基层业务代表的真实生活。员工翘班之后去哪里？我辈彼时贫困，囊中无醉生梦死的银两，只能睡觉或打牌，要么去环城公园打牌，要么去麦当劳打牌。有对联为证：

上联：古道西风瘦马，卖货人在天涯。

下联：麻将扑克金花，输完我要回家。

横批：惨啊！

终端业务代表很多还是 20 岁刚出头的孩子，人格尚不稳定，还需要一段时间的纪律规范才能养成好习惯。我们都是过来人，销售人员其实没有想象的那么脆弱。刚开始加压确实挺苦的，时间长了就习惯了。人总是只有享不了的福，没有受不了的罪。小孩子上幼儿园还要哭闹几天呢。不信！你看销售人员面试表上"因何离开上家公司"一栏怎么回答，没有一个写"压力太大"，他们离职大多是因为对公司的工作环境、公司前景、个人前途以及自己上级的失望。

以霹雳手段彰显菩萨心肠

宴席上，萝卜片冲着萝卜雕花埋怨："论身份，我们都一样，凭什么你到酒桌上的身价就高我几倍，实在不公平！"萝卜雕花笑着回答："因为我比你挨的刀多。"

我在培训行业，经常有培训课程主办方对外宣传的时候夸大其词，说"魏庆老师是可口可乐的总监、康师傅的总经理"。我赶紧在讲台上声明："不是不是，我只不过在可口可乐当区域经理，在康师傅当产品经理，在民营企业才是总监。"在打工岁月里，我并不是什么风口浪尖的大人物，那时候国际企业老总必须是拿护照的，不可能是拿身份证的。但是我敢说，我不论是当区域经理，还是当产品经理，都是同事里面业绩最好的。

为什么同样带兵，我能把下属带成杀手？其实我当年也不谙管理的高深理论，只知道身先士卒和血肉横飞。我管人有个小绝招，就是"额外奖罚"，我从不相信一家公司的整体考核对员工的积极性调动有多大意义，因为大家都一样！带销售团队最可怕就是"大家都一样"。这几个月业绩好，那大家奖金都高；这几个月业绩不好，那大家奖金都低。但是这种情况有没有？太常见了。假如今年夏天大旱，天天 40 摄氏度高温，谁最高兴？卖可乐的和卖啤酒的，天天在家搓泥，销量也能完成，反之亦然。但是当大家业绩好就都好、业绩差就都差的时候，地狱就出现了。大家都是打工糊口，那就互相给面子，你好我好大家都好，谁也别眼红谁，你烂我烂大家都烂，乌鸦也别笑话猪黑，然后团队就成了一盘散沙。

管理篇

我的办法是，总部给业务代表发的工资在我这里全部截留二次分配。每个月内部做专案：这个月做新品铺货排名奖惩，下个月做模范店排名，再下个月做旺季压货排名……按公司考核的结果是：张三本月拿 5000 元，李四 4800 元，王五 5200 元，赵六 4000 元。我专案排名后就改了：张三 4000 元、李四 5100 元、王五 6300 元、赵六 3600 元。不服气？上访去！我只不过内部奖罚，又没有贪污。实行内部专案排名奖罚，只要事先把规则讲清楚，计算过程透明，大家也没什么异议，公司就不会干涉。

在文明社会，不时兴杀人了，狼烟和恩仇往往都是在商业上体现，市场确实如杀场。所以带销售团队的确如同带兵，就是要让他们金戈铁马、枕戈待旦。温柔乡就是英雄冢。当老大的千万别平平淡淡，要制造风浪，要没事就折腾他们，要制造"东边日出西边雨""朱门酒肉臭，路有冻死骨"的差距和危机感，让他们往前看"掌声鲜花红地毯"，往后看"皮鞭镣铐狼牙棒"，城墙上还有几个人头鲜血淋漓！无风也起浪，有风浪滔天！这样他们才会"疯"！张国荣在电影《霸王别姬》里有句经典台词，"不疯魔，不成活"。人不"疯"，潜能就出不来，业绩就上不去。

也许有人会说，把人整死咋办？你心咋那么黑呢？

多年职业生涯中，的确有人在我手下不堪忍受折磨而走，也有人臭味相投相伴多年。后来我创业，公司的员工大多也是我在康师傅和可口可乐带出来的老部属，有一位已经跟随我 13 年。回头看看当年的同事：曾经在我手下被折磨跑了的，现在大多还在基层、中层苦苦挣扎。出来混迟早要还，"江湖"是公平的。不出几身汗，不脱几层皮，不经历几回绝处逢生，不得上几种慢性病，哪那么容易让你在营销界修成正果？早年安逸的兄弟们，现在正在为自己的安逸买单。

我所熟识的营销人中，但凡和我一样，经历过"绞肉机"式的洗礼，保持队形超过 5 年不被淘汰的"铁蚕豆"们，现在还在营销行业滚滚红尘里滚的，目前在自己的领域里都是头角峥嵘之辈，职位、专业能力、收入、声望都还不错。为什么？因为他们被折磨久了，出去后知道怎么折磨别人。

从这个角度看，我这些年对我的下属们还都不坏，虽然是黑口黑脸手段毒辣，但这是特别的爱给特别的你，以霹雳手段彰显菩萨心肠。

不信？您去参拜一下庙宇中千手千眼的观音。观音千手千眼里头有花、灯、珍珠、药草，也有刀、枪、戟等兵器。菩萨是以不同的身份、不同的方法来普度众生的，有时候要"菩萨低眉，慈悲六道"，有时候也要"金刚怒目，降服四魔"。慈悲与软弱、圆滑不是一回事。人人都说你好的"老好人"，在儒家讲，叫"乡愿"。乡愿是什么意思？乡愿——德之贼也，这是烂好人，伪善圆滑，不是慈悲。

循序渐进，让大家"慢慢死"

一次我给湖南一家纸品企业培训。听完课学员们都在慨叹"太黑了，太黑了"！课间议论纷纷："老板听完课要这么整我们？我们的冬天到了！赶紧想吃点啥就吃点啥吧，让我先给家里人打个电话话别一下……"

培训完，总经理上台给大家宽心，说："同志们、兄弟们！你们都是跟我一起创业的元老，我们公司一直是感情管理，靠大家自觉做事才走到今天的。这次魏老师的课程对我震撼很大，让我对销售管理有了新的认识。但是大家放心，我本善良！我不会那么傻一下子把大家整死的，我会慢慢来！"

满座轰然，"老板，还不如快点整死我呢！"

"缩短考核周期、事中管理、改善结果"，这是普适的管理思想，是现代企业管理制度中的一个常识。无数先烈验证过，不容置疑。虽然这些方法说出来好像挺残忍，也挺"二"的，但是请记住，"二"是这个世界进步的动力，我们早都"二"过了。一线的朋友们，现在是你们"二"的时候了！

当然了，"二"是玩笑话。"二"的节奏要自己把握，不能太"二"，否则就真成"二"了。

海尔的管理严格，海尔的"日清日结"在行业里有口皆碑。但是好多人听说过：张瑞敏上台的第一条政令是"不准在车间随地大小便"。对了，那个时候海尔人动不动就敢在车间整一堆！以当时的群众觉悟和管理基础，如果张瑞敏上来就搞"日清日结"，弄不好就被群众运动造反了！张总"二"得有节奏，在经历了这么多年的"我不会一下把大家整死的，我会慢慢来"之后，今天海尔才成了企业管理标杆。

就是这个道理，我们可以尝试着先从温和的方法做起。之后企业可以根据自己人员的承压能力，逐步推进。贯彻这一思想，切忌操之过急把员工真逼"疯"了，那会起反作用的。

管理篇

"江湖"是平的，出来混迟早要还

从年度考核、月底考核变成缩短考核周期，中间一定有代价。比如管理者的工作量会增加，比如员工会有怨言，比如要配套更有吸引力的薪资待遇和福利制度，比如个别员工会造反……最好淡定点看待这些事情，遇到事情就解决，但是大方向要坚定。别遇到一点阻力就进退失据，觉得万事皆非。你想想，办点事要是那么容易，就没天理了。挫折是改革的成本，必须忍耐。

学习常识，改变违反常识的行为，是要付出代价的！江湖是平的，出来混迟早都要还的。但是请记住，这种代价，远比因为愚蠢而支付的学费要少。

用刘原先生的一个小笑话结束本话题："你若有一天在冥思中与魂灵相逢，那是因为你的灵魂孤独了。如果你见到魂灵时尿湿了裤子，那是孤独的代价。"

课后思考与应用

｜知识点｜

"绞肉机"式管理。

｜讨论｜

召集员工学习讨论这个话题的内容，让他们明白"江湖是平的，出来混迟早要还"，让他们明白你的菩萨心肠，谅解你的金刚手段。

｜行动｜

循序渐进推广本节学到的各种工具，让大家"慢慢死"。

第 5 节 终端销售团队管理核心工具五：业务早会

本节学习终端销售团队管理的第五个核心工具"业务早会"，主要内容包括：

1. 围观业务早会现状。不专业的业务早会都有哪些"丑态"？

2. 探讨业务早会的核心目标。早会内容细节不固定，可因不同企业不同需求而变，这些不过是早会的"马甲"罢了。不管穿什么"马甲"，里面的"真身本尊"是不变的，那就是早会必须达到的目标。

3. 学习业务早会标准步骤。

4. 详解在提高业务早会技能过程中会遇到的瓶颈和门槛，打通业务早会的"任督二脉"。

管理篇

偷窥一下业务早会的"真身本尊"

"切,开早会?这个不用你教,我们天天在开。"

没错,大小公司都开业务早会,但是效果不同。

开业务早会不专业,往往"南柯一梦会未散,长使英雄涎满襟"。领导在会上空谈误国,业务代表出门就会群魔乱舞。

早会太重要了!大家想想,前面我们提到过的"销售管理难在遥控"。那么,终端业务代表每天什么时候在你身边?对了,就是早上和晚上这两头。这帮人一天在外面被遥控,只有早晚两头在主管身边,这是你做现控的唯一机会!早会和晚会现控效率都抓不住,还谈什么遥控管理。

早会是管理组合拳,是几个"终端销售团队管理核心工具"的综合应用。高效的早会,应该是冲锋号、加油站,让每一个业务代表感受到公司的管理力度,营造积极向上的士气。早会的核心目标如下。

检核奖罚公示

主管要在每天早会上讲述昨天的终端检核内容,营造"你们在前面干,我在后面看,看出问题我第二天就要你好看"的杀气,营造"身在千里之外,法眼无处不在"的氛围,应用"员工工作要固定"和"领导天天做检核"两种工具。

业绩排名

员工每天早会和晚会上要"过堂",应用"缩短考核周期"工具。具体方法是"目标到店""天天排名奖罚""档期考核""月中薪资预测"等。

解答问题和下达工作目标

解答员工工作中的问题,对员工今天的工作目标明确细化。

培训学习

利用早会人员集中的时段,抽查业务技能,引导员工熟练掌握、应知应会。同时进行培训演练,大家讨论业务工作中的难题,群策群力总结解决难题的方法,既提高技能,又增加凝聚力。

业绩推进

开早会不是为了开会，而是为了推动业绩。早会上检核、奖罚、业绩排名、述职、培训、定目标、考核、解答问题等管理工具全部聚焦于当前的管理重点，业绩才会有所推进。

早会是站着开还是坐着开？早会开半小时还是一个小时？早会上谁先发言……这些细节都可以因企业不同阶段的需求而变，这些不过是早会的"马甲"罢了。不管套什么"马甲"，里面的"真身本尊"是不变的，那就是早会必须达到的核心目标："营造检核督查气氛""缩短奖罚考核周期，提升激励效果""解决员工工作中的问题并给出具体工作目标""通过培训和演练教会员工工作方法和步骤"和"早会必须对业绩有所推进"。

> **课后思考与应用**
>
> **| 知识点 |**
>
> 业务早会的核心目标。
>
> **| 思考 |**
>
> 早会是实现"现控"的最好机会，你们现在每日、每周是否有规律地开业务会议？
>
> **| 行动 |**
>
> 对照本话题学习的早会的核心目标，对号入座，你的早会"真身本尊"可安好？哪些可以改善？把你的想法写下来，对照下面所讲的知识寻找差异，看看是否有新的体会。

管理篇

开场道一声"早上好",然后找个人"骂"一顿

业务早会第一步:早上好

情景模拟

主管在台上大吼一声:"早上好!"员工齐声回答:"早上好!"

注意,主管一定要气沉丹田喷薄而出地大吼,要有气场。这不是开玩笑。销售人员难免散漫,主管在台上开早会,有时候整不出来气场就罩不住会场。早上刚上班,有的员工还没进入状态,上面主管开会,下面整理文件的、交头接耳闲聊的、拎着一包豆浆油条跑进来的都有,若不加整肃,大家看起来就不是来开会的,而是来开心的。所以,主管这一吼其实不是为了问好,也不是为了喊口号,而是提示大家集中注意力。

业务早会第二步:主管述职

早会一开始主管先在台上给大家述职,向大家汇报昨天自己的行程。

情景模拟

"好,各位,现在早会开始了,昨天早上8:30我带领大家开早会,9:15早会结束,我送大家上路。(真的是要"送大家上路",为什么这么说?后面讲到早会最后一步时再给大家详述。)

9:15我跟商超部的主管沟通商超部下一步工作安排问题,10:30结束。

11:00—12:00我去库房检查进销存。对了,昨天内勤小刘被罚款200元。因为他做的进销存报表没有标明即期品。多亏我昨天看了库房,发现70多件即期品,否则这批货藏在库房里过期,或者送进超市被采购抓住把柄就惨了。

12:00—13:00我按规定休息吃饭。

13:00—13:40核收公司总部的销售日报,上传我的日报。

13:40我离开办公室,开始干一件我每天都会干的事(话说到这里,主管停顿了一下,声音和脸色开始变得凶恶。整个办公室里静悄悄的,几个心中有鬼的业务代表嘴唇开始哆嗦,有人尿意频闪)。我每天都会干的是什么事?出去检核你们昨天跑过的路线。

张庆,站起来,你说昨天你到庆春路红星商店张老板那儿,卖了一箱饮料送

了一个围裙，我去那人家说没有——当场按照制度处罚。

李庆，站起来，你说你负责的红光商店做得很好，昨天我在红光商店看到我们的产品陈列得一塌糊涂——当场按照制度处罚。

西门庆，我去看你的路线，看见我们的新产品铺货率不错——当场按照制度奖励。

……

每天早会主管述职，其实是为了说两件事。

第一件事，告诉员工管理透明化，我监控你们，你们也可以监控我，你们在辛苦工作，我这个做领导的也没闲着。

第二件事，你们在前面干，我在后面看，看出问题我立刻要你们好看。作为主管，我每天的例行工作之一就是检核，而且检核结果一定会在次日早会宣布并当场奖罚，决不含糊。

假如主管昨天接待上级领导视察市场，忙了一天，没时间检核怎么办？首先我怀疑这句话的真实性，因为领导来也是要看市场的呀？难道你抽出五分钟做电话回访的时间都没有？退一万步讲，就算你昨天忙得一塌糊涂没时间检核，第二天早会你说你检核了吗？你说你检核了，不能撒谎！你说你没检核，那员工不怕你了。此题两难，你要说什么？听我的。

"有些问题，我就不想说了，啊！这个这个……就是买可乐送毛巾的问题，三令五申大家想要毛巾找我要，不要私下拿赠品，还有人动手！我就不明白了，你们要那么多毛巾干吗用？缝毛巾被啊？我告诉你们，谁拿的谁知道，都是成年人，我给你留个面子，会上我就不点名了，开完会心里有鬼的最好当天自己来找我。告诉你，问题我已经掌握了，现在看你是不是主动交代了，要是让我找你谈话，你可就被动了。"

这个案例有搞笑的意思，但是道理没错。必须营造这种天天检核、天天过堂、业务代表出门时"背上有一双眼睛在冷飕飕地看着他""身在千里之外，法眼无处不在"的氛围，遥控才能变成现控。

管理篇

> **|知识点|**
> 业务早会的第一步、第二步。
> 主管述职的工作方法。
>
> **|思考|**
> 建议大家复习一下本章第 3 节的内容，结合本话题所学，仔细体会市场检核的内容如何应用于业务早会。
>
> **|行动|**
> 根据你的终端检核内容，写出第二天业务早会上主管述职的内容。

课后思考与应用

树正气，追绩效，防止"虾球转"

业务早会第三步：员工述职

情景模拟

"好，现在我给大家述职完了，现在请各位向我述职。"

零售店业务代表挨个站起来述职后，主管念昨天的"业绩龙虎榜"："昨天张三拜访几家店，成交几家店，成交率多少，成交金额多少；李四拜访几家店，成交几家店，成交率多少，成交金额多少……"逐一念一遍，谁的业绩好，当时数字就体现，让零售业务代表自己去比赛。

不是说要"树正气"吗？咱们业务队伍也要树正气！我们树什么正气呢？员工述职要标准化，要每天追踪绩效。

标准化：员工述职要明确时间、结果、步骤

某业务代表述职："昨天我上午去好又多，下午去家乐福。"行吗？肯定不行！业务代表述职首先要明确时间："昨天我上午9:00—11:00去家乐福。"第二要明确结果："昨天我上午9:00—11:00去家乐福谈调整排面，已经把陈列排面从11个调整到15个。下午去好又多谈导购员进店事宜，这个事还要他们内部走流程审批，还没有完全谈成。"行吗？也不行。跟大超市谈导购员进店一次谈不完，对不对？没错，但是员工对这类事述职要明确步骤，这件事情分几步，已经走到哪一步了，什么时候出最终结果。比如：

"报告，昨天我上午9:00—11:00去家乐福谈调整排面，已经把陈列排面从11个调整到15个，下午去好又多谈导购员进店事宜，目前已经拿到了采购的导购进店核准，接下来我们的导购要带着证件去超市接受超市培训、考试、交押金领工牌和工服，预计下周五可以正式上岗。"

树正气：员工述职要绩效导向，不要问题导向

经常听到领导开会的时候说，"同志们，有什么问题都说说吧"。以后开会时这句话可千万别随便讲！这句话一讲，整个会议风气都变味了。领导说"同志们，有什么问题都说说吧"，下面的感受是，"哈哈！这可是你让说问题的"，然后此起彼伏："咱们的绿茶瓶盖打不开呀，零售店主见我们的面就骂，这活没法干了，生产线上这帮人是干什么吃的""我的出差报销票据一个多月了还没报销下来，我的工资都垫付到差旅费里了。一分钱不往家里交还要找家里拿钱，我只能告诉我老婆我们现在发的是年薪""为啥我们的赠品就是比竞品的差呢？这仗没法打了"……领导"以问题为导向"开会，整个会议就变成牢骚会和问题会，大家争先恐后都想弄一个问题出来，那会议就乱了。

问题可不可以讲？肯定可以，但是开早会不能上来就问他们有什么问题，应该先做绩效导向。"好了，我昨天已经给大家述职了。轮到各位向我述职了，现在大家挨个汇报昨天的绩效。"别小看这一句话，风气马上不一样了！你问大家"有什么问题"，结果是人人都在找问题；你问大家昨天有什么绩效，然后呢，每个人都在琢磨昨天的绩效。这个会议的风气可就变成绩效点评会议了，大不一样。

对大店（大超市、大酒店）业务代表如何"每天追绩效"

没有一点人身攻击的恶意，跑大超市、大酒店的业务代表比较容易"虾球转"。小店店主好说话，小店业务代表每天辛苦跑几十家店，贴海报、整理货架、库存先进先出、写价签、下订单、店头做促销……一天到晚忙不完。跑大超市、大酒店的业务代表呢？家乐福的订单要不要你下？不用，超市电脑下单。你进沃尔玛自己动手贴海报，整理货架行不？你到家乐福自己动手找个地方摆个堆头？自己上去写促销海报，改标价牌？你试试看，保安肯定揍你！大超市、大酒店都

管理篇

有这么多规定，订单不用你下，陈列不让你动，海报不让你贴，价格牌不让你改，库房也不让你随便进。啥都不让干，那跑大店的业务代表干什么？大店业务代表如果反应不敏锐，极容易变成"县老爷"——等人拦路喊冤才下轿。每天夹个小包，梳个油头，进超市看看货，咦？货都在呢！没断货也没异常情况，平安无事！怎么办？找个人嘻嘻哈哈扯淡呗。然后再去下一家店。怎么让这些"县老爷"产生绩效？示例如下：

情景模拟

主管：张三，站起来，讲一下你今天的工作计划。

业务代表：我今天打算上午去家乐福，下午去好又多。

主管：你打算去干什么？

业务代表：我今天打算上午9：00—11：00去家乐福……

主管：不是问你时间，你今天打算去干什么？

业务代表：我去拜访客户。

主管：废话，你去拜访客户打算干什么？

业务代表：……我打算去做客户拜访。

主管：我的天，是我笨还是你笨，我知道你去做客户拜访，我问你打算去干什么，绩效任务！

业务代表：我……我去看看有啥可干的……

主管：晕倒！你真行呀！我问你绩效目标？你作为跑大店的业务代表，早上出门前要想好自己的绩效任务，你明白不？啥叫绩效任务？比如今天我去新一佳超市要跟采购确定这个周末的促销档期的活动内容。我的天，出去看看有啥可干的，你真敢说呀！

业务代表：哦，您原来培训过，我知道。我的绩效任务……我一下没想起来。

主管：行了，你今天说不出来算了。今天出去跑终端店的时候想想，明天早上我再问你，你要是还说不出来，你提前去八宝山给自己定地方！

……

上面这个案例一点也不夸张，实际工作中这种"出去看看有啥可干的"以及做事不动脑不走心的业务代表可真不少。我的方法就是让他们早上汇报当天的绩效，晚上回来汇报绩效任务的完成情况。

第二天早会：

主管：张三，站起来，讲一下你今天的工作计划。

业务代表：我今天上午打算去家乐福谈调整排面，计划把陈列排面从11个调整到15个，下午打算去好又多谈导购员进店事宜，争取拿到采购的导购进店核准书。

主管：嗯，比昨天强多了，这下知道什么叫作绩效计划了？

业务代表：知道了，知道了，我昨天背了一晚上，就怕您今天早上不问我就白练了……

主管：好极了，恭喜你，先别太乐观。把你刚才说的写下来，放桌子上。

第二天晚会业务代表"过堂"：

主管：张三，你回来了？

业务代表：回来啦，回来啦。

主管：把纸拿来。

业务代表：什么纸？

主管：你早上写的绩效任务啊，你不是说"今天上午打算去家乐福谈调整排面，计划把陈列排面从11个调整到15个，下午打算去好又多谈导购员进店事宜，争取拿到采购的导购进店核准书"吗？给我讲一下，这两件事的结果怎么样？……

早上出门前大店业务代表应该有当天的拜访绩效任务，晚上回来汇报绩效目标的完成，最好把每天的绩效任务和汇报都写在看板上公示，如表5-7所示。还是那个道理，跑大超市、大酒店的业务代表比较容易"虾球转"，我们就让他们每天带着目标出去，带着完成结果回来，缩短考核周期，把压力加到每天。

管理篇

表5-7 大店业务代表每日绩效看板

办事处：　　　　　日期：　年　月　日

业务代表名	责任大店名单	今日拜访绩效任务	今日完成绩效	差异说明	主管批注

对小店业务代表如何"每天追绩效"

跑小店的业务代表每天要跑30~50家店，不可能早上挨个站起来报每家店的绩效目标和绩效完成，但是一样要注意绩效导向，如表5-8所示。

表5-8 小店业务代表每日绩效看板

日期：　　年　　月　　日　　　　　时间进度：

业务代表名	路线	应访	实访	差异说明	昨日销量				累计销量				昨日成交家数	昨日成交率	累计成交率	本品品种增减				本品新开客户	本品掌控率	竞品品种增减				竞品掌控率
					A	B	C	合计	A	B	C	合计				A	B	C	合计			U	V	W		

重点指标1			重点指标2			重点指标3			品种目标完成率				销量完成率				当天检核、奖罚说明
当天	累计	完成率	当天	累计	完成率	当天	累计	完成率	A	B	C	合计	A	B	C	合计	

管理篇

对终端小店业务代表不能仅仅看销量，因为对终端业务代表单纯考核销量的话，必然会把他们逼成"跑大店不跑小店，跑批发不跑终端店，跑客情好的老店不跑陌生新店，卖老品不卖新品"。这跟道德无关，纯粹是机制问题，员工永远做你考核的，绝不做你希望的。

终端人员述职和业绩考核常用指标：

（1）**销量汇报**：昨日销量、累计销量、累计销量和时间进度比。

（2）**拜访成交情况汇报**：拜访店数、成交店数、成交率……

（3）**品种管理**：昨天拜访店中新增品种数、丢失品种数……

（4）**重点指标**：近期公司主抓的重点指标，比如铺新品、做模范店，以及昨日完成进度、累计完成进度。

情景模拟

报告，我昨天应该拜访42家店，实际拜访40家店，大德路上2家店拆迁关门了。昨日销售45箱，本月我累计销售966箱。目前时间进度69%，到昨日我累计销量完成进度75%，领先时间进度6个点。昨日拜访路线新推进品种5个，丢失和减少品种2个，计划下周拜访时补回。本周主推新品A，昨日A铺货4家，本月累计A铺货105家，新品A铺货任务完成82%，领先时间进度13个点。今日计划拜访45家店，新品A今日铺货目标5家。今日品种管理目标为增加新品种7个。汇报完毕。

注意：

小店业务代表述职还有一个重点叫"回顾过去，展望未来，推动业绩"，我们在后文的"早会业绩循环"里详述。

课后思考与应用

知识点

业务早会的第三步。

行动

演练标准化述职模板。

以你目前的岗位为背景，写出日常工作中的10项例行工作，及其对应的绩效。

> 应用"大店业务代表每日绩效看板"。
> 应用"小店业务代表每日绩效看板"。

态度残忍，语气温柔，菩萨低眉也能显金刚手段

业务早会第四步：点评业绩

情景模拟

主管：好，各位，你们述职完了，大家抬头看墙上的"龙鼠榜"，请张三站起来！你昨天业绩排第几名？

业务代表：第十七名。

主管：咱们办事处几个人？

业务代表：十七个……

主管：为啥我每次看见你第几名就知道咱们办事处有几个人呢？难道是巧合吗？你知不知道我今天为什么又让你站起来？

张三：知道，因为我排名最后。

主管：你不但今天排名最后，你已经连续两星期销量排名、成交率排名都最后了！你说怎么办？

张三：我提前。

主管：提前几名？

张三：我尽量……

主管：你够胆再说一遍！

张三：提前四名！

主管：内勤，请你记下来，张三他保证下一周的业绩排名提前四名！

主管：张三，要是你提前不了，怎么办？

张三：提前不了，我再努力。

主管：又是空话！

张三：提前不了，我交200元罚款。

主管：内勤，请你记下来，张三保证他下一周的业绩排名提前四名，提前不了，他交200元罚款。

管理篇

下一周:

主管:张三,站起来,你上周说什么?

张三:不用说了,我交钱去。

……

每天早会点评业绩看起来残忍,其实是老办法,缩短考核周期。

别走火入魔,语言是门艺术,要积口德

大家看书、听课要理性,我在课程里凶恶地说"站起来!""你够胆再说一遍""你去八宝山给自己提前定个地方"那都是逗你们玩呢,是为了让你们听这个课、看这本书觉得刺激,好像听评书、看小说。实际工作中我不是这么说话的,我当经理要是老这么说话早就被打残废了。语言是门艺术,其实你不需要凶神恶煞,菩萨低眉也可显金刚手段,一样能吓人。

情景模拟

主管:好,各位你们述职完了,大家抬头看墙上的"龙鼠榜",张三,如果方便的话,能不能麻烦您站起来一下!请问您昨天业绩排第几名?

业务代表:第十七名。

主管:哦?怎么十七名呢?那么请问您,咱们办事处几个人呢?

业务代表:十七个……

主管:哎哟呦,我这次看见你第几名就又知道咱们办事处有几个人了,难道这次又是巧合?

……

好了,如果主管这么说话,估计业务员当时死的心都有。语言是门艺术,不用声嘶力竭,一样能让他"尿裤子"。

唉!我讲的很多招数都是当年我的领导修理我的方法。

学弟学妹们摆个小马扎坐下,听老魏给你讲讲当年卖可口可乐的故事。

那时候,可口可乐一瓶卖 4 元,还是奢侈品。那时候中国人喜欢雪碧,很多人还不认可口可乐,更不接受可口可乐的味道,他们觉得这玩意儿的味道像中药!那时候卖可口可乐多难呀,我们在街上搞赠饮,拿着纸杯一脸"奴才相"地满大街追着人让他品尝,"您尝一下,可口可乐!美国货"。有比较粗鲁的西北大汉只喝了一口就把杯子扔在地上了,怒喝:"你给我喝的啥?!"真有业务员挨揍的。

那时候多惨哪，早上一辆轻卡车拉200箱可口可乐出去，卖一天，回来给库房退货198箱！一天只卖2箱！你们猜猜，2箱铺了几家店？20家店！当年很少有商店一下要一整箱可口可乐的，都是要两三瓶！

那时候我们的总监比较凶恶，曾经对我们说："晚上回来必须空车（货物销售完毕），有你就不能有货，有货就不能有你！"

那时候我们的经理比较温柔，每当我们出门，经理就站在身后深情地说："魏庆，天太冷，注意身体，不要太辛苦。"然后接着说："白天卖不动，晚上可以到夜市试一下。"然后又会说："实在卖不完别勉强，夜里十二点以前一定要回来。"

听听，你们听听！这叫什么话！这话啥意思！那意思就是"卖不完你就半夜里卖"，但是语气温柔，让你听着悲喜参半。

语言是门艺术，要懂得积口德，做人要厚道！

> **课后思考与应用**
>
> **知识点**
>
> 业务早会的第四步。
>
> **行动**
>
> 建议大家复习本章第4节的内容，仔细体会，在早会的点评业绩环节，如何使用前面学过的各种"绞肉机"工具。

死了都要爱，不追出结果不痛快

"业绩点评"和"员工述职"两个环节，主管和员工都要对话，对重点业绩问题要追问、互动，"死了都要爱，不追出结果不痛快"，不能自说自话。

情景模拟

业务代表：我昨天丢失两个品种，主要是咱们产品快过期了卖不动，老板不要……

主管：昨天业绩最后一名是某某。好了，现在我们进入早会的下一个环节……

案例中的步骤都没错，但是各说各的，业务代表述职所讲的问题没解决。主管点评只是念一下排名，然后直接进入下一个环节。

管理篇

主管头一天晚上要看业务代表述职的内容，提前掌握哪个业务代表昨天业绩有重大问题，思考好对策。第二天早会上要针对这个问题跟此业务代表讨论，定出解决和推进方案，针对弱势业务代表，比如业绩落后进度、丢店丢品种严重、主管交办事项不能完成的业务代表，主管要让他们自己解释原因，然后主管要对他们进行批评、奖罚，甚至单独辅导……直到找到解决问题的方法，直到业务代表自己提出保证什么时间完成任务或什么时间追上进度。

"不追出结果不痛快"的方法除了上面案例中的重点业绩问题追踪方法外，还有终端业务代表品种管理工作方法。终端业务代表品种管理大意是：业务代表每次拜访终端会统计店内重点品种数，包括主要竞品；本品品种数字减少就是"丢失品种"，店主再进这个品种的货就叫作"追回品种"，店内进了以前没有的品种就叫作"推进新品种"。业务代表每天出门前要根据品种记录给自己定出今天需要"追回"和"推进"的品种目标。

情景模拟

业务代表：昨天计划追回 3 个品种，实际只追回 1 个品种，另外还丢了 5 个品种。没有追回的品种和昨天丢的品种都是低价塑包酒 A，因为竞品崂山出台了促销政策，和店主签了包量协议。店主累计进货 100 包就送 20 包，我们塑包酒 A 没有这个促销力度，店主不要货了……

主管：我昨天看了大家的品种追踪，这是个普遍问题，昨天一天，6 个业务代表共丢失品种 18 个，其中 14 个品种是 A，所以必须出政策回去。大家记录一下，我们今天开始出政策：终端店累计进货 100 包 A 送 15 包 A，再和终端签"箱装酒 B 30 箱 + 塑包酒 A 20 箱在店头组合陈列，每个月再奖 15 包 A"的陈列协议。然后和老板算清楚，组合陈列，每个月奖 15 包 A，两个月就奖 30 包 A。如果这家店两个月累计进货 100 包 A，又能送 15 包，两个月总共促销力度 45 包，比崂山 100 包送 20 包可多了 25 包赠品呢，利润大多了。这样我们不但可以把 A 品种追回来，还能借着组合陈列奖励推进 B 品种，一举两得。

我特别强调一下，丢了低价酒 A 的店，如果每个月都能进箱装酒 B，说明这家店销量还不错。这种店 A 品种尤其不能丢！丢了，这家店就变成 B 品种单品店了！你们都知道，单品种店销量小、配送成本高，店主不看重你，经销商还不愿意送货，早晚会被店里清出去，所以这种店是你们今天出去用新政策追品种的首批目标店。今天出门前把自己的路线手册翻一遍，这种店全部标记出来，作为你们今天的品种追回目标店，放到我桌上。现在我给你们政策了，而且比竞品有优势，凡是今天目标店品种不能追回的，晚上回来咱们"过堂"，挨个给我解释原因，解释不通原因的，一家店罚50元！大家能不能做到？

业务代表：能！

情景模拟

业务代表：昨天在5家店各丢失1个品种，其中老板不在的有两家，明天我再专门拜访这两家店下订单追回。一家店因为冰柜出现故障没有维修好，老板生气不进货了，这台冰柜我催过公司的售后好几次，但维修人员都没有来，这样品种就很难追回。还有一家丢的是高档酒A，店主说快过期了才把A卖完，不敢卖了，我跟老板说了半天，但老板害怕出现过期酒，不愿意进了。最后一家店是中档酒B断货，店主在等这个月的促销政策，新政策出来前，追不回来了。

主管：我看了你的客户档案卡，两家老板不在的店，都有回访记录，说明你对老板不在的店当天做二次回访了，工作态度很好。冰柜出现障碍的店，销量怎么样？

业务代表：销量挺好的，每周老板从分销商那里进货。

主管：我会与厂家维修点联系，如果3天之内不能维修好，我会把前天到货的新冰柜调给你这家店。问题我帮你解决了。下个星期把品种追回来有没有问题？

业务代表：没有问题。

主管：好，你说的啊！我记下来下星期去查你。另外，丢高档酒A的那家店，为什么没有提前调货？新产品动销慢，我们要给老板信心，必须及时调货，这是我们铺任何新品时向店主承诺过的。你等到日期不行了，老板自然就不敢进货了。再次强调：新品进店过了3个月不动销，我们一定及时给他调成新生产日期的产品，减少店主的后顾之忧。这家店是因为你调换货品不及时造成丢品种的，按规定罚款30元，立刻交钱，我处罚错了没？

业务代表：没错！我以后一定小心，但是A确实不好卖……

主管：不好卖？这家店有没有我们的冰冻展示柜？

业务代表：有。

主管：里面有多少高档酒A？

业务代表：没有。

主管：这家店丢品种完全是你的责任！即期品不调换使用店主没信心。夏天不冰冻，谁要你的啤酒？这家店的高档酒A必须追回！今天就去给人家调换货

管理篇

物、做冰冻化陈列，晚上回来给我结果。我给你个办法：你可以带店主参观东一路那几家销量好的高档酒A的模范店，用事实说服店主高档酒A可以卖起来。同时，和他续签高档酒A的堆箱陈列协议。我再给你支持点小东西，你今天再带几个启瓶器、圆珠笔什么的小礼品给他。增加一个制度：新品高档酒A上市阶段大家一定注意这个产品的冰冻化陈列，我们在终端投放了那么多冰冻展示柜，这都是我们新品卖起来的基地呀！即日起，对于新品A铺货网点，凡是有本公司展示柜的，新品A在展示柜里的排面不得低于3个，陈列量不少于12瓶，我今天就出去检查，不符合标准的一家店罚款10元，新品好不好卖咱们说了不算，咱们只管把该干的活儿干好，让市场说话！

另外，有关促销政策的事，大家别嘀咕了。我正在考虑调整中档酒B总是月底出促销的老皇历，免得以后一到月底就出现终端促销等政策，造成产品断货的现象，丢的中档酒B品种今天不用追回。等我今天上报总部的进货陈列奖励政策批下来，晚上会通知大家，政策一出来，你马上去追回。

课后思考与应用

知识点

重点业绩问题追踪方法。
终端业务代表品种管理工作方法。

行动

假设自己就是一名基层销售主管，请你运用本话题学习"不追出结果不痛快"的思想和方法，追踪你下属的业绩问题，每天把跟进过程记录下来，反思并改善，直至出现结果为止。

多提建议，少提意见，"倒霉蛋"死给大家看

业务早会第五步：解答问题

情景模拟

好了，大家昨天工作中有什么困难需要解决，讲出来……

下情上传，解决问题

前面的述职环节、点评业绩环节，大家争先恐后地汇报昨天的绩效，已经树立了"正气"，现在该解决问题了。很多市场问题业务代表是解决不了的，比如业务代表拿了订单，经销商不送货；终端区域没有划分清楚，两个经销商抢客户砸价；终端客户有遗留问题，需要公司处理；外地冲货砸价没人管；这两天经销商的车坏了买了辆新车还没挂牌，所以送不了货；买赠的赠品没有合格证被超市拒收……千万别小看这些问题，足以让你错失大局。第一，业务员碰到问题如果没人处理，会士气消沉，要么混吃等死，要么另谋高就。第二，关键时刻，比如竞品进攻的时候，旺季前压货的时候，必须分秒必争，在这些小问题上掉链子足以让你丢掉一个市场。到时候跳脚大骂"怎么没人事前管理，处理这些问题呢"——企业也存在官僚现象和上访问题。这些鸡毛蒜皮的麻烦事，平时都在基层掩盖了，下情不能上达。咋办呢？最简单的方法，有人想浑水摸鱼，你就把浑水搞清：每天早会有主管解答问题环节，同时最好在办事处设立市场问题跟踪看板，终端业务代表反映的市场问题只要写上看板，主管必须立刻解决。上级领导查市场再看到类似扯皮的事情，先看看市场问题跟踪看板上有没有，没写就是业务代表的问题，写了不处理就是主管的问题。

多提建议，少提意见

在员工讲困难的环节要提防发牢骚的歪风，告诉员工要"多提建议，少提意见"。

意见：老大，这个新产品太贵了，根本没法卖。

建议：经理，这个新产品价格高，零售店不愿意接货。我建议咱们买1箱老产品送3包新产品，把新品当赠品用，也可以间接把货铺起来。（这办法虽然不对，但也算动了脑子，是个想法。）

意见：老大，这活儿没法干了，经销商老是不送货，我拿的订单全白瞎了。

建议：经理，本周又有6个订单送不到，我建议开周会时把经销商叫过来，当面对质看看是我拿的订单地址没写清楚才送不到，还是他自己不愿意送货，整他两次我不信他还不送。

注意会前摸底

解答问题环节最怕什么？最怕业务代表中的愣头青在会上公然提出主管无法

管理篇

解决的问题,有损官威事小,扰乱军心事大。所以有经验的主管都很注重头一天的晚会沟通,对业务代表一个一个"过堂"摸底,除了问当天的业绩,还要问"今天有什么问题"。如果业务代表发牢骚"公司这批货日期太旧了,终端根本不要",主管一看,一时根本没法解决,那就要"威胁"业务代表:"住口!我不知道日期陈旧啊!我正跟公司协调调新日期的货来呢,没事少给我在会上吵吵,日期不好你还不卖货了?这周末新货就来了,到时候我开会宣布!"如果业务代表说的问题主管能马上解决,那主管就要鼓励。

情景模拟

主管:咋样?今天有啥问题?

张三:别提了,难死了!咱们签了专卖协议的专卖店,老板就是要偷偷卖竞品,你硬让他不卖竞品,弄不好就翻脸!还有咱们这批饮料,瓶盖打不开,今天店老板骂我,给我一瓶让我当场打开。我吭哧半天真的没打开!生产部这帮吃干饭的!这活没法干了……

主管:嗯,专卖店老板非要偷偷卖竞品?瓶盖打不开?活儿还没法干了?哼哼,行,明天早会上你提出来我来解答。(主管心里想,这两个问题已经无法回避了,必须给大家个说法,要不然底下越传越不像话了。)

次日早会的解答问题环节:

主管:张三,到你了,有啥不开心的事,说出来让大家开心一下?

张三:啊?老大,这专卖店肯定是守不住了。店老板就要卖竞品,你不让卖竞品他就翻脸,公司还规定哪个业务代表管的专卖店里有竞品就罚业务代表款!咋整?还有这批饮料的瓶盖打不开,现在店主见了我就骂、见了我就骂,生产部这帮龟蛋……活儿已经没法干了。

主管:好,大家听听,两个问题。我先回答第一个问题"有关专卖店不专卖就罚业务员款"。我明白,咱们在这个市场目前品牌不够强势,可能有的终端店签了专卖协议还要偷着卖竞品。为这事天天罚你们款,你们也冤得慌。我今天宣布一下:第一,给专卖店的专卖奖励兑现从半年一次改为一个月一次。专卖奖励兑现频率高有利于你们和专卖店沟通。第二,从今天开始对专卖店的检查奖罚制度改了,如果我检查你们负责的专卖店确实做到专卖,每次奖励50元。如果做不到专卖,我要求做到竞品"看不见",就是实在有消费者点名要竞品,店里可以卖,但是店里必须把竞品藏起来,不能陈列出来。你们先做到竞品在店里看不到,这一条如果做不到被我查到了,按老规矩一家店处罚20元。怎么样?这要求不过分吧?

业务代表:这个差不多,有戏,能做到,估计奖完罚完我们还能赚点。

主管:赚点?你们真会算!现在我回答第二个问题"瓶盖打不开"。觉得这个问题很严重,像张三说的"活儿已经没法干了"的请举手。

(有几个举手,有几个举半只手,有几个"老江湖"不表态,拼命忍笑,几乎憋成内伤。)

主管:举手的几个,听清楚我问的话,我说的是同意"活儿已经没法干了"的请举手。

(有几个明白了,立刻把手放下来,还剩几个愣头青举着手。张三已经醒悟,但觉脑后一凉,心中暗叫一声"苦哇"。)

主管:还有几个举手的,我建议你们把手转一下,掌心对着自己,对,就这个姿势!然后大力抽自己嘴巴子三下!

(众人大笑!有人恍然大悟,所有人都把手放下来了。)

主管:一家公司在经营过程中肯定会有点问题,不可能是完美的,肯定存在缺点,我们来这家企业就是改善它的缺点的,一家公司如果完美没缺点我们就失业了。有的饮料瓶盖打不开,我知道是新上的生产线调试有问题,但是产品本身质量没任何问题。怎么就活儿都没法干了?以后你们在会议上提问题时请注意你们的表情和语气!什么叫这帮生产部的龟蛋?那不是人家生产部,那是我们公司的生产部!我问你,你们上学的时候跑接力赛第一棒没有跑好,到了你这里,你怎么办?拼命跑!企业就是一场接力赛,采购跑第一棒,生产品控第二棒,储运是第三棒,企划销售就是第四棒!现在我们生产上出了点问题,你们告诉我是要拼命跑还是欢呼"耶,第一棒第二棒没有跑好,到我这里可以不跑"?你们自己说!

业务代表:拼命跑!

主管:我再问大家一遍?那是谁的生产部?

业务代表:我们的生产部!

主管:张三,你怎么看?

张三:明白明白,活儿照样干,其实我就是嘴上说说,活儿我一直都照样干!

主管:那就好,咱们打工不容易,我这个小主管其实是大业务代表,明白大家的难处。咱们以后碰到问题大家和和气气讲出来共同解决,看怎么把我们这一棒跑好,别动不动小题大做要"死给我看"。什么"活儿已经没法干了",这话以

管理篇

后不准说,想都不准想!懂了没?

业务代表:懂了。(张三心里想:主管啊,昨天是你让我早会上问的啊,原来你是"钓鱼执法"抓典型啊……)

主管:好了,大家现在集思广益讨论一下面对"瓶盖打不开"这个暂时性问题,我们怎么安抚终端店。

课后思考与应用

| 知识点 |

业务早会的第五步。

| 思考 |

反思一下你在此之前碰到过哪些愣头青的尴尬问题?立刻应用"会前摸底"的方法。

| 行动 |

作为基层销售主管,你现在面对哪些难以回答的问题,请认真思考,写出你认为相对好的答案。

命令要"滴水不漏",再加上一句——懂了没

业务早会第六步:下达工作目标

情景模拟

"下面我跟大家讲一下今天的工作重点,今天大家出去主推A品种,销售政策不变,每个人最低铺货5家店,注意:店内新品库存大于两箱,货架上两个排面以上,店内有一张以上海报才算有效铺货家数。咱们当天完成,当天算账,你们回来给我报你们当天的新品订单,我今晚或者明天上午抽查确认。明天晚会就做奖罚。今天新品成交超过5家店的,确认后明天每家奖励10元;今天新品成交低于5家店的,确认后明天每家处罚10元。这个制度咱们口说无凭,我已经打印出来挂在公示看板上了。大家懂了没?"

清晰下达工作目标

员工被处罚的时候，最常见的辩解是"我以为……""您当时不是这么说的"。所以领导下达工作目标必须把这个漏洞堵住，把话说清楚，让别人没法说"我以为"。怎么清晰下达工作目标，相信大家都明白，这里我就不多说了。我下达工作目标的习惯是：量化工作量、制定标准，明确时间限制，明确检核、奖罚制度，明确反馈方式，明确责任人，最后再立据为证。下面举个例子给大家，如表5-9所示。

表5-9 早会下达工作目标示范

要素	案例拆解	完整示范
量化工作量	今天大家出去主推A品种，销售政策不变，每个人最低铺货5家店	今天大家出去主推A品种，销售政策不变，每个人最低铺货5家店。注意：店内新品库存大于两箱，货架上两个排面以上，店内有一张以上海报才算有效铺货家数。咱们当天完成，当天算账，你们回来给我报你们当天的新品订单，我今天晚上或者明天上午抽查确认，明天在晚会上就做奖罚。今天新品成交超过5家店，确认后明天奖励每家10元；今天新品成交低于5家店，确认后明天每家处罚10元。这个制度咱们口说无凭，我已经打印出来挂在公示看板上了。大家懂了没？
制定标准	店内新品库存大于两箱，货架上两个排面以上，店内有一张以上海报才算有效铺货家数	
明确时间限制	咱们当天完成，当天算账	
反馈	你们回来给我报你们当天的新品订单	
明确检核	我今天晚上或者明天上午抽查确认	
明确奖罚	今天新品成交超过5家店，确认后明天每家奖励10元；今天新品成交低于5家店，确认后明天每家处罚10元	
明确责任人	业务代表	
检核人	主管	
立据为证	这个制度咱们口说无凭，我已经打印出来挂在公示看板上了	

管理篇

回顾"懂了没"

关键技巧是最后一句"懂了没"。注意,这可不是像"呵呵"一样的语气词,这句可是核心技术!

讲完销售政策之后一定要问业务代表"懂了没",一般业务代表都会高喊"懂了"。然后主管抓一个看上去表情在神游的业务代表。"李四,站起来,把我刚才说的重复一遍,我刚才说的是什么?"大部分情况下,这个李四会顾左右而言他。为什么?因为他刚才正在神游呢。主管在宣布今天工作目标的时候,李四坐在那里琢磨"新来的这个文员长得还真不错……""昨天俺那把牌那么好,咋就输了呢……"。被主管当头棒喝叫起来,一定丑态百出。

"懂了没"这话一定要说。搞上三次,业务代表就学乖了,开早会再不会神游,因为他们怕被主管叫起来,重复主管刚刚说过的话。

告诉员工:开早会时思想不能开小差,这样慢慢会形成一种良好的早会氛围。

课后思考与应用

| 知识点 |

业务早会的第六步。

| 行动 |

运用精准的下达工作目标的语言,刚开始时你需要动笔写台词,直至成为自己的语言习惯。

开会不是硬道理,推进业绩才是硬道理

业务早会前六步合力:早会业绩循环

情景模拟

早会第一步:早上好

开场:主管大吼,早上好!

早会第二步：主管述职

同志们，我昨天上午8:30—9:15开早会。

9:15我跟商超部的主管沟通商超部下一步的工作安排问题，10:30结束。

11:00—12:00我去库房检查进销存。对了，昨天内勤小刘被公司罚款200元。

12:00—13:00我按规定休息吃饭。

13:00—13:40我核收公司总部的销售日报。

13:40我离开办公室，开始出去检核你们昨天跑过的路线。张庆，站起来，你昨天刚跑过的路线，我去查，你怎么没贴海报？老海报都掉色了也没更换？当场按照制度处罚！另外，李庆，站起来！今天早上你迟到，罚款10元，马上！

……

早会第三步：员工述职

业务代表：报告，我昨天应该拜访47家店，实际拜访45家店，大德路上2家店拆迁关门了。昨日销售45箱，本月我累计销售966箱。目前时间进度69%，到昨日我累计销量完成进度75%，领先时间进度6个点。昨天成交网点9家，成交率20%，累计成交网点175家，累计成交率27%。汇报完毕。

早会第四步：点评业绩

主管：好，各位述职完了，大家抬头看墙上的"龙鼠榜"，请销量最后一名和累计成交网点数最后一名站起来……

早会第五步：解答问题

主管：好了，大家昨天工作中有什么问题需要解决讲出来……什么？下雨能不能回家？我来回答这个问题。夏天下雨一般都是阵雨，所以，下雨时你们先找一家店在店里做生动化陈列，多待一会儿。下小雨你们就打着伞跑店，下大雨我会短信通知你们是回家还是回办公室。不能私自行动，否则算早退，懂了没？

早会第六步：下达工作目标

主管：好了，我强调一下今天的拜访注意事项。为了防止经销商送货不到位影响你们的客情和订单业绩，规定凡是你们拿了订单，第二天必须给终端店主打电话追踪经销商有没有把货送到。如果有经销商送货不到位的现象，你们要在第三天早会报给我，我立刻去找经销商交涉。漏报的人，老规矩，要么罚款要么做50个俯卧撑，而且你以后就别跟我唠叨经销商不送货了，我帮你，你不帮我，我有什么办法……

管理篇

好了,大家看看上面的内容有什么问题。

步骤对不对?都对!

不够详细?不是,是我这里节省字数了,你们可以想象得更详细一些……

好像不太对劲,但是哪里不对劲呢?这就是典型的学形不学神,花架子都有了,但是没有绩效。

为什么开会?开会不是硬道理,提高业绩才是硬道理。这个会议的前六个步骤没有形成合力,没有形成业绩循环,对业绩提高没有帮助。不明白?我分析给你听。

早上好:这步没问题。

主管述职:你们看看主管在这个会上强调的是什么?海报没有及时更换!处罚的是什么?开会迟到!

员工述职:员工述的是什么?销量进度、成交网点、成交率。

点评业绩:排名的是什么?请销量最后一名和累计成交网点数最后一名站起来。

解答问题:讲的是什么?下雨天是否能回家。

下达工作目标:讲的是什么?提报经销商送货不到位的订单。

现在你们明白我为什么说这样的会议对业绩没有推进了吧。整个早会前六个步骤是散的,没有神,没有形成业绩循环。什么样的早会才算是形成早会业绩循环,对业绩有所推动呢?不讲道理了,下面我们直接看情景模拟吧。

情景模拟

(背景:公司最近重点在抓新品销售)

早会第一步:早上好

开场:主管大吼,早上好!

早会第二步:主管述职

同志们,我昨天上午8:30—9:15开早会。

9:15—10:30我跟商超部的主管沟通商超部下一步的工作安排。

11:00—12:00我去库房检查进销存。昨天内勤小刘被罚款200元。

12:00—13:00我按规定休息吃饭。

13:00—13:40我核收公司总部的销售日报。

13:40我离开办公室,开始出去检核你们昨天跑过的路线。昨天我查了两个人的路线,张强和李清。张强昨天有新品漏单现象。新品铺货期间上面天天抓着我追问销货进度,你敢给我漏单!张强昨天刚跑的街道,我晚上复查,你的路线上又有3家要新品。这说明什么?说明你新品订单拿得不全。按规定,新品铺货期间,漏单每家罚款50元。张强昨天倒霉,3家!罚款150元,立刻交。李清的路线我检查没有漏单,奖励50元。另外我在这里再次强调新品的陈列问题,有人把新品铺货进店了,但是没有上货架陈列,对不起,不算你的有效铺货业绩。我要求的新品有效铺货网点必须符合"两个排面、两箱库存、一张海报",做不到的,铺进去也没用!

早会第三步:员工述职

业务代表:报告,我昨天应该拜访47家店,实际拜访45家店,大德路上2家店拆迁关门了。昨天销售45箱,本月我累计销售966箱。目前是20号,时间进度66%,到昨天我累计销量完成进度75%,领先时间进度9个点。昨天成交网点9家,成交率20%,累计成交网点175家,累计成交率27%。本月重点指标是新品铺货。本月我的新品铺货考核目标是90家,昨天新品铺货2家,累计新品铺货45家,新品铺货完成进度50%,落后时间进度16个点。本月还剩10天时间,我新品铺货目标还有45家没有完成,平均每天要铺新品4.5家才能跟上进度。今天我计划新品铺货8家,本周内新品铺货保证追上时间进度。汇报完毕。

早会第四步:点评业绩

主管:好,各位述职完了,大家抬头看墙上的"龙鼠榜",请新品销量最后一名和新品铺货成交网点数最后一名站起来,咱们这个月重点就抓新品,看谁往枪口上碰……

早会第五步:解答问题

主管:好了,大家把昨天工作中有什么困难问题需要解决讲出来,注意啊,聚焦!咱们这个月主要抓新品,你们最好围绕这个新品铺货的方向提问题,别的事如果不是太紧要的会后单独找我,不要浪费大家时间……什么?新品订单量小,经销商不送货?明白,没关系,你们给我盯紧哪个单子送不到,我来帮大家追经销商。规定是这样的:凡是你们拿了新品订单,第二天必须给终端店主打电话追踪经销商有没有把货送到。如果有送货不到位的现象,你们要在第三天早会报给我,我立刻去找经销商交涉。新品销售期间本来流速就一般,送货再拖拉一下,终端就更不要新品了……

管理篇

早会第六步：下达工作目标

主管：好了，我强调一下今天的拜访注意事项。今天出去大家主推新品种A，销售政策不变，每个人最低铺货3家，落后时间进度的人自己给自己加目标数报给我。注意：店内新品库存大于两箱，货架上两个排面以上，店内有一张以上海报才算有效铺货家数。咱们当天完成，当天算账，你们回来给我报你们当天的新品订单，我今天晚上或者明天上午抽查确认，明天晚会就做奖罚。今天新品成交超过3家店，确认后明天每家奖励10元；今天新品成交低于3家店，确认后明天每家处罚10元。那几个落后的自己报目标数的人，以你们自报目标数为准相应奖罚。这个制度咱们口说无凭，我已经打印出来挂在公示看板上了。大家懂了没？

现在明白什么叫作会议对业绩有推进了吧？早会不要按部就班例行公事，早会必须对业绩有推动。整个早会前六步是一体的，第一步"早上好"是鸣锣开道，然后第二、三、四、五、六步要互相呼应，形成阵法。公司最近在抓新品，那么主管对员工的检核和奖罚就围绕新品铺货，员工述职要汇报新品铺货的情况，点评业绩时重点追踪的是新品铺货、新品业绩的昨日排名及累计排名并进行奖罚，解答问题时要在会上聚焦新品销售的相关问题，下达工作目标也要突出"新品铺货和新品销售"。当这几个步骤都围绕新品形成早会业绩循环的时候，这样的早会，对新品的业绩还不能形成推动吗？

课后思考与应用

| 知识点 |

用早会业绩循环推动业绩的工作方法。

| 行动 |

你目前面临的管理重点是什么？请写出你运用早会业绩循环推动管理重点的早会"脚本"。

吸星大法、采阴补阳

业务早会第七步：总结技巧，形成早会管理循环

情景模拟

主管：好了，现在进入学习时间，按惯例，轮着来，今天轮到李四分享业务技巧了。（在总结技巧环节主管要以鼓励为主，金刚怒目化身笑面菩萨。）

业务代表李四：我好像没有什么新技巧。

主管：别害羞，每个人每天工作不可能没有技巧。前两天老张、小田都有很好的技巧总结嘛，你天天面对那么多客户，怎么可能没有？我看你也不像脑瘫呀？

李四：我……只有个雕虫小技，不知当讲不当讲？

主管：哎呀！我的天，少废话，讲！

李四：我就觉得，就是在农村市场铺货的时候，我发现这些客户一个学一个，一条街第一家店要货，后面家家都要货，第一家不要货，后面家家不要货。所以第一家店一定要搞定，而且要"唱买唱卖"，喊得一条街都知道"老王要了20箱货"，后面的客户就都要货了。

主管：好！这个技巧不错！内勤，把这条技巧记入我们公司的《一线人员技巧总结培训宝典》，写上李四的名字，这是他分享的智慧！李四，你这个月的奖金，增加5元！不但奖金增加，而且徒子徒孙都可以通过这本宝典"瞻仰你的遗容"，追忆20年前那个叫作李四的高手，创造了一招拳法叫作"搞定第一家"。

（李四咧着嘴笑，其他业务代表哄堂大笑。）

王麻子：（按捺不住，直接举手）主管，我这里还有一个技巧！

主管：哎哟，有人要抢答了，我看看。嗯，今天时间还富裕，行，欢迎你也贡献一个技巧跟李四PK一下……

1. 吸星大法。这些一线的雕虫小技，谁懂得多？是老总还是一线员工？肯定是越基层的人招数越多啊。大家别忘了一句话"铁打的营盘，流水的兵"，员工一个又一个地"去了"，可是那本《一线人员技巧总结培训宝典》在谁手里？在主管手里！在公司手里！别小看这些小玩意儿，就这样的雕虫小技你攒上1000

管理篇

条，你就成精了！再换一个区域带一个新团队时手里就有现成的教材了。下面新来的这帮小兄弟不服气，"坐下，听大哥给你们讲讲终端怎么卖货，客户经常说什么问题咱们怎么回答……"一通培训，台下的学弟学妹们肯定鸦雀无声，一脸花痴的表情。为什么？你讲的东西实用么？肯定实用，因为这些招数本来就是从他们一线人员身上吸取来的，所以这种方法叫作"吸星大法"，有人给它起个花名叫作"采阴补阳"。

2. 提前拉"托儿"。让人上台分享技巧，刚开始这个氛围没形成的时候大家都很矜持，不好意思出头。为避免冷场，主管最好在头一天晚上和业务代表们"过堂"的时候问问他们的技巧，找个好的，鼓励他"好，你这个技巧好，明天早会你讲，给大家做个示范，我奖励你"。

3. 早会管理循环。前面我跟大家讲了"早会业绩循环"，现在再跟大家讲一个"早会管理循环"。有前面的知识垫底儿，相信大家很快能领会。提个问题，总结什么技巧？当然是销售技巧。总结什么销售技巧？我再提示一下，最近公司在抓新品铺货，主管让员工整理总结什么销售技巧？对了，总结"新产品铺货、新产品销售"的业务技巧。

基层主管有什么管理工具呢？考核、检核、奖罚、培训总结、排名、员工述职、下达工作目标，基层主管手里的权限和管理工具也就这么点东西，关键是将其首尾呼应形成阵法。比如抓新品销售期间，对业务代表考核的是新品，主管检核重点是新品铺货的漏单及生动化陈列等，同样在这个阶段的奖罚也要围绕新品相关事宜，业绩排名肯定是针对新品，员工述职要讲新品铺货的回顾与展望，早会培训当然也要围绕新品销售这个话题。当这些管理工具全部围绕"新品"两个字，就能把业务代表整得晚上"咬牙放屁说胡话"都说新品，如此这般，新品的业绩能不推进吗？

课后思考与应用

| 知识点 |
业务早会的第七步。

| 行动 |
建立你的《一线人员技巧总结培训宝典》。

"纸上得来终觉浅，恳请老师画重点"

业务早会第八步：驱散，送大家上路！

情景模拟

早会的重点内容基本结束，主管一看时间："现在9:15，早会到此结束。5分钟之内所有人必须离开办公室上市场，最后一个走的人扫地。"然后"刷"的一声，办公室没人了，大家全部消失！

为什么要这样做？外面天寒地冻，而办公室里面有暖气；外面骄阳似火，而办公室里面有空调。开完早会后，业务代表就在办公室里开始磨蹭，整书包的，整计算机的，整报表的，不磨到10:30不出去。

所以一定要驱散，让他们赶紧上市场，看着他们，送他们上路！

业务早会第九步：抽考小测验——纸上得来终觉浅，恳请老师画重点

情景模拟

主管让员工消失，员工刚走到门口猛听背后一声断喝！

"李四，回来，把你的抹布给我看看。"（食品饮料行业的零售店业务代表出门一定要带抹布擦零售店货架，把自己的产品擦干净。）假如李四没带抹布，说明他根本不打算去擦货，按制度处罚。

"赵六，回来，你给我把我们产品的每一个品种的包装、克重、口味、价格、经销价、调拨价背一遍。"

"赵六，你作为我们公司的业务代表，产品的价格都不知道，你怎么卖货？好，现在给你时间，给你机会，坐在办公室里背。你不要以为，我让你在办公室里乘凉，你在办公室里背两个小时，然后向我汇报，我考核你合格后，你再上岗。这两个小时，你晚上给我加班补回来，我在办公室等你，我陪你加班。"

主管每天驱散员工出去前，最好叫一个人来抽查业务技能，既可以营造学习气氛，又能够推进工作标准的执行。

但是注意，销售人员毕竟是卖货的不是搞学问的，别把他们整得天天背书背培训资料，弄不好人都跑光了。最近要考什么先给大家明确下来，并划出重点，大家才有奔头。"四年学子事，几卷破残书"的时代，就有高人写诗为证：

管理篇

　　纸上得来终觉浅，恳请老师画重点，
　　天若有情天亦老，范围一定要画小，
　　天涯何处无芳草，别说整本书都考，
　　绝知此事要躬行，老师请念师生情，
　　　　春眠不觉晓，挂科得补考，
　　安能摧眉折腰事权贵，题出难了我不会，
　　　　南朝四百八十寺，大题少让写点字，
　　　　桃花潭水深千尺，卷子最好一张纸，
　　　　　　谁知盘中餐，代表整个班。

业务早会第十步：再次驱散——回来，买完单再走！

情景模拟

　　做到以上九步就行了吗？没有，还要再次驱散，你得跟下去看：

　　如果办公室在三楼，一楼是存放自行车的地方，你会发现业务代表正在那里抽烟闲聊呢！

　　如果办事处旁边有个吃早点的地方，那是个大"窝点"，你过去一看，他们正在那边吃早餐边聊天呢。

　　众里寻他千百度，蓦然回首，业务代表却在门口小吃部。主管要跟过去，大喝一声："还在这玩呢，赶紧上路工作。"

　　只有"跟进"，才有"前进"，做主管就要有步步紧跟的耐心和责任心。开完早会主管不跟进，员工就会在楼下闲聊，在早餐店磨洋工，这不是可能，而是一定！

　　员工家离得远的，大清早赶来开完早会再出门吃个早餐也不奇怪，但是就怕这帮人吃饭的时候扎堆，一顿神侃到中午才散伙，那是很有可能的。所以9:00开完早会，主管抽考完"倒霉蛋"，9:30就要潜伏到他们的据点（比如早餐店）再次驱散。

> **课后思考与应用**
>
> **| 知识点 |**
>
> 业务早会的第八步、第九步、第十步。
>
> **| 行动 |**
>
> 应用"驱散"和"再次驱散"的方法,看自己能不能抓到"犯罪现行"。
>
> 本周你打算抽考业务代表什么题目,实践一下,看看结果是否让你感到意外。

早会背后的功夫:打通任督二脉,再快也得一年时间

早会的十个步骤讲完了。说起来容易,做起来难,按照我辅导企业的实际操作经验,让一群基层销售干部学会开早会大声喊"早上好""好,很好,非常好",完了再加个"耶"!这太容易了,十分钟就行。

让这些干部背诵早会的十个步骤的内容也很容易,奖罚呗!要是讲台上摆上"黄金、美女、帅哥",教室后面放上"油锅、刺刀和狼狗"。告诉学员背诵熟练就上台"领黄金,拿美女,拥抱帅哥",要是背不过,到后面"刺刀挑,狼狗咬,油锅炸"!一会儿他们就背过了,而且倒背如流。

但是让他们真正学会开早会,真正能通过开早会推动业绩,得手把手地教他们,给他们演示几十次。再让他们练差不多一年时间,才能上道。真得一年时间,我试过很多次了,不是吓你。

难度在哪里?别的都好学,主要难点有以下三个。

学会"专业检核迷踪拳"

大多数人会把早会的十个步骤走过场走下来,但是他不会检核,没有检核就没有开会的素材。早会主管述职说的都是"基本上还可以,大体上还不错,个别问题需要改进"的官话。专业检核要提前设计去哪里检核以及检核的重点内容,寻找必须检核的可疑网点和可疑人员,进店检核之前带上全套文件做好准备,要检核员工的诚实度,要检核店内动销要素,要在检核的同时发现推进市场的契机并且制定专案,要做到检核不是为了整人而是为了推进市场。这套功夫咱们前面

学过，但基层干部真正学会需要 3~6 个月。

运用"两个循环"推动业绩

等他学会检核了，他又不懂怎么形成早会业绩循环，这个功夫需要练一两个月才能得心应手。早会业绩循环学会了，他又要提升，学会运用早会管理循环。等这门功夫练成了，基本上开会、基层管理就上正轨了。

"打通任督二脉"，开好早会

关键不是早会上的巧舌如簧、官样文章，而是早会外面的功夫，最容易被人忽略的是早会前的准备，不能信口开河现场发挥，而要提前想好台词，初学者必须动笔把第二天早会的台词都写出来，提前练熟。

1. 提前准备早会的主管述职内容。主管出去检核了，也记录了。晚上回来要把今天检核的内容跟被检核人确认，听听他们的解释，避免冤案。然后确定哪些是业务代表的个人问题，需要如何进行奖罚、辅导、政策支持；哪些是共性问题，需要出怎样的政策和专案来解决。主管述职讲检核内容的时候还要围绕本月的管理重点突出早会业绩循环。总之，要提前准备好在早会的主管述职环节说什么。

2. 提前准备早会的员工述职环节的对答。主管每天晚上在办公室里等业务代表一个一个回来，要简单沟通一下。看看业务代表的当天业绩和累计业绩完成情况，对业绩异常的要追问原因，讨论第二天的业绩提升目标。主管要提前想好昨天谁是没有绩效的人，怎么批评，怎样要求业务代表在述职的时候突出本月管理的重点，怎样突出早会业绩循环……总之要准备好第二天员工述职的时候，主管应答什么。

3. 提前准备点评业绩环节的内容。会前要分析员工的昨日完成排名、累计业绩完成排名、弱势业务代表业绩的"回顾过去和展望未来"（过去落下多少进度，未来每天要完成什么目标才能追上进度），思考谁是第二天早会要打的那个"坏老鼠（弱势业务代表）"。对某个业务代表的重点业绩问题要追问互动，追出结果（解决方案和业务代表自己保证完成的目标）。

4. 品种汇总（未推行品种管理的企业可省略此步骤）。主管要每天汇总前一天（同时回看这一周）所有业务代表丢失或增加的品种数，汇总竞品的品种数变化，看是否有异常。要征集大家的意见：本品品种最近大量丢失是因为遇到什么障碍？竞品品种成长迅速是集中在哪些街道？竞品最近出了什么政策？这样才能根据品种汇总反映的整体业绩状况决定要不要出新的人员考核政策、促销政策、市场动作，为下达工作目标环节做准备。

5. 对解答问题环节业务代表会问什么问题，该怎么回答提前做准备。前面说过，业务代表在会上问的问题要围绕公司最近管理重点突出业绩循环。并且是领导授意可以问的，突发性问题和主管暂时无法解决的问题不适合在会上公开发问。主管要对业务代表会问的问题心里有数，提前想好答案。比如有家店要投放广告牌、展示柜是否批准？什么手续？这都是前一天晚上主管要提前了解并想好对策的事情。在次日早会的解答问题环节直接公布答案就行了，不要在会上讨论这些事情。

6. 提前准备第二天早会的下达工作目标。根据你的检核内容、业务代表的业绩排名、业务代表需要解决的问题、品种汇总的数据和思考，主管肯定要制定工作目标来应对的。下达工作目标当然要量化标准，明确时间限制，明确检核和奖罚制度，明确反馈方式，明确责任人。最好提前把工作目标打印出来，贴在看板上，会上临时想，临时宣布，难免漏洞百出。

7. 其他准备。在技巧总结时引导大家讲什么内容？让谁当"托儿"？赶在几点前把大家驱散？抽查考试时抽哪个"倒霉蛋"？去哪里进一步驱散？抓住屡教不改的要不要处罚……

用小说里的说法比喻一下：学会早会步骤只是个套路、花架子，学会检核就相当于学会了具备一定威力的"迷踪拳"，能应用早会业绩循环就好像"打通了小周天，通了任脉"，能应用早会管理循环，那就"打通了大周天，通了督脉"啦！最后，早会前的准备越充分，内力就越深厚。等套路熟练，收发由心，任督二脉已通，内力储备深厚，那早会开起来就石破天惊！

课后思考与应用

行动

目前你面临的管理重点是什么？请写出自己使用早会的各步骤推动管理重点的"脚本"。

管理篇

第6节 终端销售团队管理核心工具六：降低营销人员离职率

"无端岁末惊风雨，忽闻长天送别声。长恨人心不似水，等闲平地起波澜。"

中秋已过，蟹肥菊黄。转眼年关将至，又到企业多事之秋。其中最恼人的事之一，便是不安分的员工开始筹划，年底拿了钱走人。

再招新人？说得轻巧。从招聘新人到培训为熟手再到能给企业创造效益的人才，从新员工"做做看"的打工心态变成把企业当事业平台的归属感，这过程中企业要花多少心血和成本。员工流失之后，业务中断的损失，扰乱军心的负面效应，离职员工反戈一击帮别的企业挖走在职员工的危机——企业要付出多少代价！

大到一家集团公司，小到一个办事处、一家经销商、一个小饭店或者小美容院，真正做企业的人都知道，队伍稳定尤其是核心干部队伍稳定有多重要，有多幸福，有多省心。

铁打的营盘流水的兵，此话貌似出自坊间口口相传，盛于军营民谣。个人浅见，此话适合服兵役的军队，不适合企业。三十年市场经济风云变幻，劳动力供求关系已经逆转。真的"兵形似水"不停地流失骨干，铁打的营盘也会变成"泥捏的"。

离职面谈——人之将死，其言也真

离职面谈原理

在网上看到一个笑话：一年轻人总觉得工作不顺心，慈祥的老董事长微笑着听完他的抱怨，拿起一个生鸡蛋放在桌上，鸡蛋滚到地上碎了。老董事长又拿起一个鸡蛋如法炮制，当拿起第三个鸡蛋时，年轻人恍然大悟："我明白了，您的意思是只有熟鸡蛋才能立起来。"老董事长和蔼地吐了一口烟圈："我的意思是不愿意干就立马滚蛋。"

这个故事告诉我们：这个董事长在做"离职面谈"；这个董事长是性情中人，但却是个草芥，连给员工面子的雅量都没有，企业难有大出息；每个离职员工其实都觉得自己有一肚子话要说，觉得有些事情领导不知道，甚至期望通过自己一席话让领导恍然大悟。然后等着领导苦苦哀求自己留下，或者感谢自己"临终"前给企业做了巨大贡献……离职都能离出快感来。

想要了解一个男人的优缺点，不要完全听他的同僚下属所言，去问问他老婆最清楚："哼！在外面是个老总威风八面，回到家光膀子抽烟，晚上磨牙放屁说梦话……"对了，这才是此君光辉形象的"背影"。但是，因为婚姻关系的存在，现任老婆也许会袒护。那么，想要完全了解一个男人的优缺点，最好再问问他的前妻，这才更全面！

你问在职员工："咱们企业有什么管理漏洞？你对企业哪里不满意？假如你是总经理要搞改革，你认为应该先改革什么事情……"答案一般都是顾左右而言他。但是你善待一个离职员工，临走前一番挽留，再设宴送他上路，雪夜围炉促膝长谈，虚心接受批评建议。感动之余，这个员工也许就成了无间道的主角，娓娓道来。

也许这个员工的"遗言"牢骚多，是非多，建设性的内容少，但是领导认真对待，感谢一下离职员工的一番好意，保全离职员工最后一丝颜面，这不但没坏处，没准还能收到"于无声处听惊雷"的效果。"人之将死"的"遗言"，吐露的实情也许能让领导惊出一身冷汗。当然也不能全信，但至少有线索了，不只是为了整人，更重要的是寻找现有的管理漏洞。

管理篇

离职面谈案例

如表 5-10 所示为业务代表离职面谈记录表。

表5-10　业务代表离职面谈记录表

离职人姓名	部门	离职前职务	学历	入职时间	曾任职务	离职时间	面谈者
张三	某某办事处	业务代表	大专	2007-8-29	推广助理	2010-9-8	王某（区域经理），刘某（人力资源部职员）

1. 离职主要原因	1. 办事处临时性报表太多，领导一拍脑袋就给我们布置一张报表，每天晚上填表时间太长，基本都要干到晚上9点才能下班；有的报表领导要求多，翻来覆去修改4次，累得没意义；还有一次我们把报表交上去后被内勤弄丢了，我们又加班突击填写到半夜 2. 来公司三年了，没有受过公司培训，也没有到总部参观过，感觉自己不是公司的正式工，是办事处临时工，干了三年的老员工待遇和新员工一样 3. 一个月赚2000多元，主管罚款动不动就几百元，上个月罚完款扣了保险，实际拿到手的不到800元，吃饭都不够，跟家里要钱感觉很没面子 4. 主管不尊重我们。上周六下了班，主管安排我加班解决一个客户投诉。我骑电动车去，好话说尽，最后问题解决了，电动车没电了。想直接回宿舍，主管却要求我必须回办事处向他汇报，我推着电动车跑回去已经快晚上10点了，心里难过 5. 某经销商往我们区域窜货的问题反映了多次仍解决不了，市场上价格已经砸乱了，过期货很多。我们出去拜访客户，没有给客户退换即期过期品的权利，也解决不了砸价问题，老被客户骂。为这事，不但我不想干了，好几个人都在找新工作 6. 我是A地的人，公司非要把我分到B地当业务代表。常年驻外，不能照顾家里，找对象的时间都没有，家里安排过两次相亲我都因为加班没去成。我是女的，今年28岁了

2. 对公司的建议

1. 报表应该统一，不能来一个主管就搞一套报表。除去在途时间，我们每天真正卖货也就6个小时，但是早上、晚上开会填表就要花三四个小时，太没意思了。公司得改改，明确一下下班时间，哪怕是晚上8点下班，我们也有个盼头。我们虽然是集体办公、集体住宿，但是也需要一点个人时间

2. 外面招聘的业务代表特别想去总公司看看，我们虽然不是总部的人，但也要有些晋升机会，这样才能让我们感觉到自己是公司的人。别让我们觉得跟街上临时叫来的民工似的，大家会寒心的

3. 罚款太重。公司有没有调查过我们的工资扣完罚款后实际到手是多少

4. 有些事情我们当业务代表的无能为力，比如公司能不能帮我们把冲货问题解决了？还有，我们总不能自己掏腰包给终端客户换即期品吧？公司没有政策支持不行啊，这些问题不解决客户见了我们就骂

5. 我们想回原籍做业务，那样照顾家里也方便。在家吃饭开销也小点，这样的话我们的工资就够花了

怎么样？这是我当年亲自主持并记录的一份业务代表离职面谈，100%业务代表口述，没有半点修饰。我当时真替这些孩子们心酸，不知道大家看后有何感想。各级经理，为什么非要闹到人员大量离职才想起来要听听员工的想法？你们早干什么去了？

离职面谈不是什么新鲜事物，但是有几家企业真正在做这件事？为什么大区经理离职有老总面谈，业务代表疾苦就没人问？这个业务代表说的话，对公司管理没有帮助吗？

接下来应该怎么办？很惭愧，这个要离职的孩子已经替我们解决了。

1. 完善公司报表体系，统一报表，驻外主管增设表单要向总部报备。

2. 驻外办事处下班时间不得超过晚上8点，超时加班要向大区说明情况。

3. 安排基层业务代表分批回总部培训参观，出台业务代表晋升制度，改善员工福利，如节假日福利、优秀业务代表旅游。

4. 人力资源部调查业务代表罚款后净收入，规定办事处主管对下级的罚款上限。同时引导各级主管对业务代表的管理要奖罚并用，不能以罚代管。办事处经理每月要上报自己的员工奖罚明细。

5. 各办事处每月给大区提报市场遗留问题，由大区向总部申请集中处理，对暂时无法处理的问题要向业务代表说明。

6. 各办事处公开大区经理、营销总经理的联系方式，让业务代表可以随

时向上反映问题。

> **课后思考与应用**
>
> **| 思考 |**
>
> 你带的团队凝聚力怎么样？你做过离职面谈么？
>
> **| 行动 |**
>
> 对将要离职的员工进行离职面谈，并按记录表进行记录，事后认真反思员工的"遗言"。

兵者，国之大事，不可不察

《孙子兵法》开篇第一句是"兵者，国之大事，死生之地，存亡之道，不可察也"，这话完全适合企业管理。团队的稳定，离职率是否正常，是企业死生之地和存亡之道。解决员工的离职问题，参考方法如下。

当前离职率统计分析

人力资源部把前面没做的工作补上，统计近 6 个月各岗位的离职率，向总经理做专题汇报。一定要分岗位统计，比如业务代表、主管、经理、驻外人员等，看哪类岗位离职率高。

离职面谈，统计分析

尽可能联系近期离职的员工进行离职面谈，记录他们的离职原因，做统计图表，以便改进管理工作。

如图 5-3 为离职员工集中反映的主要原因统计图。

第 5 章 终端销售团队管理核心工具

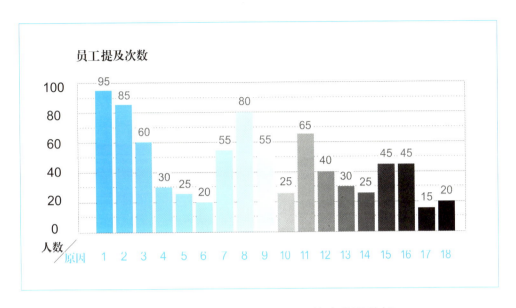

- 1. 工资低
- 2. 工作时间长
- 3. 主管在工作上支持不足
- 4. 休假时间短
- 5. 工作授权太少
- 6. 家庭因素
- 7. 升职
- 8. 临时报表多
- 9. 反复制作同一份报表
- 10. 从未参观总部
- 11. 坐等主管开完会下班
- 12. 未参加培训
- 13. 领福利很麻烦
- 14. 缺乏授权
- 15. 积累经验后离开
- 16. 不能在原籍工作
- 17. 不擅长与店主沟通
- 18. 没干劲了

图5-3 离职员工集中反映的主要原因统计图

离职率管理经验内部分享

找几位"下属离职率"高的主管单独谈话,了解原因,帮助他们解决问题,警示他们要关注员工离职率问题。同时找几位"下属离职率"低的主管单独谈话,吸取他们管理员工的经验做法,将之整理并汇总成公司内部培训资料。

下面是依照十位"下属离职率"低的主管的访谈记录,整理出的带团经验。

1. 薪资晋升要透明。"员工的工资奖罚、晋升评分,我每个月都提前告诉他

管理篇

们计算公式和标准。他们自己能算出来拿多少钱，得多少分，心里都很清楚。"

2. 有困难并肩作战。"困难的工作，比如铺新产品等比较难的活儿，我会和他们一起干。哪怕只是陪着他们，他们也高兴，觉得有人撑腰。"

3. 解决问题要及时。"办公室有个大黑板，业务代表碰到问题直接往上写，主管负责着手解决——我们开玩笑说这是'击鼓鸣冤'。啥时候解决，啥时候擦掉。"

4. 工作分上下，生活没大小，同吃同住同劳动。"虽然在工作上我是主管，但是在住宿方面我和员工一起睡架子床，不睡单间。洗碗拖地等工作大家轮流做，不搞任何特殊化。周末打牌输了，我也照样钻桌子，他们看我钻桌子高兴得不得了。"

5. 下班时间不拖拉。"员工下班晚，可能是给他们安排了不必要的工作，比如填报表。据我观察，还因为他们跑业务回来后在办公室里磨磨蹭蹭。所以，每天下班前我都在办公室里守着，催他们抓紧时间干活，早点下班。"

6. 给新业务代表"吃小灶"。"新业务代表来了，我会把难跑的路线和片区分给老业务代表，让新业务代表去跑已经成熟的市场。新人承压能力小，刚来要给他'吃肉'，别上来就给他'啃骨头'，否则他容易崩溃。另外，每个新业务代表我都会指定一个老业务代表做他的带班师傅，手把手教他。如果三个月后新业务代表不离职，而且业务考试达标，带班师傅受奖励，反之受处罚。"

7. 当地员工当地干。"办事处招聘的员工，工作地点尽量安排在他们家庭所在地，就近避远，否则长期驻外，家里容易闹意见。如果因为工作关系要让员工驻外，我也会先让他征求家里意见。"

8. 开阔眼界看世界。"公司搞文艺晚会、内部刊物征稿、竞聘主管岗位等活动，我都尽量帮员工报名，鼓励他们参加。这样能让他们开阔眼界、提升自我，更重要的是让他们感受到自己是公司的一员。"

9. 离职之前必须面谈。"我必须掌握员工离职的原因，也许问题解决了，他就不离职了。通过谈话，我可以知道他们在想什么，在为什么事情发愁，然后我尽力解决。这样离职率就降低了。"

离职率统计监控

人力资源部每月要分岗位统计离职率，上报给总经理并抄送相关部门。不论哪个岗位月度和年累计离职率超过警戒线，都要向总经理做出特别提示。

月度经理会议上，公布各位经理的团队离职率排名。请离职率最高的经理当众解释原因，请离职率低的经理分享经验。提炼总结成"离职率管理经验分享快报"下发学习，最终升级更新成内部教材。在公司内部形成"离职率管理是主管职责和核心能力之一"的管理观念，树立正气（需注意分寸，别运动扩大化，使主管不敢管下属了）。

根据离职率管理经验形成管理制度

各位经理的离职率管理经验，有些是可以推广并形成制度的。比如：

1. 业务代表工作减负。统一公司报表体系，各级主管增设表单要向总部报备。驻外办事处最晚下班时间不超过晚上几点，超时加班要向大区说明情况。

2. 业务代表收入保障。公司规定主管对员工的奖罚细则，各办事处依规定对业务代表奖罚，不能以罚代管。办事处每月上报自己的员工奖罚明细，所罚款项单独建立账目，作为对员工的奖励基金，在规定时间内奖励出去。

3. 业务代表市场支持。各办事处建立"市场待解决问题看板"，业务代表有问题直接写在看板上，主管负责解决。对暂时不能处理的问题要给业务代表明确处理期限。公司稽核"市场待解决问题看板"的使用情况，发现未解决或者处理市场问题不及时影响业务代表工作的情况，处罚当地经理。

4. 业务代表信息反馈渠道。各办事处公开大区经理、营销总经理的邮箱和手机号码，有问题随时可以向上反馈。

5. 新业务代表工作支持。主管级别以下的员工尽量本地化，避免长期驻外；实行带班师傅制度等。

建立离职面谈流程

业务代表离职必须经过"隔级领导"做离职面谈，并做书面记录；人力资源部需旁听 40%（具体数字和可行性各企业视情况而定）以上的离职面谈。主管及主管以上级别的员工离职必须 100% 回总部由销售总监做离职面谈，人力资源部需旁听 100%（具体数字和可行性各企业视情况而定）的离职面谈；人力资源部每个月做员工当月 / 年累计离职原因统计图表，上报给总经理并抄送相关部门，对异常情况做出特别提示。

管理篇

内部职业发展机会

内部不要出现"玻璃天花板效应",各岗位要分职称分级别,建立"宽带薪酬"体系。即使不能晋升职位,也可以根据业绩表现和年资积累,在晋升职称的同时晋升薪酬。比如业务代表可以分为初级业务代表、业务代表、中级业务代表、高级业务代表,一个业务代表岗位就可以让你升级三次,前途无量!

员工每季度有一次晋升职称的机会,提前公布晋升规则,每个月根据评分做模拟晋升,每季度公布晋升名单,晋升得分计算过程完全透明化。

公司内部需要招聘主管、经理等岗位,首先在公司内部招聘,公司所有内部人员都可以报名竞聘——不用去外面投简历了,公司优先考虑"自己人"。

各主管、经理,如果你的下属晋升,公司不但给你补充新人,还会给你干部培养奖励。

课后思考与应用

| 行动 |

统计当前团队的离职率。

"梦里的饺子",还有"逍遥三笑散"

前面所讲的内容适合对公司整体离职率的管理,主要针对基层员工。而对于核心员工,他们的离职往往对企业伤害更大。刘备、宋江之流,论文治武功都算平庸,但他们能成事——一个忠诚可靠的私人班底功不可没。企业各级领导都应该珍惜眼前人,要把稳定核心队伍置于战略高度。

价值观的修炼比"丰胸"更难,也更重要

管理的技巧和工具只是术,管理者最终是要用自己的价值观影响身边人的价值观,也就是我们经常说的管理者的"人格魅力"。听起来好像比较高深,说白了,其实就是你这个"老大"的德行好不好,兄弟们愿不愿意"跟你混"。

我从 2002 年开始进入营销培训咨询行业,到现在 15 年了,看过太多企业

的兴衰生死。跟企业老板打交道，观其言行谈吐可知其心胸和修养，看老板身边的几位高管的行事风格可知这个帝王身边是"忠良担纲"还是"宦官弄权"，培训过程中也能大致了解基层员工对企业的归属感。以此三点观企业，胜负可猜。

很多悲催的领导其实是位尊德薄、德不载物，所以他们呕心沥血、劳而不获。他们眼泪汪汪地抱怨产品有问题，经销商有问题，团队有问题，行业环境不好，其实这些都只是外部因素，真相是领导自己的"价值观"有问题，身边聚不起人气。

因为这个领导总是喜欢看人的缺点，他身边的人个个见他如见鬼，领导太挑剔、逮住谁骂谁，以此为乐。

因为这个领导做人太取巧，总想靠讲故事、做策划引爆市场，不肯在产品研发和内部管理上扎扎实实地投入。

因为这个领导"农民起义得天下"，弄一帮低素质农夫、愚妇、婆娘、小舅子掺和企业管理，外来人无法施展本领。

因为这个领导"喝自己的血"奋斗起家，想找个为自己卖命的职业经理人，又不给人家相应的待遇。

因为这个领导不自信而且没担当，处处强调个人权威，出了事责任全是下面担着，还说是底下这帮鸟人不行。

因为这个领导太无知，天天在办公室开会，纸上谈兵，不看市场，不下一线，不了解民情，完全被虚假信息包围。

因为这个领导太懦弱，民主过度，身为老板竟被几个权臣架空，号令不出三百米。

因为这个领导不识货，他总是看到身边人的缺点，结果"栋梁"天天被修理，又总看着外面的和尚，觉着他们更会念经，可结果总是让他失望。

我认识的一个老板，他每天工作16个小时，在公司貌似一言九鼎、万众敬仰。他在办公室里召集几个副总开会，身边最得力的副总振臂高呼"老板您放心，我马上开会落实您的指令"。事毕出了总裁办公室，几个大区经理等着副总落实会议任务，副总说："下班先吃饭，此事以后再说。"目击此景，真让人彻骨寒凉。可怜！

君无须"能"（某个专业领域的造诣），但必须"仁"。如果你践行的价值观是努力工作、享受生活、人际关系简单、对事不对人、钻研专业、担当责任、明恩仇、救急难、重承诺，那和你价值观相近的人就会被你感染，产生共鸣，愿意留在你身边——"君仁"则"能臣"纷至。

相反，你的价值观是"我是老大，有好处我拿""我是老大，我说了算""出了问题，让小弟顶着"，钩心斗角搞政治投机，不学无术，粗俗好赌，言而无信……价值观跟你相反的人就会离开你，留在你身边的人心中也另有盘算。君不仁，则奸臣当道，贤良背离。

勤扒苦做，野心勃勃，聪明绝顶，这些都不是成为成功企业家的充分条件，只是入门门槛而已。很多"憨憨"老板的企业稳健发展，"有能"老板的企业却一波三折。为什么？关键看老板能不能提高自己的修养，构"仁君能臣"之境——招贤才，聚人气，亲贤臣远小人；宽严有度，赏罚分明，礼贤下士。让贤才们"乐业"，这比"敬业"的层次更高。他们在你身边拼命工作而且乐在其中，还都感觉自己前程远大，深蒙圣恩无以为报，这才是帝王之术！

千万别照抄伟人行径，或者把高尚挂在嘴边。生硬模仿别人的价值观，你的生活就是二手货，旁观者会鸡皮疙瘩掉一地。价值观是要自己慢慢修出来的，人的心胸格局是一件事一件事慢慢体会逐步提升的，这远比丰胸难，当然也更重要。但是如果你真的发自内心信仰并且践行了一些东西，起心动念是正面和磊落的，其他人自然会感受到。不用心怀侥幸，你是什么德行，瞒不过世人。人眼如镜，人心如秤，想做一个有人格魅力的"老大"，请先修正自己的价值观。

"仁君能臣"，这是天道，亘古不变。天道往还，逆天而行，再勤奋也没用，天会收你的！

"梦里的饺子"最好吃

正如林语堂所说，即便做和尚，也愿到都市大庙去对万千僧尼讲经，而不想就在深山孤寺对一个小沙弥说法。

周星驰在电影《少林足球》里有句台词："做人如果没有梦想，跟咸鱼有什么区别。"

平凡未必是贬义，有些人是甘当"咸鱼"的，"咸鱼"未必不幸福。但是恃才傲物的职业经理人，大都觉得自己双刃在手，可以问剑"江湖"。"等闲变却故人心，却道故人心易变"——平庸、寂寞、没有上升空间的"等闲"生活，恰恰是这些人的天敌，他们期待挣脱这个平凡的世界，去看看外面的精彩，虽然可能头破血流。

古代皇帝对功臣加官晋爵、封侯拜相,位极人臣之后怎么办?把令堂奉为诰命夫人,把你刚十几岁的孩子封为四品位,赏上书房行走。再不行,招驸马下嫁公主让你成为皇亲国戚……总之一定要皇恩浩荡,而且永远有创新。如果这个大臣功高盖主,无官可赏,无爵可赐,恐怕这个人已经成为皇室大患,皇上就要琢磨怎么把他干掉了。当皇帝没有东西可以诱惑他激励他驱动他了,这样就危险了。

企业里也是这个道理。对待这些核心员工,必须让他们干得有梦想、有奔头,有眼前吃不到的胡萝卜。

培训规划

案例:

可口可乐的"销售精英系列培训"教材,分为第一步、第二步、第三步。你在公司做到不同职位,就会接受相应的培训。作为前员工,我清楚地记得刚加入可口可乐公司时,人事部给我们宣布"未来你们在可口可乐将会接受哪些系列培训,大纲如下……"激动啊! 来这家公司上班真是撞大运了!比我上大学学的内容还要多,顿时产生"这样的公司不给钱,我也愿意干"的想法。

后来公司践行了承诺,职位变动和培训果然配套。有一天我"当了官",逐级接受管理位阶培训。有一堂课的名字叫"如何在一个新的国家、文化、民族环境下推广可口可乐的品牌"。老师说:"可口可乐在全世界上百个国家销售,渗透力超过很多宗教。凡是有太阳升起的地方,就有可口可乐的销售机会。在座的各位都是公司的精英干部,未来不排除你们当中会有人被派去新的国家开拓市场的可能性……"我的天呐!可怜的我当时只去过香港而已。去新的国家开拓新的市场? 太刺激了!听完课,上厕所都打尿颤……

中国人有"千金在手,不如一技在身"的观念。上学的时候不爱学习的"学渣",走上工作岗位也喜欢接受所谓的"实战培训"(可以解决我现在工作中的问题,可以作为将来安身立命赚钱的资本)。系列培训? 真诱人。离职? 再熬一年,听完这些课拿到证书再走。

顺便说一句,培训部的工作不是把公司的培训预算花完,不是流行什么课程就买什么课程,而是负责开发自己企业内部的培训体系,包括教材、讲师培养、

管理篇

学员梯度培训规划等。

晋升规划

"宽带薪酬"在前面已经讲过,此处再次强调。企业的管理岗位有限,仅仅给员工职位升迁的通道还不够。因此要职位、职称双轨并行,关注因年龄偏大、学历不高而升职机会较少的群体。

以下是海底捞给员工提供的发展途径(摘自《海底捞员工手册》)。

1. 走管理路线:新员工—合格员工—优秀员工—实习领班—优秀领班—实习大堂经理—优秀大堂经理—实习店经理—优秀店经理—实习大区经理—片区经理—总经理—董事长。

2. 走技术路线(尤其关注年龄偏大的员工):新员工—合格员工—优秀员工—先进员工(连续3个月当选)—标兵(连续5个月当选)—劳模(连续6个月当选)—功勋(相当于店经理的福利待遇)。

第二条亮了。餐饮行业学历低、年龄大的老员工,他们或许不适合晋升高阶管理职位,但善待这些"在外面的世界机会不那么多"的老员工,他们往往会给企业更忠诚的回报。别的行业难道不需要这样的老员工吗?

干部福利

比如高管持股,比如到一定职位后可以获得公司出资送去知名商学院进修的机会,这些都是外企和大型企业惯用的手法,不再赘述。

小企业对策

小企业没那么多钱,更没那么多职位,空间的确有限。总共几个人的公司,难道也要把员工分为经理、高级经理?这种公司怎么给员工"造梦"?眼界宽阔一点,给员工的机会,其实不一定非要在企业内部。

经销商的销售人员,常常和各个厂家的销售人员打交道。而厂家人员的薪资福利待遇各方面要比经销商的团队高出一个档次。经销商的销售人员就会泪汪汪地做比较:"你看人家厂家经理一说话就是昨天给公司发了封email(电子邮件)!我们呢?我们昨天发的是货。人家厂家人员出差住宾馆,坐飞机,我们晚上住车库,坐火车坐的是两节车厢中间那一截……啧啧,都是卖可乐的命,咋就差别这么大呢?人比人得死,货比货得扔啊!"

我的一个经销商恰恰利用这一点，走出了条激励员工的新路子。你们羡慕厂家员工？好办。经销商那里的销售骨干，能吃苦有经验有现成的客户网络，在厂家眼里也是宝贝人才（当不了正式工，当个临时工镀镀金也行啊）。经销商明知道身边有个业务骨干留不住了，于是就借自己和各个厂家的业务关系，把这个业务人员推荐到厂家做业务。摆酒，全体员工参加送别宴，一定要煽情："今天这顿酒，咱们送小王'上路'！我难过啊，这么多年的兄弟要走了；我高兴啊，我的兄弟去可口可乐公司了，出息了！兄弟们，我这人没别的本事，就是待人诚心，你们来的时候啥都不会，我就手把手教。你们长能耐了，我就给你们涨工资建平台。等你们慢慢成长到我这里都没有平台给你了，我亲手送你们去更大的平台……"一顿饭下来，走的人感激涕零，没走的人感慨万分：这个老板太实在了，跟这个老板混将来能进"中央机关"。

　　以案说法，我只想说明一个道理："造梦"不一定非要在自己公司里。有人可能会反驳，经销商没有做知名厂家怎么办？厂家不要经销商推荐的人怎么办……只要你真的想这么干，办法太多了。在经销商这里干了十几二十年的老员工想创业，经销商出资赊货给他，资助他自立门户，够仗义吧？行业里这种事情也不算奇闻了。于公于私，此举都不傻，你帮他创业，他将来肯定死心塌地做你的分销商帮你卖货，总好过不欢而散后他创业变成你的商业对手。而且在职的员工都看着呢！你这一个举动，暖了一群人的心，给了一群人希望。

　　明白了这个道理，具体的细节和方法相信大家会有很多创新。总之大原则一个，"梦里的饺子"最好吃。让核心员工在睡梦中都渴望着饕餮大餐，前途无量，口水长流。

　　玩笑归玩笑，可不能忽悠，不能画饼不兑现。安利公司的"金字塔"模式就是典型，下层的直销商们亲眼看到公司让"皇冠""钻石"级直销商赚很多钱，出国奢侈旅游，他们才能忍受现在的困顿，为"看得到摸不着"的前景去卖命。

　　画饼很重要，买单更重要。答应别人的事一定要落实，否则必定失信于人，自食苦果。

逍遥三笑散，蚀骨断肠丹

　　武侠小说里，教主为了控制教众，会给予他们荣华富贵，还会逼迫他们吃

管理篇

"逍遥三笑散""蚀骨断肠丹"之类的奇门毒药。胆敢背叛,没有解药,你就会毒发身亡。

企业管理核心员工,也是这个对策:你敢离职,就要付出巨大代价。而且看趋势,近年来这种做法比较普遍,下面给出几个思路供参考。

干够若干年给你过户。公司出资买房产,给你住,但房产证写公司名字。签协议,干够70年(开玩笑)给你过户。对很多员工而言,打工为了什么——为了生活。当下中国,"房"事乃人生头等大事。"不用我掏钱,公司把房子解决了。要是辞职,房子没了,泪奔!在哪里打工不是打工啊,不走了。"

分若干年给你报销。以公司名义买车给你用,干够若干年过户给你。这个方案没几个人感兴趣,因为"车我自己买得起""我来打工不是为了买车的""名义上买车给我用,实际上还是跑业务了……"好,那改为按职位定报销标准:你自己买一辆车,写你自己名字,公司分五年报销,每个月还给你车补。幸福又来敲门了!员工决定奢侈一把,提前享受有车族的潇洒。离职?车款还没报销完呢!

小企业咋办?我见过经销商让员工自己买笔记本电脑分两年报销的,一样奏效。

1. 花完员工手里的那点积蓄。

案例1: 经销商的员工干得时间长,手里有了点积蓄就琢磨创业了。我认识的一个经销商,他的做法就是鼓励身边这种员工买房子买车,甚至老员工买车时公司给一部分补贴。另外,他还跟员工"融资",找核心员工谈话:"你别琢磨创业了,你有多少钱,20万元?20万元能做什么大事!拿来给我,我给你打个5年的借条,只要你在我这里干,每年给你30%股息分红,咋样?"员工算算账,一年工资9万元,加上分红6万元,我一年也赚十几万元了,出去当个小老板还不一定咋样呢。于是,把自己的钱全部上缴,继续安心打工。哈哈,别忘了,借条可是5年啊,这5年,你走不了。

案例2: 2001年,广东某企业挖了8个销售经理,大手笔,一口气在碧桂园买了8套别墅。公司付首期,经理们自己付月供,干够若干年给你过户!这招太狠了,这几个经理都才二三十岁,这么年轻就住别墅,简直是梦一样的生活。旁人羡慕啊!他们自己却掉泪:"月供是我付的,干不够10年,房子就不是我的,这些年的月供就白交了。""累啊,一个月八千多元的月供,我一个月工资也就一万多元啊，住在别墅里吃盒饭啊……"

钱是人的胆，核心员工把积蓄花完了胆就小了。跳槽？看他敢不敢！

给你福利，提前离职你就赔钱。公司出巨资送你去深造，送你全家去欧洲旅游……签协议，在公司得干够若干年，如果你中途离职，赔钱！你耍赖？法务部陪你玩。

2. 降低生活成本，提高退出成本。

案例1： 山东某大型企业，公司内部的高管别墅（小产权房），经理级员工花十几万元就可以买下来，在公司干够若干年就可以世袭使用。你中途离职？交回来！

案例2： 外资企业的福利不用多说了，干到一定级别后，公司鼓励你老婆做全职太太照顾家事，也发给她一份工资。华龙、汇源果汁等民营企业的厂区都有完整的生活配套，员工按级别享受不同的生活福利。从你的子女上幼儿园，你老婆的工作，到你的医疗保障，你全家看病，再到公司高管食堂的免费餐，逢年过节的福利费……所有的事情公司都给你办了，辞职了，你就啥都没了。

方法大家自己想，大原则是：你在公司干就有很好的福利，你离开公司就会失去一切，还可能要赔公司一大笔钱。

让核心员工乐不思蜀，欲罢不能。往前看，掌声鲜花红地毯；往后看，皮鞭镣铐狼牙棒。胆敢"逆天"，"头颅滚滚，血迹斑斑"。

乾坤定心丸

第二次世界大战后，日本经济之所以能迅速崛起，其用工终身制度起到了重要作用。员工知道公司能给我养老，所以忠心。中国打破铁饭碗，积极意义当然很大，当然，也让很多人"不知明日是何年"。

职业经理表面上看起来风光无限，其实在中国目前的社会保障体系下，大多数人内心都有"将来老了、病了怎么办。会不会越混越不好"的末世感。

你凭什么让核心员工对你忠心？你要给他们安全感——只要你认真干，公司将来不会亏待你。这不能仅仅是一句话，必须做出来让员工看到才行。要善待正常离职的员工，善待工龄长的老员工，建立"一方有难八方支援""老有所养"的企业内保障机制。比如：

基本福利：五险一金。

管理篇

老员工福利：干够 20 年享受终身员工福利（除了正常社保退休金之外，企业额外再发一份退休金），对 5 年以上工龄的老员工再额外购买其他商业险，对工龄够 20 年的员工成立"顾问委员会"，每人每月额外再给几百元，让他们发挥余热。

员工救助：山东某企业总经理是个虔诚的佛教徒，在他的带动下，公司奉行"善文化"。公司高管们每个月拿出收入的 10% 成立救助基金，救助家里生活困难的员工，在职员工也可以捐款。

公司规模小，成立不过几年时间的小企业，怎么给员工安全感？可以在公司对待员工的方式态度上做文章，比如员工能参与公司业务的发展规划，员工能共享公司的经营成果……这些都可起到类似效果。

人一生的成就，超不过心胸的高度

"梦里的饺子""逍遥三笑散""乾坤定心丸"这"三道菜"讲出来，一定有企业叫苦：站着说话不腰疼，你是要让我们这些老板破产吗？反正不是花您的钱！

在此我想补充两点：第一，量力而行，没那么多资源就别请那么大的神。第二，财散人聚成大事，这是古训。如果你是个斤斤计较，与员工争利，一个子儿不想多掏的人，自己摆摊儿去，别做企业。

拿出真金白银的诚意来，先舍才能得，你自己打小算盘，就别对员工谈"奉献"和"忠诚"。

有关"奉献"这两个字，网上有段高人的精彩论述，大意如下：

"奉献"的潜台词是"掠夺"。每一位贪官在落马之前，都曾大讲特讲奉献，贪得越厉害，讲得也就越厉害。事实上，奉献和掠夺往往是并生的，它们是一枚硬币的两面，你的奉献，往往就是他的掠夺。一家公司，如果号召他的员工无私奉献，其潜台词就是"你多干点活，我少给你点钱"。

一个社会当然需要奉献精神，但是，社会同时更需要的是自由平等的契约关系。这两者有先后顺序，即先定契约后谈奉献，无契约怎么奉献？

作为一枚"红旗下的蛋"，我从小被教育以奉献为荣，听这样的大实话不习惯，心里堵得慌。但是不得不承认话说得有道理，尤其适合企业老板们。大家别想象过度，老板们总想让职业经理有当儿女的心态，实际上你们最多是婆媳关系。老板总希望员工像自己一样思考问题，怎么可能呢？让他们能做好自己的工作就很好了。期望越大，失望越大，送你一句话——不要让感情承担责任。"平等契约"这四个字虽然俗气，但是却干干净净。

人一生的成就，超不过心胸的高度。老板和各级领导们，想让人死心塌地给你卖命，首先要学习一些方法和技巧，但是不能全凭这些"小聪明"过日子，更重要的是修炼自己的心胸格局，矫正自己的价值观来影响身边人。同时拿出点诚意来，让他们看得到也摸得着。

楚材晋用，希望不要在你的团队里重现。

"狼性"文化其实是个"阴谋"

咱可是龙的传人啊！但是到企业里看看，很多人似乎已经变成了狼的后裔。"狼性"是很多"70后"津津乐道的"战斗情怀"，是他们疲惫生活中的英雄梦想。但是，这个理念在很多"90后"眼里，显得毫无意义。

"70后"的经理管理"90后"的员工，为什么会出现矛盾？因为年代不同，而且这两代人各有各的价值观念。

"70后"挣钱不要命，老板问他："一周干6天，工资6000元；一周干7天，工资7000元，你怎么选？"他反问："晚上不睡觉，给多少钱？"别怪这些人贪婪，"70后"生于计划时代，打小在计划经济里生活，曾坚信读书是唯一的出路。后来赶上改革开放，转而投身以业绩论英雄的民营企业。他们干（喝）过鸡汤，喝过鸡血，见识过花团锦簇和彩灯佳话，又被带进"教育、医疗、非转基因以及各种安全的生活资料都倾向于少数人"的新时代。上有老下有小的"70后"，还背着沉甸甸的房贷，为了生活拼命荡起双桨。

"90后"大多有父辈可依靠，有的名下已经有房，没有太大的经济压力。他们从小接受的是个性张扬的潮流文化，不愿意像"70后"那样拼，挣钱不要命。

人不贪小利，必有另谋。这些"90后"谋的是什么？

他们要求平等沟通，快乐工作；他们要赚钱，还要炫酷，向往"世界这么大，我想去看看"。"90后"也会付诸行动："上班就是为了给自己攒钱赎身，等攒够了钱，我就不工作了。"这不是成功学，不是精英文化，有人总结这是"把时间浪费在美好的事物上，然后遇到更美好的自己"。有点矫情了，通俗点说，就是及时行乐。

管理篇

对"90后"罚款罚重了,他们就辞职。告诉他们"拼命干,我给你奖励",他们回答"钱够花就行,不想拼命"。这些话在"70后"看来,简直不可思议。

"70后"给"90后"讲"狼性"的时候,"90后"心里暗想:不就是想忽悠我拼命干活吗?但如果这么说:"只要这个项目完成了,就送你去国外旅游!"他就能蹦起来,干得不眠不休。

出去看看也好,你才知道很多国家,超市双休日是关门的,因为营业员也要放假。这在中国人看来,太没上进心了,唐人街永远人声鼎沸,生意兴隆,你争我抢。

"70后""90后",没有谁对谁错,只是生长土壤不同而已。所以,各自有各自的选择和承受。两代人的并存,也显示了这个社会的多样性。从"70后"到"90后"的价值观变迁,其实就是个扭曲和还原的过程,印证了这个社会在进步——变得更文明,更尊重人性。

管理"90后"员工没有什么诀窍,关键是管理者要认同这种新的生活态度,懂得尊重、平等、爱其所爱,懂得"要工作、也要生活"这个基本价值观。这样才能够给"90后"员工创造他们喜欢的工作环境和氛围。

我常常觉得,"狼性"文化是过度竞争环境下产生的畸形理念,甚至是个"阴谋"。它诞生于"吃不饱穿不暖,穷凶极恶,一元化价值观背景下的挣扎和奋斗",带来的一定不是更高效的工作效率和更美好的生活体验。

放心,会改变的,相信在"70后"在有生之年终究能看到,国内的超市营业员、厂商的销售人员等也能像国外那样拥有双休日。

当时代不再那么不堪的时候,"狼性"文化这个"阴谋",终究会择日而亡,取而代之的是"90后"文化。

第6章
手机管理软件

本章分四个话题,要点如下。

话题一:分析手机管理软件市场的现状,指出目前的核心问题是"会编软件的不懂销售管理,懂销售管理的不会编软件"。

话题二:为什么说众多管理软件的通用卖点"靠手机拍照和定位,足不出户管理业务员"其实是个"混账逻辑"?"混账"在哪里?

话题三:剖析众多管理软件的通用卖点,同时解读企业管理终端费用的逻辑和流程。

话题四:预测 SaaS 企业未来的升级方向。

也许会有人会觉得我对这个行业的预测是痴人说梦。但是我相信,五年之后回头看,一定有人会说:"魏庆这家伙当年说的,很准!"

为了便于读者理解,有些词汇我现在这里解释一下。

SaaS:Software as a Service,软件即服务。软件公司将软件部署在自己的服务器和云端,所有的软件运营维护均由软件公司自己完成。用户直接支付租金,在云服务平台上租用软件即可。

CRM:Customer Relationship Management,客户关系管理。

OA:Office Automation,办公自动化。

管理篇

第 1 节　手机管理软件的现状

　　手机管理软件是做什么的？这个软件产品是什么公司生产的？公司所在的行业处在什么发展阶段？下一个发展阶段是什么？……

　　本节内容将围绕这些问题展开，还原手机管理软件这条产业链的真实面貌。

会编软件的不懂销售管理，懂销售管理的不会编软件

两年前，我给一家知名快消品上市企业做培训，课堂上讲了一段话：

企业在上马所谓的手机管理软件的时候，一定要慎重！不能照搬，要根据企业的实际情况对软件修改定制。市面上有很多管理软件，如果拿来直接套用，那将是对管理的一种摧毁。中国的 SaaS 企业，面临的共同问题就是"会编软件的不懂销售管理，懂销售管理的不会编软件"。

话音刚落，全场爆笑，有人鼓掌，甚至还有人拍桌子。而且大家全都回头看最后一排，这家企业的老板正黑着脸坐在教室最后一排。下了课，销售总监告诉我："魏老师，我们企业去年上了一套管理软件，搞得乌烟瘴气，下面没法干活儿，民怨很大，您今天这么一说，全完啦……"

如今回想起这一幕，尴尬啊，太不厚道了！

一年前，一位知名 B2B 软件公司的经理告诉我："魏老师，企业的业务员手机管理软件是个非常大的商业机会，而且是个痛点，全国有好几千家公司在干这个事情，有实力的也有近 300 家。"

吓死人了！全国才两千多个县，好几千家公司在做手机管理软件？不太可能吧。

可在网上搜索"手机业务管理系统""移动访销系统""移动销售管理""CRM系统""OA 协同"这些关键词，搜索出来的公司数量，似乎也印证了这个数字。

经常参加行业会议，会上不乏同行交换名片，几乎每场会议都有几家高科技公司的老总来寻求合作。拿到名片，发现其中大多数公司我都闻所未闻。交谈之后才明白，所谓的"高科技公司"前身就是广告公司，或者是卖软件光盘的公司，趁着这几年高科技风口摇身一变。有的更让人吃惊，几个"程序猿"临时搭建的草台班子就自称"高科技"，还是兼职的。

论出身没什么意思，毕竟这是个新领域，突然蹿出来几匹黑马也不奇怪。但是，整个软件公司没有一个真正了解客户所在行业的特点和企业管理细节的设计人员，就敢给客户企业编写管理流程，构建智能化的管理体系，这也太有魄力了！

看来这真是个响应国家"全民创业"号召的领域，一个貌似充满机遇的领域，同时也是个百家争鸣的领域。战国七雄未现，输赢气数，尚无定论。

是什么促成了 2015 年这样的发展态势？

管理篇

第一，是空间。美国的 SaaS 企业总市值接近 2000 亿美元，中国的 SaaS 企业估值连人家的零头都没有。美国有市值超 500 亿美元的 Salesforce（总部设在美国旧金山的一家"客户关系管理"软件公司）、超 2000 亿美元的 Oracle（甲骨文，世界第二大软件公司），而中国却还没出现一家市值超过 10 亿美元的软件公司。作为世界第二大经济体，中国的市场空间显而易见。

第二，是需求。智能手机普及，可以"用智能手机管理企业——看数据，管理业务员行踪，发指令，做企业内部交流……"看上去很美，也很合乎逻辑。在互联网思维已经烂大街的背景下，企业老板们人人担心落伍，个个争先恐后，每家企业都有这个需求。

空间巨大，且供不应求，因此出现暴利，这就为"高科技公司"的出现提供了可能。

但是，可歌总是可泣，乐极难免生悲。在中国，如果一个行业有利可图，马上就会一窝蜂。高速路很快跳起了广场舞，"红利时代"过不了两年就变成了"竞底时代"。

奇怪的是，这些雨后春笋般冒出来的高科技公司，研发软件产品，建立企业的掌上终端管理系统的门槛那么低吗？用当下流行的话说，"风口来了，总不能错过吧""试错的成本，小于失去商业机会的成本"。就是在这样的思想和环境主导下，七千二百路诸侯烽烟并起，一时半会儿还没出现群雄割据的局面。

智小谋大，有功能亮点，没有管理体系和管理智慧

这些手机管理软件公司，他们在卖什么呢？

行内人第一个想到的恐怕就是，给业务员手机定位查脱岗，还有拍照。

可现在几乎所有软件都有这个功能，而且都免费！移动、联通、电信三大运营商也都可以给企业做定位系统，也都是免费！

怎么办？

于是，程序员们开始创新：

照片上有时间、地点等水印，防止业务员作假。

电子围栏。业务员一旦脱离预设的拜访路线，后台就会报警——这个业务员脱岗了！

来电显示。客户打来电话，手机上会自动显示这个客户的进货记录，进了什

么货，还有多少应收账款。

业务员在拜访终端时，每干一步就要对着手机点击一步，把拜访八步骤逐一完成，否则死机或者系统报警，逼着业务员必须按照拜访八步骤走终端。

业务员不用写工作日报了。软件有强大的语音录入功能，业务员进入工作日报板块口述一下当天的工作，系统会自动生成文字版的工作日报。

终端通过软件上传照片，凭借照片核销费用，提高企业（尤其是快消品企业，网点太多）的终端费用核销效率。

可以在软件系统里面给下级下达任务。

和 OA 系统结合，逐级批复促销申请，可以随时在线上完成。

……

当把这些功能展示给企业老板的时候，我们可以想象老板们有多开心和冲动。老板们天天想着"互联网思维"，眼看着别人起高楼，眼看着别人富得流油，眼看着自己就要被甩在互联网潮流外头。"做电商卖货吧！线上渠道成本太高，线上线下价格冲突，这回用互联网管理企业，绝对是锦上添花，我可逮住互联网+的机会了！"

大多数企业老板是"干了再说"的行动派，是浪漫主义者。他们是战略内行，企业管理细节和战术外行。老板听了软件的功能亮点后拍案叫绝："太好了！这个软件能打折不？买了！干！必须干！不换脑，就换头！管理升级，用手机管理企业，进入互联网时代！"

于是，管理软件上马，员工培训，强制执行，一通折腾，民怨沸腾。最后会出现两种情况：

中小型企业说："算了，这个软件明年不用了，还是按老办法来吧。"

大企业说："什么破软件，漏洞百出，干脆我们自己找人写一套软件。"

手机管理软件企业的病根

问题在哪里？

很多软件公司的产品设计者，不是对这个行业和企业的管理流程、商业逻辑精通的管理高手，而是 IT 人员。他们都只是运用一两个功能亮点，去取悦客户，没有成熟的管理体系和管理思想。急着去"试错"，拿客户当小白鼠，试出错来，再升级换代，没有踏踏实实打造成熟产品的耐心。经营理念就是"精简通

管理篇

要，难负重，外儒内庄，不吃苦"，这必然导致产品存在天然缺陷。受苦的，是企业用户。

大多数管理软件公司炫耀的通用功能，其实违背了基本的管理逻辑。比如通过拍照管人，比如足不出户管理业务员，比如通过网点照片报销费用，比如给经销商装软件掌控经销商的出货数据。

软件公司在设定产品时，他们想到的是取悦购买者，而不是取悦使用者。谁是购买者呢？企业的老板。谁是使用者呢？企业的业务人员和经销商们。但是想象一下，软件交付使用了，没有给销售人员和经销商们带来方便，没有带来业绩支持，反倒多了很多麻烦，要做很多重复的、消耗性的动作来应付上面的管理需求，又不能对销量利润有帮助，这个软件的结局只会是陷入人民战争的海洋。当使用者们都不喜欢这个软件的时候，你觉得这个软件还能在企业里待多久？

这才是问题的根源！

第 2 节　有了拍照功能，就能足不出户管理业务员？

不少企业幻想着：要是能坐在办公室里实时监控业务员的行踪该多好啊！

手机管理软件公司投怀送抱，说：这个可以有！试试我的新软件吧！

于是，你情我愿，情意绵绵，开始了蜜月期。

但好景不长。

一段时间过后，企业恼火地说：什么破玩意儿？现在全乱套了，不用了，给我滚！

哈哈，见怪不怪，这本来就长久不了，因为逻辑不对！

管理篇

足不出户管理业务员是个"混账逻辑"

几乎所有的手机管理软件都强调自己有定位功能。让业务员在线打卡，让业务员拜访时进店前拍一张照片，进店后再拍一张照片。两张照片对比，以此判断业务员的在店时间和店内生动化陈列的绩效。这样一来，老板就可以足不出户管理业务员。

智能手机还未普及的时候，很多企业就开始要求业务员用拍照的方式证明自己在岗。但是请注意：照片只是个管理道具，不是管理逻辑。一个快消品终端路线主管管理 6~10 个业务员，一个业务员每天要跑大概 30 家店，按一家店两张照片来算，主管每天要面对 360~600 张照片！这么多照片主管该如何审核，如何批复呢？光处理照片不用干别的了。业务员呢？每天带着两个充电宝上路，花大量时间和精力用来拍照上传。试想一下，如果主管不能对这些照片有效审核和批复，这样的管理不是瞎扯吗？

有些软件设计得更加搞笑，他们把审核照片的工作交给了总部销管部门。总部销管部的小内勤没卖过一天货，却要面对几千几万张照片，她该如何审核？再就是她有没有能力批复？用她的批复来给业务员定奖罚，怎么确保客观公正？

还有的软件让业务代表在店内拍照，然后给业务代表按积分算奖金：店内出现本品的一个排面得多少分，一个条码得多少分……我就搞不懂了，打分不用考虑本品和竞品的相对优劣吗？而且还不设定"终端业务代表的路线拜访"固化板块，任由业务代表在责任片区自由活动。请问，业务代表还会挨家拜访终端吗？

还有更奇葩的。业务代表把照片拍了，主管和总部的销售部门都得审核照片，但是主管的工资只和"经销商进货量"挂钩。让主管花那么多精力去审核照片并给终端店的表现打分，可能吗？工作量巨大，跟主管的工资没半点关系，自相矛盾，拍照有用吗？

最违反常识的不是拍照，而是这句"我们的软件有定位功能，可以随时监控业务代表的地理位置，让主管足不出户管理业务员"。这真是混蛋透顶！业务员把手机关机上哪找人去？不如直接给业务员发个 GPS（全球定位系统）定位器吧！

人员管理的逻辑，绝不仅仅是监控业务代表的手机在哪里

管理业务代表，仅仅是监控业务代表手机的位置那么简单吗？当然不是。

员工前面干，主管后面看，这是最基本的管理逻辑。主管每天抽检员工昨天或者当天刚跑的路线，去复查，查什么？这部分内容前面已经介绍了，此处再简单讲几个要点。

查漏单

业务代表刚跑完的路线，主管复查，如果终端店还要货，这就说明业务代表昨天或者刚才的订单没有拿满，这就是漏单。有漏单，罚！给业务代表紧迫感，让业务代表每次都把订单拿满。

查客诉

主管询问店主有没有终端客诉要处理。终端客诉（比如砸价没人管、送货不及时）是造成终端丢店、丢品种、丢销量的主要原因。主管每次检核必查这一项，给业务代表紧迫感，让业务代表及时处理终端客诉。

查拜访率

核对路线卡上记录的终端拜访时间，问店主："我们的业务员昨天几点来的？最近一段时间平均几天能跟您见一回面？他来了都干些什么？"主管实地检查和访问，比任何手机定位软件都有效。手机定位只能确认业务代表的手机来了，人来没来？来了干了什么？拜访绩效如何？这都是手机定位无法监控的。

主管交办

如果检核中发现业务代表虽然来了，但是工作质量不高，工作做得不到位，主管就需要对业务代表强调"终端动销要素"的交办事项：这家店要补什么品种，陈列位置和陈列方式要如何调整，有没有异常价格需要纠正，促销告知和促销执行如何整改，不良品要立即调换……把交办事项记录在这个客户的客户卡上，晚上跟业务代表面谈。这样一来，业务代表下次拜访这家店，翻开客户卡就知道要在这家店里做哪些细节提升。

推动重点工作事项的改善

主管通过检核发现某个员工的工作存在问题，就对这个员工进行工作交办改善。如果发现有共性问题，就需要出台市场管理专案。比如最近企业的工作重点是推新品，主管通过检核发现一个共性问题：业务代表把新品卖进店内了，但是

管理篇

新品没有上架陈列，而且有的店内新品仅剩下半箱货也没有及时补货。于是，主管第二天早会宣布："上周新品铺一家店，给业务代表奖励10元，本周追加两个条件。新品必须上架陈列四个排面以上，店内新品安全库存两箱以上，做到这两点才算新品有效铺货家数，否则不奖励！"按照PDCA（质量环管理学中的一个通用模型）循环管理，如果员工贯彻新品的陈列和安全库存，新品销售这个工作重点就能推进改善。

做到了这几点，才能真正管理好团队，而这绝不是那些软件能代替的。

手机管理软件该怎么完善

有些软件让主管没法检核，因为传统的一图两表被手机取代了，业务代表的昨日行程、拜访时间、客户订货、客户库存情况这些在业务代表手机里，主管的手机里竟然不显示。要检核的话，主管只能把电脑打开，从后台看数据，再逐页打印出来——哪个主管乐意费这个劲？

还有些软件将业务代表的昨日行程放在"轨迹回放"界面，昨日拜访的销量订单在"订单管理"界面，每个终端陈列的照片在"拍照上传"界面。主管要检核业务代表，就要分别打开和退出好几个界面。这太奇葩了，为什么不把业务代表的行程、终端销量、终端库存统计、终端客诉统计、终端陈列拍照等要素整合到一个界面，对业务代表昨天的工作做一个"录像式回放"呢？从技术上实现这个功能不难，但是为什么没人做呢？因为软件的设计者压根不知道"员工前面干，主管后面看"这个最基本的管理逻辑，软件的卖点只是"主管足不出户管理业务代表"。

一句"让主管足不出户管理业务代表，我们的软件有定位系统，可以随时监控业务代表在哪个位置"就把主管的检核功能废掉了。主管打开电脑就知道业务代表（其实是业务代表的手机）在什么位置，主管可以"通过照片管理业务代表了"，那主管就更能心安理得地坐在办公室里不出门了。主管坐在办公室里管业务，业务必然就会烂掉。

手机管理软件必须做出调整，否则没有哪家企业会长期使用这些毛病一大堆的"高科技"。下面我提点个人看法和改进建议。

正视"手机定位"这个技术的局限性

第一，终端店的定位精准取决于"首次定位坐标标识"是否准确。聪明的业务代表有"先见之明",会有意把首次定位定到乡镇,而不是终端店。这样他下次只要去乡镇,就显示他去过终端店了。

第二,基站定位的精度差得远。GPS 定位的精确度据说可以达到 5 米甚至更短,但是在城市由于高楼大厦遮挡,定位精度会打折扣。所以定位往往只能确认业务代表到了这家店附近的街道上,无法确认业务代表是否进店。

第三,现在部分企业的做法是在终端店贴条码,业务代表用手机扫条码确认到店,但问题是这些条码很容易复制。

第四,目前最先进的方法是"芯片定位"。在终端贴芯片(芯片很难复制),业务代表手机靠近芯片会自动感应,以此确定位置,但这也只能够说明业务代表的手机到了店里。

第五,安卓市场已经有多款模拟地理位置的软件可以下载,分分钟模拟任何位置。

第六,群众的智慧是可怕的。厂家业务代表在经销商那里打牌,经销商的司机拿着厂家业务代表的手机开车送货,还通过手机呼叫转移,对付总部的"手机定位+电话抽查"双重监控……这些投机方式早就在业务代表中普及了。

不要用"工具"取代"管理逻辑"

手机定位这个功能对管理业务代表是有帮助的。以前管理业务代表是"放羊",但是看不到羊在哪里,现在至少可以通过手机定位"看到羊了"。但是请谨记:拍照、定位功能只是管理道具,不是管理逻辑。就算你的管理软件有人脸识别功能又怎么样(目前还没有看到手机管理软件有这个功能,相信不久这又会成为软件新的"功能亮点",不仅仅可以确认业务代表的手机到了店里,还能确认拿这部手机的是业务代表本人),你也只能借此掌握员工的出勤率罢了。

要设计主管检核界面

手机 APP(应用程序)的界面设计要遵守"员工前面干,领导后面看"这个基本管理逻辑,实现对员工昨日工作的录像式回放(对业务代表"拜访路线图""客户目录""客户档案卡""工作日报绩效汇总"进行四合一的界面汇总),方便主管的查阅和回访。

管理篇

用拍照计算业务代表的奖励漏洞太多

目前国内的快消品企业能做到固定业务代表拜访路线的并不多。在这个背景下，如果用拍照去计算业务代表的奖励，业务代表会因此跳访"老店"和只关注"得分点"，造成市场萎缩。

人工数照片上的排面数来计算得分，这个标准本身就是错的。评估本品的终端表现好坏，更重要的是"货架占比""品种、排面、库存的本品与竞品对比"这些相对指标。而这些指标仅靠拍照是无法客观显示的，一般业务代表是不会去拍竞品的排面的。

业务代表在自己跳访的店里，店店拍照。企业上下一大堆人数排面数给业务代表打分，费这么大劲，为什么不干脆让主管去市场一线实地打分并拍照呢？主管负责向上级交代自己的工作，同时也跟业务代表核对打分的客观性，让业务代表心服口服，这样不是更加客观准确吗？员工前面干，主管后面看，主管对业务代表的终端表现抽查打分，平均分作为业务代表的本月生动化陈列得分，这是快消品企业沿袭多年的成熟做法，为什么要自创一套漏洞百出的照片打分法呢？

减少业务代表的拍照工作量，管理重点店和标准店存量

对于主管和业务代表管理区域过大（比如外围市场，一个主管管一个省，业务代表每人管理一个县）、人力配置不够、主管无法足量抽查业务代表终端表现的情况，让业务代表通过拍照来监控终端表现，这也是个权宜之计。但是，业务代表拍的照片考验着主管的审阅批复能力。业务代表花了那么大的精力去填报表、拍照，如果主管没有精力去做例行的审核批复，并形成后续跟进管理的动作，这些报表和照片就是管理资源的浪费。因此，应该降低拍照数量并精简工作内容，业务代表拍照管理的不是所有终端店，而是重点店和标准店存量。比如业务代表每天必须新增两家以上的陈列和分销品种标准店，对这几家店拍照；同时，对已经完成的重点店和标准店拍照。主管通过检核照片、实地走访两种方式监控重点店和标准店存量，看终端表现有没有保持住。

拍照行为要和人员考核体系匹配

如果要通过拍照对业务代表的终端表现进行评估，那这个评估必须和主管、经理、业务代表的考核挂起钩来。主管、经理、业务代表的考核方向必须一致，

比如奖金的 20% 都来源于终端表现的考核，终端表现都是通过照片来评估，这样大家才会一起重视"终端表现"这个指标。人人拍照，店店拍照，通过拍照计算终端表现得分，这样才能保证大家都认真执行。否则，"考核利益链"不通，对主管、经理只考核销量，对业务代表只考核终端表现，那照片的审核管理工作就会在主管、经理这个环节断掉。但如果对业务代表也考核销量，拍照只是为了对业务代表的终端表现进行抽查奖罚，这就意味着业务代表要为了 1% 的抽查概率去拍 100 张照片。这么麻烦，劳民伤财，还不如让主管去现场抽查吧。

逐级管理

终端业务代表拍照，上传总部管理？不要天真了，总部能认真审核批复大区经理和分公司经理的照片就不错了。切合实际的办法只能是逐级管理，每一级领导审核直接下属的照片，而且形成批复；总部对基层只做照片抽查，追究主管"审核照片不力"的责任。这样才能避免管理资源的浪费，否则拍照只会是一场劳民伤财的运动——轰轰烈烈鬼哄鬼，踏踏实实走过场；问题出在前三排，根子烂在主席台。

管理篇

第 3 节　别指望靠拍照来管理核销终端费用

有的企业不仅把人员的管理寄希望于手机管理软件，还想用软件管理终端费用，真是想得美！

拍照真有那么神奇吗？如果拍个照片就能万事大吉，企业还设那么多部门，雇那么多人分工协作干什么？企业不傻！

别听软件公司的人忽悠，他们想的只是让你买他们的软件，软件用得怎么样他们压根不清楚，他们没准还想着拿你练手呢！所以啊，别指望了！

外行（财务）管理内行（销售）无异于死后验尸

快消品行业终端网点多，终端费用的核销、审查工作量大，这是企业老板们的心头大患。他们总在担心：底下这帮家伙正在搞我的钱！正在搞我的钱！

手机管理软件公司看到了快消品行业的这个痛点，于是他们宣称自己可以用强大的拍照功能解决费用报销问题：业务人员要在终端拍门头和陈列效果的照片，再将照片传到财务，配合陈列协议和陈列费发票，才可以报销费用。每一张照片都要带上时间和地点的水印，避免造假。

和上一节谈到的"足不出户管理业务员"一样，拍照这个工具本身没有错，但手机管理软件公司夸大其词的营销口号完全是在误导企业。通过照片就可以走捷径？足不出户管理业务代表？还能管理终端费用？这又是个"混账逻辑"！手机管理软件公司又一次试图用工具颠覆管理常识！

来看几个快消品企业管理终端费用的反面案例：

1. 事前费用申请。区域经理根据市场需求在预算额度内（多数企业对区域经理月度任务计提点数做市场费用预算）提出费用申请，销售部的领导逐级核准，一直到总监核准。

2. 事中借支、垫支执行。区域经理在获得批复后，借支备用金（或者经销商垫支）执行促销活动（比如终端进货一箱送两瓶，终端按照标准陈列每月奖励一箱）。

3. 事后报销。促销结束后，区域经理按照财务要求，把这次促销活动的证据（比如终端的搭赠签收、陈列协议店的奖品签收、堆头照片等）上报到财务，票证齐全，财务核销费用。

分析一下，错在哪里？

1. 销售部主导促销的事前审批。区域经理的促销申请最后由总监核准，可总监坐在办公室里怎么知道千里之外的你是不是需要打个特价？是不是需要做个陈列奖励？其实，销售总监在核准区域经理促销申请的时候，一是看金额是否在预算之内，二是凭经验判断这个促销是否合适，三是看看对"这小子"印象如何。如果这个人行为良好没有案底，那就容易核准过关，否则就要"卡"一下，挤挤水分。

2. 区域经理在促销执行结束后提交报销凭证。注意是在"促销执行"之后，

管理篇

区域经理才能按照企业要求提交报销凭证。

3. 财务部门主导报销凭证的核销。报销凭证提供给谁？财务。注意！这里出岔子了！费用申请是销售总监核准，费用报销是财务核销！核准与核销两条线！财务怎么可能懂得如何核销销售人员的费用明细呢？外行管理内行！销售和财务矛盾多由此引起，销售人员为了报销一份堆头费，可能被财务打回去四次：第一次说没有超市堆头协议，就不给报销；第二次说堆头照片要立体拍照，要提供三个方向的照片，否则不给报销；第三次说没有正式的堆头费发票不给报销（可是销售人员说超市不提供堆头费发票）；第四次财务人员说你这几个超市的签收人字体好像是一个人的，拿回去重签。

看起来财务制约销售，挤挤水分蛮好的嘛，再配上"高科技"手机管理软件的带水印拍照功能，简直天衣无缝！可哪里还会出问题？

带水印的拍照的确很好，可前提是第一次使用这个手机软件做初次定位的时候，销售人员得对每家终端店建立正确的初始位置坐标，这样才能保证下次拍照位置的水印是正确的。而且，销售人员"很单纯"，不懂得寻求"更高科技的支持"来修改照片水印。

退一万步讲，就算你的高科技手机管理软件在水印防伪方面的功能十分强大，你也只能保证这家店，在拍照的这个时间点，这个终端店有个堆头而已。一个月30天，天天都有堆头吗？这个堆头多少钱？堆头尺寸多大？堆头是否临时撤场？是否改换位置从主通道挪到副通道？是否因为断货位置被竞品占用？这些信息你都不知道。

指望用照片来核销终端费用，管理逻辑就乱了。最重要的是，这是死后验尸——等所有促销凭证都报上来，促销都结束一个月了（最快也是促销当月月底统一整理上交促销凭证）。全国那么多区域，财务审计当月拿到票证，就立刻抽查某个区域的情况特别少，况且即使查了，多数也是走过场。而大多数没有被财务抽查到的区域就更完蛋！

正确的终端费用管理逻辑

终端费用核销，正确的管理逻辑应该是什么？

概括起来就是"事前预算制定""事前集中审批""事前实时建档""事中随机稽核""事后统一核销"，重点是"事前实时建档"和"事中随机稽核"，而不是事后的"死后验尸"。内容分解如下。

事前预算制定

1. 总费用预算。做销售难免要花钱，但市场总是像强盗一样跳出来问：要钱还是要命？要保销量就保不了利润，保利润又使销量下滑，没有全盘费用规划就会失衡。有时候顾前不顾后，前期花钱多，后期没钱花；有时候顾此失彼，让一个促销拖得自己其他正常费用无法开支。如何在销量和费用中寻找平衡？答案是预算制。根据各区的销量任务、市场类型以及今年企业的战略投入决策，参考过往的销量费用数据，预算各区的费用额度。

2. 分会计科目预算。预算制管理，让业务员感到有了"财权"。业务人员的习惯性思维是保销量，如果我们只给他一个总的费用预算，他们就一定会把钱砸到可以直接产生销量的地方（比如提货奖励、买专场、包量协议、降价促销），而不会投入对企业品牌和市场有好处的长期费用（比如人员编制、终端陈列奖励、赠饮品尝、社区促销）。原因很简单，因为这些行为对销量没有立竿见影的作用。结果是从上到下关心通路促销，没有人关心品牌形象、产品结构和市场秩序。全国市场苦乐不均，销量大、费用预算充足的地方可能乱花钱、浪费资源，销量差的地方又等米下锅、浪费市场机会。要改变这个现状，最好的方法就是费用预算细分到会计科目——各办事处当月的办公费、储运费、通路促销费、消费者促销费、终端形象建设费、人员工资、人员差旅费、终端进店买场费等费用全部分科目做预算，专款专用，各项费用间不能挪用。这个方法的弊端在于，如果企业没有各区域的分类费用历史数据，第一年的费用预算就很难做精准。预算肯定是不准的，但决不能因为"计划没有变化快"就没有计划，预算制是一家企业财务管理成熟的开端。

3. 框架式预算。比较简单的预算方法是先给一个当月总费用预算，然后规定哪些钱不能多花，哪些钱不能少花。总费用预算确定后，再把这两个原则的款项扣除，中间的那部分让各办事处自己报计划 —— 剩下的钱，你打算怎么花？

事前集中审批

月会会签。区域经理根据自己的费用预算，每个月月底提出下个月（或者下下个月）的一揽子促销计划，列出明细，并在月会上呈交上级审批。销售总监、大区经理、市场部经理按照企业授权，在销售月会当天集体会签。这样不用再一

管理篇

单一单费用往上申报，提高总部的签批效率。

事前实时建档

1. 月度费用计划建档。促销审批的同时，总部职能部门会对各区域即将执行的促销活动资料和门店明细按区域建档。注意，不是已经过去的上个月，而是即将到来的下个月，这叫"事前实时建立各区域费用明细档案"。

2. 补报费用明细建档。对不能立刻上报明细的促销资料，比如门店陈列奖励，往往不能确定是哪些门店会参与这个活动，那就要求各区域在活动开始的首周补报，实时上传本次参加陈列奖励的门店明细，总部职能部门收到后马上更新"各区域费用明细档案"。

3. 突发费用明细报备建档。突发性费用怎么办？竞品突然做活动，我们不可能等到下个月集中申报审批之后再反击吧，要建立"机动费用审批绿色通道"。比如区域经理手中留有小部分预算（比如当月总预算的 15%）作为应对市场突发事件的储备资金，实行报备制，不用经过领导的月底会签，区域经理遇到突发情况可以直接在市场上使用。但是，区域经理必须向总部报备使用这笔费用的政策和门店明细，总部职能部门实时更新"各区域费用明细档案"。

事中随机稽核

1. 随机稽核。下个月到了，企业的销售总监、大区经理、办事处主任和财务部、审计部、督察部等部门在任何时候都有可能去市场抽查，而且随时可以从总部调出区域费用明细档案，对"正在执行中的市场费用"做事中同步检核。区域经理为了应对这样的检查，就得时刻准备着。

2. 垂直究责。在区域市场费用稽核过程中如发现问题，区域经理接受处罚，该区域经理的上级"连坐"。

3. 跨部门横向稽核，结合销售部垂直稽核。费用真实性和有效性的稽核分两条线：一条是跨部门监督，财务审计部门监督销售部，外行查内行；另一条是销售部的垂直稽核。各级办事处经理、大区经理为了确保自己辖区内的费用不出问题，自己免于"连坐"，他们会非常积极地调取费用明细档案进行区域内稽核，这就是内行查内行，会大大提升费用管理的效率。

事后统一核销

1. 费用销量投入产出比（费销比）评估。费用的申请和核销都需要先在销售部走内部流程。销售经理和销售总监逐级签批后，再传递票证到财务部核销。每单促销申请的文件应该有"销量预估""费用预估""费销比的预估"（品牌建设等长期投入的费用项目除外）。每单促销执行完报销时，要附上促销总结报告，汇报一下"费用花了，增量是否达到了预估目标？费用占比是否健康？"等情况。这样做是让业务人员在花钱的时候考虑投入产出比，明白对费销比太离谱的促销申请总监是不会批准的。事后销售人员要对自己花的钱做回顾和分析，费销比太离谱就交不了差。而且销售人员比谁都明白，"有鬼"的票据和照片是要在内部逐级审批的。内行查内行，伸手必被捉！

2. 核销票证。销售部进行费销比评估之后出具促销总结报告，报销凭证交给财务部核销。这些虽然只是例行管理手续，但作用有两个：一是核对财务票证齐全，方便做账；二是倒逼销售部各级领导对费用内控流程的签字审批要谨慎，别让财务部的人抓住问："怎么你们签字审批没问题的费用，被我们查出来有问题了？"

信息平台公布费用销量进度情况

费用销量进度表。企业的信息平台随时公布各区域的"费用预算使用进度"和"销量完成进度"，每个主管都清楚：这个月自己可以花多少钱，已经花了多少钱，还有多少钱可以花，用这些钱还要完成多少销量，别的区域人家花了多少钱，销量任务还剩多少，自己的费用进度、销量进度在企业排第几名，开源节流的弦大家一刻也不能松。全体销售人员都有生意头脑，企业生意才好做。

企业费用管理和手机管理软件的改进方向

不要用"工具"取代"管理逻辑"

大家理解了前面两个管理方法就会明白，费用管理关键是看管理重心放在哪里。

聚焦在事前建档，各部门各层级随机抽取档案。聚焦在事中稽核，那么你管理的重点是"正在发生的终端费用的真实性和有效性"。这样销售部门的各级经

管理篇

理对辖区内的费用进行随机稽核、逐级签批（内行管内行），避免了单纯让财务稽核销售费用（外行管内行）等问题的出现。

相反，聚焦在事后核销，那么你管理的重点就是促销结束后检查销售人员提交的照片和票证是否齐全。这是典型的外行管理内行（财务管理销售），而且还是"死后验尸"。如果销售人员盯在报销凭证上想办法，他们总会有办法！在财务室常常能看到这样的闹剧：财务说发票和照片不对劲，销售人员立刻回答说换一张……

能拍照、照片带水印，这本身不是坏事情，但是在宣传上误导企业，宣称可以"足不出户管理业务员"和"用拍照和水印管控终端费用"只会毁了企业的管理，因为这都是用"工具"取代"管理逻辑"。如果这家企业自身的管理体系就不成熟，却偏偏依赖了这几张照片，那终端费用必乱！最终因小失大，软件公司赚了点汤药钱，企业付出了惨重的代价。

企业费用管理的改进方向

企业可以根据本节内容更新自己的费用管理流程。很多企业目前做不到这么精细客观，一步到位更是不可能。但是，再长的路也是从脚下开始的。往前走，哪怕一小步，也是新高度。只要方向不跑偏，慢点也不怕。

手机管理软件的改进方向

手机管理软件的改进可以在以下三个方向上发力。

1. 实时更新费用档案。建立企业内部的信息平台，强化实时更新流程。各区域的各项费用明细一经总部职能部门确认，就应该及时更新档案系统，并由专人负责维护确认，确保在稽核时调取的"各区域费用明细档案"是最新版本。

2. 实时更新各区域费用预算、费用进度和销量进度。让每个区域经理在平台上能看到自己这个月的费用有多少预算，每个会计科目有多少预算，到目前为止每个会计科目还剩多少钱可以花，还剩多少销量没有完成。

3. 定向推送稽核典型案例。一旦发现费用执行中存在虚假费用，比如堆头费交了但是送货不及时，因为砸价导致终端不进货等问题，按照企业授权，稽核人可对被稽核人进行奖惩。这样的典型案例，可以将图片及奖惩文件在企业信息平台上公布并且定向推送。比如推送给某大区经理，告诉他"你的区域出问题了"；大区内再推送给业务代表，避免其他人再犯，以儆效尤。

第 4 节　SaaS 企业的产品和服务发展方向

你是不是要问：前面讲的是产品，现在讲的是行业，魏老师，有没有搞错啊？

我要肯定地告诉你：没有错，还是那些观点。

产品也罢，行业也罢，它们升级发展的方向是一致的。

管理篇

不要用"工具"取代"管理逻辑"

第三次提到这句话了。

没错,重要的事情再说一遍:不要用"工具"取代"管理逻辑"。

很多软件公司会辩解说:工具本身是中性的,并没有错,是企业使用的方法错了。但是别忘了,软件公司在卖 SaaS 软件的时候卖点宣传要客观,不要误导企业。

足不出户管理业务员?真相是主管坐在办公室里管业务,业务必然就会烂掉;拍照上传系统,轻松管理终端费用?真相是靠拍照管理终端费用会造成外行(财务)管理内行(销售),而且"死后验尸"。

软件公司夸大宣传卖点,有点类似于"8 天减肥速成法""一个月让你变成健身达人""给我三天时间,改变你的一生"……鸡汤味太浓,客户喝汤后没有返老还童,软件公司说是你喝汤的姿势不对,还得温开水送服,70 年一疗程。

现代企业管理制度这么多年沉淀下来的管理逻辑,不可能被一部手机、一个摄像头取代。

不是要拒绝管理工具,工具可以作为我们器官的延伸,减轻我们一部分的工作。Excel(一种办公软件)出来了,计算器就淘汰了,但是计算公式还是要设定的,加减乘除的法则不可能被颠覆。

SaaS 更是个好东西。但以 SaaS 目前的水平,最好是在成熟管理逻辑基础上延伸——做加法,不能做减法。工具对企业管理的意义,应该是改良增效,绝非革命颠覆,推倒重来。

整合"行业、岗位、场景"三个交叉维度,提炼管理刚需,建立强大的底层平台,优化客户消费体验

一些软件公司也有马云的情怀:梦想还是要有的,万一实现了呢?他们想着做一个 SaaS 产品,免费甚至倒贴让企业使用,等积累到上万家企业客户就是个大平台了!到时候"羊毛出在猪身上"——卖软件不赚钱,收广告费赚钱。

听起来不错,可问题是你的产品不能给客户提供满意的服务,企业客户会在你的平台待几天?会不会把你的 APP 删掉?在市场通过烧钱来积累用户量,但是产品、价格、促销、服务跟不上,结果烧了钱没法变现,最后用户流失,软件公司关门,这样的例子还少吗?

企业客户弃用软件公司提供的 SaaS 产品，最常见的是以下两种情况。

不好用。管理软件上马，在内部强制执行。工具取代了管理逻辑，打破了企业过去的管理秩序，然后发现不起作用，第二年不用软件了，还是按老办法来。一通折腾，民怨沸腾。

不适用或者不够用。刚开始企业觉得定位和拍照功能似乎有点用，而且收费低，就先用着了。用一段时间后企业发现这个 SaaS 漏洞百出，很多功能没必要。软件有 100 个功能，企业只需要其中的 10 个，而企业真正需要的其他功能软件里根本没法实现。于是企业干脆自己招 IT 人员，定制自己的管理平台。在我培训过的企业中，因为"不适用或者不够用"弃用手机管理软件的越来越多。

软件公司该如何提高客户满意度、增强客户黏性呢？给客户单独定制管理系统？难度太大了，何况定制这个领域里有"大哥"啊！而且有关调查数据显示，那几个"大哥"也都在亏损。

最有可能的出路是：最大限度地提炼并强化企业的通用管理刚需，把刚需做成通用管理模块，建立强大的底层技术平台，根据客户的规模和需求，提供不同的模块组合。这样至少可以让客户在自己的软件平台上待的时间久一点。

提炼企业管理刚需，要考虑以下三个维度。

第一个维度：行业必须细分。同样是快消品，啤酒是要买专场、跑夜场的，管理控制专场费和专卖执行率是啤酒行业的一大痛点，而方便面行业就没有这个工作场景和需求。同样是化妆品行业，又分为院线化妆品、日化线化妆品，操作手法是完全不同的。同样是农用物资，化肥、种子、农药的终端销售模式差别也是很大的。我给很多企业做培训，如果用一套 PPT（一种办公软件）就可以通吃，那真是太幸福了！事实上，每次给不同的行业培训，我都必须下市场，走访终端，跟业务人员交流，修改课件，然后在每一场培训中逐渐积累，形成不同行业的行业定制课程。

所以，可以做一个通用的快消品行业 SaaS 产品，或者农用物资行业 SaaS 产品，但同时还要留出大行业下面细分出的小行业的延伸差异界面。真正做到行业细分的 SaaS 产品，将来肯定会是卖得最贵的，也是客户满意度最高的软件。

第二个维度：常设岗位。快消品行业的销售部常设岗位，有销售总监、销售内勤、外埠区域经理、外部区域业务代表、精耕市场办事处经理、精耕市场路线业务代表、精耕市场路线主管、KA 总监、门店 KA 业务代表与主管、总部 KA

管理篇

业务代表与主管、驻店促销员、滚动促销员、直营市场分公司经理、稽核部经理、稽核人员……不同岗位的工作职责和工作流程要用到的管理报表和管理工具完全不同。但到目前为止，我没见到过哪个 SaaS 产品能提供全套分岗位界面。

号称专注某个行业的软件公司，连岗位细分的界面都没有给提供，却给客户硬套了一个"企业线上管理体系"。就这个样子，软件公司怎能希望客户能有良好的消费体验？居然还在抱怨客户黏性不够。

第三个维度：常见工作场景。当然了，不可能兼顾到每个工作场景，但是要照顾最大公约数，确定会出现的工作场景一定不能放过。区域业务代表、路线业务代表、KA 业务代表拜访的客户是不同的，拜访前要分析的数据报表也是不同的，比如：

1. 区域业务代表拜访经销商之前，要分析经销商的历史销售数据有什么问题。

2. 路线业务代表拜访中小终端店之前，要看这个终端店上次拜访记录的品种数、铺货率，以及这个终端店是否是专卖协议店、陈列协议店。

3. KA 业务代表拜访卖场前，要看卖场的销量历史、结款记录、促销陈列记录、费用投入清单。

区域业务代表、路线业务代表、KA 业务代表拜访的客户不同，拜访中使用的工具也是不同的，比如：

1. 区域业务代表拜访经销商，要盘点库存再下订单，跟进上次的交办事项，走访重点终端，跟经销商沟通确认下期的工作计划，帮助经销商整理客户资料，开拓边缘空白网点，月底要跟经销商做生意回顾，执行"经销商拜访标准流程"。

2. 路线业务代表拜访中小终端店的过程中，要用安全库存法下订单，记录本次拜访时的店内品种和重点产品库存数，对照陈列标准做陈列，督办终端店执行消费者促销政策，解决终端客诉，执行"终端拜访八步骤"。

3. KA 业务代表拜访卖场门店，要管理"品种、陈列、价格、促销、服务"动销五要素，发现异常要立刻跟门店相关人员沟通，还要检查督办导购的工作。

再举例：

路线主管、办事处经理每天必备的工作场景是"检核业务代表昨日路线"，但是 SaaS 产品竟然没有设计主管检核的专用界面，业务代表的昨日行程、拜访时间、客户订货、客户库存情况这些到了业务代表的手机里被业务代表拿走了，主管的手机里竟然不显示。

行业、岗位、场景三个维度交错，定位出具体的工作场景，对应这个场景出现相应的软件界面和工具，这样才能"傻瓜化"，才能更贴近企业客户的需求，降低他们的使用难度，优化消费体验。

而这样的 SaaS 产品，现在根本没有。不是 IT 技术的问题，而是中国 SaaS 领域的基因缺陷——会编软件的不懂销售管理，懂销售管理的不会编软件。

一个完整的 SaaS 企业管理平台的搭建，其实就是对这个行业绝大多数企业通用管理岗位和通用工作场景的流程、报表、模型、工具的整合。这是一整套的管理咨询体系，怎么能让几个 IT 人员闭门造车呢？软件公司是想在试错中逐渐积累，小步快跑前进吗？但那些被你试错的企业客户怎么办，他们可不是小白鼠啊！

小企业不需要这么多模块怎么办？一个完整的 SaaS 企业管理平台搭建成功了，不要一下把全部模块给企业客户。客户还在小学水平，你却给他全套的哈佛商学院教材，还让他学以致用，这是要搞残他啊。这就好像你卖给客户一个心脏支架，让他自己开刀给自己装，这无异于谋杀。

软件公司不需要花太多精力在叫卖产品上，好产品应该是让客户排队来买。软件公司应该建立专业的售后服务队伍。这些售后服务人员要懂一点软件技术，但更重要的是懂管理，懂得如何让管理软件在企业落地。他们要能评估客户当前需要买哪些软件功能模块，什么时候要升级采购新的功能模块，还要辅导企业学会这些功能模块的操作。很多管理工具最后在企业废掉了，因为企业在使用这个工具的时候培训跟不上，激励机制跟不上。但不妨换个角度来看，这说明软件公司的售后存在很大问题！企业引进新的生产线，供应商还包安装、包维修呢，而且包教包会。生产"高科技"管理体系的 SaaS 企业不也应该这样做吗？

当 SaaS 企业卖的不仅仅是软件，不仅仅是功能亮点，而是管理体系和管理智慧的时候，你还需要担心别人和你低价竞争吗？还需要担心客户不续约吗？

软件的功能设计不但要取悦购买者，更要取悦使用者

不少 SaaS 企业现在打出"厂商一体化"的口号——给经销商装上软件，让经销商录入订单。这样一来，厂家就可以抄经销商的后路，掌握终端网络销售数据了。一些 SaaS 大企业花几百万元甚至上千万研发这套管理平台，厂家（购买者）派一大堆内勤下去辅导经销商（使用者）录入订单，而且经销商不听

话直接扣返利。但是经销商不愿意用，厂家急也没用。

软件出来了，里面净是整业务员的招数，又是拍照又是定位，天天对着照片数陈列牌面，不合格就罚钱……老板觉得不错，但有没有考虑过业务代表的感受？这样推广起来会不会有阻力？

有的软件挺生猛，要求业务代表在终端店把"拜访八步骤"的每一步在手机上点一遍，否则后台就报警，就死机。

还有的软件更生猛，业务代表在拜访路线上只能前进不能后退，不按照拜访路线顺序走后台就报警，就死机！

谁这么有才想出的这些损招啊？有的店老板在忙，业务代表就先去了下一家店，一会儿老板不忙的时候再过来拜访；有的店昨天拜访的时候有不良品要调换，业务代表今天跑路线时绕道把不良品给人家换了；有的店压根不用"拜访八步骤"，业务代表一进门老板要求直接下单……遇到这些情况，业务代表难道得说："不行，我要严格执行'拜访八步骤'，下订单是第七步，先让我把前六步都干完，您再下单。"听到这样的话，店老板可能会打人吧？

什么样的软件才能取悦使用者呢？如果你不了解行业、岗位、场景，那是瞎编不出来的。

经销商需要什么样的软件呢？

"从我录入订单当天，这个软件就会对我赚钱有帮助才行，否则我才没精神费那个劲。"

怎样才能做到呢？

快消品行业经销商老板每天都要开早会，早会上说什么呢？他自己也不清楚。没关系，让软件帮他。老板打开电脑，点一下"软件"→"经销商老板"→"早会"模块，软件界面上蹦出一只鸟，那只鸟告诉他：

1. 老板，昨天销售15万元，本月已销售120万元，这个月的销售目标是200万元。还剩10天时间，剩下80万元目标量，后面平均每天要卖8万元，这样才能完成任务。新品A昨天销售1.2万元，累计9万元，本月目标15万元，还剩6万元目标量，剩下的10天平均每天要卖6000元才能完成计划。

2. 老板，您今天得找业务代表张三谈话。他昨天从仓库借货2万元，退货5000元，交款1.2万元，钱、货、账对不上，差了3000元。

3. 老板，您今天得催业务代表赵四追踪账款。到目前为止，他负责的客户应收款已经累计达 15 万元了。

4. 老板，您今天要奖励业务代表马六，他昨天的销量和新品成交家数都是第一。

5. 老板，您今天要罚业务代表王五的款，他的累计销量和累计新品销量都是最后一名，昨天又是倒数第一。

6. 老板，根据系统内设置的"终端进货天数报警""终端进货量报警"，您今天要去"老干妈火锅店"。这家店已经连续 4 天没进货了，而且前 30 天进货量低于 70 箱。

……

早会干什么，很多老板是"坐台不出台"——坐在家里听汇报，不下去看市场。很多老板自认为产品卖得好，但哪个产品下滑了，哪个渠道下滑了，哪个乡镇卖不动了，这些他压根不知道。

怎么办？是要逼老板出去看市场吗？

当然得出去，但怎么逼呢？

还是用软件。

开完早会，老板点击"软件"—"经销商老板"—"日常管理"，那只鸟又出来说话了：

1. 老板，您赶紧去 A 乡镇看看吧，本月到今天为止这个乡镇才发了 60 箱货，比去年同期下滑 55%。

2. 老板，您去拜访一下 B 分销商吧，这个月他还没有发货。

3. 老板，餐饮渠道这个月不行啊，本月到今天为止餐饮渠道投放产品的销量占到总销量 18%，上半年餐饮产品销量占总销量 45%，餐饮渠道的销量数字异常啊！

……

总之，经销商老板以后要听鸟儿的话。

这个案例不是凭空想象，是实践总结。在辅导一家啤酒企业的过程中，对方提出要给经销商上软件。我找了家知名软件公司，他们看了半天，发现产品逻辑一塌糊涂。然后，我让软件公司把产品改成定制版本，还跟软件公司签订了同业禁止协议，不让他们在啤酒行业给其他企业使用。结果这家软件公司改进了产品，拿去卖给了白酒和红酒企业……后来他们的业务经理告诉我："魏老师，按照你的

管理篇

要求修改的软件,我拿给别的酒水行业的企业做展示,百战百胜,从没丢过单。"

软件公司名字就不说了,不做硬广告,而且这个软件还有待完善的地方。在软件编写技术方面,这家公司的运算方法比较原始,很多经销商的电脑装上后动不动就死机。所以这款软件暂时不推荐采购,等他们改好了再说。但是,我确定取悦使用者的思路是行业的趋势。

如何取悦厂家业务代表、主管、经理这些使用者呢?道理也一样。

路线业务代表早上出门前,手机软件能自动筛选找到今天新品铺货的目标店。比如要铺一个零售价为6元的啤酒新品,筛除上个月啤酒零售价为5元且销量超过50箱的店,同时筛除上个月啤酒零售价为6元以上的产品且销量超过5箱的店,这样剩下的就是新品的目标店了。

路线业务代表在拜访终端前,手机软件提醒他:软件显示哪个品种本月没进货,上次这家店里提出的客诉是什么,经理上次查这家店交代了什么……

业务代表进了终端店,录入店内产品库存信息后手机软件开始自动提醒:按照安全库存法,A产品应该进多少货……

一天的拜访工作结束,手机软件显示出:今天各产品的销量,今天拜访了哪些店,丢失了哪些品种,新品铺货的完成情况,销量的完成进度……

大家想想,如果管理软件"走群众路线",取悦经销商、业务代表、主管、经理这些使用者,让他们觉得软件对自己赚钱和卖货有帮助,能够提示异常问题,能够减少繁杂的计算和文案工作进而提高工作效率,那这个软件就不再是简单的管理工具,而是卖货神器,是业绩加速器。只有这样,在软件的推广使用过程中,使用者才能在这个软件平台上各取所需,而不是各怀鬼胎。

要实现这些功能很困难吗?从技术上说一点都不难。设几个参数和计算公式,加一个语音输出就搞定了。所以这不是 IT 技术的问题,而是管理智慧的问题。

说到底,还是懂软件的不懂销售管理。

如何解决这个问题呢?可以建立"企业营销场景解决方案智库",用目录检索取代海量记忆。

1. 在 SaaS 产品中植入新版块,建立以工作场景为坐标的"营销智库+目录"检索体系,并不断细化多级子目录检索体系,使信息分类更精确。

2. 通过企业内部的经验总结、外部培训课程采购后的消化整理,沉淀出组织智慧和行业智慧,纳入企业智库分类检索系统,并对内容不断升级更新。

3. 销售人员不需要记忆庞大的智库知识体系，但需要熟悉企业智库的检索系统，能理解并应用智库内的内容。这样，在工作场景发生变化的时候，销售人员就可以根据场景快速检索调用。

快速检索取代枯燥记忆一定会成为趋势。今后会有很多 SaaS 产品具备类似于"行业技术字典"的功能。已经上线的"农医生"和"狗大夫"其实就是这类产品，销售行业建立"企业营销场景解决方案智库"是必然的事情。

提醒，不要让手机软件废掉你的销售管理武功

有太多企业在用手机管理自己的团队，但效果都很一般。手机管理软件也在不断更新完善中，只可惜青黄不接。营销界沉淀了几十年的传统纸质报表和传统管理方法，在这个更新完善的过程中出现扭曲和消亡。

销售人员受这些软件的限制，大家都围着拍照、定位、填写订单转，很多原来使用纸质报表能实现的"武功"慢慢荒废掉了，比如：

1. 主管交办提示。主管在回访业务代表的昨日路线时，对终端店在动销五要素（品种、陈列、价格、促销、服务）上的交办事项，用红笔批注在该店客户卡上。业务代表下次拜访，打开客户卡就能看到主管的交办事项。

2. 客诉和其他重点信息提示。业务代表可以在客户卡上记录拜访时的终端客诉和其他信息（历史库存、历史订单、协议类型等），下次拜访时，这些信息就可以为业务代表提示工作重点和订单依据，让业务代表提前准备好客诉处理话术。

3. 主管"过堂"。主管查看业务代表明日路线手册的客户卡，根据"历史库存订货"和"竞品铺货率"等数据为业务代表制定明日工作目标。

4. "问题店"提示。月底分析每家终端店本月和上月的销量、品种铺货率变化，看看哪些店丢了品种，哪些店正在死去（本月没有进货），哪些店已经死去（连续两个月没有进货），下个月就对这些"问题店"有针对性地进行维护。

5. 锁定二次压货目标店。第一轮压货结束，让业务代表统计终端库存，找出"本品库存小于竞品库存"的终端店，针对这些店再压一次货。

太多了，传统报表时代的这些"武功"细说起来能写一本书。这些本是手机管理的优势，但是很可惜，目前看到的软件绝大部分没有搭载上述功能。

手机软件取代传统报表，这的确是进步。从内容的质量上看，无论是商用的管理软件还是企业自己编的管理软件，目前都在完善中，还需要时间来提升。

管理篇

本章内容断断续续花了我十天左右的时间，没人会因此给我一分钱。我为什么要唱行业的反调，干这个出力不赚钱，还惹人厌的事情？因为我试用过一个又一个SaaS产品，用得火冒三丈。后来，我建议企业自己找IT人员，量身定制。

在我培训过的企业里，我见过很多用了SaaS产品反而搞得一塌糊涂后来又弃用软件平台的真实案例。企业因此付出的管理成本和市场损失，加起来是采购软件成本的上千倍。

互联网是热点。大家都在谈论马云、阿里巴巴、京东、社区电商，奇怪的是SaaS产品这个领域少有人关注，但其实这个领域的"风口"已经来了，而且需求是井喷式的！

我猜要不了几年时间，多数大中型企业的报表、流程、内部信息交换都会"移民"线上，不再是单独的电子文档，更不是A4纸。传统的Excel数据报表、内部签批程序、员工日报上传、绩效考核、终端稽核打分这些工作细节也都会通过软件平台来实现。

美国有市值上千亿美金的甲骨文软件公司。中国作为世界第二大经济体也有类似的市场空间，有无限的可能性。

在这个"风口"上，我提醒两点：

第一，软件公司要有点格局。靠人海战术，靠低价甚至倒贴来吸引客户，产品和售后却烂得一塌糊涂，客户付款前一个态度，付款后就是另一副嘴脸。这样的公司，就算走运，也不能长远。

给客户植入SaaS产品，相当于给企业提供了一个全方位的管理咨询体系，属于智业范畴。必须尊重产品，在研发上花大价钱，下大功夫，让客户主动排队上门来买。还要有专业的售后团队，帮助客户把管理体系运行起来。只要客户真正受益，价格和黏性都不是问题。

第二，企业客户使用SaaS产品要有二次革命的准备。准备或者已经使用SaaS产品的企业要明白，SaaS产品的成本不是那点采购费用，而是企业会不会因此受伤害。企业要认真甄别，找到最适合自己的管理软件。另外推广要有耐心，一套新的管理方法是不可能靠满腔热血、大干一百天就能落地的，分步推进，配套培训、奖惩、稽核、考核体系才能保证推进效果。这中间一定有杂音，一定有弯路，也一定会付出代价。但是请谨记：学习常识的代价，远远比因为愚蠢付出的代价小。

高管篇 ▶▶

第7章
当终端遭遇销量

"终端销售"已经是喊了十几年的老话题了，但是放眼全国，能真正把终端销售项目落实到位的企业屈指可数。不说质量，仅说数量，能对全国终端进行周期拜访的企业有几家？为什么说终端销售项目"看起来很美，做起来很凶险，机关重重，白骨累累"？为什么很多企业一做终端就陷入"厂家卖货，经销商送货"的死穴？为什么终端业务代表会大量填假报表？为什么中层干部都非常抵触做终端？为什么有的企业做终端，结果销量还下滑了？为什么企业的终端稽核部总是成为"东厂"，民愤极大，还没有实际绩效？本章将带领我们共同了解其中的真相，找到解决方法。

说明：

1. 针对受众：销售经理、营销老总。
2. 本章为管理思路探讨，不设"课后思考与应用"环节。

终端销售，看起来很美

过程做得好，结果自然好，做销售，尤其是快消品销售，必须做好终端，内行们都懂。

做终端不会当天产生销量，销量向左，终端向右，这本身就存在"悖论"，做销售的内行们也都知道。

做终端很难吗？路线规划、报表设计、终端拜访步骤……技术上的东西早已不再神秘，从可口可乐、康师傅挖个熟手大区经理来就行了，但技术透明之后，为什么还有那么多企业启动终端系统，最后要么是半途而废，要么是"心在天山，身死沧州"，有心无力呢？

他们大多困扰于"要销量，还是要终端"的悖论，更多的企业是瞎子摸象，一知半解做终端。

我二十几前在康师傅做过路线管理的最基层职员——助理业务代表，后又辗转经历了可口可乐以及民营企业，这期间做过路线主管、终端路线管理企划专员、办事处主任、省销售经理、销售总监，在这个过程中反复从执行、管理、规划三个角色体会终端路线管理最前线的酸甜苦辣。之后又以咨询方的身份先后为六家企业启动、辅导乃至操盘终端深度分销项目，亲手建立样板市场。

这期间，每次在一家企业学习完毕，或者作为咨询方每次结束一个终端管理项目后，我都会顾盼自雄地以为自己对这个领域又增进了了解，甚至无所不知。但每一次新的尝试又会出现新问题让我头破血流、殚精竭虑，最后总是摸着石头过河，小心尝试，然后才能有点新长进。不断地发现新问题，又不断发现解决这个问题的方案，这也是我们在营销界的最大乐趣。

十几年后回头看，最大的感触是"望山跑死马，越学越害怕""终端管理根本就是陷阱管理（因为路上有太多陷阱）"。上面"兜售"我的经历，绝无半点轻薄、炫耀之心，只想告诉大家"终端销售"这四个字听起来很耳熟，看起来很优美，干起来很凶险，路上机关重重，也有白骨累累。在这里把自己的亲身教训和思考写出来，以供同行路上避险。

陷阱一：信仰不坚定，做终端就成了"一场未遂的黄昏恋"

观念决定行动："终端好，市场就会好""终端决定未来"，道理谁都会讲，可是大家真的相信吗？会不会嘴上喊一喊，其实心里还在嘀咕，花那么大的精力做终端值得吗？要招那么多人贴海报吗？

为什么可口可乐、康师傅这么多年坚定不移地做终端？为什么他们的终端做得好？因为这是他们的传统，他们一直就在这么做，他们从上到下都相信"终端建设能够带来销量""终端建设是销量提升的正道"。

"信则灵，心诚则灵"，说这句话有点像"江湖"术士，但实际上是在讲心理学。如果你真的相信终端会带来销量，就会调动所有资源，全力以赴去赢得这场游戏。你将信将疑，左右摇摆，那么这场游戏中你是否能赢的决定权就不在自己手中，一颗不安定的心会阻止你按决定去行动，你会知难而退、虎头蛇尾。但市场并不给你犹豫、观望的机会。

为什么很多内资企业做终端做成了"一场未遂的黄昏恋"？因为他们的传统是抓销售工作，一直都是抓经销商开订货会，买断市场经营权，做通路促销搭赠……做终端？路线拜访？路线手册？道理都懂，但是"我这么多年没这么干，货也卖得呼呼的""没事的时候我可以做终端，忙的时候我还得先保销量"。

怎样才能让大家"信"？靠的是反复宣传做洗脑，以样板市场做榜样，以强制手段做保障。

最重要的是老板的决心，老板自己先在心理上过关。终端是战略，是未来企业市场稳定提升的生命线，一定要做好终端。而不是叶公好龙，做几天终端一看，花钱多，销量又没有立刻上升，于是半途而废，又返回老一套。

陷阱二：厂家唱独角戏，经销商成了"小儿麻痹"的送货司机

结构决定功能：建立终端拜访人员队伍，建立终端配送的经销商、分销商队伍，建立厂家和经销商两支队伍的配合与分工模式。

这个环节最容易出问题的是厂家和商家的配合与分工。为什么有些企业做了终端销量反倒下滑，往往是在这里栽了跟头。

厂家唱独角戏。厂家对经销商的考核激励只有销量任务，不涉及终端表现奖罚，经销商就不会在终端表现上努力，让厂家孤军作战。

经销商自销能力萎缩，成了"小儿麻痹"的送货司机。对厂家终端业务代表考核销量任务，结果厂家终端业务代表拼命卖货拿订单（这其实是经销商的活儿），甚至告诉零售店"以后你要货给我打电话，不要找经销商"。最后经销商干脆把原来投入到这个产品上的人和车撤去卖别的产品。

经销商抵触。经销商认为厂家做终端是要抢他的饭碗、收编他的市场。

分销商积极性下降。分销商很生气，订单都让你们的业务代表拿了，我们卖什么？分销商不卖了！

……

销量和市场最终是靠经销商做的，通路不配合，经销商不发力，结果一定是主劳臣逸、事倍功半，厂家在前面做终端投入大量资源，累死累活，而经销商却在后面打小算盘，掉链子。

上述现象在市场上屡见不鲜，但我们也有解决的办法。

加大经销商过程考核。在经销商的奖励返利政策中加上终端表现的奖励指标，一部分销售返利变成终端表现奖励，经销商要拿到奖励就要让他的人也去贴海报，提高铺货率和生动化陈列表现。

选择拜访取代密集拜访。一个城市，尤其是地级以上城市，大概有5000家网点。厂家的终端业务代表不需要全部覆盖，拜访掌控50%的主要网点就够了。捕鱼还讲季节呢，不要赶尽杀绝——要给分销商留下生存空间，同时厂家的成本也不会那么高。

构建"唯一配送"分销商体系。厂家有决心的话，也可以广泛覆盖终端，但是终端业务代表拿的订单不要交给经销商，按照这个终端固有的拿货渠道把订单转给他的上线分销商，尽量不要过度破坏生态环境，打乱原有的物流食物链。最终保证每个终端只有唯一的上线配送客户（分销商各自明确自己的直接配送终端，大家划分好网点就不会抢店砸价）。当然这样做存在难度，比如要确认每个零售店的上线送货商，要淘汰那些送货不及时的分销商，要处理几个分销商抢一个终端的争议等。但事实上克服了这些细节难度之后，效果真的不错，营销界已经有一些企业在这么做，而且成功了。

把握厂家终端工作尺度，做市场不做销量。对厂家终端业务代表不能只考核销量，不要逼他们到终端店拼命卖货，这样他们的工作会和经销商固有的销售拜访工作重复。结果只能是经销商的员工和厂家业务代表发生冲突（"订单你拿了，就不算我的销量，就影响我的奖金"）。

终端业务代表应该考核的是终端指标（铺货率、品种数、生动化陈列等），终端业务代表的职责是拿新品订单、提高铺货率和生动化陈列水平（周末或节假日再去做社区促销、集市促销、品牌推广），而不是厂家拿订单、经销商送货。依我的经验，当经销商明确知道厂家终端队伍是这种定位的时候，不但不会生气，反而会"长出一口气，把心放进肚子里"，更努力地卖货。

紧盯经销商自销比例，避免主劳臣逸。告诉经销商，终端业务代表是来帮你铺新品、提高销售品种数、提高经销商利润的，老品还是经销商的队伍来卖，厂家业务代表不拿老品订单（厂家业务代表拿老品订单不计算奖金），所以你的人和车一个都不能撤。让经销商清楚厂家是来做市场的，不是替他做销量，更不是替代他原来的自销功能。

定期给经销商做数据分析和厂家绩效汇报，比如，这个月我们的终端队伍帮你开发了多少个新网点，推了多少个新品，帮你赚了多少钱，让经销商切实感觉到厂家的终端建设给他带来的好处。

有经销商把在我们这个产品上的人员车辆投入减少了，怎么办？厂家要拿着一大堆"送货不到位""自销比例太小"的证据上门谈判，"威逼、利诱、摧残、折磨、蹂躏"，直到他增加人员和车量的投入。

厂家业务代表拿的订单量占经销商出货量的 30% 以上，怎么办？这个区域的经销商和经理都要被修理。

陷阱三：人员管理失控，从上到下"鬼哄鬼"

企业一旦开始做终端，人数必然成倍增加，人才的快速招聘和培养成了终端销售的一个引爆点。

电视剧《亮剑》里面国民党将领楚云飞感叹："共产党拉队伍的速度太可怕了！"对！要的就是这个效果。

人招来了，就要管理。管理跟不上，人多必乱，比如：

1. 送货掉链子。终端经销商实力、网络、运力严重不足，终端业务代表拜访市场拿了订单没人送货，很快就会空转。

2. 拿不到订单。市场基础差，铺货率不足 15%，市场份额不足 10%，没有有力的促销政策，经销商的网点开拓能力又不够，结果终端业务代表每天成交率过低，跑一天拿不到一个订单，士气涣散，终端业务代表每天在店里卖不了货，只能天天贴海报。

3. 报表泛滥。培训过程中我最怕的是自己好心讲的知识，变成企业的"祸根"，有企业听了一堂课就觉得"深度分销"已经学会了，于是闭门造车，大干快上，自创管理体系。以前是"极右"，业务代表都是跑单帮，没有任何报表。一做终端变成了"极左"，每天填写路线手册，统计铺货率，甚至还要写今天贴了几张海报，店内产品的库存多少，生产批号多少，更有饮料企业甚至要求业务代表填写冰箱里的冰冻库存。业务代表疲于奔命，天天造表，自嘲是"表哥"，拜访商店是"抄电表（打铺货率）"，甚至骂企业是"婊子"企业。好端端的终端销售系统，变成了官僚腐败的报表工程。

4. 假表横行。更普遍的现象是主管的检核管理力度不到位，终端业务代表造假报表、旷工、截留促销礼品、跑大店跳小店、欺上瞒下……最终队伍崩溃。

上述情况愈演愈烈，怎么办？对策如下：

1. 保障人力供给。一旦决定全面展开做终端，就面临巨大的人力缺口，企业要有专人和专门机构进行持续招聘。同时，要在现有人员中启动"储备干部"训练营。

2. 确立和校正管理标准。管理报表事关企业和整个团队的工作效率，影响重大，不可轻率。而且此事早有成熟经验，企业万万不可"摸石头过河"，要找真正懂行的熟手来设计终端销售的报表系统、管理手册、会议制度，让终端拜访成为固定化、周期性、流程化的工作。

注意：

终端管理体系设计是一个非常专业的工作，千万别闭门造车搞一大堆报表，最后"官逼民反"，付出"天价成本"。不管什么原因，如果业务代表连续几周天天都要花一个小时以上的时间来填写报表，那这个报表系统肯定有问题。改！

3. 监控推进质量，及时纠偏。总部要有人从"结果数据"和"过程数据"上监控所有启动终端拜访项目的区域。一要监控"结果数据"——增加人手进行终端拜访后销量还下滑？肯定有问题！二要监控"过程数据"——增加人手进行终端拜访后业务代表每天成交点只有两家店？卖的都是老产品？肯定有问题！立刻飞奔过去，一线调查，看问题出在哪里。

4. 紧抓管理要点。终端人员管理是个系统工程，但是只要抓住两个关键点就不会大乱。

第一，填写假报表，尤其是员工的工作日报、路线手册造假，杀无赦。假表会互相传染，一旦假表成风，然后旷工、截留促销礼品、跑大店跳小店、欺上瞒下的行为全会出现。

第二，员工前面干，领导后面查。强制命令主管必须每天检核员工昨天的拜访路线，并写检核记录，查完了第二天早会"开骂"，纠偏励正，保证人员效率。

陷阱四：运动扩大化，做终端却丢了销量

终端建设很重要，也是大势所趋，势在必行，但不同阶段企业对终端建设的需求程度不同。

对成熟企业、成熟区域来讲，终端建设路线拜访就是头等大事。但有些企业或者区域的经销商网络乱得一塌糊涂，企业产品线残缺不全，总部配送物流跟不上，市场部职能缺位……这个时候，终端就不是主要矛盾。

终端要不要做？当然要！重点市场慢不得，慢了就要挨打！全局市场快不得，快了就会掉链子！比如，经销商实力小使得货送不到，批发砸价又一塌糊涂，上了终端业务代表也会空转。销售是一驾马车，至少要下面五匹马来拉。

1. 通路管理。经销商的正确选择、有效激励、规范管理，经销商和分销商的价格和利润管理等。

2. 销量管理。总部对销量的实时监控，对弱势区域的及时巡检提升，在季节拐点的促销方案及时出台，旺季到来前的压货政策等。

3. 终端管理。终端路线拜访、深度分销等。

4. 市场管理。总部的整体品牌、产品、促销规划和企划，促销执行管理，新品的上市管理等。

5. 产品管理。新品的研发、产品线的梳理等。

当终端销售的号声吹响，如果所有人的注意力都集中在"终端"这一个方向上，运动扩大化，顾此失彼，就会把好事变成坏事。

遇到上面情况，怎么办？

理性选择精耕区域。什么地方需要建立办事处启动终端拜访项目？推进进度如何掌控？营销总经理要在评估现有市场的销量、经销商的配送能力和配合度、现有的人才储备这三方面因素后给出排期，不可盲目推进。

"终端项目"和"销量管理"两手抓，两手都要硬，而且由两个责任人分工负责。把终端建设作为一个独立项目来抓，由项目经理负责终端项目的推进进度、办事处的管理体系、终端表现提升。

营销总经理独立于终端项目之外，继续盯销量数据，寻找弱势区域，出台拐点促销政策等，为销量负责。同时营销总经理要做好项目经理的后盾，为终端项目经理扫平在人员执行、总部配合方面的障碍。

营销总经理盯住销量，项目经理盯住终端项目推进排期，在保证销量的基础上，为终端项目推进赢得时间，优化企业的市场分销模式和终端表现。这样既能降低企业风险，减小终端推进阻力，又为终端建设的全面铺开赢得了时间。

建立全局反省模型，确保全局工作结构完整。每个月总经理、营销总经理、终端项目经理开会反省一下终端建设过程中的重要事项有没有顾此失彼，全局推进有没有遗漏的环节，比如：

1. 推进掌控。终端项目的本月推进复制计划正常完成了吗？
2. 组织保障。人员招聘、储备干部训练如期执行了吗？
3. 销售保障。销量监控、弱势区域的巡检和提升有人落实吗？
4. 市场反馈。市场信息的实时反馈、针对竞品的快速促销回击有人落实吗？
5. 促销支持。季节性拐点的促销机会有人落实吗？
6. 通路管理。经销商的合同、激励、沟通、管理工作有没有一如既往地进行，并且有所突破？
7. 产品线管理。产品线的更新和补充有人落实吗？

……

注意：

为什么有些企业没搞终端建设之前销售红红火火，搞了终端建设之后，销量反倒下滑？除了前面讲的"主劳臣逸"之外，另一个常见陷阱就是"丢掉了优良传统"。

以前，企业一切是以销量为导向的，营销总经理天天盯数据，看到哪里销量下滑就猛扑过去"救火"。淡季到来，营销总经理带着业务骨干全国出差走市场，构思明年的新产品、新口味。营销总经理天天和大经销商保持联络，了解一线动态。春节、国庆、中秋、元旦、淡旺季交替，出台订货会政策、促销政策。

现在优良传统全丢了，大家都去做终端了，顾此失彼，过犹不及！

陷阱五：工作量翻倍，奖金却不翻倍，民怨沸腾

终端成败，从企业内部讲，关键看中层干部的执行。

中层干部承上启下。对下，他们是终端业务代表的直接领导——决定成百上千的终端业务代表到底做什么工作；对上，他们是老板的眼睛和耳朵——向老板传递市场信息，他们也是老板的手脚，是执行老板意图的工具。

但是，中层干部都是有大脑的，他们不仅仅是工具。

大多中层干部认为自己的部门是自己的地盘，是势力范围，而不是职责范围，接受指令时他们的第一个反应是："我和我的兄弟会不会多干活？会不会多赚钱？我和我部门的利益是否受到损害？"

做销量，区域经理们只需搞定经销商，做几个压货促销。而做终端，区域经理要检核员工终端表现，给员工终端生动化陈列打分，处理琐碎的终端店投诉，给终端业务代表开早会、算考核，应付总部的各种终端检查和奖罚……工作量翻倍，手机费翻倍，罚款翻倍，但是销量绝对不可能立刻翻倍，于是怨声四起。

终端系统的推进往往在这里就断了档。

做终端要多做好多事，但不能立刻提升销量。

对中层干部考核的仅仅是销量，谁会帮你做终端？最终你投入市场的千千万万个"终端业务代表"会在中层干部的管理下变成"销量业务代表"。

怎么办？

区域经理考核终端业务代表销量的同时，必须让他们的钱包和终端表现挂钩，常见的方法是：

终端业务代表一律按照铺货生动化等终端工作指标算奖金。区域经理背销量，同时也要背终端指标——根据销量计算区域经理的奖金，根据终端表现计算区域经理的额外奖罚。

领导巡检市场，逐级执行终端的打分和奖罚。

总部成立稽核小组，推行终端表现打分标准。对铺货、生动化、终端拜访率规定权重和加减分标准，最终综合各项指标的得分来量化评价这家店的终端表现。

营销总经理画重点抽查范围，稽核部根据结果进行奖罚。每个月营销总经理在区域花名册上画圈，稽核部负责按照营销总经理意图抽查指定市场的终端表现，按结果对区域负责人进行奖罚，并对各区域检核结果建立档案，最终和区域经理的晋升挂钩。

当所有的主管都知道自己的收入、晋升和终端表现有直接关系时，当区域经理听到营销总经理要来视察，吓得"好像见鬼一样，跳起来去突击贴海报"时，当区域经理都在猜测"这个月总部巡检会不会轮到我头上"时，终端建设才真正开始。

陷阱六：终端稽核部成了"东厂"

出问题了！总部的稽核行为有三个主体，总部、稽核部、区域市场，他们的关注点不一致。

总部：嘴上喊终端很重要，实际上最关心的还是销量。

稽核部：只关心终端表现、终端打分。

区域市场：最关心销量，另外因为要被奖罚，所以被迫关心终端。

上下不同欲，于是开始内部博弈，暗流涌动，流言四起。

"我这个市场有特点，竞争太激烈，海报贴上去保持不到三分钟就被撕了，贴海报没用。"

"现在竞品在乡镇里促销力度很大，市场危急。我这个月要把人抽过去冲击乡镇，但是你总部派人查终端做奖罚，这跟我的市场实际情况不符合，影响我的工作，影响我的销量。"

"稽核部天天下来终端打分算奖罚，搞得每个区域经理都在申请陈列奖励，促销从销量导向变成终端表现导向了，我大区的销量怎么完成？"

"稽核的人不懂市场，作为大区经理我下面六个市场这个月各有重点，有的是推新品，有的是做乡镇，有的是换经销商，有的是开发空白网点，有的是签专卖协议，稽核组下来应该协助我检查工作重点，而不是一刀切查看终端表现，这会跟我的市场脱节，拖我这个大区经理的后腿，我一边做销量一边还要应付总部检查！"

"终端打分海报就占了15分，这15分容易得，贴海报最简单，现在业务代表天天出去贴海报就能拿到这15分，但是更重要的是堆箱数、陈列、价格维护，这些分很难拿的。大家吃柿子总爱拣软的来捏，都去贴海报了，其他事情没人干了。"

……

高管篇

他们说的有没有道理?

句句有理,总部喊做终端喊得震耳欲聋,最终要的还是销量。如果一定要解散一个部门,那肯定是解散稽核部,而不是销售部。

管理什么就检查什么、稽核什么。不同类型、不同阶段的市场的工作重点不一样,稽核方向应该有所区别。

一切以销量为导向,财务报销也罢,市场企划也罢,总部稽核也罢,应该成为销量的助力,而不是和销售两张皮,各管各的,最终成为销售的阻力。

要不要做终端?要!为什么?因为过程做得好,结果自然好。终端决定未来的销量,不做终端就会死。

道理很容易讲。

反过来再问一句:如果做终端搞得民怨沸腾影响销量怎么办?恐怕企业家都会羞涩地说:"那我还是要销量。"

怎么办?

1. 终端打分要销量导向。终端打分的设计,要加大和销量有直接关系的终端指标得分权重(比如堆箱数、陈列面、展示柜陈列),减少生动化陈列指标的得分权重(比如海报、门贴等),让终端稽核标准向销量导向靠拢。

先稽核有能力做终端的区域。终端稽核初期的重点应放在核心市场,终端模式逐渐稳定之后,开始扩大稽核面。

结合各地情况制定针对性生动化陈列标准。在统一打分标准的基础上,由大区经理提议,总部批准,对各区域再制定特殊的终端表现目标。比如核心市场要求本品和竞品的海报比、排面比大于 10:1,进攻型新市场要求铺货率逐月提升。

2. 奖罚标准要全面、适度。全面的意思是终端打分后的奖罚不要简单定义为得分高低的奖罚,而要定义为横向、纵向的提升。横向指的是同级别市场的得分对比,纵向指的是同一个市场逐月的终端得分对比。

适度的意思是终端奖罚主要针对最好和最差的极端案例,打击面不要太大,对绝大多数区域终端奖罚额度不要超过区域经理月收入的 20%,明确告知大家销量算奖金,过程算奖罚。晋升的依据是销量和终端打分,"两手抓,两手都要硬",避免"运动扩大化",造成大家一门心思做终端,没人关心销量。

3. 行踪保密,不扰民。稽核部的巡检行踪绝对保密,稽核的目标市场和排期仅掌握在营销总经理和稽核部经理手里。稽核人员下市场不得与市场人员同桌就餐，更严禁收受礼品，一经发现双方皆罚……这些纪律保证你能看到真实的现象，更重要的意义是不扰民——避免区域人员为应付检查进行生动化陈列突击，扰乱正常工作。

4. 稽核结合市场。稽核部按规定计划到达目标市场后，通知大区经理告知稽核人员该市场本月的工作重点（如新品铺货），稽核人员在稽核过程中"帮"大区经理重点稽核这个指标，把结果反馈给大区经理。稽核部成为大区经理的伙伴同盟，而不单纯是来找事。

5. 给大区经理发言权。要求已建立办事处工作站的区域严格按照企业要求的路线拜访指引进行终端覆盖，需要业务代表短期停止路线拜访进行专项活动等特殊情况必须报大区经理批准，大区经理报总部核准备案，稽核部在终端打分奖罚项上酌情予以考虑。

6. 对各区域的终端奖罚，大区经理有权做内部调整。比如某大区查了三个市场，按规定稽核部决定奖励 A 县 300 元，处罚 B 县 200 元，处罚 C 县 200 元，处罚该大区 100 元。大区经理根据自己大区的市场安排，申请经总部领导核准后调整为奖励 A 县 300 元，处罚 B 县 200 元，处罚大区 200 元，处罚 C 县 100 元。因为这个月大区经理要求 C 县做乡镇冲击，终端下滑在所难免。

注意：

大区经理只能在内部各区域之间分配调整，奖励总额和处罚总额都不能变，如果大区经理认为区域处罚没办法调整，你就自己勇敢一点站出来替你的兄弟接受处罚。总部下给大区经理本人的处罚，大区经理不能转嫁给下属。所有奖罚金额上交总部，大区经理本人的奖罚归总部奖罚基金，大区内各区域经理的奖罚在总部建账，作为大区内部的奖罚基金。

7. 大区经理承担责任，痛痒相关。终端表现的奖罚不仅仅针对区域经理，同时连带奖罚大区经理，让大区经理有切肤之痛，才会督促区域经理关注终端，否则他会天天跳出来，给下属讲情，找特殊情况做推托理由。

上下同欲，才能落实终端管理项目

回顾前面讲到终端项目推广的六个陷阱，你会发现，最大的阻力全都来自内部，来自经销商的抵触，来自中层干部的反对，来自销量的压力，来自稽核部与区域市场的矛盾，来自管理细节的难度等，最后导致老板的信心动摇。结果一颗

高管篇

将信将疑的心会阻止你按照决定去行动，你会知难而退，虎头蛇尾，但是市场不给你犹豫的机会，"诚意""正心"，才能"格物""致知"。最终一切坚持发轫于对终端管理项目正确的期望和认知，理念和共识很重要！

第一，上下同欲，终端必须做。国家要计划生育，下面有各种特殊情况：连生几个女儿的，家里缺少壮劳力的，生产队按人头发分红的……如果都照顾，中国的人口现在绝对不止 13.8 亿！同样道理，哪个区域市场没有特殊情况？大家都有一大堆紧急的工作要做，每个区域的特殊情况都照顾，终端就别想搞好。

总部要抓终端，这是基本政策，逆天行道者"杀无赦"，妖言惑众者"斩立决"。

第二，明确区域经理的职责，同时完成销量和终端指标。各市场的"阶段性工作重点"大多跟销量直接相关。没关系，你做你的工作，结果反映在销量上就是你的奖金，你没白干！

最公平的考核不是按量取酬而是按劳取酬，终端建设是工作结果，做了就有成果；销量是财务结果，工作过程反映在财务上就是销量。每个人的收入应该同时和这两个指标挂钩。

按销量算奖金，按终端表现算奖罚，就是让区域经理背上背着销量指标，眼前还要看着过程指标做工作方向指引，既把销量完成，还要把过程做好，能二者兼备是你的能力，顾此失彼是你的失职。

第三，总部的终端稽核要靠拢市场，促进销量。总部的终端打分，权重最大的是堆箱数、陈列面等和销量直接相关联的指标。提升终端得分就是在提升销量。

总部的终端奖罚一半看你和同级市场的得分比较，一半看你的终端打分的纵向成长。你的终端只要比以前做得好就会受奖励，不必放弃你的销量导向和阶段工作重点去片面追逐终端得分，以应付总部检查。

总部的终端稽核，行踪完全保密，查的是真实现象，而非突击表现。如果你临时突击应付检查扰乱了正常工作，那就是你的问题。

总部的终端稽核要配合大区经理工作，检核大区规定的各片区的重要指标。从这个角度看，总部稽核是大区的助手。

允许大区结合各区域工作重点做奖罚内部调整，给大区充分话语权去结合市场实际情况。

第8章
"区域市场增量模型"简述

"区域市场增量模型"是我的一门成熟课程，本章仅节选主线框架进行要义简述。

1. 区域经理的惰性思维：面对销量压力的第一反应是"打报告要促销"，甚至有区域经理直接告诉老板"你给我钱（促销），我就给你完成（任务量）"。

2. 增量模型思路：其实，区域经理要是能站起来像内行一样俯瞰这个市场，就会发现还有很多增加销量的机会，不用非得通过做促销增加销量，这就是本章内容的主线，管理区域市场要形成区域增量管理的模型。

一个区域市场的增量"方向"无非几种，这几种增量"方向"面对的市场问题无非也就二百多个，而这二百多个问题的答案，其实民间早有各种版本流传。把这几种方向、二百多个问题以及答案提炼并固化下来形成模型，区域经理可对照检点，寻找差距和机会，这对后来者同样具有工具性的借鉴意义。

高管篇

建立增量模型思想——增量机会永远存在

可口可乐的培训教材里有一句话："销量完成20%或200%都不重要，重要的是你知道为什么及如何弥补，盲目完成销量或者达不成销量是最可怕的，因为一切都在一线人员的掌握之中。"

什么意思？

业务人员应该神志清醒地做销售，知道自己区域面临的问题和增量机会在哪里。

很遗憾，很多区域经理、大区经理的神志并不清醒，具体表现是什么？

1. 销量完不成，区域经理的第一反应就是立刻打报告给公司要促销，这个月申请"分销商进50箱送1箱，零售店进5箱送1桶油"，下个月改成"分销商进100箱送1辆自行车，零售店进3箱送1包大米"。

反思：

天天靠折价促销来卖货，公司要你干什么？销量提升真的只靠促销吗？

2. 大区经理巡检下属的区域，好一点的可能帮区域经理办点实事，比如帮忙修理一下经销商，帮区域经理解决一些费用报销问题，再给批个促销政策。差一点的前呼后拥、走马观花看市场，酒足饭饱之后对完不成销量的下属一顿臭骂，然后扬长而去。但是下属被骂之后还是"晕"的，大区经理并没有给下属清晰的指示：下个月你的销量从哪里来，你按照我的吩咐做哪些动作，就可以提高销量。

反思：

作为上级经理巡检市场，不能给下属明确的指示和方向，领导的价值体现在哪里？

3. 区域经理面试的时候问应聘者："派你去开发一个市场，你怎么干？"应聘者回答："找经销商，谈判，压货，分销商铺货，零售店铺货，超市店买赠，陈列奖励……"

反思：

应聘者答的都没错，但这些套路是常识。在销售行业混上两三年，人人都懂！靠常识做事的人有一天一定会很迷茫：该干的都干了，该做的都做了，这销量咋还是上不去？

神志清醒的销售人员的表现是什么？

1. 区域经理看到下个月任务量增加了 20%，胸有成竹，他知道下个月要推一个新品，这个新品上市通路压货可以增加多少量；另外，有 3 个乡镇新设立分销商，做集中铺货可以增多少量；还有中秋节前抓团购估计也可以销售 5000~10000 箱。我们的行动步骤是……

2. 大区经理巡检完市场，吩咐下属做两件事：第一件事，你市区最大的经销商这个月把车和人都抽走卖白酒了，终端断货严重，所以对你的销量有影响。你下个月的首要任务就是管理经销商，保证给我们的产品投入 5 台车、10 个人，具体办法是……第二件事，这次抽查发现，你的区域平均每个终端店只铺了本公司 2.6 个品种，这说明你的路线终端业务代表只是在卖两三个成熟品种，下个月你要设立奖罚专案，要求业务代表做全品种铺货，月底做平均品种数的排名奖罚，务必在下个月把单店平均品种提高到 4 个以上。把这两件事做好，你就能增量！

前后对比，哪一种销售人员更专业、更有价值？对号入座，你属于哪种人，你的神志是否清醒？

怎样才能让销售人员神志清醒？那就是建立区域市场增量模型。

区域销售主管应该学会理性地看待市场，寻找增量机会，引爆市场销量。

销量绝对不是仅仅靠促销完成的。增加销量有很多机会，把这些机会总结成册，起个好听点的名字，就叫"1000 种增量的方法"，成为区域经理们寻找市场机会的"字典"、备忘清单和常见故障排除指南。1000 是个大概的数字，细数起来，区域市场增量的方法绝对不止 1000 种，全写出来一本厚书未必容得下，下面做部分示例，让大家对"区域增量模型"的认识更清晰、更具象。

基础管理增量模型

人员日常管理增量模型

销量是人做出来的，人不动起来，销量一定受损。常见的现象是业务代表没有记录每日的工作行踪，主管没有复查业务代表昨日工作路线的实际绩效，经理一个月回公司报账、开会、培训、探亲、在途 20 天……从下到上都是"虾球转"。

如何增量？内部整风，把人"勒紧"，这里有四个关键点（详情请参考本书

第 5 章"终端销售团队管理核心工具")。

1. 主管的一线出勤天数。要求主管每月的一线出勤天数不得低于 22 天，每天用座机向领导汇报考勤，离开驻地必须获得领导批准。

2. 业务代表工作有记录。业务代表每天必须用路线手册、工作日报记录自己的行踪和到店时间、订单等考核绩效。

3. 主管天天做检核。规定主管每天必须复查业务代表昨日拜访路线的所有店（检核业务代表是否全天满负荷工作，是否有漏单、漏店等现象）并记录检核结果。

4. 人人头上有目标。规定终端业务代表每天最低订单数，超额奖励，不足处罚，明码标价，当天兑现。

上面这四个关键点做到了，几十个员工就全部动起来了，哪怕每人每天多干 10 分钟，多卖 1 箱货，还担心不能带来增量？

人员考核增量模型

人员管理，考核是龙头，每个人都在为自己的钱包奋斗。

一方面要明确目标，员工只背销量任务，销量反倒上不去，因为货是经销商卖的，这个月形势好，经销商进货量大，员工就没事干。

另一方面是考核，考核是一个系统工程，包含以下三个管理步骤。

第一步："定过程指标"和"量化目标"。比如终端业务代表的奖金基数 1000 元，其中 30%（也就是 300 元）考核新品开户数，目标是新品铺 150 家店，另外 70% 考核生动化陈列，目标是终端店生动化陈列得分不低于 70 分（公司有一套生动化陈列评分标准）。

第二步："员工工作有记录"和"主管天天做检核"。业务代表每天不是有路线手册、工作日报吗？好！这个月考核新品铺货就让他们在路线手册、工作日报上把当天的新品铺货家数明确记下来，主管每天去复查业务代表的新品铺货家数和生动化陈列得分，分别登记在册，算平时成绩，这样月底发奖金才有据可循。

第三步：阶段跟进。不能等到月底再算账，那时候尘埃落定，结果已经形成。要阶段跟进，每周做排名和考核预测（假如截至今天就结束当月考核，预测一下，以你目前的成绩你拿多少奖金）。

月初定考核指标和目标，月中天天检核，周周排名和跟进，月底算账，让考核真的发生效果，真的做到了，人员效率会不会提升？能不能增量？

专案奖罚增量模型

我一直认为，公司总部下达的人员考核机制不足以激励员工，因为考核方法几个月、半年甚至一年没有变化，而且更重要的是大家都一样。天热了，卖饮料的人人都能完成任务量；天冷降温了，卖饮料的人人都完不成任务量。

如何破局？必须形成内部竞争，每个月在总部下达的任务之外，区域经理给员工另设销售专案，比如铺货网点专案、团购竞赛专案、提高网点铺货品种数专案……总之是月月做竞赛，周周做排名，天天有奖罚。让员工"往前看，掌声鲜花红地毯；往后看，皮鞭镣铐狼牙棒"，大家始终处在备战状态，拼命往前赶，能不能增量？

数据追踪增量模型

修改一下销售的财务系统，把销售日报做细一点，每个区域经理每天可以收到公司、大区、本区、本区经销商的本月截至当天的销量、完成率、对比上月同时段增长率、对比去年同期成长率。

要求每个区的经理每天自省，将本区和公司（或大区）整体进度进行对比，你的区域完成和成长情况比公司（或大区）的整体水平是高还是低？

每周发布一份销售通告，把成长率、完成率低于公司（或大区）的整体水平的区域列出来进行警示。

对下滑严重的区域，要求区经理立刻对有问题的区域和有问题的经销商的销量衰退做出书面解释和改善计划。

要求区域经理每天分析销售日报，关注每个经销商每天的完成、增长、成长情况，对异常情况及时跟进。每周给经销商发一份"经销商销售数据分析快报"，该经销商截至昨天销量完成多少，去年同期比成长多少，上月同时段比增加多少，重点品种完成多少。对有问题的经销商要指出："张老板，咱们这个月截至今天所有经销商都比去年成长，只有你一个在衰退。""李老板，你的销量上升主要是靠低价产品，几个重点品种截至昨天全部在下降……"

销售数字按天、区域、经销商、品种、完成率、成长率传递精确，要做到这一步并不难，找个 IT 公司改改程序就行。

真的做到了，能不能增量？

高管篇

人员日常管理增量、人员考核增量、专案奖罚增量、数据追踪增量，这四类模型共同的目的就是"把人勒紧"。销量是人做出来的，人动起来销量一定增加。这个规律应该适合各家企业、各个行业、各个区域，也是销售经理们寻找增量首先要考虑的问题。

市场策略管理增量模型

产品线管理增量模型

1. 反思本品，发挥本品优势。对康师傅的销售人员来讲，"福满多"品牌的红烧牛肉味方便面已经卖得很好，那么是再推"好滋味"品牌起量快，还是再推"福满多"品牌的麻辣味起量快？当然是后者，优势品牌的多口味、多规格是增量捷径。

另外，公司在别的区域卖得特别好的单品，是不是意味着这个单品有一定的市场竞争力？如果你这里没有上这个单品的话，可不可以参考一下？

2. 对比竞品，弥补空白，抵御竞品。参考市场上竞品的功能、价位，看看本品有没有产品线空缺，比如我们在本区市场没有推零售价 1.5 元的袋面，这个价位规格的市场拱手让给了竞品，而且我们推的全是清真口味，其实竞品的排骨味也卖得很好。

竞品在 3 元的价位推出一个主打产品，而我们在 3 元价位没有成熟产品，或者有几个产品但是都没做起来，那么我们要做的就是，寻找自己在 3 元价位的抵御性产品。

3. 寻找空白。看看市场上有没有空白，比如当地目前主销零售 3 元、5 元的啤酒，那么 4 元价位就可能是空白和市场机会。

4. 关注渠道。麦德龙要的是箱装产品，家乐福要五连包，团购要的是价格透明度不高的产品，中小型娱乐场要的是暴利产品，你要进入什么渠道，就必须准备适合这个渠道的产品。

5. 关注市场特点。比如当地都喝 8 度的啤酒，你推了一个 10 度的产品当然不行，上一个对路的产品，对销量至关重要。

盘点一下各区域的销量曲线，往往就是因为上对了一个产品产生了增量拐点。对照上面这 5 种方法，寻找、主推一个适合当地市场、目标渠道，能发挥本品优势击中竞品空档的产品，能不能增量？

通路利润管理增量模型

有没有这样的现象：听到分销商都在骂经销商："老王这个混蛋，果汁卖给零售店 38.5 元一箱，给我这个分销商也是 38.5 元一箱，我们都没法卖！"或者经销商恶意抬高供货价，卖一箱货经销商赚 3 元，乡镇分销商才赚 0.5 元？

分销商没利润影响销量吗？当然！那么你去和经销商沟通，让经销商留出批零利润，把批发通路启动起来帮他卖货，销量会不会增长？同样的道理，超市、零售店、分销商哪个渠道没利润，哪个渠道就在影响你的销量。

渠道利润不合理怎么办？

惯性思维就是做促销，差一点的区域经理只知道通路搭赠——"买 100 箱送 5 箱""买 100 箱送 10 箱"，搭来搭去迟早有一天把底线打穿，把自己搭死。好一点的区域经理知道变花样，搞个订货会、销售竞赛奖励、积分卡什么的，这些方法的好处是立竿见影，能提高通路利润、促进销量，缺点是容易造成不良库存和砸价，更容易让通路形成促销依赖。

提高通路利润不是只有通路搭赠这一个方法，下面给大家提供一个提高通路利润的公式：

通路利润 = 经销商价格秩序 + 通路搭赠 + 销量 + 品种结构 + 渠道结构 + 价差 + 奖励 + 减少通路层级

1. 经销商价格秩序。首先经销商应该有各级通路的价差，卖场、大餐饮店、夜场直供价格要高（消化费用），零点直供价格要高（给分销商预留利润），经销商直供的分销商接货价格要低（分销商供零售店要有利润），边缘市场大批发、特殊渠道的分销商的价格要更低（借助他们的力量覆盖经销商直供能力覆盖不到的渠道和区域），团购的价格要高而且要主销价格不透明的产品（留出商业回扣的空间）……很少有经销商有这么清晰的价盘管理思想，而经销商的价盘设计有问题，整个市场价格从源头上就乱了，管理经销商价盘，帮经销商建立正常的价格阶次，这是管理通路利润的第一步。

2. 通路搭赠。比如订货会、进货奖励、完成任务量返利、进货折价券、短期限时进货奖励、销售竞赛奖励、积分卡奖励、箱皮兑换卡、箱内刮刮卡、箱箱有礼等。在这个环节需要提醒大家注意的是，促销通路目标和促销方法的匹配。

高管篇

要非常明确自己到底打算通过促销提高哪个通路的利润,然后再确定促销方式,小心张冠李戴。比如本想提高零售店利润,用的促销方法是"箱箱有礼",结果拉高了分销商的利润,因为分销商会很耐心地把箱子拆开,把礼物拿走,再把箱子封上。

3. 销量。单位利润低,但是量大了,总利润就高。比如帮学校的网点做"消费者空袋换奖",啤酒上市做"开盖再来一瓶",帮经销商扩大覆盖区域,做订货会或批发分销,帮乡镇分销商开发集市渠道和村级网络等,都是在原单位利润不变的情况下,以量取利。

4. 品种结构。批零点不赚钱是因为批零点目前只经营一个老品种,利润太低,如果帮批零点推新品种或老产品升级换代,自然就可以改善这个通路的利润情况。

5. 渠道结构。经销商、分销商有二次批发销售的功能,引导他们多渠道销售,不要只在超市、流通这两个主渠道转圈,空白乡镇车销撒货、团购开发、火车站供货、网吧供货等,总还有一些看起来不是很"主流"但是利润较高的渠道。渠道结构丰富,就能提高经销商、分销商的利润。

6. 价差。改变通路销售单位价差的方法有以下5种。

(1)通过促销或者搭赠直接降低其进货价。

(2)促销抬高出货价:历史积累下来,经销商给分销商的出货价太低,无利可图,怎么办?经销商齐步走给分销商抬高出货价,初期高价高促销,后续逐渐减小促销力度稳定价格,最终改善经销商的出货价差。

(3)返利抬高出货价:分销商互相砸价,砸得分销商、经销商都没钱赚,怎么办?经销商给分销商签协议,抬高给分销商的供货价,要求分销商"平进平出",月底经销商给分销商返利,最终抬高分销商的出货价,提高分销、经销两个渠道的单位价差。

(4)产品升级换代提高终端售价:变成"某某产品升级版""某某产品二代",在包装海报上打上"升级啦"等字样,宣传升级产品的优点在哪里,同时明码标价(让消费者相信是厂家涨价,帮助终端店稳定价格),最终抬高终端价,也抬高通路的出货价,自然提高了各通路的单位价差。

(5)通路产品保护:餐饮是高费用高毛利渠道,流通是低毛利低费用渠道,超市是高费用低毛利渠道,这三个渠道共用一个产品,就有互相"拆台"的可能。必要时要把超市的产品和流通的产品从包装型号上区别开,避免砸价,保护单位价差。

7. 奖励。对重点渠道短期无法通过产品结构调整增加其利润的，碍于公司整体价盘稳定的要求也不方便立刻搞通路搭赠，怎么办？那就通过"奖励"增加它的利润，比如批发堆箱陈列奖励、餐饮店摆台陈列奖励、名烟名酒店及模范店陈列奖励、专销奖励、经销商各片区铺货竞赛奖励、经销商各片区无客诉竞赛奖励。

8. 减少通路层级。比如经销商不赚钱，给经销商上一个产品，让他直供终端不供分销，这就能弥补经销商的利润。再比如对利润较低的重点分销商，直接把它变成经销商，让他享受返利增加利润。

反思一下，以前经销商本身出货价盘不合理，再加上通路砸价砸得分销商和零售店没钱赚，把你的产品藏着卖。以前提高通路利润只有一个办法，就是搭赠，现在运用通路利润改善的方法，开始管理经销商的各阶出货价格，有计划地调整通路利润结构，让通路层层有钱赚，能不能增量？

产品渠道优势管理增量模型

有没有这样的市场：一个小县城总共 600 多个网点，但是本品却卖了几十个品种，3 元零售价的一个价位，本品就卖了五六个品种？小品种群销售的好处是灵活，防止各经销商互相砸价。但是坏处在于本品在每一个价位都不能形成大品种，没办法树立品牌优势。万一有"大竞品"进入你就不堪一击，比如崂山啤酒进入本市场卖 3 元一瓶，但是本公司 3 元卖了好几个小品种，不能形成主打大品种抵御崂山。

有没有这样的市场：公司产品在当地经营了很多年，只卖了一支中低档产品。终端业务代表走进高消费售点，比如大型餐饮店、专卖店、夜场，店主说"你们的产品档次太低，我们不要"；终端业务代表走到中小型餐饮店，店主说"虽然好卖，但是这几年你这个产品价格早就卖透明了，利润低，还不够我们冷柜的电费，不想卖"；终端业务代表走到某一类小店，店主说"我们这里消费低，只卖 2 元一瓶的简装啤酒，你那个货在我这里卖不动……"业务代表在每一个渠道里面都在给人赔笑脸，却只听到别人说"不赚钱，不好卖"。

这两个市场败在哪里？公司在这种市场上的产品结构、价格结构、通路利润结构都有问题。

上面这种市场要动大手术,改产品线,改价盘秩序,最终让业务代表"直起腰来做市场"。

1. 补齐产品线。根据"产品线管理增量模型"寻找自己的产品结构短板,布置合理的产品防线,发挥本品优势,抵御竞品,弥补空白,满足渠道需求,适应当地特色。

2. 调整通路利润结构。根据"通路利润管理增量模型"(可能是产品升级换代,可能是减少通路层级,可能是促销搭赠,可能是陈列奖励,可能是针对这个渠道增加高毛利产品,可能是给这个渠道专供产品),对目标渠道进行利润调整。

两个模型套下来,你发现自己可能要同时上五个新品,做八种促销!没关系,先在这些动作里面找目前的人力、市场、客户资源中最容易执行的或最重要的动作来做,然后拉短中长期计划,逐步调整,把产品上全,逐步改善通路利润。第一,对目前的主销通路做促销,短期冲量;第二,补充高价产品线;第三,老产品进行升级换代……半年或一年之后,产品线对路了,通路利润调整了,业务代表在各个渠道都可以"直起腰来做市场",整个销售局势就是另一个境界。

"谋局胜于夺势",产品线不行,价盘不顺,区域市场的"局"就出了问题。"一将无能累死千军",业务代表天天"弯着腰做市场",手里没武器,基础管理再好,人员效率再高也没用。运用市场策略管理增量模型,设立有竞争力的产品防线,构建有竞争力的通路价盘,这可是战略问题。基础管理增量是"强基固本,百年大计,锦上添花"。

通路管理增量模型

经销商管理可是一个大话题,讲三天也讲不完。但是浓缩一下,经销商管理和销量有直接关系的大问题有以下几点,篇幅所限,在此简单介绍一下要点思路。

选择有质量的经销商

有什么样的经销商就有什么样的市场,经销商的网络能不能完全覆盖市场,有没有合作意愿,是在家等电话还是出门行销,肯不肯赊销给酒店供货,有没有下乡镇送货的能力，有没有给特殊渠道供货的能力，有没有高价产品的销售网点，直接决定着市场的表现。确定经销商的这一天，市场的命运就已经决定了一半。

怎么办？不要只依靠对经销商的教育培训了，结构决定功能，经销商不行，销量肯定不行。教育培训的时间成本太贵，最好的方法就是换掉经销商，实在不行就增加经销商或者开设分销商。

难度大？废话！没难度叫什么做销售？我们要讨论的是如何动手，而不是动不动手。

没有更好的经销商？一派胡言，哪个地、市、县没有几十个大经销商？你真的挨个谈过吗？你拜访过康师傅、可口可乐、红牛、王老吉等知名品牌在当地的经销商吗？

别的经销商都不理你，那是你自己的功力问题，你可以先做终端冲击铺货造势再找经销商，也可以带着新品上市计划跟经销商共商大计，还可以不找大户而找小户划区而治。营销杂志上有很多类似的方法，去学吧！

管理经销商的实力投入

经销商有多少辆车、多少人投入在你的产品上，他的运力和人力能不能覆盖市场，如果他只占茅坑不拉屎，空着几个渠道和大半个市场还霸着你的独家经销权，怎么可能不影响你的销量？

竞品在县城设立四个经销商（分区而治或者每个经销商负责一个通路、若干家店），同时设立了每个乡镇的分销商。你在整个县城和乡镇只有一个经销商，人家是七八个经销商做市场，你是一个光杆司令做市场，虽然你的经销商大，但是人家七八个经销商的运力及人力加起来肯定比你一个大经销商厉害，你哪里有胜算？在这种情况下，怎么办？

以终端空白的事实给他施压，给他讲利润故事，如"你不做空白市场我们就收回去了，就要开设新经销商了，空白市场就是利润机会。如果你做空白市场，我们厂家帮助你……"这样做，最终目的就是一个，要求他增加投入完全覆盖市场，再不行还是得增加经销商或者开设分销商。

对比本品和竞品的经销商、分销商在本品和竞品业务上投入的人力和运力组合，结构决定功能，如果你从数字结构上就处于劣势的话，就要思考细化经销商、分销商的区域和结构了。

占用经销商更多资金

经销商嘴上都说他要主推你的产品，但是如果你的货只占他库存资金的十分之一，那主推就是假的。经销商不主推，销量就处处打折。如何让他主推你的产品？

谈判、沟通、压货、促销、讲利润故事、让他多进货……

给他算投资回报率，让他把库里那些高毛利但回转不好占压资金的产品清掉，盘活资金经营你们的产品。

总之，想尽办法增加你的产品在经销商处的库存占比和资金占比。经济决定意识，当他的资金都放在你身上，他的客户都经营你的产品，甚至你还欠他一大笔返利的时候，他想不主推都不行。

提高经销商的利润

为什么你的产品在经销商那里占不到主推位置，肯定是你的利润有问题，要想增加经销商对你的关注度，首先要解决经销商经营你的产品的利润问题。

如何提高经销商的利润？前面讲到的公式在这里一样有效。

管理经销商、分销商的库存

说来可笑，很多区域经理嘴里喊着完不成任务，可是你到他的经销商库房里一看——主销品种断货！经销商断货，终端不是也会断货吗？终端断货不就是断销量吗？市场竞争这么激烈，终端店不卖这个品种卖那个，今天失去的销量，明天永远补不回来。

一条街的终端店铺货率都不高，为什么？去看看这条街的分销商的库存，它的库房里只有两个品种，分销商断货、品种不全比经销商断货、品种不全更普遍，而结果是整条街、整个分销区域铺货率和销量上不去。

为什么会有经销商、分销商断货？

原因很简单，主任、经理没有保持对经销商的拜访频率，即使去拜访也没有统计经销商、分销商的分品种库存。

解决方法不用说了，提高拜访频率，运用库存周报表，全品种分销。

管理经销商的出货价格、促销

前面已经讲过了，厂家要管理经销商的各阶出货价格，让市场从源头上就有一个好的价格秩序层级。

如果经销商不执行促销政策，很简单，扩大促销告知范围，修理犯规的经销商。

管理经销商的终端服务和终端客诉

要关注经销商的服务模式，竞品的经销商是主动到零售店撒货，甚至赊销撒货，我们的经销商是坐在家里等要货量够一车才送货，那我们输定了。作为厂家经理，你要做的就是跟经销商摆事实讲道理，对比竞品模式，讲利润故事，带他参观别的经销商，帮他规划团队，最后威逼利诱……经过漫长的过程，或者换掉经销商，或者改善他的终端服务模式。

有些事是等不得"漫长的过程"的。

经销商因为实力问题，或者人员管理问题，或者合作意愿问题，对终端的送货服务跟不上，终端客户断货严重、投诉多、影响销量，怎么办？

"找罪证"：让终端业务代表把终端网点对经销商送货不到位、断货、促销品配发不及时的客诉统计出来，找出服务问题最大的经销商跟他交涉，逼他加人加车，提高终端服务能力。

1. 威逼。比如客诉率再超过百分之几就扣他的返利，发现一个断货投诉扣他多少。

2. 利诱。比如"你算一下因为断货你损失了多少销量和利润；某某店以前销量有多大，现在因为你送货不及时人家不卖了，你看你划不划得来；你买车的话，公司给你补贴，公司买车的话，你完成任务就把车送给你"。

3. 讲道理。比如"没问题！理解！理解！我理解你到了冬天要把资金抽走卖白酒，冬天白酒是主要利润来源且利润高。但是你也要理解我，我是啤酒厂家经理，我要为厂家负责，实在没办法，我才迫不得已拿掉你"。

避免经销商主劳臣逸

经销商一个月出货1000箱，900箱是我们公司的业务代表拿的订单，那完蛋了，主劳臣逸，销量一定下滑。怎么办？

高管篇

公司终端业务代表只拿新产品订单，只考核铺货率和分销标准，不考核销量（避免公司业务代表跟经销商抢单）。

老产品订单让经销商去拿，规定经销商的人力投入数字。

对主劳臣逸的区域经理和经销商进行修理。

干脆让经销商找终端业务代表帮忙，替他培训，替他管理。

管理经销商的业绩数据

99% 的经销商没有数据管理，他们不知道自己某个品种今年比去年的销售成长了多少，稀里糊涂卖货不能发现问题。怎么办？回忆一下前面讲过的方法。

要求区域经理根据公司的销售日报每周给经销商发一份"经销商销售数据分析快报"，里面清楚地写明：经销商截至昨天销量完成多少，与去年同期比成长多少，与上月同期比增加多少，重点品种完成多少。对存在问题的经销商要指出："张老板，咱们这个月截至今天所有经销商对比去年成长，只有你一个在衰退""李老板，你的销量上升主要是在低价产品，几个重点品种截至昨天全部在下降……"

提高经销商的人员管理水平

有时候经销商什么都好，实力强，合作意愿好，出货价格稳定，也不截留促销礼品。就是一点，这个经销商自身的队伍管理水平不行，员工薪资考核不科学，导致新品推不起来，终端客诉多，这也直接影响销量。

怎么办？介入经销商的人员考核和经营管理。

先投其所好。经销商目前最头疼的是什么？假如他目前最头疼的是账收不回来，你却跑去让他加大客诉处罚，他肯定没兴趣。所以，要实施经销商的人员考核，先从他"痛"的地方下手。比如先帮他建立客户账期分级管理制度和人员的回款率考核制度，经销商正中下怀，他尝到甜头，肯定喜欢，然后你再深入渗透。

注意：

是推进不是推翻。经销商都是老狐狸，他嘴上把厂家经理叫领导，心里未必看得起你，你贸然跑去要把人家的所有考核制度全面推翻，阻力太大，容易弄巧成拙。所以要循序渐进，先改善一点点，而且这一点点要马上让经销商尝到甜头。

第8章 "区域市场增量模型"简述

所有帮经销商改善考核的出发点都是"帮老板赚钱、省钱",而不是"有利于公司发展"。你跟他讲"您的员工没有进行送货不到位处罚,他们会跑大店不跑小店,而且处理小店的服务和客诉不积极,这样会影响整个品牌和市场"。经销商听完心里想:"那就对了,这关我什么事?"如果你跟他讲"您的员工没有进行送货不到位的处罚,他们肯定会得罪客户,服务做不好,肯定影响销量,某某酒店原来一个月可以卖100箱高档酒,就是因为送货问题生气了,现在不卖了,你算算你损失多少",这时候他就比较容易听进去。

说服经销商修改考核最好的话术是"帮你赚钱",还有就是利用客户之间的差异引导改善,如"老张那边的考核是怎样的,明天我带你去看一下"。

每次推进经销商的人员考核一小步。具体考核项目大体分几类,并且厂家和经销商对这几类考核内容的关注度不同,如图8-1所示。

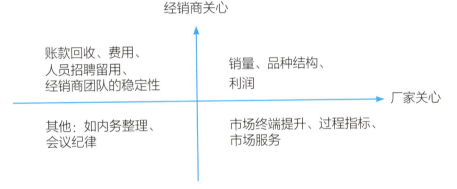

图8-1　厂家和经销商考核内容的关注度区别

说明:

我们在推进时要先从经销商高关注度、厂家低关注度的第二象限着手,让经销商尝到甜头,然后向第一、第四象限导入,分析经销商哪一类考核最欠缺、最影响他赚钱,再决定先推动哪一类考核。

想象一下,假如有一天,你能掌控经销商的人员管理大权,经销商的员工考核由你来制定,你就可以让他们"完成新品铺货网点奖励多少、终端客诉每发生一起处罚多少、堆箱数大于竞品奖励多少……"当你想要的指标都能在经销商的人员考核中体现的时候,那是什么境界!

延伸网络，细化渠道促销量

网络延伸增量模型

1. 乡镇分销商开户。大多数乡镇（除非个别离县城极近、规模又小的乡镇）市场仅靠县城经销商的车销覆盖，很难做好。车销覆盖的乡镇市场一定出货价高、断货多、服务不及时、渠道空白，而且乡镇下面的村、乡镇的风景区售点更容易成为盲点。乡镇要想做细，肯定要开设分销商。把本区所有的重点乡镇市场开户（经销商、分销商）情况、终端铺货情况统计一下，推出一个"乡镇开户计划"，要求在旺季到来前每个重点乡镇都开设分销商，延伸销售网络，能不能增量？不要盲目追求开户速度，要有开户的基本标准，比如开设了一个新的乡镇啤酒分销商，而这个分销商根本不愿意给酒店赊销供货，结果这个乡镇的啤酒市场就放弃了一半。

2. 低价产品养通路。乡镇需要低价产品，而高价产品也有销量，但前期销量不大，所以仅靠高价产品很难开发乡镇市场，分销商不陪你玩。对乡镇市场投放低价产品，降低乡镇分销商开发难度，靠低价产品把乡镇分销通路养起来，再跟进高价产品，能不能增量？

3. 县级经销商服务。乡镇一般开设不了经销商（量小，不能整车提货），而应该开设分销商，由县级经销商供货。有些经销商认为乡镇只是一个"能赚钱的区域"，加价卖货，要货量小就不送货；有些经销商对乡镇的态度是"顾得上就做一把，顾不上就算了"。行动上就会出现送货不及时致使断货，送货价过高，县城经销商和乡镇分销商抢夺乡镇重点客户等问题。淡季更容易降低对乡镇的服务力度，因为旺季销量大，县级经销商会主动对乡镇带车撒货，淡季县级经销商往往是等乡镇分销商要货，凑够一车的量才送货。如果县级经销商不支持，服务不到位，乡镇分销商有劲也使不上，因此县级经销商的服务力度决定乡镇销量。

4. 厂家业务人员拜访。乡镇交通不便，是厂家人员拜访的死角，但是纯粹指望县级经销商自觉协助分销商把乡镇做好，希望很渺茫。厂家业务人员要提高对乡镇分销商的拜访频率，监督县级经销商的出货价、送货、回瓶、服务、赠品配发，还要监督分销商对终端的服务和价格。另外亲自拜访终端，掌控几家大店，寻找乡镇市场的空白网点，鞭策分销商提高终端服务能力。其实，乡镇比县城好做。乡镇的客户更好说话，费用期望更小。唯一的难度在于交通不方便，但办法也很多，比如可以让业务人员坐班车，带折叠自行车拜访乡镇终端，也可以让业务员骑摩托车，还可以让业务人员坐班车去乡镇，然后借客户的自行车拜访乡镇和村，再不行在每个重点乡镇找个客户寄放一辆旧自行车……只要思想不滑坡，办法总比困难多。乡镇开发了分销商，上了对路的产品结构，增加了拜访率，提高了县级经销商对乡镇的服务能力，能不能增量？

渠道精耕增量模型

啤酒能在哪里卖？超市、零售店、餐饮店、批发点？

这些是常规渠道，能卖的地方还多着呢！

1. 散布在城市周边的众多茶园、农家乐、度假山庄：这里的环境优美，尤其在旅游旺季生意火爆，消费档次高，多卖箱装酒。

2. 社区或集贸市场的夜市区（烤肉摊、大排档、夜市区批零售店）：这是销售中低价啤酒的优势渠道。

3. 水摊（广场、河边的众多饮料摊点）、冷饮店：夏天冷饮销量大，啤酒销量小；冬天啤酒销售大，冷饮销量小。

4. 靠近夜市、餐饮聚集区的名烟名酒店：这些都是消费者自带酒水的好场所。

5. 公园和风景点内的餐馆、露天摊点：这些场所常常被我们遗忘。

6. 社区、住宅区内的小超市、窗口店：这些场所主要是消费者整箱购买，在家中消费。

7. 大型企业内的社区合作社、服务公司：这些场所一般团购关系多，团购量大。

8. 企业和机关单位的内部食堂：这里可以培养人们的饮用习惯。

9. 大学、中专技校外面的集贸市场的小餐饮摊位，以及它们旁边的餐厅、小酒吧：学生们更容易接受新事物。

10. 建筑工地、铁路工地、公路工地的食堂，货运站、停车场的食堂：项目经理和工头喝高档酒、箱装酒，工人和司机喝低档酒、塑包酒。

11. 矿区（煤矿、铁矿、金矿、油田等）家属区：这里一般较为偏远，但消费水平很高。

12. 监狱、部队：只要说服采购负责人就能进入，基本没有品牌忠诚度。

13. 靠海乡镇的渔民码头的批零售店、小卖部：渔民出海时间较长，一次会购买大量的饮食物品。

14. 农村集市、庙会、赶集、农闲走亲戚：啤酒消费量很大，而箱装酒显得更有面子。

15. 农村流动换购点：开着三轮车走街串巷的卖货郎，可以用粮食换啤酒，这种卖货郎在粮食产量大的农村数量很多，总销量惊人。

16. 赌场：一般提供免费酒水，销量很稳定，档次也不低。需要专门的供应商才能进入。

17. 夜总会、酒吧、迪厅、茶饭店等：这些场所的啤酒销量很大，但一般需要专门的供货商。

18. 火车站、汽车站的候车大厅，火车和汽车上：这些场所啤酒的销量不仅大，而且稳定。

19. 加水站：山区国道两边数量众多的为汽车轮胎加水降温的摊点，旅客一般在此简单就餐休息。

20. 加油站（高速路服务站）：一般是垄断的，需要找管理部门谈进货。

21. 团购消费：节庆发福利、机关单位会议用酒、婚庆、考大学谢师宴、生日满月、红白喜事、自助餐饭店的免费酒水、超市的节庆店庆赠送礼品等。

22. 其他：宾馆、影像厅、网吧、西点屋、快餐厅、展览会场、浴场浴室、边境外贸、游戏游击队（套圈、转盘、射击用的奖品）等。

你可能会说，办事处只有四五个人，没有那么多人力拜访这些"奇奇怪怪"的渠道。

我没说让你自己拜访，别忘了，在中国的每一个市场，只要有一个新渠道形成，自然就会结晶出一批给这个渠道供货的分销商，找到他们，把他们变成我们的分销商——签约分销商，甚至渠道经销商，让他们替我们覆盖这些渠道，能不能做到？渠道细化能不能增量？

短期促销量找谁？每个区域经理都知道是找经销商。经销商一发力，销量当天就可以上升。市区销量已经"饱和了"，怎么办？开发新片区，去乡镇外围市场，开发新渠道，去做网吧……这些都是增加销量的很重要的常识。

结构决定功能。当我们有了良好的基础管理，产品渠道策略没问题，业务代表可以"直起腰做市场"之后，起量最快的着力点就是经销商和分销商的网络布局。他们虽不完成实际销量（只是库存转移），但是他们对销量影响最大。

终端管理增量模型

终端网点宽度增量模型

提高终端网点宽度，即提高我们业务拜访（公司业务代表拜访和经销商业务人员拜访）的覆盖面。

用逢三抽一的方法做零售店市场调查："您知道我们公司经销商的送货人是谁吗？送货电话是什么？"这叫作调查经销权知名度。如果知名度太低说明经销商、分销商的覆盖能力太低。解决方法是跟经销商、分销商交涉，逼他增加配送人员和车辆，或对其不能覆盖的区域开设分销商。

用逢三抽一的方法做零售店市场调查："我们公司的业务员是谁？最近来过吗？多长时间来一次？叫什么名字？哪个厂家的业务员来得比较多？"如果答案是"不知道""没见过""有一个月没来过了""竞品的拜访率比较高"，这就说明你的终端业务代表填的工作日报是假的，他们可能跳过小店只跑大店，上班时间他们在打牌或者旷工，也可能你的终端路线没有覆盖这个片区，存在拜访盲点。怎么办？回去"收拾"业务代表，或者在空白片区里面挑选售点多、形象好的重点街道纳入拜访路线中。

最容易忽视的是边缘市场。城乡接合部、大学城、开发区，这些市场距离市中心比较远，很容易被厂家忽视，但其实这些市场的售点数、单店销量都不小。

扩大终端拜访覆盖面，是不是要无限制地增加我们的人力？绝对不是。厂家业务拜访覆盖的一定是重点路线，是产出大、形象好的区域，其他路线的拜访要靠我们的经销商、分销商。

经过整理，有效拜访（厂家人员或经销商、分销商人员周期性主动拜访）的终端从 5000 家变成 7000 家，能不能增量？

终端网点深度增量模型

提高网点深度就是通过增加店内品种数来增加销量。提高店内品种数是有顺序的。

1. 开户率的提升：从店内无货、无品种，到有货、有品种。

用促销政策，增加开户率的提升速度。终端业务代表队伍刚刚组建，技能不行，客情也不够，直接让他们全品种铺货，他们会崩溃的。所以，终端运作第一

高管篇

步是先给业务代表一个好的促销政策，让他们给终端店送"实惠"上门，让他们跟尽量多的终端店发生一次交易，然后才有客情可言。这个步骤也许对销量贡献不大，但是能给后续工作打下基础。

责任到人，增加开户率的提升速度。市区还有 30% 的店没有经营你的任何品种，把市区的空白网点统计出来，分到每一位业务代表的头上，制定本月的空白网点开发政策（促销政策、人员考核），结果一个月下来，开发了几百个空白网点（空白网点开始进货），能不能增量？

2. 一次铺一个品种。

新产品意味着新的销量，在终端业务代表队伍还不成熟的时候，铺一支新产品，每天早会总结铺货话术，并上台模拟演练，每天做新品铺货"龙鼠榜"排名，甚至每天执行铺货奖罚。一个月下来，业务代表看到"一支新产品在自己的路线上从零开始，铺货率达到了 75%"或"几百家店从不愿意进货，到被自己拿下"，这样士气会大增，技能也会大增。一个月下来，多了几千个网点经营新品种，能不能增量？

短期迅速提升铺货的绝招是"让业务代表一次铺一个品种"。单品铺货的结果是多品种达标，而且比"直接追多品种铺货"容易。这样开户率有了，空白网点几乎看不到了，新品铺起来了。接下来再统计铺货率，看哪个品种的铺货率低（而且这个品种在当地有一定优势），然后给业务代表规定"这个月主力铺 A 品种，每天出门前自己报计划要铺进多少家，回来汇报铺货成功家数，奖罚政策是……"做到极致的区域，会普查铺货率，然后把对 A 品种未进货的目标铺货店名列出来——钉子店花名册，按路线分到每一个终端业务代表和经销商的头上，执行奖罚，铺进去一个，从花名册上划掉一个。几个月下来，每个月品种铺货都增加一两千家，能不能增量？

3. 品种数的监控。

区域市场这个月开发了空白客户，下个月铺新品，每个月都沾沾自喜。但是在月底核查一下，发现终端店经营的总品种数（所有店的品种数之和）下滑了几百个，原来是顾头不顾尾，这个月新品可能铺进去了三百多家（意味着增加了三百多个终端经营品种数），但是却有很多店把老产品卖完之后因为各种原因没有补货，合计后发现总品种数反倒减少了。所以还要在业务代表的考核里体现一个指标——总经营品种数奖金。终端店的总经营品种数逐月提高，能不能增量？

4. 用分销标准，精准提升品种数。

当以上几个阶段都走过之后，终端的品种数已经大大丰富，接下来就要做细致管理，推行渠道分销标准。要求 A 类餐饮铺 a、b、c、d 四个品种，B 类餐饮铺 a、b、c、e、f 五个品种，规定不同渠道的铺货品种，然后考核终端业务代表的渠道分销标准达标率，实行奖罚。

5. 单店管理，精准提升品种数。

按照渠道设定的分销标准难免有偏差，首先如何精确定义 A 类餐饮和 B 类餐饮的区别，按包间数吗？有的餐饮店没有包间，但是销量和品种单价都很高（这家店商圈好，门口有个宾馆）。所以，在渠道分销标准的基础上，由终端主管逐步对每一家店的分销品种进行修正，标注在业务代表的路线手册上，成为单店分销标准，业务代表进店前一看路线卡，"领导让我在这家店铺 a、b、e、f 四个品种，现在店里面有 a、b、f，好了，今天我要把 e 铺进去，铺进去我这个月的分销标准达标店就又增加了一个"。

回头看一下，从"开户率的提升"，到"一次铺一个品种"，到"品种数的监控"，到"用分销标准，精准提升品种数"，最后到"单店管理，精准提升品种数"，这样市场上千千万万个终端店的经营品种越来越多，越来越合理，会不会增量？

重点终端增量模型

什么是重点终端？每一个乡镇现在都有超市、大中型餐饮店，乡镇周围还有农家乐、茶园，饮料、啤酒、白酒在这些售点的销量可以以一当十。几家大店的销量几乎就占了这个乡镇啤酒销量的一半。

学校里的零售店的方便面、饮料销量是街上的零售店的几十倍。

连锁小超市有几十家分店，实际上往往只有几家分店是"金牛店"，其他的店单店素质很差，进去也是销量小、费用高、账期长。

明白了吧，重点终端就是指"二八法则"里的那个"二"。

重点店怎么做？方法很多，比如买专架、签订陈列协议、签订专销协议、投放展示柜、按任务量返利等。

签订重点店能不能增加销量？一般专卖、陈列、生动化工具等协议都是带任务量的，能增多少量自己能算出来。

别忘了一件事，不管你跟重点店签订了什么协议，实际效果的产生都要靠人员的高频率拜访，店主是不会自觉自愿地履行协议的。

生动化陈列增量模型

1. 抽查 5 家店的生动化陈列得分。生动化陈列做得好销量就好，这个道理谁都知道，但是让每一个终端业务代表养成随手陈列的习惯很难，更多业务代表只是到店里面转一圈，问问"要不要货"，最多再贴两张海报就撤退。解决这个问题的方法就是主管每天在半路截住一个业务代表，跟他一起核查他刚才跑过的 5 家店的生动化效果（核查业务代表昨天的路线生动化陈列表现，业务代表会有很多借口，如我昨天做了陈列，今天被店主搬回去了），然后评分，月底根据平均分计算他的生动化陈列奖金。只要持之以恒，让业务代表知道主管真的在关注他的生动化陈列效果，真的和他的奖金挂钩，那么每一个业务代表都会出去随手陈列，终端表现就会变好，陈列面就会变大，销量就会因此增加。

2. 总部进行生动化陈列评分。生动化陈列做得好销量就好，这个道理谁都知道，但是每一个销售经理的习惯都是首先关注怎么伺候经销商、分销商，其次才关注每个业务代表的订单量，他们不习惯在终端生动化陈列这种琐碎费力又不能立刻产生订单的工作上下功夫，怎么办？总部公布一套生动化陈列评分标准，成立专门部门每月进行巡查，给各个区域打分，月底以生动化陈列打分为依据，对区域经理的奖金做调整，并记录在案，作为晋升考评的依据。

3. 优先追踪和销量有关的指标。生动化陈列做得好，销量就好，这个道理谁都知道，但是对增加销量来说，做终端、摆陈列、贴海报肯定没有通路压货快。如果办事处只有四个员工，既要面对总部的生动化陈列检查，又要增加销量，精力有限，无法兼顾，怎么办？有个折中的建议：先追和销量有关的生动化陈列指标。终端生动化陈列指标包括堆箱数、摆台数、吧台货架陈列面、POP 数、展示柜陈列牌面数、门贴数、旗舰店、样板街……哪些指标对销量有立竿见影的促进作用？当然是堆箱数、摆台数、吧台货架陈列面（夏季和销量有直接关系的就是冷风柜、冰柜的陈列量）。你既想提升生动化陈列效果，又想提升销量怎么办？首先强化提升这些指标。

店内（批发店、零售店、餐饮店，大超市除外）堆箱数的提升取决于以下四点：业务员的随手陈列、经销商送货人员的随手陈列、终端店的库存量、公司的陈列奖励政策。

月底让终端业务代表普查一下你和竞品的堆箱数比例，制定一个专案。下个月推行路线终端堆箱数提升专案，要求本品堆箱数和主要竞品的比例必须大于2∶1，纵向排名，奖优罚劣，同时实行堆箱陈列奖励和通路进货坎级奖励。

4. 做得再细致一点，跟经销商谈。"堆箱数扩大就是销量扩大，你也有钱赚。能不能让你们的送货司机也随手陈列？你也给员工开展一下堆箱数竞赛，奖优罚劣，员工奖励资源我们厂家出一半……"

想想以前业务代表只卖货不做生动化陈列，经销商的人更不做生动化陈列，区域经理也不关注生动化陈列。现在总部稽核各区域生动化陈列得分，区域经理不得不关注生动化陈列效果，而且区域经理非常清楚，生动化陈列提升首先要提升和销量有关的指标，然后区域经理天天查前5家店，业务代表天天做随手陈列和生动化陈列（而且业务代表知道，只要本月他的路线上陈列面大于竞品，就有奖金拿），经销商的人也在做随手陈列和生动化陈列，促销政策也适当加大了终端店的库存量和陈列量……别的不说，就单店内堆箱量这个指标和竞品的比例从1∶3提高到2∶1，能增多少量？接下来我再追货架陈列指标呢？能不能增量？我再追摆台数指标呢？能不能增量？把这几个指标都追起来呢？能不能增量？能增多少量？

终端信息到达率增量模型

产品卖得好不好，关键看店主是否推荐。店主为什么推荐？不仅仅是因为有利润，更重要的是他记住了卖你的产品利润高。你上一个新产品，利润比老产品高，两周之后你去零售店暗访："老板这个产品利润多少？哪个产品利润高？"得到的答案往往是错的，或者老板说："嘿嘿，我没记住，说不清。"说实话，店主经营那么多产品，除非你的产品利润非常高，否则店主很可能记不住。

所以，当你发现这个问题正在影响产品销量，尤其是新产品销量的时候，就要求终端业务代表和经销商业务代表对零售店店主、营业员或服务员反复告知"我们的新产品一箱利润是6元，新产品利润高……"，然后月底检查信息到达率，并进行奖罚。

传达的信息除了利润高，还包括产品优势和促销政策。比如"我们的产品是麦饭石山泉水酿造""我们上市期间有开盖再来一瓶促销活动"。

当每一个店主、营业员都清楚地知道卖你的产品利润高，知道你的产品的优点，知道你的促销政策的时候，他们自然更愿意主动推荐，会不会带来增量？

打击竞品增量模型

维护专销增量模型

酒水行业的常规做法是包专场，但实际上专场往往不专卖，酒店老板都在或明或暗地经营竞品。旺季维护专卖靠的是人员拜访、执行力，靠扩大本品陈列面和压缩竞品陈列面让竞品"看不到"。

淡季到了，更是清理门户的好时机，因为旺季销量大，让酒店老板停止经营竞品会损失不少利润，难度较大。淡季销量小，利用专卖协议、促销政策给老板施压，把竞品从我们的专场里彻底清理出去。一个月下来，清理几百家门户能不能增量？今年淡季竞品被我们赶出去 400 家，明年旺季竞品想再把这 400 家恢复就难了。

封杀竞品增量模型

竞品在我的主市场大力度促销，对重点店承诺：卖三个月送一台小电视机。我让业务代表把这个促销消息告诉每一个终端店，让大家都找竞品要电视机，搞得它鸡犬不宁。

跟竞品"抬"堆头费和灯箱费的价格。你 1000 元，我 1500 元；你 2000 元，我 2200 元。什么？你出 3000 元？哈哈，傻瓜你去烧钱吧，我不玩了。

为阻挡竞品的疯狂攻势，上一个跟它的主销产品相同价格、相同规格的"炮灰产品"，疯狂促销，拉它一起跳悬崖，跟它同归于尽，至少我保住了自己的主销产品。

在竞品内部培养"眼线"，它的一举一动都在我的掌握之中。

跟采购讲好，竞品的新品要进店了，你帮我顶着（拖延它的进场时间），顶一周我给你什么，顶两周我给你什么。

跟采购联手，旺季节庆到来前，突然找借口把竞品清场。没关系，节后再把它恢复回来，让我们独唱 7 天，卖场的损失我们付。

干脆就推行"封杀专案"，跟零售店签协议，只要你不经营指定竞品，我们就1个月给你几箱产品。

……

这些方法好像损了点，但是真的在发生，真的有人在用，而且有效。

冲击假日销量模型

五一、十一、中秋、春节，大多企业要放假，我乘虚而入，突出奇兵。在别人休假的日子加班搞集中铺货、堆箱奖励、订货会，抢竞品的客户，抢陈列位，破坏它的生动化陈列。能不能增量？

谁都想避开血淋淋的白刃战去寻找"蓝海"，但身为区域经理，没这个权限，往往只能在"红海"中血拼，尤其对成熟的市场（份额固定，竞争激烈，此消彼长），很多手法迫不得已，而且有扰乱游戏规则之嫌。但是没办法，我们小企业活得不容易，狭路相逢，白刃相向，你不死，我就得死，这叫人在江湖，身不由己。

1000种增量的方法

从基础管理、市场策略管理，到通路管理、终端管理、打击竞品，有普遍意义的"非促销增量方法"我列了十几种。其实上面每一种增量方法里面又包含很多细分的途径和动作，十几种可以分解成成百上千种。

增量机会就这些吗？

还多着呢，市场上还有数不清的案例。

维护终端异常价格。原本零售6元的产品终端砸价变成了5元，和我们的另一个卖5元的产品冲突，6元的价格带没"站住"，怎么办？进行价格告知，把该卖6元的产品价格提回去，重新占领6元的市场。能不能增量？

成立专门的打冲货专员，出台专门的冲货处罚政策，抓证据，把冲货堵住，能不能增量？

啤酒行业回收啤酒瓶，增加社会回瓶点就能带来增量！

处理经销商遗留问题，他们一高兴，一使劲，就能增量！

重点产品还没有完全推起来，淡季已经到了，为了防止这个产品在淡季夭折，从市场中找几家适销此产品的店，签订单品专卖协议（停止供其他品种，专卖这个重点产品），结果该产品成了单店名牌，这样可以增加该产品的销量，保留市场基础，为明年翻身做准备。

终端业务代表为了卖新品，随便给零售店承诺新品进货可以赊销，经销商很生气，开会修理业务代表，杜绝以后类似现象的发生，对销量没有直接增加但是绝对有促进。

与终端店签订了陈列协议，但这事是市场部推广组主持的活动，终端业务代表觉得这好像不是自己的事情。我的办法是把市场部签订的协议店名单全部标到业务代表的路线手册上，要求业务代表拜访频率加倍，并且利用陈列协议拿订单（陈列协议要求陈列20箱，实际店内库存可能只有13箱），又可以增量。

公司给分销商进货奖励送自行车，分销商都不想要，我申请改赠品，把自行车改成小型压面机（当地人喜欢吃面条），销量翻了几倍。

总部新品上市要求我们做超市户外促销，但是我那个区域正在闹沙尘暴，于是我把户外促销改为户内促销，结果效果很好，别的区域经理都骂我鬼。

元旦期间公司推社区促销，要求每天卖几箱货，我让促销员一个社区开三个促销点（实际上还是一个促销点，只不过在社区的三个地方布置了陈列和海报），然后要求促销员每人熟背话术，单日销售达到80多箱。

……

好了，先点到为止，增量的方法何止千种，所以叫作"1000种增量的方法"。把这些增量的方法全部总结出来，有道（无非"基础管理增量""市场策略管理增量""通路管理增量""终端管理增量""打击竞品增量"等几大类），又有术（成百上千的小方法、小案例、小动作），总结得越细越好，背得越熟练越好。然后你就像熟读兵书、身经百战的将军，或者有多年临床经验的医生，到任何市场走一圈，立刻能找到增量机会。胸中有韬略万千，才能神目如电。

自己动手，建立增量模型手册

好极了，区域市场增量模型真有用，这门课讲出来要四天，写出来要大约五十万字，上文只是讲了几个例子，供大家参考。

这本书已经在写作中，争取尽快上市，等不及吗？没关系，企业可以先参考本章内容自己动手做一本，效果会更好、更亲切。

内资企业很少有规范的市场操作手册，而是让各位区域经理摸着石头过河，结果有两个区域成功过河,更多区域掉进河里。我们要反思的是这两个过河的区域做了什么?他们的方法和经验是什么?他们的经历有没有可以复制的地方?

全国那么多区域,那么多办事处,这个区域增量,那个区域减量,这个区域反败为胜,那个区域又盛极而衰,这背后一定有原因,一定有案例,一定有经验,一定有教训。能不能把这些知识提炼出来,给其他区域更多启发,避免重复成本?

越是成熟的企业,经历越多,智慧储备也应该越丰富。遗憾的是,这些智力财富全都"散落在民间",随着时间消逝和磨灭。而企业总在重复面对同样的问题,付出重复的成本。

怎么办?建立内部学习机制,企业自己动手建立区域市场增量模型。

委任项目经理(可兼职)。

召集业务骨干撰写区域市场增量模型的初步文案教材(最初可能只有几十种增量方法)。

内部悬赏。凡是对初步文案教材修改或增加有效内容者,赏!

每月总部月会,大区月会,要求各区域轮流上台讲案例——碰到什么问题?怎么解决的?销量是怎么增加的?失败的教训在哪里?(有效内容马上记录下来,补充到教材中去。)

每月举行"案例 PK 大比武活动"。A 区上台出题"我们区域碰到什么问题,请 B 区的同事给我们解决方法",然后 A 区再讲"其实这件事,我是怎么解决的",下个月可能又是 B 区挑战 A 区。

项目经理始终负责活动的组织、教材的编写、各区教材案例贡献的追踪奖罚,以及教材的下发等工作。

实战演练。要求区域经理运用增量模型寻找增量机会,大区经理运用增量模型给下属区域制定方向和排期,月会改成在某个区域开现场会,让大家一起运用《增量模型手册》给这个区做营销诊断。

只要把销售人员全发动起来,点滴积累,聚沙成塔,要不了半年,一本手册就诞生了,扉页上写着:

这是一本工具书,里面记载着区域市场增量成百上千种可能用到的方法。

每一种方法背后都有真实的故事,曾经被我们的同事验证,每一种方法都是

高管篇

公司同事的智慧结晶，每一种方法的后面都写着作者的名字。

当你面临销量问题的时候，请进行自检并寻找答案。

如果你有新的创意，请联系总部，公司十分感谢你的贡献，你会获得奖励，同时你的名字会出现在下一版的更新教材上。

第9章

营销总经理的"第三只眼"及工作模型

营销总经理勤于一线走访市场的同时,必须强化理性分析能力,扩大视野,熟练应用数据分析模型,随时监控销售业绩,预测可能要发生的变化。这就要求营销总经理拥有"第三只眼"。

营销总经理的工作压力大,在压力和各种杂务的干扰之下,很容易迷失。营销总经理需要热情、能力、经验,更需要固化的可复制的工作模型,帮助自己脱身庶务,联系市场实际,提升管理绩效。

本章将站在营销总经理的角度,对营销总经理的工作进行分解,讲解营销总经理如何使用"第三只眼"看懂业务数据,运用工作模型提高工作效率。

第1节　当销售遇到数据

当营销总经理拿着数据追问区域经理，经理兵来将挡，水来土掩，百口莫辩，玩起了数字游戏。

看销售业绩，必须得看销售数据。纵使区域经理有一百张口，干瘪的数据还是会让他无言以对。看数据，找原因，需要营销总经理能看懂数据，找出销售过程中存在的问题。

第9章 营销总经理的"第三只眼"及工作模型

百口莫辩的数据迷局

有人对着一坨屎中未来得及消化的几颗玉米兴奋地大叫:"看!这不是屎!是粮食!"

笑话归笑话,类似的戏剧场面也经常在销售月会上出现。

营销总经理对一个区域市场的业绩数字提出质疑,而区域经理总能找到各种借口来回应。

本月任务完成率低,只有78%?

任务量太高,所以本月任务完成率低。

整个公司才完成65%,我比公司平均水平高。

上个月搞促销压货,库存太大,本月销量被上个月吃掉了,所以本月任务完成率低。

虽然整体完成率78%,但是我这个月主要是推高价产品,高价产品销量翻番,给公司创造的利润高。我要是主推低价产品,肯定超额完成任务。

本月成长率低,才12%,比上个月还下滑了?

我这个区域是公司的大本营成熟市场,已经快饱和了,你不能拿我跟开发类市场比。成长率12%已经不低了,我成长1个点带来的增量比其他区域翻倍带来的增量还大。

核心市场平均成长率为8%,我比同类市场平均水平高,成长率12%已经不低了。

前几个月还有负成长(成长率为负值)呢,年度累计成长率才4%。这个月成长率12%已经是这几个月的最高点了。

去年这个月是特殊情况,那时候涨价,客户拼命压货,所以去年这个月是销量高点,导致今年本月成长率低。

去年这个月成长率才2%,今年当月成长率12%,说明我今年的成长正在加速。

上个月的销量大,但是月底发了5车货。这个月的销量都是20号以前发的货,这个月没有冲量,所以成长率不行,但是我的发货周期好。

我的新产品和高价产品提升得很快,所以这个月销量不太好,但是质量好。

今年天气不好,一直都下雨。

A区域往我这里冲货,公司一直不解决,所以这个月经销商不愿意卖了。

本月我发货量其实很大，但是很多都是支付前几个月经销商的返利，还有"再来一瓶"的赠品。我还不乐意呢，经销商现在都骂了："卖你们公司的货就是学雷锋，还倒贴运费和人工！"

本月你的产品销售平均价格下滑，这说明你的产品结构不好。

但是我的销量上升了，怎么我多卖货也挨骂！

竞品攻击低价格带的市场，我不得不针对低价位产品促销回击。一促销使得低价位产品销量上升了。您说，竞品攻击我要不要回击？

而且我的中价位产品销量上升 45%，高价位产品上升 21%，中、高价位产品都上升了，只不过是中低价位产品上升得更快，表现出来就是平均价格下滑了。这是好事啊！你要是想让平均价格上升，我下个月控制一下中低价位产品的发货量，平均价马上就上去了。但是，受损失的可是公司啊。

怨不得区域经理们"神回复"，这是销售高管的问题。高管对销售数据的综合认知和深度分析能力不够，事先分析准备不充分，抓住一个指标就急于对区域业绩进行褒贬，结果自然是百声杂陈、歧见迭出。会议上高管说一句，区域经理回应八句，而且人家回应得好像还不无道理。

一旦这种风气蔓延，销售会议就变成了"群殴"。区域经理们齐心协力几十张嘴"对付你"，高管就会陷入"人民战争的海洋"，群众的智慧是可怕的！

暴君杀人，圣君诛心。你要能有理有据、客观实际、无懈可击地分析这个区域存在的业绩问题，让区域经理们都心服口服才行。

销售数据分析，就是"业绩体检报告"，是营销高管的眼睛，是管理下属的依据，其重要性不言而喻。但是，如果高管对销售数据的理解仅限于任务完成率、增长率、成长率、费用率、利润等数字，那高管还是处在最原始的"端屎盆投篮法"水准，腹中空空，徒有脾气，自己说话、心里都没底。

销售数据分析的前提：市场分类模型

3 岁小孩的生活就是吃饭、睡觉、玩，健健康康，还有乖乖听话。30 岁的成人就不能这么要求了，阶段不同，使命和功能也不同，不可同日而语。管理市场的道理也一样。

各类市场基础不同，管理重点也不同，放在一起没有可比性，更不方便管理。因此建议对市场进行分类，有针对性地管理，如表 9-1 所示。

第 9 章 营销总经理的"第三只眼"及工作模型

表9-1 不同类型市场的管理重点分析表

类型	占有率分类法	成长率分类法	管理重点
优势市场	市场占有率大于60%，且稳定	成长率小于20%，本品占主导	1. 完成率、人均消费、费用率（重点区域的业绩稳定，关乎公司销售大局） 2. 重点产品完成率（核心市场的第一管理重点是产品结构提升） 3. 下滑客户和下滑区域（核心市场的第二管理重点是区域结构提升。整体市场已经饱和，但是乡镇市场是弱势区域，需要进一步提升。另外出现下滑的经销商也是弱势区域，需要进一步提升） 4. 发货周期，核心市场月底容易出现压货，导致库存不良、价盘不稳定，要管理发货周期 5. 优势市场区域成长率、增长率目标不能过高（参考行业水平） 6. 核心区域产品销售平均价低于公司平均价时说明产品结构不好，需要提升平均价格 7. 关注零发货客户数，核心市场的经销商一般不会出现零发货
成长类	市场占有率在30%~60%，且业绩快速上升	成长率大于30%	1. 完成率：这类市场波动较大，任务量比较难确定。要对超额完成的部分实行鼓励，多劳多得，防止区域经理超额后"踩刹车" 2. 增长率：市场越弱，铺货率越低，有大把空白市场等待开发。所以，这几类市场要有"进攻市场无淡季"的观念，每月管理增长率，强调进攻速度 3. 重点产品完成：要迅速形成大产品，然后推第二、第三个产品，形成产品组合 4. 成长率：根据不同市场投入，制定不同的成长率目标 5. 平均价销售：市场平均价低于公司平均价时，说明产品结构不好，需要提升平均价格，但是一定要在总量上升的前提下进行管理 6. 零发货和下滑客户：这几类市场在高速成长，零发货和下滑客户较少，发货周期导致的不良库存也少，所以这两个指标可以最后关注
机会类	市场占有率小于30%，重点投入的高增长市场		
潜力	市场占有率小于30%，在公司运输半径内，且业绩上升		

续表

类型	占有率分类法	成长率分类法	管理重点
外围	市场占有率小于10%，业绩上升	成长率小于20%，且非本品主导	1. 完成率和成长率：外围市场和问题市场业绩都不好，制定任务时要让区域经理们看到希望。只要这个月比过去做得好就应该奖励，提振士气，让市场不断好转，甚至扭亏为盈 2. 零发货及下滑客户：外围市场和问题市场关键是要扶持优势客户，对下滑客户及零发货客户也要重点关注 3. 重点产品成长率：外围市场和问题市场要形成大产品，才能稳定成长 4. 增长率、平均价及发货周期可作为外围市场和问题市场最后关注的指标
问题	持续下滑	成长率小于0%	

说明：

1. 表内数字比例仅做参考。

2. 市场占有率＝本品销量÷市场容量，市场容量＝行业协会提供的人均消费量×当地人口数。

3. 每个市场都跟自己"同类市场的平均值"做指标对比，市场分类对比才有可比性。

4. 对不同类型的市场，关注的重点也不同，数据分析、月会点评、市场投入都应有所区别，做到有针对性。

5. 市场分类是动态的：某区域列为外围市场，但是它的成长率连续三个月均高于30%。高管经过实地调查确认没有异常因素影响，可能会把该区域列入潜力市场。

第 2 节　被遗忘的指标

上一节讲了百口莫辩的数据迷局和市场分类模型，本节将围绕客户结构和发货品种分析、发货速度和发货周期、深度分析"销售三率"三个主题，对营销总经理、大区经理经常用的销售数据立体分析模型进行讲解。

感性分析是受限的，营销高管在勤于一线走访市场的同时，必须强化理性分析工具，扩大视野，熟练应用数据分析模型，随时监控销售业绩，预测可能要发生的变化。同时也要更全面客观地评估各个区域的工作，目的不是为了整人，而是帮助区域经理们发现各自责任区域的不足，指出正确的改善方向，同时也给他们无可辩驳的压力。

客户结构和发货品种分析

表 9-2 为市场类型及销售大盘指标分析表。

表9-2 市场类型及销售大盘指标分析表

区域信息			销售大盘指标					
	区域		客户结构		发货品种结构			
			发货客户分析	发货客户环比和同比	发货品种数分析		负成长客户分析	未发货品种分析
区域	业务负责人姓名	有效客户数	当月发货客户数 / 当月零发货客户率	去年同期发货客户数 / 今年当月与上月发货客户数环比差异 / 今年累计与去年累计发货客户数差异	当月业绩 / 负成长客户带来业绩下滑总占比 / 负成长客户数占业绩比例	年度累计业绩 / 负成长客户带来业绩下滑总占比 / 负成长客户数占业绩比例	今年当月与去年同期发货品种数差异 / 今年累计与去年累计发货品种数差异	今年当月未发货品种带来业绩减幅占总业绩比例 / 今年累计未发货品种带来业绩减幅占总业绩比例

市场类型

第9章 营销总经理的"第三只眼"及工作模型

说明：

1. 市场类型：见上一节内容。
2. 有效客户数指三个月内有发货记录的客户的总数，企业可根据自己实际情况自定义。
3. 当月零发货客户数指有效客户中本月未发货的客户数。
4. 当月零发货客户率 = 当月零发货客户数 ÷ 有效客户数 ×100%。
5. 当月业绩负成长客户率 = 当月业绩比去年下滑的客户数 ÷ 有效客户数 ×100%。
6. 年度累计业绩负成长客户率 = 年度业绩累计比去年下滑的客户数 ÷ 有效客户数 ×100%。
7. 如果企业进行了客户拆分，比如A经销商的区域拆分为B、C两个经销商，那么做数据分析的时候就要对比B、C两个经销商的销量和与A经销商的销量。
8. 有效品种为各经销商可发货品种之和。
9. 当月发货品种数为当月各个经销商从公司发货的品种和。
10. 今年当月与去年当月发货品种数差异率 =（今年当月发货品种数 − 去年当月发货品种数）÷ 去年当月发货品种数 ×100%。
11. 当月业绩负成长客户带来业绩下滑量占总体业绩比例、年度累计业绩负成长客户带来业绩下滑量占总体业绩比例、今年当月比去年当月未发货品种带来业绩减幅占当月总体业绩比例、今年累计比去年累计未发货品种带来业绩减幅占累计总体业绩比例是评估企业业绩下滑幅度并找出根源的主要依据。

"销售大盘指标"非常重要，但也总是被遗忘。

某公司当月总体销量比去年同期增长40%，形势一片大好？看看"销售大盘指标"再下结论：

当月零发货客户率为18%，意味着企业18%的地盘这个月颗粒无收；

当月业绩负成长客户率为45%，意味着企业45%的地盘这个月减产；

年度累计业绩负成长客户率为55%，意味着企业55%的地盘今年累计减产；

今年当月与去年当月发货品种数差异率达到−46%，意味着很多地盘的品种减少了。

那么多庄稼地颗粒无收，庄稼品种开始减少，物种开始灭绝。总成长率为40%，还敢得瑟？看看销售大盘指标，你摊上大事儿了，再不重视就准备奏哀乐办后事吧！

深度分析，零发货和负成长的客户在哪里？

应用如表9-3所示的负成长客户结构分析表做属性分析，从数据上找共性问题。比如这个月业绩下滑主要集中在核心市场的客户，且高档产品下滑比较严重。思考一下：是不是我的专销经销商被竞品撬了墙角，专销被打破了？还是高档产品在卖场渠道的某个环节出了问题？提炼和思考共性问题，改善起来就更有针对性。

表9-3 负成长客户结构分析表

业绩负成长客户	属性				品类		总负成长量
	隶属大区	主营渠道	排他性	主营区域	品类1	品类2	

不管从"负成长客户结构分析表"上能不能找到共性问题，高管必须立即对这些下滑区域做走访调研：是不是公司政策需要修正？我们的业务人员有没有拜访？冲货砸价使得大户吃了小户？今年的经销商合同的某条款挫伤一批经销商的积极性？受到竞品攻击企业的地盘在萎缩，仅剩几个核心区域苦苦支撑"大好形势"？有几个品种价格已经穿底，经销商都不愿意发货了？

如果一家公司的"零发货客户率"和"累计业绩负成长客户率"都超过30%，那说明已经是癌症早期了。赶紧分析这些"病灶"客户给你造成了多少销量衰退，重点清理，防止扩散，挽救下滑客户。我们需要针对共性问题出台新的政策，对下滑区域走访解决市场具体问题，给经销商当月首次提货激励，给销售人员进行区域内零发货客户数处罚、零发货区域处罚、经销商活跃率奖励等。

同理，如果"今年当月比去年当月未发货品种带来业绩减幅占当月总体业绩比例""今年累计比去年累计未发货品种带来业绩减幅占累计总体业绩比例"较大，那就说明"产品下滑"是今年业绩下滑的主要原因。赶紧分析公司今年每个产品的当月和累计下滑量，寻找共性问题，看看哪个产品的业绩下滑最大，这个产品主要下滑在哪类经销商身上？

销量等于活跃客户数乘以品种数。客户结构、发货品种结构是公司的销售大盘指标，事关总体结构，是社稷根基，对高管来说，监控这两个指标远比监控总销量更重要。

换句话说，销售大盘指标是因，总销量是果，销售大盘指标是销量"他妈"。离开销售大盘指标片面追求销量，那就是倒果为因。

最后补充说明三点：第一，文中提到具体数字仅代表思路，各家企业可根据实际情况变通；第二，表头太复杂？只是为了方便读者理解，实际应用中可用关键字代替；第三，报表太复杂？基层填写的执行报表越简单越好，但总部数据分析报表由专业内勤来做，供总经理决策参考，因此不怕复杂，就怕做了没人看。

发货速度和发货周期

对比去年的同期成长率，对比上月的环比增长率，对比任务的完成率，能反应发货速度。

错！这三个指标都是"过去式"，只有在月底开月会评估上月业绩的时候才有意义。可问题已经过去了，总结评估当然重要，但那是"事后管理，死后验尸"。

中国人说"上医医未病"，西方人说"事前管理"。越是高阶管理者，越要有前瞻眼光，熟悉企业的过去，把握企业的现在，预测企业的未来。

具体的分析方法写出来比较枯燥，还是用情景模拟的方式来呈现。

情景模拟

提问：某区域截至本月20号已经完成本月任务的85%，请问这个区域的业绩一定好吗？

回答：当然不一定了。也许这个区域的产品结构不好，只卖老产品；也许这个区域的渠道结构不好，靠批发渠道卖货一白遮三丑，其实卖场渠道业绩并不好。

提问：打住打住，我知道你懂得比较多，我换一个问题。请问在不考虑产品结构、渠道结构、通路库存转移等因素而只考虑区域的发货总业绩且假设任务量公平合理的条件下，某区域截至本月20号已经完成本月任务的85%，这个区域的发货总业绩好吗？

回答：只考虑这个区域的发货总业绩？20号已经完成本月任务的85%，总业绩好吧。

提问：确定吗？再想想。

回答：真只考虑这个区域的发货总业绩？20号就已经完成本月任务的85%，我觉着总业绩好！

高管篇

提问：哈哈，中招了！如果这个区域12号就已经完成了85%，12号到20号这8天一件货没发，快消品行业，8天不发货，你还会觉得这个区域的总业绩好吗？

回答：哎呀！陷阱在这儿，明白了。快消品行业发货的频率高，不能只看月度累计完成进度，还要看每天的发货进度。8天不发货，那说明要么是这个区域出事儿了，要么是这个区域经理耍小聪明，一看才12号就已经快完成任务了，就故意"挂倒挡"。

提问：怎么才能"挂倒挡"呢？直接跟经销商说公司没货了吗？

回答：不会，那么说太没技术含量了。我们一般都是跟经销商说下个月公司有促销活动，然后他们就不进货了。

提问：那下个月咋办？

回答：下个月……下个月我就告诉经销商上个月是开玩笑呢。

提问：嘿嘿，你真是够无耻的。正因为有这些"无耻的"行为，所以光看当月的累计任务完成率没用，还要看每天的阶段任务完成量，这样才能发现这个阶段的业绩问题，这也就是发货速度和发货周期指标。

提问：我再换一个题目，这回不对比任务完成率了，对比去年同期。某区域从月初开始一直持续发货，截至本月20号，比去年同期成长率高70%，不考虑产品结构、渠道结构、通路库存转移等因素，只考虑这个区域的发货总业绩，请问这个区域的总业绩好吗？

回答：你给我挖坑呢！是不是整个公司大盘成长120%？

提问：不是。我再补充点背景资料：整个公司大盘成长25%，按照之前的说法，销售数据对比的前提是同一类型市场对比，这个区域是"优势市场"，同类市场平均同期成长率仅为18%，而这个区域从月初开始一直持续发货，截至本月20号比去年同期成长率高70%，总业绩好吗？

回答：这说明这个区域去年的成长远远高于同类市场，任务完成率可能因为任务量定的不准使数值发生了偏差。但是成长率是对比去年同期销量，那是更加客观的指标啊！那就没问题，业绩好！

提问：确定吗？再想想。

回答：你又来了，直接说吧，陷阱在哪里？

提问：如果这个区域去年当月1号到25号发货很差，行话也叫"发货周期不好"，去年当月的发货量的90%都集中在月底5天，你说会出现什么情况？

回答：啊？防不胜防啊！那就是说，1号到25号看当月成长率，都很高，因为去年当月1号到25号没怎么发货，然后26号开始，当月成长率会突然掉下去，到月底弄不好还负成长。

提问：怎么防止这个指标陷阱的出现呢？

回答：我想想，明白了，任务完成要看"当月累计任务完成率"和"每个阶段的任务完成率"，而成长率要看"当月累计成长率"。同时，为了防止去年当月发货不均匀造成成长率数据在一段时间内失真，还要对比"去年当月全月销量"才更全面，也就是"截至目前的当月销量÷去年当月全月销量×100%"。然后用这个数值跟时间进度对比，如果15号同期成长率是70%，但是截至今天销量占到去年当月全月销量的15%，这说明本月前15天发货速度和发货周期不好，需要赶紧提前管理，避免本月后半个月的某一天当月成长率突然下降，弄不好还负成长……

提问：那增长率呢？

回答：道理应该也差不多，为了防止上月发货不均匀造成本月增长率数据在一段时间内失真，也要对比"上月全月销量"才完整。

要想每天能及时诊断各个区域的业绩完成进度，建议采用如表9-4、表9-5、表9-6所示的表格工具。

高管篇

表 9-4 发货速度跟踪表

日期： 年 月 日

发货速度跟踪表

指标 区域名	月销售完成及完成率		年销售完成及完成率		月度/年累计同期成长率				环比增长率	发货速度诊断				
										对比档期		对比去年同月全月		对比上月
	本月目标	本月完成	本月完成率	今年累计任务	今年累计完成	今年累计完成率	去年当月同期完成	去年当月同期成长率	去年累计同期完成	年累计同期成长率	上月同期	环比增长率	档期任务	档期完成	档期任务完成率	去年同月全月	截至今日完成占去年同月全月	上月全月	截至今日完成占上月全月

月时间进度：　　年时间进度：

第9章 营销总经理的"第三只眼"及工作模型

说明：

1. 月时间进度 =（当月已发生天数 - 当月天数）÷ 当月天数 ×100%。
2. 年时间进度 =（当年已发生天数 - 365）÷ 365×100%。
3. "月/年销售完成及完成率"看的是对比月度/年度任务累计完成进度的现状，是个"终点累计指标"，不能反映每个阶段的业绩。
4. 成长率和增长率看的是对比去年当月和年度累计同期与对比上月同期的成长和增长现状。是个"同期对比指标"，不能排除下半个月的数据异常突变。
5. 档期任务完成率。档期可以根据企业所处行业情况来确定。档期完成率是个"剖面快照指标"，追踪档期任务，可以避免被"月度累计完成率"这个"终点累计指标"数字所迷惑。能及时发现每个区域在每一个"剖面"也就是档期里的业绩异常。
6. 档期考核在特殊时期非常有必要，比如：

新品铺货的时候，档期考核可以推进进度，让大家尽快动起来。

员工都在月底压货成风的时候，档期考核可以改善发货周期，减少物流压力，促进市场良性发展。

年前要压货的时候，档期考核第一个档期很重要。第一个档期压狠一点，逼着大家早动手。否则到了年前竞品都压过货了，你就压不动了，弄不好元月中旬下一场大雪你报订单，公司也发不出货了。

年后管理第一个档期也很重要，员工过完年刚上班还没进入状态，第一个档期压狠一点让他们早点从春节休假的状态中醒过来。

7. 每日发货对照。对发货频率特别快的行业（比如啤酒行业，到了夏天，几乎天天从厂家要货），发货周期的诊断要更细致，还要引入"每日发货量对照表"作为辅助分析。当月每日发货量对比去年同月和上月同日的发货量，只要有一天下滑，立刻用"红色块"标出，警示管理者"今天的日销量不正常"。这样阶段业绩问题（比如月底"挂倒挡"，月初松懈不发货，上半个月业绩好、下半个月松懈，月底压货等）可以更加直观及时地表现出来，提早应对。

8. 截至今日完成占去年同月全月 = 截至目前的当月销量 ÷ 去年同月全月销量 ×100%。注意，这个指标不是同期比，是和去年同月全月对比，分子天天变，分母是固定值，去年同月下半个月发货的异常变化已经在分母中囊括了。这属于"时间进度指标"，如果比值超过"月时间进度"，说明截至目前发货速度，对比去年同月全月是健康的。只要维持这个速度，下半个月就不会出现成长率异常变化。

9. 截至今日完成占上月全月 = 截至目前的当月销量 ÷ 上月全月销量 ×100%。分析方法同上。

表9-5　档期追踪表

	1~10号目标		11~15号目标		16~20号目标		21~30号目标	
	累计完成当月任务的35%	档期目标量	累计完成当月任务的65%	档期目标量	累计完成当月任务的85%	档期目标量	累计完成当月任务的100%	档期目标量
区域A								
区域B								
区域C								

说明：

1. 分四个档期做考核，员工由一个月"紧张"一次变成"紧张"四次，防止出现月底压货现象。

2. 每个档期除了看当月累计任务完成率，还要看档期目标的完成情况，对累计完成超额但档期目标量未完成的区域做出警示，防止出现前半月业绩好，后半月"挂倒档"或者几天不发货的现象。

3. 一个档期不能完成当月累计任务罚款500元，四个档期都能完成当月累计任务和档期目标量奖励1000元。

表9-6 每日发货量对照表

日期	1	2	3	4	5	6	7	8	9	10	11	12	13	14	15	16	17	18	19	20	21	22	23	24	25	26	27	28	29	30	31
本月																															
上月																															
去年																															
较上月差异																															
较去年差异																															

我们学习了发货速度和发货周期分析指标，引入了剖面快照指标的分析方法。案例总是给大家"销售三率"不靠谱的感觉，容易误导管理者。那么，"销售三率"的分析还有意义吗？当然有，下面我就会讲解这几个常规指标背后鲜为人知的细节和数据陷阱，让大家学会多角度、多剖面的立体分析"销售三率"。

深度分析"销售三率"

销售业绩分析最常用的指标是任务完成率、较去年同期成长率和较上月增长率，也就是"销售三率"。

但是，如果单纯看这三个指标的数值就对一个区域做业绩评估，一定会漏洞百出。

并非"销售三率"指标本身有问题，是视角的问题，下面我将介绍"销售三率"的完整分析方法。

分析维度一：看大小

对比"公司大盘"和"同类市场"的平均值，看"销售三率"的"相对大小"。

当月任务完成率、成长率、增长率这些数值是否高于整个公司及同类市场指标数值

请看表9-7，指标大小的评价要有参照系。

表9-7 某企业某月销售数据统计表

区域	完成率	成长率	增长率
公司大盘	112%	13%	22%
核心市场大盘	105%	10%	17%
A 区域	122%	25%	29%
B 区域	85%	−5%	8%

公司任务完成率为112%，当月成长率为13%，当月增长率为22%；核心市场任务完成率为105%，当月成长率为10%，当月增长率为17%。而核心市

场的 A 区域任务完成率为 122%，当月成长率为 25%，当月增长率为 29%。业绩跑赢大盘，跑赢同类市场，是整个公司核心市场的"加速引擎"。而核心市场的 B 区域则相反，数据难看，拖了公司后腿。

分析最近六个月中有几个月的"销售三率"高于或低于"公司大盘"和"同类市场"的平均值

当月的指标数据，往往受到上个月或者下个月业绩的影响。如表 9-8 所示，某个区域的销售数据低于公司大盘和同类市场的销售数据，区域经理会回答："我上个月做促销压货了，上个月完成得好，所以这个月……"或者"我这个月在清理经销商库存，下个月会把业绩赶上来……"这个时候你要告诉他："最近六个月你有五个月的成长率低于公司大盘和同类市场的平均值，累计成长率也低于公司大盘和同类市场的平均值，而且连续两个月增长率都低于公司大盘增长率……"。

表9-8　某区域1~6月销售数据统计表

	1月	2月	3月	4月	5月	6月（当月）	年累计
该区域成长率	12%	10%	7%	8%	6%	10%	9.5%
同类市场成长率	15%	9%	12%	17%	15%	21%	17.4%
公司大盘成长率	21%	9%	14%	19%	10%	18%	19%
该区域增长率	32%	−17%	22%	27%	5%	27%	
同类市场增长率	38%	−15%	21%	25%	21%	32%	
公司大盘增长率	42%	−9%	27%	21%	35%	41%	

分析"当月业绩指标"、对比"年累计业绩指标"的差值，看当月是否在进步

对完成情况很差的区域而言，短期无法迅速大幅改善业绩指标，为避免区域经理失去信心，"心如死灰"，要关注"当月完成率和成长率"是否高于"年度累计完成率和成长率"，鼓励逐步改善。

表 9-9 显示，年度累计成长率为 10%，当月成长率为 6%，当月成长率低于

高管篇

年累计成长率，这说明当月在吃老本，拉低了年累计成长率。而且当月成长率是今年逐月成长率的最低点，当月完成率是今年逐月完成率的倒数第二，这进一步说明这个区域的情况正在恶化。

表9-9　某区域1~5月成长率和完成率统计表

	1月	2月	3月	4月	5月（当月）	年累计
成长率	12%	10%	7%	8%	6%	10%
完成率	108%	100%	88%	95%	91%	102%

提醒一点，这种分析方法对"增长率"指标不适用。

分析维度二：看真假

成长率校准，对比去年成长率数据看今年成长率的真假

1. 剔除去年当月业绩异常因素。计算今年当月成长率时，分母是对比去年当月的业绩。要分析去年当月的业绩是否存在异常，得看去年当月成长率较去年累计成长率的正负，还要比较去年当月成长率和去年逐月成长率的高低，以此判断某区域今年当月成长率是不是"分母出了问题"而导致数据失真。

表 9-10 显示，某区域今年当月成长率为 50%，是全年的最高点，公司今年成长率为 5%，这么看似乎该区域这个月成长率很高啊！未必，因为该区域去年当月成长率为 –46%，是去年全年的最低点。这说明该区域去年这个月一定出了什么问题使得业绩非常差，造成今年这个月的成长率数据虚高。

表9-10　某区域1~5月成长率统计表（一）

	1月	2月	3月	4月	5月（当月）	年累计
本区域今年成长率	12%	10%	7%	8%	50%	10%

续表

	1月	2月	3月	4月	5月（当月）	年累计
公司今年成长率	9%	11%	4%	5%	5%	8%
本区域去年成长率	12%	14%	17%	22%	−46%	15%
公司去年成长率	10%	11%	4%	5%	10%	9%

2. 剔除当月促销造成的业绩异常因素。对因为促销造成当月成长率异常波动的情况，要分析 2~3 个月的合计成长率，做指标分析结论修正。

表 9-11 显示，某区域 4 月份压货促销成长率达到 50%，5 月份因消化库存，成长率为 −16%，这两个数据其实无法确定当月成长率表现。4 月和 5 月合计成长率为 11%，区域成长率和公司成长率差值为 −5.5%。说明这个促销压货是"寅食卯粮"，没有起到积极作用。

表9-11 某区域1~5月成长率统计表（二）

	1月	2月	3月	4月	5月（当月）	4+5月合计	年累计
本区域今年成长率	12%	10%	7%	50%	−16%	11%	10%
公司今年成长率	9%	11%	4%	15%	17%	16.5%	11%
区域成长率与公司成长率差值	3%	−1%	3%	无效	无效	−5.5%	−1%

高管篇

增长率校准，对比"上月增长率""上月成长率"数据看"当月增长率"的真假

剔除上月业绩异常因素。道理同上，月增长率是对比上个月的业绩，所以要看看上月增长率是否是全年逐月增长率的最高或最低点，来判断上个月的业绩是否有异常，从而判断当月增长率是否是因为"分母出了问题"导致数据失真。

表 9-12 显示，当月增长率为 57%，是今年逐月的最高，公司当月增长率为 22%，乍一看该区域这个月增长率还很高。可是该区域上月增长率为 2%，而公司上月增长率为 25%，上个月区域增长率与公司增长率差值是为 –23%，是今年逐月的最低。该区域上月成长率为 9%，而公司上月成长率为 23%，上个月区域成长率与公司成长率差值为 –14%，也是今年逐月的最低。

表9-12 某区域1~5月成长率和增长率统计表

	1月	2月	3月	4月	5月（当月）
本区域增长率	12%	76%	17%	2%	57%
公司增长率	29%	51%	14%	25%	22%
区域增长率与公司增长率差值	–17%	25%	3%	–23%	35%
本区域成长率	33%	41%	32%	9%	21%
公司成长率	27%	21%	19%	23%	25%
区域成长率与公司成长率差值	6%	20%	13%	–14%	–4%

分析维度三：看趋势

看成长率趋势——看今年成长率趋势线，判断区域发展是否健康

1. 分析各个区域成长率趋势时，建议将区域按"累计正成长""累计负成长"分类进行研究。比如今年累计正成长的 12 个区域里某个月负成长的区域有 9 个，这么多区域出现负成长，说明很可能是整体业绩或总部政策出了问题，而并非个别区域拖后腿。

2. 把逐月成长率记录下来做成图，如图 9-1 所示，从图中可以清晰地看到某个月成长率较前几个月的成长率是在加速还是放缓。如果某个区域成长率逐月下滑，说明这个市场存在问题，领导要去走访，寻找原因；如果某个区域成长率逐月上升，说明这个市场很有戏，应该赶紧去走访，找到机会点，趁热打铁砸钱投兵力，借势把这个区域市场做起来。

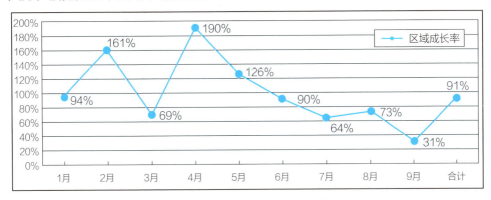

图9-1　某区域1~9月成长率走势图

3. 关联分析，对比去年累计成长率。如果去年累计成长率为 45%，今年截至当月累计成长率为 24%，那说明今年的成长速度较去年速度放缓。

看增长率趋势——看"今年当月增长率"对比"去年当月增长率"的情况，判断区域是否健康发展

1. 分析增长率趋势，不能用"今年当月增长率"对比"今年上月增长率"来判断，因为增长率很大程度上受淡旺季销售周期的影响。而应该用"今年当月增长率"对比"去年当月增长率"来判断。表 9-13 显示，5 月份旺季到来，今年 5 月份较 4 月份增长 45%（公司增长率 33%），去年 5 月份较 4 月份增长 25%，这说明今年 5 月份旺季的拐点压货促销做得比较成功。

高管篇

表9-13 某区域1~5月增长率统计表

	1月	2月	3月	4月	5月（当月）
本区域今年增长率	12%	−18%	27%	15%	45%
本区域去年增长率	49%	−21%	24%	17%	25%
公司今年增长率	9%	−10%	22%	9%	33%

2. 增长率指标在淡旺季交替的时候尤为重要。看"今年当月增长率"对比"去年当月增长率"的情况，以此判断旺季起量速度是否加速，淡季衰退速度是否减缓。

3. 关联分析。开发类市场基础销量非常小，市场空白又非常多，只分析成长率意义不大，还要注重分析增长率。开发类市场没有淡季，这一理念对很多空白市场而言再合适不过：销量不受淡旺季的影响，应该不停地开发新网点、新渠道，不断实现增量。所以开发类市场增长率应该逐月放大，增长率始终为正值，增长率的大小代表了开发类市场的"进攻速度"。

分析维度四：看品类

看品类成长率和增长率

1. 按照之前介绍的方法，分析不同品类产品的成长率及增长率，从而可以找出当月的成长速度是由哪个品类产品带来的。表9-14 显示，高价格带产品1月、2月压货之后逐月下滑，4月、5月连续两个月负成长，年累计成长率仅为仅1%（主要靠1月、2月过年带来的销量）；中间价格带产品年累计成长率也只有5%，当月成长率下滑到 −16%；低价格带产品的成长率波动非常大，这明显是搞促销卖库存的操作手法。

虽然该区域累计正成长25%，但是三个品类的趋势都不健康，整体业绩是靠低价格带产品促销推动的。高价格带产品下滑严重，这说明经销商今年虽然销量增加25%，但是利润严重下滑，经销商信心一定受到打击。经理们应立刻走访这个区域，制定中高价产品的业绩改善方案，同时检查低价产品的库存和生产日期，引导经销商提高终端拜访能力，提升终端实际销量，不要仅依靠促销卖低价货。

表9-14　某区域1~5月不同品类成长率统计表

	1月	2月	3月	4月	5月（当月）	年累计
本区域今年成长率	14%	96%	−67%	8%	41%	25%
本区域高价格带产品今年成长率	69%	41%	4%	−15%	−35%	1%
本区域中价格带产品今年成长率	42%	14%	17%	12%	−16%	5%
本区域低价格带产品今年成长率	4%	123%	−74%	8%	79%	29%

2. 重点品类单独分析。公司根据目前的业绩情况，定义重要品类。比如新产品、高价利润产品、季节性礼盒产品等品类，每个月对该品类单独进行各区域"销售三率"分析，重点管理。

3. 关联分析，各品类之间的销量变化可以互相关联、互相印证。请看下面的对话：

营销总经理：你负责的G区域这个月高价产品同期衰退12%。

区域经理：这个月我主要开发乡镇经销商推广低价产品，而且高价格带产品这个月有竞争区域往我的区域窜货，影响了价格秩序。

营销总经理：不对，你的低价产品这个月成长率只有5%，高价产品的衰退量大于低价产品的成长量，所以你的理由站不住脚。另外，我知道你的市场上有高价产品冲货，但是礼盒没有窜货啊，你的礼盒产品销量也下滑了，这个你怎么解释？

区域经理：这……

第3节　营销总经理的工作模型

营销总经理这个职位压力大，而且没有安全感。天气变化、竞品动态、本品质量、公司的战略方向、费用投入、经销商的突然变化、行业动荡、上游采购成本等因素都会影响业绩。营销行业没有常胜将军，但是这个行业以成败论英雄。

营销总经理这个职位事情多而且杂乱琐碎：营销总经理要遥控管理庞大的营销团队，服务于全国几千万家经销商和终端。工作千头万绪，哪怕每天干24个小时，工作还是像俄罗斯方块一样堆积。

压力和杂务干扰之下，就容易迷失。做营销总经理需要热情、能力、经验，更需要固化的可复制的工作模型，帮助自己脱身庶务，联系市场实际，提升管理绩效。

数据分析模型

数据分析流程概述

数据分析好像"业绩体检报告",告诉营销总经理哪里出了问题。营销总经理要每天按照固定的数据分析模型对当天发货量、累计业绩进度、发货客户数、发货品种数、产品结构、区域结构等关键指标进行全方位监控,随时关注整体业绩完成的数量和质量。

如果公司整体业绩没问题,就再看看区域业绩有没有问题,都没问题才能结束分析。如果公司整体业绩有问题,就要思考是不是有特殊原因。如果没有特殊原因,确实属于业绩异常,那就要立刻进行深度分析。分析重点通常是沿着产品、区域、客户三条主线走,产品问题可能是某个产品需要重点管理,区域问题可能是某个区域需要重点巡查,客户问题可能是某个经销商的业绩不正常。一般情况下,营销总经理的数据分析下延到直接下级(大区或者省区层面)即可,然后要求问题区域的大区经理做出解释,拿出整改方案。大区经理再做区域内数据分析,寻找问题产品、问题片区和问题经销商。

数据分析得出结论就找到了管理重点,接下来营销总经理要采取有的放矢的管理动作。比如立刻去巡检重点问题区域,要求问题区域限期改善,更改当月的促销投入或者产品价格,设立新的工作任务(比如乡镇铺货)等。营销总经理业绩分析思路流程如图 9-2 所示。

高管篇

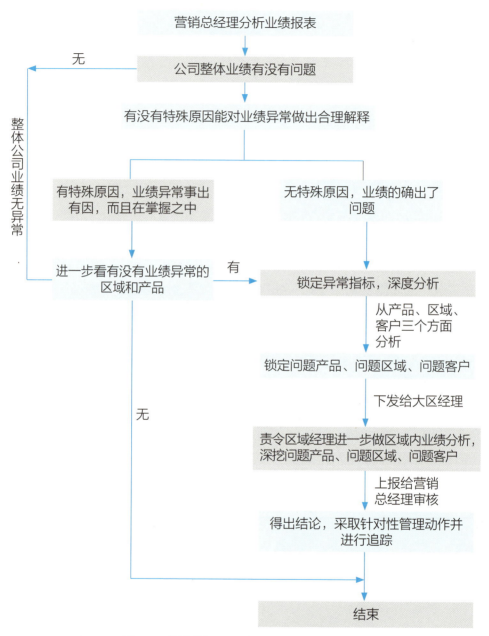

图9-2 营销总经理业绩分析思路流程示意图

营销总经理数据分析的关键指标

具体的分析指标各企业各行业有所不同,但关键指标和分析方法大同小异。

指标一:监控当天整体业绩,闻风而动

营销总经理每天要进行当天数据的分析管理,一来可以避免月初松懈,月底业绩好就踩刹车的现象发生,二来可以排除即时市场隐患。比如上个半月业绩进度很好,下个半月竞品攻击本品业绩放缓,虽然报表反映累计进度还不错,但实际上已经出了问题。

方法:

1. 看昨天发货回款业绩是否达到当天业绩目标。用当月未完成的任务目标除以当月的剩余天数,就是公司当天应该完成的发货回款目标。前期业绩完成进度越差,后期每天要完成的日发货回款量就越高。

2. 分析每日业绩完成。无特殊情况下,如果连续2天发货业绩不理想,那就要及时深挖原因,实时管理,避免贻误管理时机。如表9-15所示为销售日报表。

表9-15 销售日报表

日期:7月15日

	区域A	区域B	区域C	合计
品种1	5	400	350	
品种2	10	250	700	
品种3		100		

作用:

1. 使总经理及时掌握整个公司及各区域的当天分品种/合计销售状况。

2. 跟进弱势区域。如:区域A完成率落后于市场平均水平,为什么今天出货量还是那么少?

3. 跟进弱势品种。如:品种3是这个月的推广重点,今天只有区域B出货,区域A、C的品种3今天为什么无销量?

4. 实时掌握销量。如：虽然这个月整体完成率超前，但最近连续两天出货率很低，出了什么问题？

指标二：监控截至昨天的"月累计业绩完成"和"档期任务完成"。

"月累计业绩完成"进度要和时间进度做对比。"档期任务完成"是指每个月的业绩管理，不应该是平均分配业绩进度，而应该是"赶前不赶后"。

方法：

1. 分析截至昨天全公司累计发货回款进度对比时间进度是否跟上或超前。

2. 档期任务完成：

（1）周任务档期。事中管理是管过程，找问题及时补救；事后管理是管结果，死后验尸。通常每月任务要分四周进行档期追踪，鼓励全公司各区域业绩往前赶。比如要求第一周完成当月任务量的35%，第二周完成当月任务量的60%，第三周完成当月任务量的85%，第四周完成100%。对全月能完成任务，但是周任务档期不能完成的区域不进行奖励。

（2）特殊时段任务档期考核。这个方法常在销售拐点时用到，逼大家把进度往前赶。举个例子，今年是2月初过春节，那1月就要鼓励大家提前压货，要求1月15日前必须完成当月任务的65%，具体执行如表9-16所示。

表9-16　年　月档期追踪表

时间 区域	1~10日目标完成当月任务的35%	11~15日目标完成当月任务的65%	16~20日目标完成当月任务的85%	21~30日目标完成当月任务的100%
区域A				
区域B				
区域C				

说明：

分四个档期做考核，一个档期不能完成任务罚款500元，四个档期都能完成任务奖励1000元。

指标三：监控销售"大盘"

销售"大盘"包含的"发货客户数"和"发货品种数"这两个指标很重要，但是也很容易被忽略。业绩总量完成了，但是很多经销商没有发货，这说明经销商活跃度下降了。可能是业务人员没有对所有经销商进行拜访，可能是我们的市场区域范围在萎缩，也可能是冲货砸价造成大户吃小户。另一种情况是业绩总量完成了，经销商也很活跃都在进货，但是发货品种数减少了。

方法：

1. 监控每天的发货客户数和发货品种数。

2. 如果前半个月的发货客户数或发货品种数严重下滑，那就说明"大盘"出问题了。此时要赶紧寻找原因进行管理，后半个月也许还能抢回来。可以对经销商当月首次提货激励，对销售人员进行区域内零发货客户数处罚、零发货区域处罚、经销商活跃率奖励等。

指标四：监控销售质量

销售质量通常考虑这几个方面：产品结构有没有出现单品销售现象？渠道结构有没有问题？重点零售客户发货是否正常？区域结构有没有问题？谁在拖整个公司业绩的后腿？同时，对利润中心考核制的企业，还要分析费用使用进度和销量完成进度的对比。

方法：

1. 看产品结构。

（1）品类（或价格带）占比分析。通过分析各品类产品（或各价格带产品）占整体销量的占比份额，看整个公司和各个大区的产品结构，找到需要重点管理产品结构的区域。

注意：

不同价格带产品占比的变化会导致公司产品平均售价的变化，所以有些公司还导入"平均价"指标来分析"价格结构"，这实际上是"产品结构"的另一种反映形式。需要提示的是对"高价产品占比"的片面追求往往牺牲销量，造成量跌价升，所以必须做量价配套分析。对量价齐跌的区域进行重点管理，对"高价产品占比"低于公司水平的区域要鼓励其改善产品和价格结构，对"高价产品占比"已达标或高于公司水平的区域则不必在这个指标上持续加压力，避免误导。

（2）重点产品的类别分析。对重点产品，分产品类别看当天发货回款进度、累计发货回款进度、对比上月的增长率、对比去年同期的成长率。在每月的前半个月观察重点产品发货回款客户数，是否存在重点产品零发货客户及零发货区域，重点产品业绩滞长的问题区域和问题客户在哪里。

2. 看区域结构。

看大区（对直辖管理的重点市场要单独分析）当天的累计业绩进度、累计发货客户数和总发货品种数，分析各区域增长率、成长率及区域销量占总体销量的占比，从而找出问题区域。

如表9-17所示为产品结构和区域结构完成情况。

表9-17　产品结构和区域结构完成情况

日期：7月10日

	区域A		区域B		区域C		合计	
	销量	占比	销量	占比	销量	占比	销量	占比
品种1	200	33.3%	1400	58.3%	250	25%	1850	46.2%
品种2	300	50%	400	16.7%	600	60%	1300	32.6%
品种3	100	16.7%	600	25%	150	15%	850	21.2%
目标	2000		4000		4000		10000	
累计销量	600		2400		1000		4000	
累计完成率	30%		66%		25%		40%	

有了这张表，就能掌握各区域及整个公司当月累计销量的完成情况，以及各品种的累计销量及品种占比，解决办法如下：

跟进弱势区域。区域 A、C 的完成率低于整体水平，也低于整体时间进度，整个公司完成率不容乐观，需采取应对措施。（7 月 10 日整体完成 40%，A 区完成 30%，C 区完成 25%。）

跟进弱势品种。区域 B 至今日完成率超前，但品种 2 的出货比例太小，出了什么问题？（7 月 10 日 B 区完成 66%，但品种 2 出货占比仅 16.7%，相对其他区域品种 2 的占比太低。）

品种 3 本月正值旺季前销售启动之际，但本月整个公司品种 3 的出货比例小，及时跟进品种 3 的销量，促成各区在品种 3 的推广上加大力度是本月销量增长的机会点。（品种 3 仅占总销量的 21.2%。）

3. 看重点客户。

对于全国前十大经销商、重点市场主力经销商、重点卖场等重点客户，要做到每天监控他们的销售数据。

数据分析结论的使用

三条线数据分析法

数据分析的目的是为了找到问题，要逐层深挖"罪魁祸首"。首先看整个公司的完成率、成长率、增长率、产品结构及发货客户数是否健康，发现任何一个指标异常，立刻要从"产品、区域、客户" 3 条线往下深挖。

1. 业绩滞长是哪个产品造成的？这个产品业绩差是哪个区域造成的？哪个客户造成的？最终锁定问题产品的产生原因——问题产品的问题区域和问题客户。

2. 业绩滞长是哪个区域造成的？这个区域的问题产品和问题客户是谁？最终锁定问题区域产生的原因——问题区域的问题客户和问题产品。

3. 哪个经销商业绩问题最严重？这个经销商业绩差是哪个问题产品造成的？层层抽丝剥茧找到最终原因，管理才会有的放矢。

6 个月纵向分析法

对锁定的问题产品、问题区域、问题客户可以纵向深度分析它们连续 6 个月的数据：该区域 6 个月内的总销量及主要品种的完成率、增长率、成长率是否稳定？发货客户数和发货品种数有无异常趋势？从 6 个月的纵向趋势分析更容易剔除当月存在的偶然因素，并得出正确的结论。

1. 问题区域纵向分析。该区域 6 个月以来连续 4 个月完成率小于 100%，完成率近 5 个月低于公司水平，已经有三名经销商停止进货，高价产品 A 每月销量在减少。对此需立即走访，找出停止进货的经销商是出于什么原因，还有高价产品 A 的市场表现异常的原因是什么。

2. 问题产品纵向分析。公司的低价产品 B 连续 6 个月全国发货客户已减少 42 个，产品成长率近 3 个月为负数，业绩累计比去年下滑两万多箱，这些是造成公司近几个月业绩整体下滑的主要原因。尤其山东、河南两省下滑最严重，需要立即采取销售激励措施，重点走访乡镇市场，走访下滑严重的区域，寻找原因，部署产品 B 的乡镇提升方案。

区域分类分析法

把全国市场分为三类：管理类市场（市场波动大，成长率小于 5% 甚至负成长）、成长类市场（市场稳定，成长率小于 50%）、攻击类市场（市场空白较多，成长率大于 50% 甚至更多）。对不同类型的市场进行归类分析，除了所有市场都要求完成任务之外，不同类型市场要关注不同指标。对管理类市场而言，由于市场不稳定，有负成长趋势，所以要重点关注"零发货客户"指标，小心市场萎缩；攻击类市场由于可开发空白较多，所以要持续关注逐月增长率；成长类市场相对简单，应重点关注成长率，保证市场稳定。

在分析的过程中注意以下两点：

1. 成长类市场可能由于数据波动使得当月数值看起来好像是攻击类市场，为此要看该市场连续 3~6 个月的走势，而非一个月。如果确定该市场已经进入另一个类型（如成长类变成攻击类），那就要改变该区域的投入策略和数据分析方法。

2. 总经理对各类型市场及各重点区域要给出明确而连贯的目标和方向，避免出现区域面对一堆指标的迷茫情况。

颜色管理

在分类分析的基础上做颜色管理，让销售内勤在制作报表时对优劣数字用不同颜色予以标注，方便总经理一眼发现问题。

颜色定义。红色代表达标和好消息，绿色代表不达标和坏消息。

明确标准。例如，完成任务率：超过时间进度且超过公司进度标红，反之标绿。成长率和增长率：对比同类市场平均值，大于零标红，反之标绿。（注意：不同类型市场成长率、增长率差异非常大，所以要和同类市场比较。）

使用销售数据分析快报

销售数据分析快报每周一期，从多个关键指标出发，将同类市场中的不同区域进行分析对比。这个方法的原理和档期任务考核相似，都缩短了考核周期，而销售数据分析快报则运用了多指标综合分析。

分析快报示例如表 9-18 所示。

营销总经理要想运筹帷幄，决胜千里，靠什么？靠的是数据分析模型和对数据的敏感度。

每天监控"当天业绩数据"，让你闻风而动，不放过一丝危机，团队不敢有一天松懈。

每天监控"累计进度"和"档期任务完成"，再使用"销售数据分析快报"，让你管理业绩进度而不是被业绩进度管理。

随时关注"发货客户数""发货品种数""产品结构""区域结构""客户结构"，让你及时捕捉到销售质量的异常动向，并做事前管理。

"颜色管理""3 条线数据分析法""6 个月纵向分析法""区域分类分析法"让你能够对不同类型的市场进行针对性分析，找出"凶手"，有的放矢进行管理。

营销总经理进行数据分析，光凭经验肯定会丢三落四。学会使用数据分析模型分析销售数据，这是营销总经理的基本功，也是必修课。刚开始可能会遇到困难，但难度会随着对模型的熟练掌握而降低，不久你就会从中找到"稳坐军中，而知天下大事"的乐趣。

贴近市场，下情上传工作模型

下情不能上传之乱象解读

兵法讲"善战者，求之于势，不责于人"，意思是说主帅要善于创造有利于军队作战的态势，而不仅仅是苛责下属，让下属去硬拼。

营销总经理就是主帅，所谓"求之于势，不责于人"，营销总经理要率领各

高管篇

表9-18 销售数据分析快报

日期: 月 日 至 月 日

指标\\项目	完成率差值:时间进度差						成长率差值:与同类市场平均值差						增长率差值:与同类市场平均值差						重点产品完成率差值:时间进度差					
名次	-3	-2	-1	+3	+2	+1	-3	-2	-1	+3	+2	+1	-3	-2	-1	+3	+2	+1	-3	-2	-1	+3	+2	+1
区域名																								
指标	时间进度						同类市场对比同期成长率平均值						同类市场对比上月						时间进度					
差值																								
异常说明综合评价																								

说明:

1. 把不同类型的市场放在一张报表分类比较才客观。
2. 正常情况下分析快报一周一次,业绩出问题时可以根据实际需要分时间段来分析。把前几次的报表联系起来看,第一,一周快报出现的问题区域,要持续关注他们后期的改善情况。
3. 不同指标在差值栏显示的内容不一样。完成率差值和重点产品完成率差值栏表示的是与时间进度的差值,成长率值和增长率差值表示的是与同类市场平均值的差值。
4. "异常说明综合评价"栏表达的是这个区域的其他指标内容及本表的综合评价。举个例子: 广西的成长率、增长率、完成率本期均倒数,高价产品本月截至目前较去年下滑60%,平均值低于公司平均值且下降0.03元,发货客户减少两个。请大区经理见报后立即走访广西市场,一周内拿出诊断报告及整改方案。

部门为一线做好服务，让一线人员手中有武器——差异化优势、广告优势、性价比优势、质量优势等，身后有支持——促销支持、市场物资支持、物流财务、后勤系统，让他们能挺直腰杆、心无旁骛地做市场。

毫不夸张，如果营销总经理一个月不花上一周时间走访市场一线，那么他给前线提供的支持、服务、政策、考核往往会是在帮倒忙，因为他根本不知道一线发生了什么。这个道理大家都懂，但是这样的事情却时有发生，请看下面的案例。

案例1：产品、价格、品牌没有优势。公司的产品从定位、功能、诉求点、渠道选择、价格等方面都不具特色，很难领先同行。业务员没自信，上阵只能跟竞品拼谁的海报贴得多，谁的陈列做得好，总是碰到"臭脸"，根本直不起腰来说话。小零售店的老板说"你们的产品价格太高，我不卖"，乡镇经销商说"你没有适合农村市场的低价产品，光卖高价产品没有量没办法整车提货，不卖"，分销商说"你们一支单品卖这么多年，产品利润太低"，学校店老板反映"你们产品的赠品长时间没换了，学生们都不想要了，我不卖"，终端客户说"你们没有我们这里流行的麻辣口味，我不卖"，经销商说"这么多年你们也没推广成功一个新产品，老产品利润越来越低，报账时间越拖越长，破损多还不退换，我卖不了了"。

案例2：市场政策不合实际。如全国统一制定的赠品在这个区域根本没人要；公司财务部要求报销堆头费必须用正式堆头费发票，实际上操作不了；各地经销商的价格不统一，公司对冲货处罚不够坚决，搞得那些不愿意冲货的区域经理没法干；公司突然停止了卖场促销活动，但是竞品趁机大搞特价，导购员在超市站一天销量为零，很多导购员都想辞职。

案例3：总部的服务及保障不到位。刚推起来一个新品种，公司却突然断货，这叫"釜底抽薪"，当然会前功尽弃；业务员在前线，让公司的送货司机随货捎一点促销品，带回一点破损品，却要低声下气地哀求；区域经理在外面看客户的脸，回公司报账领促销品还要接着看总部各部门"衙门老爷"的脸；经销商来公司提货，光办手续要一两个小时，来回跑四个窗口。

案例4：公司不关心员工的实际困难。一线人员在市场上硬拼，手里却没有任何优势产品；总部下命令的人一大堆，能替一线解决问题的人没一个；员工任务量定得高，没奖金，罚款多，工资也总是拖欠。

以上种种乱象，听上去感觉是在讲故事，可实际上遍地都是。根源只有一个：高管们身居庙堂，不知道一线发生了什么，需要些什么。"有些事下面的群众都很清楚，就是领导自己不清楚"，这句话说得太到位了。

下情上传工作模型

做营销总经理，要想无所不能，先要做到对一线无所不知。报表数据只能提示你哪里出了问题，它不能替代你亲临一线做市场调研。

营销总经理其实也很想亲自上一线，给自己找点信心和灵感。无奈会多、报表多、应酬多，一拖再拖。

时间不够用怎么办？只能按李嘉诚说的办法来——抢时间！没错，时间过得很快，争分夺秒就一定会有办法。这里给大家几个下情上传保持信息通畅的工作模型。

模型一：例行市场拜访

什么叫例行？每天中午 12 点一到，你不管饿不饿都去食堂打饭，这就叫例行。做一件事养成习惯就成了例行，就容易坚持，也容易出效果。

本人经历过每天在办公室里忙得团团转，从而没时间下去看市场的痛苦，结果还越忙事越多，越忙对一线的了解越少，对一线了解越少，下属的借口也越多——陷入恶性循环。

后来有件事启发了我。我出了次车祸，骨裂，在医院病房里百爪挠心，好像一口吃了 25 只活老鼠——天天加班，事还干不完呢，我要是休了病假，这不更乱了！每天在病房里打电话指挥工作，用尽两三块电池。后来有一天憋不住了，晚上 7 点多让司机开车把我从医院"偷"出来，直奔办公室。就在我拿钥匙准备开门的一刹那，我心里嘀咕：十几天没来，这公司也没倒闭啊，天也没塌下来啊。

我突然明白了，原来这些让我焦头烂额的破事一辈子都忙不完，但这些事不干天也塌不下来。打那起我就把每个月的 10 号到 18 号定为例行走访市场的时间，每个月的这个时间段把座机转接到手机上。要批的文件提前批完，告诉秘书没有要紧事情不要打扰我，需要我签批的文件每天下午 6 点发到我邮箱……然后找个能跑长途的司机，拉着我满世界跑。

回来后，下个月要出什么促销政策，哪个经理要撤掉，哪个经理要提拔，哪个区域要重点投入，哪个产品要增加促销力度，我心里全有数了。刚开始很难，但坚持下来你一定会说，出去跑一圈比在办公室里开一年会都有效果。再忙也要坚持，时间不够就抢时间，只要养成习惯，成为例行就不难。

顺便提一下，营销总经理下面还有大区经理，要给他们提例行拜访的要求，把他们"赶"上市场。

模型二：例行经销商电话沟通

把全国经销商电话贴在墙上，每天中午吃完饭随便找一个经销商通 15 分钟电话，不一定非要有什么目的，闲聊就行。经销商突然接到营销总经理的电话，他们高不高兴？他们有没有话说？经销商总有一肚子话要讲，只不过没人听罢了。经销商的话有没有意义？绝对有！虽然经销商电话里哭穷，发牢骚，还骂娘，但这里头也有市场信息。他们身处一线，身份特殊，市场需要什么，公司产品好不好卖，公司业务员不一定清楚，经销商却有话讲。

每天中午坚持打 15 分钟电话，耽误不了多少时间，站着打电话还能减肥呢！要从经销商那获得宝贵的信息资源，建立良好的业务关系，关键还得坚持做例行。

模型三：鼓励员工"参政"

电视剧《康熙大帝》里孝庄太后说："天下最不可信的就是百官的奏折。"企业里也一样，很多企业让业务员填"信息日报表"收集市场信息，可一层层传上来，上面写的都是"正常""无动态"之类的词，甚至还有"同昨"。把昨天的报表拿来一看，还是"同昨"。再往前追，就成了"正常""无动态"了。其实不是大家不愿意写，而是写了没人看、没人管，最后就变成"正常"了。再说了，就算员工真的认真填信息日报表，业务员报给主管，主管报给主任，主任传给经理，等总经理拿到报表菜都凉了。

因此得改进一下：

1. 搭建沟通平台一：网站留言。员工可以随时在网站上留言，各级营销领导在线"值班"，这样员工就能把工作中遇到的问题及对公司的建议直接向上级反映；设立公共留言区，凡是持密码进入网站的人都能看到，再设立定向留言区，方便员工和上级一对一交流。这个方法与位阶管理并不矛盾，管理次序一定是逐级授权，但信息反馈逐级上传就会自废耳目，必须鼓励下情直接上传。这样不仅能加快信息反馈的速度，提高效率，还能活跃管理气氛。

2. 搭建沟通平台二：大黑板。总经理门口挂两个大黑板，一个叫"市场动态写真"，另一个叫"待解决问题"。业务员回公司不管是来开会还是来报销发票，只要有市场动态，有需要解决的问题就可以往黑板上写，署名与否自愿，总经理每天进出都能看到黑板上反映的市场动态和建议。对待解决问题开展"擦黑板运动"，解决一条擦掉一条，问题不解决就一直在黑板上挂着，直到把这个问题解决为止。

3. 利用沟通平台鼓励员工"参政"。为了鼓励销售人员参与公司管理，公司可以这么规定：员工应每天进入公司网站留言区，对发帖数量多，发帖质量高的员工予以奖励；对在大黑板上提供重要信息，提出待解决问题的员工予以奖励。这样弄员工有兴趣参与吗？当然有！奖金谁都想要，业务员都想在总经理面前混个脸熟，留下好印象。这么一来，估计有人会把原本可以在网上留言发帖的内容专门回公司写到大黑板上，所以不愁员工没有积极性。

4. 沟通平台也讲民主集中制。促销政策下去后，一些市场难免会有抵触，怎样才能两全其美，既保证执行效果又照顾各地市场的特殊性呢？公司促销政策文件出来后，可以先给各地三天的反馈时间，在网站留言区开辟专栏，如"本月促销政策意见反馈"。如果执行不了公司的统一政策，允许在反馈期内说明理由并拿出本区市场方案。因地制宜，让各区有说话的机会，这样可以减少政策成本。

模型四：推倒部门之间的墙

销售人员在前方"打仗"，营销总经理在总部坐镇指挥，要尽可能帮员工创造各部门良好合作的环境，少掉链子。

1. 开辟"推倒部门之间的墙"专栏。销售人员对公司物流、财务、市场、储运等部门的意见建议都可以写到大黑板和网站留言区的专栏上，用擦黑板的方式逐一解决。同时安排专人负责部门之间的沟通协调。比如财务部对销售部不能报销的发票要及时退回，并附上不能报销的原因说明。

2. 定期召开销售部门与其他部门的联席会议。会议名字就叫"推倒部门之间的墙"，大家在会议上把具体问题拿出来，现场解决。

模型五：抓最重要的工作——终端动销

营销总经理要处理的工作千头万绪，哪些事重要？好像都很重要，哪件事重要性排第一？毫无疑问是终端动销！

数据分析再到位，培训搞得再好，管理再严谨，如果你的产品在终端不能卖出去，那一切都是白搭。

营销总经理走市场要反思的第一个问题就是：我的产品目前能不能动销？产品能动销，才有机会抓通路，抓管理，抓团队，抓数据。如果产品摆在终端没人买，那你就把别的事情全放下，寻找动销的方法。市场已经帮你验证了什么方法可以动销，不过这个方法在"民间"小范围使用，营销总经理应该站在全局的高度，寻找亮点，发掘动销的方法。比如：

1. 产品价格偏高，销售起来困难，但试点证明产品口味受欢迎，现场品尝展示之后产品容易动销。把现场展示的方法标准化，在全国市场推广。

2. 捆赠式的产品赠品容易流失，改为"开盖有奖"，将赠品的内涵附在产品上，赠品的作用才能得到发挥，试点证明这个方法能动销。改变促销模式，下个月全面推出"开盖有奖"。

3. 某市场针对目标人群发折价券，让消费者持折价券去超市购买，动销效果很好。马上印制折价券，在别的市场推广。

某个方法一旦证实有效，就要立刻复制使之作用最大化，让整个公司的营销开始正循环。

有时候，营销总经理要亲自去挑选产品的赠品，亲自上卖场摸索产品终端动销的方法。听起来会不会有点夸张？会不会有点小题大做？不！动销事关总经理的顶上乌纱，事关公司的千秋大业。

做营销，终端动销大过天！

最后，将快消品行业终端动销方法简化为一张表格，如表9-19所示。

表9-19 快消品行业终端动销方法

买得到——提高铺货率、方便消费者购买			
1. 实现铺货率，方便购买，增加购买机会，创造流行趋势 2. 是否"卖进"目标网点	1. 提供足够的铺货网点数，方便消费者购买，降低购买成本（比如提高铺货率，送奶到户，送货上门，投放自动售货设备，游乐场附近投放自动售票装置），同时创造产品"正在热销"的流行趋势 2. 终端网点的渠道类型、消费档次、所属商圈适合销售这个产品，同时分产品、分渠道类型铺货，控制网点数保护价格。符合这些条件才是这个产品真正的目标铺货网点	终端销售团队管理： 1. 终端销售人员的拜访标准、陈列标准、信息告知标准等业务标准的制定 2. 考核终端销售人员的铺货率、生动化陈列、信息告知、促销执行等过程指标 3. 终端销售人员的检核、排名、会议、培训、激励管理系统 4. 配套的促销管理费用流程、赠品和现场演示标准和管理流程等	1. 制定分销标准，突出机会产品，把机会产品铺进能动销的机会网点、机会渠道 2. 经销商的人车投入和行销管理，配送的配送到位管理，分销商的设置提高厂家、经销商、分销商的销售人员对终端的拜访率，进而提高铺货率 3. 管理价格秩序，维护有竞争力的通路利润，保证分销商的积极性，进而提高铺货率 4. 通过控制铺货网点数、分渠道铺货，控制价格秩序，避免铺货率高引起终端价格矛盾，保证网点质量 5. 跟踪网点回转数据（终端销售台账、终端品种丢失增减管理、终端异常销售情况自动电脑自动报警系统、终端月销量排名监控），对畅销网点的持续投入，保证网点的及时提升，利用网点杠杆提高铺货质量 6. 尽可能使用各种铺货杠杆就放弃率，不要一次挫折就放弃

续表

类别	标准/表现	评估	措施
看得到——终端展示和生动化陈列提示，促进消费者购买	1. 产品终端生动化陈列的表现要能够跳出货架，达到绝对优势的陈列效果，吸引消费者的注意力 2. 产品终端生动化陈列的表现要体现这个产品的档次和品质，同时日常维护时要管理不良品，先进先出保证新鲜度，促进购买 3. 突出陈列有优势的机会产品 4. 陈列要素突出表现这个产品的卖点 5. 陈列形式方便消费者拿取（比如超市内抢占黄金陈列位置，酒店进行摆台，展示柜上贴"请自行拿取"的标识） 6. 明码标价	1. 产品终端生动化陈列是否达到标准 2. 生动化陈列是否能够促进消费者购买	1. 定义本公司的优势机会产品，定义本公司的产品品牌差异化卖点 2. 定义生动化陈列标准，展示卖点，突出展示机会产品 3. 终端生动化陈列的检核、考核，总部对生动化陈列指标的稽核和奖罚 4. 生动化陈列加速杠杆的使用，不要一次挫折就放弃 5. 生动化陈列的费用投入 6. 生动化陈列专案的执行（零店奖励、海报墙、突击队、模范店、摆台等）
听得到——终端店主推荐	店主愿意并且能够正确推荐的原因：供货商相对丰厚的销售利润，促销信息和产品优势信息的准确告知和沟通，店主与供货商签订销售任务协议或者专卖协议，店内有一定库存压力，上市时间和模范店效应让店主看到销售预期等	店主是否愿意并且能够正确推荐产品	1. 客诉、记录和处理、监控流程的设立和运行 2. 终端信息告知率的考核管理 3. 终端协议店的签署和维护 4. 终端有效存标准的执行 5. 价格秩序维护，终端利润维护 6. 上市时间回避"淡季即将到来" 7. 模范店效应

续表

环节	关键点	原因分析	执行要点
听得到——终端营业人员推荐	营业人员是否愿意并且能够正确推荐产品	服务员愿意并且能够正确推荐的原因：利润信息和沟通，信息告知的准确，从业人员促销（如开瓶费）等	1. 从业人员（如服务员、营业员）培训 2. 对从业人员制定促销的标准流程并执行（如开瓶费）
听得到——导购人员推荐	导购人员是否愿意并且能够正确推荐产品	导购员是否愿意并且能够正确推荐的原因： 1. 激励（薪资、竞赛、福利） 2. 训练（主要是标准话术，主动推荐） 3. 沟通（利润信息、促销信息、产品优势信息的准确告知和沟通） 4. 日常标准 5. 检核 6. 奖罚 7. 会议 8. 管理	1. 导购人员的激励考核制度制定 2. 导购员在岗率 3. 导购员装备：手拍、喊话器、演示品牌的样品等 4. 导购激励：导购提成由经销商发放容易出现截流，公司要对导购发放工作情况进行摸底，管理好导购员提成的收入 5. 标准：陈列标准（最重要的是卖点展示）、赠品摆放标准，报表标准等 6. 管理主动权：谁给导购员执行工资发放手续，谁给导购员培训，谁给导购员举行销售冠军竞赛，谁对导购的检核奖罚，谁能不能带领导购员回公司参观，这些动作能不能决定导购员的管理主动权是在经销商手里，还是在厂家手里

续表

| 想得到——消费者指名购买 | 消费者是否愿意主动购买产品 | 消费者愿意主动购买的主要原因：
1. 产品的差异化诉求、广告传播、终端形象展示或其他需求产生共鸣情感
2. 维护终端指导价格目标让消费者买得起
3. 持续（达到足够时间）产品铺货、陈列、店头推荐工作，给消费者提供了购买利和品牌提示
4. 消费者促销形式：概率促销，如抽奖；附赠促销，给奖（反面印刷产品知识）捆赠
5. 功能促销：如产品价值现场体验、现场演示、品尝、派样等
6. 促销告知和展示：消费者切实看到、感触到赠品利益
7. 促销兑现：消费者获取赠品利益的便利性（兑奖是否麻烦）
8. 消费领袖的示范作用 | 1. 卖点提炼，广告传播，形象公关
2. 制定终端指导价格，建立终端价格维护奖罚制度
3. 消费领袖的拦截、公关、推广
4. 概率中奖的促销信息传播，获奖信息的深度传播，小奖兑现发放管理
5. 功能促销派样，现场演示的标准设定和执行推广
6. 赠品促销信息告知，卖点展示，赠品展示，赠品利益兑现 |

高管篇

"总部组织与战略管理"工作模型

管理直接下属的工作行踪和工作绩效，塑造"透明化管理、互相监督、重实际绩效"的管理文化

常见到"倒霉"的营销总经理自己加班加点，工作忙得喘不过气，而他的下属们却在酒桌牌场上逍遥。

营销总经理在忙的时候要先反思：我的团队有没有在忙？我的直接下属们在干什么？他们的工作有没有效率？要先让他们动起来，而不是自己一个人孤军作战。把这种管理思想传递下去，才能形成逐级管理的氛围。

怎么才能让大区经理、区域经理们动起来呢？那得管理他们的行踪和绩效。

先来看看什么是绩效。绩效是相对于例行而言的，例行是每天都要做的重复工作，绩效则是指重复工作做完之后的新突破、新进展，和之前不一样了。（例行与绩效的区别我在第3章讲过，具体见表3-2。）

搞清了例行与绩效的区别，现在来让大区经理、区域经理动起来。

1. 要求大区经理每天写工作日报。内容包括时间、地点、协同人、工作内容、绩效总结、明日工作计划等。

2. 要求大区经理在规定时间内将工作日报发送到指定邮箱，超时罚款。

3. 每天处理大区经理工作日报，审阅的重点如下：

（1）掌握大区经理行踪，抓工作绩效。利用工作日报里的"行踪汇报""工作内容汇报""绩效总结""明日绩效任务"给大区经理施加压力，让他们不敢懈怠，形成"逐级问责，注意绩效"的管理风气。

（2）要求大区经理执行总部方针。关注大区经理的工作，要求其围绕公司的近期重点主题开展工作。比如本月的工作重点是抓乡镇分销商和超市模范店，营销总经理在看工作日报的时候就要重点看各大区经理有没有反映这两件事，同时关注进展情况。

（3）了解大区经理反映的市场问题。营销总经理看大区经理的工作日报，其实也是在看市场，因为工作日报里反映了市场存在的问题。此外，有些话大区经理不敢当面对营销总经理提（如促销政策不符合实际、财务报销慢等），现在有了工作日报，就多了一个沟通渠道。

（4）观察大区经理的管理效率。大区经理有没有做数据分析，有没有检核，有没有要求下属改善排期，有没有追踪排期事项的进度并做出奖罚，月底有没有对下属进行绩效薪资面谈，有没有确定下月绩效任务……总经理通过日报来检核大区经理的这些工作，就可以了解大区经理是在做执行还是在做管理，了解他的管理能力，找到问题点，然后有针对性地进行辅导和培训。

（5）追踪大区经理的交办事项执行进度。本知识点将在下文"追踪重点事项的完成进度"中详细介绍。

4. 审阅完工作日报后的管理组合拳。

只要营销总经理每天能抽出时间做以上几点，就一定能发现可管理的地方，然后采取以下几种措施：

（1）在大区经理工作日报上进行红色字体批注，指出不满意或有疑惑的地方，让他改进。

（2）在工作日报"明日工作计划"一栏对大区经理提出工作期望，帮助大区经理校准工作方向、充实工作量、提高工作绩效。

（3）把一些写得好的、有实际效用的工作日报发给工作日报写得差的大区经理，让他自己找差距。

（4）不定期复查大区经理工作日报记录的内容，检核他的工作日报准确度、真实度，尤其注重工作绩效的检核，督促大区经理提高工作效率，同时营造逐级检核的管理文化。

对大区经理的工作日报进行管理，审阅他们的"工作绩效""工作量""工作方向""管理效率""交办事项进度""市场问题反馈"，施加必要的压力和管理辅导，可以监督掌控他们过去的工作效率。同时对他的"明日工作计划"予以点评，提高他们以后的工作绩效。

营销总经理是"头"，大区经理是"腰"，大区经理动起来，一个团队的"腰"才会壮！这种管理氛围逐级下传，"头顶住，腰发力"团队绩效才能提升。

追踪重点事项的完成进度，塑造"事事追踪结果，为结果负责"的管理文化

领导布置任务时喊得凶，事后不追踪结果，不追究奖罚责任，时间长了，议

高管篇

而不决，决而不动，下属就会像对待猴子一样"逗你玩"。营销总经理在办公室下指令的时候，当事人拍胸脯表决心，出了办公室就作鸟兽散，甚至连开会走形式都懒得做。他们知道，营销总经理下指令就像花粉过敏症，刚开始来势汹汹，很严重，但不理它过两天自己就好了。事后结果一团糟，领导只能感叹"事情我早就布置过了，就是执行太慢"。

营销总经理要有个"好记性"，交办的事项一定要追踪结果、追究责任，这样下属才会拿你的话当回事。

追踪结果

下达的书面指令一式两份，分上下联。一份给交办人，一份总经理留底。内容需明确完成时间、完成标准及奖罚明细。一到约定时间，交办人拿着上联复命，领奖罚。此法虽土，但严格执行下去，下属人人皆知"君无戏言"。

注意：

为防遗漏，最好把待追踪的事项在台历上标注，或交给助理编成备忘录，提醒自己届时追踪。

营销总部必须有稽核部门，替营销总经理稽核指定事项的进度（如新品铺货进度、模范店建设进度），否则总部无从掌控指令的完成情况。

追踪过程

只追结果很可能"死后验尸"，追过程才能"事中管理，改善结果"。

处理重点市场问题，营销总经理要追过程，随时掌握进度，做事中管理。要求责任人每天用短信或工作日报的形式汇报进度，如有异常立刻电话告知并下去巡查。

大区经理对区域经理经常会有重点交办事项，比如换掉一个经销商，或者引进一个重点系统。这种情况下应该要求区域经理每天用短信汇报进度，有异常立即下去巡查，这是大区经理管理交办事项进展情况最有效的方法，应该推广。

追踪业绩

使用"销售数据分析快报"追踪业绩。

追究责任

如果交办事项因实际困难无法如期完成，执行人必须事中申请变更指令，否则要为结果负责，按约定奖罚。

待追踪事项文件整理

待追踪事项多了就容易乱，怎么办？营销总经理要做好文件整理工作，可按公司营销架构建立档案，如大区—省区—办事处。

1. 建立各区的基础资料档案，常规项包括人口、人均收入、门店数量、经销商资料等。对比目前该区的销量和铺货率，营销总经理可以辨别哪个区域已经充分挖掘，哪个地区还有市场潜力。

2. 各区会给总部报促销申请，促销结束后会出来费用使用总结，总部稽核各区市场表现时会对各区下工作指令，甚至还会有奖罚……这么多信息如果不归类就会乱成一团，将来无法追踪管理。建议按公司营销架构为目录归档处理，如按办事处归档，或者按区归档。

3. 打开任何一个区域的文件夹，该区域的基本资料、销量状况、费用历史、市场表现，以及本月的促销申请、交办工作清单、待追踪事项等内容一目了然，这样追踪管理起来非常方便。

通告各级检核结果，树立层层检核的管理文化

领导要想无所不能，首先必须无所不知，要做到这点就得依靠"分析数据""下情上传"和"逐级检核"。

在营销总经理的下情上传工作模型中提到过留言的工作方法，指的是搭建绿色通道，下对上反馈民意。再补充一点，上对下其实也要有信息通告绿色通道。

通告营销总经理的检核内容

楚王好细腰，宫中多饿死——上面关注什么，下面就会做什么。营销总经理日理万机，很难做到经常去一线检核。但即便是一个月下一次市场，也要大张旗鼓地把检核结果通告出来，告诉大家总经理是会亲自下来看市场的，总经理是很重视终端表现的，总经理发现问题是会一追到底的。看起来有点作秀的成分，但通告一次检核结果，绝对胜过十次培训。

注意：

在通告检核和奖罚结果之前，营销总经理最好和当事经理沟通一下，毕竟营销总经理对一线情况的了解没区域经理多，而且其中还可能另有隐情。让当事人有说话的机会，避免冤假错案。

通告稽核部的检核内容

营销总经理走市场的时间有限，必须安排稽核部人员替他下去检核，这样营销总经理的眼睛才能延伸下去，才能清楚总部的政策在下面是否得到落实。

总部稽核部的工作流程比较繁杂，这里仅提示此部门的主要工作内容：

1. 推动总部专案执行：检查营销总经理当月指定工作重点在各区的执行效果。

2. 稽核终端表现：制定终端表现打分标准，给各区逐月记分，作为各区经理指标考核和晋升考核的依据。

3. 稽核异常事项：市场稽核过程中如发现竞品突然搞促销活动、本品质量客诉等异常事项，及时向总经理和当区经理通报。

4. 稽核大区交办事项：稽核部不是上面派下来找事的，稽核部在各区市场的稽核结果要抄送给当区的责任人和大区经理，同时在下市场前会请大区经理制定"本月大区待稽核管理事项"。

5. 通告大区经理检核的内容：有营销总经理的检核内容通告做榜样，各大区经理的检核内容通告就能顺理成章地逐级传递下去，各级领导都能在内部对检核和奖罚内容做出通告。

通告一线提示改善进度

"留言板""网站留言区""大黑板"能反馈很多一线问题，但如果只反馈没有回应，那么这种机制的作用会逐渐减弱，所以要在通告中提示"群众意见"的处理进度，比如：

某经销商投诉来总部提货时总部服务人员态度差——发通告，公开这位经销商的来信和此事的处理结果，同时公布总经理投诉热线。

员工反映说超市赠品合格证件的手续不全，一些超市拒收——发通告，及时联络赠品供应商，承诺会尽快把赠品合格证发到各办事处。

员工在网上发牢骚说业务代表晋升主管靠的都是裙带关系——发通告，公开晋升人员的名单和晋升得分的计算过程，以保证公开透明。

费用控制

签批报告和费用申请是营销总经理最讨厌的工作，因为签字创造不了效益，而且很多时候营销总经理自己也没底——签了字，事办砸了怎么办？

有关签批授权位阶管理的概念大家已经熟知，相关文献很多，这里不再重复，在此仅对营销总经理怎样管理签批程序，怎样控制费用效率进行说明。

事前

1. 总费用预算。

做销售难免要花钱，但市场总是像强盗一样跳出来问：要钱还是要命？要保销量就保不了利润，保利润又使得销量下滑，全盘没规划好就会失衡。有时候前期花钱多使得后期没钱花，有时候一个促销使得自己连正常费用都无法开支了。想要在销量和费用中寻找平衡，预算制就是比较好的方法。

根据各区的销量任务和今年公司的战略投入决策预算出各区的费用额度，业务人员每个月就知道自己必须卖多少量，可以花多少钱，然后每一分钱才会有量本利的观念。如果公司没有各区域的分类费用历史数据，那第一年的费用预算就很难做。预算肯定是不准的，但决不能因为"计划没有变化快"就不做计划，预算制是一家企业财务管理走向成熟的开端。

2. 预算分会计科目。

预算制管理让业务员感觉有了"财权"，他们的思维习惯上是保销量，如果只给他们一个总的费用预算，那他们一定会把钱砸到可以直接推动销量的地方（提货奖励、降价促销），而不是终端陈列奖励、赠饮品尝、社区促销、超市形象店建设这些对公司品牌和市场有长远利益的地方。因此结果往往是从上到下关心价格促销，没人关心品牌形象、产品结构和市场秩序，销量好的地方可能乱花钱，销量差的地方又等着米下锅，白白浪费市场机会。

要改变这个现状最好的方法就是费用预算细分到会计科目。各办事处的办公费、储运费、促销费、广告费、工资、差旅费、陈列费、进店买场费等费用支出全部分科目做预算，专款专用，超出不批，而且费用之间不能挪用。

但难的地方在于灵活性差，而且分项预算很难做到精准。

比较简单而又有效的方法是先给出一个当月总费用预算，然后规定哪些钱不能多花（比如招待费），哪些钱不能少花（比如形象店费用）。总预算确定，再把"能花"和"不能花"两个原则一卡，其余部分让各办事处自己报计划。剩下的钱你打算怎么花，公司批准。这样既可以避免浪费，又不失灵活性。

3. 集中申请，统一审批。

市场竞争很多情况下拼的是速度，每一笔市场费用都要求逐级申报的做法简直就是谋财害命。总部领导不可能比一线人员更了解市场动向，要让最懂市场的人掌握财权，钱要怎么花这个权力应该交给一线人员。

有了预算制之后，各区要在当月 25 号之前集中报下个月的促销计划，公司月会上几个领导集中审批，各区下个月只需要按照审批意见执行。不用再一单一单费用往上申报，办事处的灵活性有了，总部的审核效率也上去了。

4. 突发性费用。

竞品突然做活动，我们总不可能等到下个月再反击吧？要马上建立费用审批绿色通道。

（1）额度报备。每个经理手里留有一部分费用以应对突发情况，金额一般占本月预算费用的 15%~20%。这部分钱可以机动花费，不用审批，但必须向总部报备，以有效凭证报支，在公司统一备档接受公司稽核。

（2）临时促销案的专案申请。

（3）核心市场、战略性市场归总经理直接掌管，建立快捷通道，节省中间环节。

事中

1. 建档案。

建档案是费用管理的核心环节之一。很多企业把费用控制重点放到事前审批和事后报销审核上，但实际上总经理不了解一线情况，事前审批主要是凭经验，财务部事后报销审核也只是通过查验店主信息、发票以及照片等材料来判断，而这些材料很容易造假。

真正控制费用的核心是事中管理建档案。所有费用预算上报总部，决策层集中审批，财务部统一建档，营销总经理、大区经理、稽核部人员、审计部人员四条线下市场去检核。先调出该区域本月所有"正在花"和"已经花"的费用档案，看看花了的钱效果怎么样，看看促销有没有执行，这样才能把市场费用的事前管理和事后管理变成事中管理。

2. 借支/垫支。

各区所花费用全部挂个人借款，负个人借款法律责任。也可采用经销商垫支的方法，但前提是要有严格的借支手续，防止出现私人借款漏洞。

3. 执行与监控。

各区执行公司规定时必须提供相应的有效凭证，比如堆头照片、促销品签收、买店协议等。

事后

1. 报支审核。

各区凭有效凭证在公司审核，销掉个人欠款的欠账记录，支付费用避免占用经销商资金。同时提供促销活动总结报告、费用使用效果报告等。

2. 事后稽核。

控制费用的关键不是报销核查，因为从票据上造假太容易了，真正控制费用的方法是统一建档并事后稽核。出于业务的需要，员工会开支企业的市场费用，而这方面很难做到不出问题。但只要认真执行事前建档和事后稽核的体制，揪出"现行犯"来还是不难的。反之，如果企业从来没有因为费用问题抓过典型，那费用控制的效果就要好好考虑了。

召开有效的例行管理会议，建立公司业务例会的样板

营销总经理要主持召开各大区经理和职能部门参加的例行管理会议，要做以下准备：

1. 确定参会人员，精兵简政，不相关人员回避。

2. 确定开会时间，尽量不耽误大区经理走访市场。

3. 提前确定并通知会议内容，让所有参会人员做好准备。

会议必须包括以下环节：

1. 分析业绩数据。对业绩出现的异常情况做出管理动作，使用"销售数据分析快报"锁定问题区域，要求责任大区经理做出解释并跟进管理动作。

2. 通告检核结果。总经理、大区经理、稽核部、市场部、审计部在会议上通告检核结果，检核出的问题要求责任人解释。

3. 汇报绩效。大区经理汇报上周工作绩效并制定下周绩效任务，营销总经理点评其上周工作并对其下周工作进行指导。

4. 追踪。追踪上周交办事项进度，并给出点评。

5. 解决问题。对在"大黑板""留言区"上反馈的市场问题及公司服务问题，能会上解决的问题尽量现场解决，不能解决的问题则指定责任人限期解决。

6. 总结。根据前5项内容形成会议记录，总结出本周工作目标，制订行动计划，开始运行追踪流程。

很明显，会议涉及的内容前文都已经介绍过，此处再以会议的形式强调，学习起来会更直观。主要目的还是"壮腰"，抓直接下属的执行力，同时给整个公司建立业务例会的样板。例行管理例会要分析数据，要公布检核结果，要追踪下属绩效，要追踪重点事项进度，要解决一线问题。

营销总部要事管理行事历

营销总经理要建立管理流程和管理秩序，就要找出突发性工作的规律并把它变成固定的工作模型。

要事管理的道理谁都懂，但具体到执行的时候，要事总是给突发事件让路，以至于要事总是被遗忘。站在营销总经理的角度，很多要事事关市场业绩，作用重大，是不能忘的。所以营销总经理要反思当天做了什么工作。逐日积累，逐日修改，逐日提升，一本营销总经理的营销总部要事管理行事历就形成了，管理就会越来越有秩序。总之，多一点事前规划，少一些事后遗憾。

如表9-20所示为某饮料企业1~2月营销总部要事管理行事历。

表9-20 某饮料企业1~2月营销总部要事管理行事历

分类	内容	备注
产品管理	易拉罐、礼盒装铺货 ……	元旦前15天首轮铺货，春节前20天再次铺货 ……
渠道管理	年前一个月要求各区域抓糖摊、团购、春运等年节渠道分销压货，乡镇农村市场车销铺货 ……	要求各区域推进特殊渠道分销商的开设 ……

续表

分类	内容	备注
市场管理	1. 年前所有经销商提前备货 2. 年中各市场留守人员关注 KA 补货 3. 年后上班第一时间给终端补货 ……	1. 年前压货要提前，赶在竞品压货、天气转冷、大雪封路之前动手 2. 给予年假中的留守人员 3 倍薪资 3. 年后终端店处于手里有钱、仓中无货状态，而且竞品企业年后初五至十五大多在放假、开会、培训等，业务处于半停滞状态，我们必须抢先上市场补货 ……
人员管理	巡检易拉罐铺货进度、巡检乡镇压货进度、巡检终端经销商断货情况，年后做零发货处罚 ……	1. 年前、年后压货期出现终端断货的必须通告处罚 2. 为防止大家年后上班时懈怠，制定"初八开始仍未发货的区域责任经理每天罚款 200 元"的制度 ……
……	……	……

反思战略方向，推动战略目标的实现

"战略"这个词听起来很严肃，因为它决定着企业的生死，但实际执行起来其实也很轻松。企业想要确定战略方向，先得搞清楚这几个问题。

反思战略方向是否需要校正

1. 定义目标行业、目标消费群及卖点。

（1）行业的竞争的核心和发展趋势是什么？食品行业的发展趋势是健康，培训行业的竞争的核心是课程实效质量，服务行业的竞争的核心是消费体验……这是你未来要努力的方向。

（2）你未来的产品差异化机会在消费者对现有产品的不满意之处。

（3）你打算把产品卖给哪个消费群？你的产品卖点是什么？你提供的产品和服务能满足他们的需求吗？比如要进入食用油行业的玉米油市场，针对的是中年消费群，主打卖点是关注心脑血管健康。

高管篇

2. 分析行业竞争现状，扬长避短，铸就企业品牌。

从品牌诉求点、产品质量、产品线组合、终端价格、业务团队、核心技术、生产规模、通路结构、产品结构、区域结构、渠道结构、资金状况、融资能力、采购成本、整合能力等关键指标出发分析公司的市场竞争力。

3. 预测行业未来，确定发展目标。

（1）行业现状分析：行业在国内市场的发展处于什么阶段？寡占是否已经形成？行业平均增速是多少？未来会上升还是衰退？行业平均利润是多少？

（2）行业动向分析：行业一年来有没有出现新的动向？竞品有什么大动作？业内有没有出现能够影响行业的新产品、新技术和新的竞争者？

（3）定位企业角色：企业目前的增速是否超过行业平均增速？提高市场占有率是否需要行业转型？企业的利润水平能不能持续造血增强竞争力？

（4）行业格局预测：考察本行业在国际成熟市场的发展现状，据此预测本行业在国内的前景。

以上三个步骤，首先定位行业的消费群和产品卖点，然后确定竞争策略、发挥自身优势、铸就企业品牌，最后预测行业未来变化并明确自己定位。

反思产品卖点的传播效果

你的产品名称、品牌支撑、广告宣传、包装设计、终端形象、活动配合能不能准确表达并且广泛传播，同时达到预期的传播力度和传播效果，事关产品的存亡。

反思销售数据，管理市场异常数据

数据分析告诉我什么？

业绩哪里出了问题？

紧急召集大区经理回来开业绩问题分析会议，还是立刻去走访问题市场？

责令大区经理去走访问题区域后拿出报告和改善方案，还是出台业绩考核和奖罚的专案？

……

畅通数据分析系统，闻风而动，进行事中管理，改善结果，做好管理市场异常数据工作。

反思市场问题和内部流程问题

通过市场走访、例行电话沟通、留言板、"推倒部门之间的墙"联席会议等举措找出了迫切要解决的市场问题和内部管理流程问题，营销总经理要及时反思：让谁来负责解决这件事？要达到什么标准或什么效果？需不需要亲自出面进行跨部门的协调和流程再造等。

下情上传，根据一线反馈和市场走访了解信息，立刻着手解决问题。

反思一线人员在市场上有没有竞争优势

反思渠道的优劣，为一线人员创造面对渠道的竞争优势，让业务人员直起腰来做市场。业务人员面对经销商、分销商、超市经理、零售店老板的时候有没有优势，哪个环节需要改善，这些问题都要摸清并解决好。

反思产品终端动销优劣，扬长避短，提高动销速度。终端动销速度怎么样？与竞争对手相比，我们的产品的优势和劣势在哪里？有没有好的动销方法可以复制？有没有障碍需要排除……解决业务员的这些后顾之忧，他们才能真正直起腰杆。

反思团队管理

路线确定之后，干部就成了决定性因素。营销总经理是个"因人成事"的职位，他做的决策需要让合适的团队去实现。"队友"尤其是中层干部的素质、态度和能力决定着营销总经理的工作是否成功。

营销总经理要从大局上反思团队问题：我要推行怎样的通路结构和营销模式？必须配套多少人员结构？这些人员要求什么学历和什么从业经验？目前我的团队还有多少人力资源的缺口？目前的人员招聘速度和离职率能不能提供必要的组织保障？需不需要在招聘速度和降低离职率上面做出改善？让谁改善？要达到什么目标？怎样才能改善……

反思整体团队质量问题：目前我的团队年龄构成、学历构成和教育训练有没有问题？我计划要在多少时间内对团队的年龄构成、学历构成和教育训练程度进行升级？怎样有计划地实现这个目标？

反思对中层干部的一对一重点管理：中层决定成败，人才决策是最重要的决策。营销总经理要"琢磨人"，尤其是观察身边的每个中层干部。思考每个骨干最近工作情绪和绩效有没有异常？谁需要培训？谁需要激励？谁需要施加压力？谁需要安抚？谁需要骂一顿？谁需要人事调整？

反思整个公司的人员管理、财务管理任督二脉有没有打通。人员管理有没有

高管篇

做到"逐级定目标""逐级记录行踪""逐级检核""逐级记录检核结果""逐级奖罚""逐级考核""定期召开逐级会议""总部稽核部越级检核"的人员管理循环？财务管理流程有没有做到"预算制""集中申报""所有使用中的费用及时建立档案""根据档案及时进行逐级费用检查""总部专项费用稽核"的财务控制管理循环？

反思公司里有没有业绩突出的个人和区域？他们的成功有什么经验？如何把公司内的宝贵经验变成模式进行推广？

反思战略目标的推进进度，调整近期工作目标

营销总经理首先是一名决策者，其次才是管理者。当一个决策者忙乱无序忘记目标和方向的时候，就意味着他已经开始贬值了。

决策者最怕陷入短期陷阱之中，让短期事务干扰了自己的主线，结果忙了一年都在解决具体事务，年初制定的规划（比如中秋节前推出新产品，全年新增加1000个县级经销商通路下沉，几个弱势市场要开发餐饮经销商）却没有推进。

决策者要为最终结果负责，要明白"短期"是为"长期"服务的，要学会"有所为，有所不为"，有些小问题即使看到了也"熟视无睹"，不管工作压力有多大，始终要保持冷静理性的头脑、气定神闲的工作节奏，在时间、空间、精力上给自己"留白"，不断反思和校准战略方向，根据战略目标的推进进度，调整近期工作目标，排除干扰，带领企业实现最终目标。

第10章
快消品行业的发展趋势

趋势是天意,逆天而行,天会收你的。近年来,快消品行业出现了一些新的趋势,营销人需要注意。

高管篇

趋势一：大卖场回归常态

在给一家食品行业领导品牌做培训时，我得知他们在大卖场一年能达到20亿元的销量，可最后还是赔钱。

行业的领导品牌，一年20亿元的销量，却挣不了钱。这说明大卖场的倒计时开始了。

1. 新鲜劲儿过去了。最初，消费者对大卖场"货品全、价格低、购物环境好"是有股新鲜劲儿的。如今，新鲜劲儿已经过去了。问问身边的人，看看他们有多长时间没去大卖场买东西了。

2. 购物体验并不好。买东西哪里便利？当然是社区店。大卖场路远，高峰期需要排队，还有商家故意安排的购物路线，让消费者在卖场里面兜圈子。

3. 价格没有明显优势。跟电商相比，大卖场的价格没有优势。部分品类大卖场的价格和居民楼下的便利店差不多，难以形成优势。

4. 生鲜品类输得惨。小区周围生鲜店的商品在质量、新鲜度、促销手段、经营灵活度等方面都优于大卖场。

5. 成本上升，厂家退出。经济下行，部分品牌退出大卖场，但是大卖场的采购依然要从今年剩下的4只羊身上薅出去年5只羊的羊毛。可想而知，留在大卖场的厂家成本会越来越高，最后被迫选择退出。

6. 楼盘配套红利。开发商开发一个楼盘，不会去配套开发一个农贸市场，或者引入一个家乐福（政府不干，开发商更不干）。但是每一个楼盘开发后，都必然会出现配套的中小超市和生鲜蔬果超市。这些便利超市在不停地分流大卖场的人群，这对大卖场来说是致命的打击。

大卖场靠惊爆价，靠黑心供应商供货的变态时代已经进入倒计时了。淘汰一批不知悔改的大卖场之后，这个渠道的商家才会在改善产品结构、提高服务水平上下功夫，回归大卖场的常态。

趋势二：电商的狂欢宴还在继续

电商的狂欢目前还在继续，但是狂欢宴不是流水席。

当年一句"今天不电子商务，明天无商可务"让业内多少人胆寒，现在看来，这话有点大了。

快消品这么多品类，如今被电商颠覆的有几个？电商的销量又占多大比重？

在很多厂家眼里,"双十一"就是个赔本还赚不到眼球的鸡肋。

石器时代结束了,不是因为石头灭绝了;蒸汽时代结束了,不是因为煤炭用完了。时代的更迭是因为消费者有了更好的选择。贸易的集约效应带来了垄断,对消费者而言,垄断和一元化的商业形态绝对不是更好的选择。

研究"互联网不能干什么"才能有转机。

"APP+物流"的软肋在哪里?从订货模式上看,这是典型的坐销,被动等着终端店下单,最多在线上搞搞促销。终端拜访模式上,也仅仅是物流配送而已。

不可回避的问题是,如果经销商被"消灭"了,基于经销商和终端多年的客情和信任建立起来的赊销铺货,由谁来做?"APP+物流"根本不具备这些条件,也没有回款管理的能力。

此外,谁来沿街撒货,增加品种数?谁来动手做生动化陈列?谁来管理店内的异常价格?谁来做终端促销的落地执行?谁来管理店内的不良品和断货?谁来管理厂家投放的设备的正确使用?谁来维护专场协议、陈列协议、排他协议的执行……

没有哪个厂家的终端队伍能自己解决这些问题,像康师傅这样的大企业也做不到,还得靠经销商的销售队伍。

所以,"APP+物流"只能整合经销商的部分物流作用,替代不了市场维护的功能。

别人在研究互联网能干什么的时候,你就要去研究互联网不能干什么。有市场维护能力的经销商,反倒会获得新的发展机会,会因此脱颖而出,从物流商升级为终端服务商。

时间还来得及,品牌商和"APP+物流"的整合需要很长的时间。一旦做大,新的费用可能又会产生,矛盾也会加剧,而厂家未必都乐于参与这个游戏。在这期间,经销商有足够的时间来调整自己的服务模式。

趋势三:B2B 订货平台与传统经销商互相促进

"魏老师,互联网会不会把我们这些经销商干掉?"这两年,经常有经销商问我这个问题,而且还一脸惶恐。

经销商看起来好像没有核心竞争力,干得再大也只是个"拉皮条的"。往上看,品牌在厂家手里,厂家随时可以换掉经销商。往下看,消费者在终端手里,终端随时可以把经销商清场,进别人的货。大多数经销商也就是个"二传手",

赚点"皮条费"。可如今,"皮条费"也悬了!

各地基于互联网的 B2B 平台纷纷出现,为这些平台集中配送的大物流公司甚至声称要取代快消品行业厂家对经销商、经销商对终端店的原始配送模式。

重磅利空!阿里巴巴提出了"1688 服务商"的概念,和全球优质供货商合作,通过地推人员推广,让终端门店下载 APP,终端门店通过 APP 下单订货,菜鸟物流配送,形成"品牌商—1688 服务商+菜鸟物流—终端门店"的模式,彻底通路扁平化。

从理论上看,新的模式暗合事物的基本规律,不管是"品牌商—1688 服务商+菜鸟物流—终端门店",还是"品牌商—B2B 平台—终端门店",物流层级都被压缩了,商品到消费者手里的成本减少,从而使消费者拿到更低的价格。给消费者带来实惠的商业模式,也应该更具有竞争力,但还需要注意以下几点:

1. 花钱买不来忠诚度。靠高返点拉终端会员做流量,有返点的时候终端会来订货。但是"烧钱"不可能一直"烧"下去,没有返点的时候终端便会转身离去。所以,此路不通。

2. 玩火者自焚。B2B 平台为了获得风投,为了上市,不惜"烧钱"买流量甚至刷假单,这是诈骗,迟早出事。目前,很多平台已经深陷其中,骑虎难下,击鼓传花,不断融资,在这个过程中捞黑钱,骗国家补贴……泡沫破裂的那天,也就是他们的末日。

3. 合作才是正道。未来能发展起来的 B2B 平台一定是为经销商服务的,比如提供集约化的仓储配送,降低经销商经营成本。那些叫嚣"实现厂家到终端直接对接,取代经销商"的人,只能说明他们不了解快消品行业的细节。

快消品行业的细节是什么?

终端是需要进行维护和提升的,"拜访率""终端动销五要素""终端拜访八步骤",这几个概念在快消品行业内人尽皆知。

要做好市场,首先要保证拜访率。除了个别大品牌厂家会在全国建立终端业务代表拜访队伍外,绝大多数厂家是逼着经销商加人加车,或者建立"厂家—经销商—分销商"的模式来进行拜访。总之,通过厂家、经销商、分销商三方力量的整合,能提高拜访率,维护终端动销五要素。

(1)品种维护。

① 经销商赊销、撒货、加品种。坐在家里等电话的经销商是厂家淘汰的对

象,经销商要沿街撒货,赊销铺货,甚至人车分离。采用先拿单后送货的方式,提高店内的品种数。

② 考核业务代表铺货率和品种数。大品牌厂家通常会建立自己的营业所或办事处,厂家派人跑终端,过去的方法是考核业务代表铺货率,现在已经不流行了。现在流行的方法是"加一个对勾当天奖励40元,丢一个对勾当天处罚50元"。业务代表每次拜访终端店,对本品和竞品"打钩"来统计店内品种数。

(2)陈列维护。送货时,尽量把自己送的货放在店面的显眼位置,放在库房的最前面。厂家和经销商的销售人员会在终端张贴海报,擦货架,把本品摆在最好的位置,增加陈列排面。

(3)价格维护。终端提价,把本该卖6元一瓶的啤酒卖7元一瓶;终端砸价,把本该卖40元一箱的牛奶卖38元一箱。这些行为会影响销量,要及时跟老板交涉,把价格调整过来,贴上新的价格标签,维护价格秩序。

(4)促销执行。

① 助销。投放店招、灯箱等宣传物料。

② 设备管理。把厂家投放的冰箱、展示柜以及陈列架上的竞品"清理"出去,摆上自己的产品。

③ 促销。给终端核发销量返利,检核终端陈列奖励的执行情况,在终端张贴促销海报,并督促终端执行消费者促销活动。

④ 协议维护。专卖店要清理竞品,按照陈列协议要动手做陈列,遵循排他协议要清理指定竞品。

(5)服务。

① 终端有无数投诉需要处理:"为什么别家店里有促销品,我店里却没有?""破损要调换!""砸价没人管,我不卖了!""给我的冰箱不制冷,再不修好,我就不卖了!""给我兑现陈列奖励的货,日期陈旧的话我就不要了!""欠我的费用还没给我!"……这些问题看着琐碎,但是你处理不及时,就会丢店、丢品种。

趋势四:价格带升级,营销回归产品价值竞争

为什么这些年突然窜出来的黑马品牌都是品类里面的高价产品?

首先,各种产品丑闻带来的恐惧,使消费者滋生了"以价格看好坏,高价买个安心"的心理。

高管篇

其次，房租、水电、人员工资等经营成本上升，助推了主流消费价格带快速升级。

再次，高价格才能支撑市场营销费用。如果产品还处在低价格带，那就不是活得好不好的问题了，而是生和死的问题。也许随着这个价格带的消失，产品很快会被市场遗弃。

最后，健康观念在推高产品价格带。身患癌症曾经是罕见的不幸，但今天，几乎每个人的亲友圈子里都有癌症悲剧。消费者已成惊弓之鸟，人们对"健康""无毒""安全"的关注会是消费第一驱动力。而与此同时，那些听起来不健康或者"传说中不健康"的行业，比如生产高糖、高盐、高油脂产品和碳酸饮料、水果罐头的行业，还有传统的味精行业，都将走向衰败。这不是一家企业或者一个营销总经理能扭转的。

在这个大背景下，企业的产品和价格带必须及早转型，必须向健康观念靠拢。单纯靠市场推广做高端产品越来越难了，这是一个自媒体时代，是一个消费者可以给你差评，甚至无理由退货的时代。忽悠出来的价格泡泡很快会破，营销的竞争焦点会回归到产品质量和消费体验上来。

趋势五：渠道回归，把终端还给经销商

有个很牛的味精企业老总说："我早就看出来了，必须转型做终端，必须升级做鸡精和复合调料。但是我们的老经销商大多是'流通型'的，习惯了等厂里下发促销政策，给通路压货，不擅长加人加车来提高终端的质量。新产品推广？电商？他们都不知道电商是什么东西。"

还有个很牛的罐头企业老总说："我们知道罐头做不了多久，已经利用原材料和产业优势转型做健康果汁了。但是做高浓度的果汁要有餐饮这个新渠道，我们的老经销商压根没有餐饮渠道，就把果汁铺进了超市。可想而知，售点类型不对，果汁压根卖不动。"

电商再牛，快消品也离不开经销商的实体分销。有的企业掌握了行业趋势，进军电商，上新品类，升级价格带，可业绩还是很差。于是，搞培训，"收拾"员工，换高管，找咨询公司……一通折腾，劳而无功。病根在哪里？陪企业一同成长的老经销商队伍，他们压根没这个渠道网络，资金能力、拜访运作能力、销售界面这些都没有。企业要完成前面讲的各种升级，必须倒逼经销通路更新，要么就壮士

断臂，经销商通路大换血，要么就博弈曲行，提升现有经销商渠道的经营能力。

这几年，我接到的培训订单也在变。以前都是企业请老师给厂家人员做培训，现在更多企业请老师全国巡讲，给经销商老板、经销商操盘手、经销商的业务代表做培训。企业的销售经理们现在感兴趣的培训课题是"如何考核经销商的员工，让他们做好终端"。

我在康师傅和可口可乐都工作过，从老同事那里也得到信息：康师傅、可口可乐这种大哥级的企业，都在控制厂家的专职终端业务代表的编制，鼓励经销商加人加车，同时掏钱考核经销商的业务代表，用经销商的力量做终端。

这简直是开时代的倒车嘛！

康师傅的"通路精耕"，可口可乐的"101深度分销系统"，都属于经销商区域和渠道细分。厂家派业务代表跑重点终端，经销商提供配送服务并做边缘分销——市场在厂家手中，在厂家心中，在经销商眼中。如今世道变了，这个行业内曾经被奉为圭臬的"通路精耕"模式，起于青萍之末，止于草莽之间，日渐式微。

趋势六：经销商成为终端维护的主体，销售团队升级

经销商的团队现状

有个地级市的经销商跟我吹牛："魏老师，我这个区域你放心，这么大点儿的小区域。我49辆面包车在跑，这是用篦子篦市场，绝对做得细。"

49辆面包车跑一个小城市，够吗？听起来好像绝对够了。可仔细想想，这些司机会不会只跑大店，不跑小店？只跑自己熟悉的老店，不跑陌生的新店？会不会"那个地方在修路，我不去"？会不会"那个地方路太远，还得处理客户投诉，麻烦店我不去"？会不会套油费、维修费，偷货，跑私活儿，车上夹带自己的私货卖？会不会把终端货款挪用了，冒充终端打个欠条上交，甚至直接卷款？会不会开车出去一天卖够8000元货，就找个地方打牌……你真以为司机们在外面精细地跑市场呢！

上课的时候有学员开玩笑，说这些家伙"偷懒、偷货、偷油，还偷人"，说"十个司机九个坏，还有一个偷油卖"。不是我心理阴暗，管理本来就是"假设员工是坏人"。而且前面的种种假设并非臆想，除了"偷人"是开玩笑，其他假设都普遍存在。

高管篇

快消品行业，经销商的业务员和送货员处在行业最底层，工资低，福利差，素质参差不齐。他们绝大多数指望老板的"销售额提成"，平时培训少，也没有什么检核跟进。道理很简单，老板说卖1000元提成5元，卖不完就"杀你全家"。业务员不傻，肯定卖容易起量的老产品，跑能下货的大店、老店。完整建立客户资料，按路线完整拜访终端店，不要只挑大店跑，要处理好小店客诉，管理终端异常价格，执行好终端促销……你疯了吧，业务员心里肯定牢骚：我一个月才挣几个钱？我就一个目标，把车上的货尽快变成钱！

然后呢，厂家的通路精耕现在推不下去了。比方说把佛山这片区域分给一个经销商，佛山有5000个终端售点，经销商的人总是在跑他们熟悉的2000家店，剩下的3000家店从来没有认真拜访过。再然后呢，请问那2000家老终端店会不会有倒闭、关门、转业、服务不好被竞品撬走了的？老店在丢失，新店又没开发，终端"盘子"不断缩小，那可就"伤筋动骨"了。

这不是危言耸听，这是中国快消品行业绝大多数经销商员工的管理考核现状。

厂家和经销商的合作模式

厂家的销售人员全国才有几个？经销商的销售人员全国又有多少个？所有的快消品企业，真正完成销售送货结算的不是厂家人员，不是经销商老板，而是经销商的业务员。但一直以来，这些真正的"一线生产力"很少被关注，他们的考核管理状态原始得令人发指。提升这部分人的工作效率，将直接促进销售。

越来越多企业明白过来，把"魔爪"伸到了这些人身上。经销商的员工一开始还觉得挺新鲜，多了就烦了。有回下课，一位学员（当时"一哥"级经销商的职业经理）跟我说："各个厂家都想给我的兄弟们洗脑，课讲得虚头巴脑的，听了没用，还耽误卖货，兄弟们听课都听怕了！"

除了给经销商的人培训之外，更重要的是对经销商的人员进行考核。经销商老板是不管卖货的，真正卖货的是经销商的业务员。老板们管进货，而且只是管头一回，产品好不好卖基本上听下面员工的反映。"员工永远做你考核的，绝不做你希望的"，这句话放在经销商的业务员身上百分百贴切。厂家把通路精耕的钱逐步压缩下来，拿出资源考核经销商老板和经销商的员工，实现厂家想要的市场指标。

但是这个模式也不轻松。对经销商团队的要求不能太高，经销商团队的薪资待遇、人员素质、文化程度跟厂家人员是不一样的，让他们卖货个个都很厉害，但让他们填报表，拍照上传系统，做生动化陈列，开会分析数据，这些他们就干不了了，也干得不乐意。

厂家别总想当救世主，整天想着"植入先进管理模式，改变经销商的落后管理面貌"。这个工程太大，可能没等你把经销商改造完，自己就先倒闭了。

厂商合作的商业模式最终会归位，厂家做好产品和品牌，然后向经销商和自己的团队提要求（包括销量、铺货率、模范店等指标），对他们进行考核，追结果。至于能否改变经销商的落后管理面貌，这要看具体情况，有人愿打还得有人愿挨，不能霸王硬上弓，更不能全面复制。

经销商的终端团队升级

经销商的员工考核现状要怎么改善？

1. 把经销商给员工的"销售额提成"改成"分品种提成"。如果只看销售额，新品很难卖得起来，这点经销商也比较容易接受。

2. "过程考核"在经销商那里推广难度很大。经销商老板通常只看重业绩，厂家经理费尽口舌给经销商业务代表讲过程指标和过程奖励，出门的时候经销商老板一句"今天卖不完一万元就别回来！"，前功尽弃，经销商的业务代表还是和往常一样。

3. 打通利益链。厂家成立终端抽查小组，按期抽查终端表现，对经销商老板、厂家经理发放"终端奖罚专项奖"。经销商老板、厂家经理、经销商业务代表的利益是一致的，都为考核努力，这样利益链才能打通。

4. 统计终端数据。有的企业聘请第三方统计终端数据，有的企业终端网点的"二八现象"明显，厂家可以只统计重点终端的表现。有些企业网点太多，厂家统计不过来，那就让各地自己统计，厂家负责抽查复核。统计终端数据的确很麻烦，但是不能偷懒，如果不盯紧终端的表现，终端就不可能做细做好。

5. 循序渐进，投其所好。有的厂家听完课，把全套考核方案都给经销商员工用上了。结果呢？人都跑光了。这些人以前没有受过正规管理，螺丝拧紧后就受不了了。此外，经销商能否真心配合，是考核推下去的关键因素。厂家和经销商各自关心的问题不同（这点我们在第8章详细讲解过，如图8-1所示），厂家要逐渐接管经销商的人员考核，先投其所好，从经销商关心的第一、第二象限着手（如销量、品种结构、利润、账款回收、费用、人员招聘留用、经销商团队的稳定性），逐步过渡到第四象限（如市场终端提升、过程指标、市场服务）。

第1版 后记

» 致谢

培训与咨询顾问是个"多面间谍"。今天"阳春白雪",和企业高管讨论组织发展、产品定位、通路变革等企业战略问题,明天"下里巴人",坐在没有空调的送货车上和经销商司机下乡走访一线;今天"道貌岸然",在讲台上侃侃而谈,明天"英雄本色",和业务员光膀子吃夜市;今天在楼堂馆所著书立传接受媒体采访,明天要冲锋陷阵跟超市采购谈判……上与君王并坐,下与乞丐同行,那日子,五味杂陈!

和所有行业一样,想混日子自甘堕落肯定轻松。真想做点事,那就必须得接地气,遍历江湖。所以,培训与咨询顾问"识"不一定很多,"见"却一定很广。

见的多了,人就会心生谦卑。初生牛犊也曾不怕虎,那是因为荷尔蒙,外加无知。

这世界有太多著作等身的人,也有太多创造经济奇迹的财富英雄,能讲几堂课,能出几本书,我实在不敢嚣张。如今,我仍侥幸在培训与咨询界有一席之地,得到客户和营销同行们的认可。无端被人喜欢,这是"飞来横福",对这种福气,我很敬畏,也很珍惜。

如今《终端销售葵花宝典》新作出版,画蛇添足加这么一个后记,的确是要真诚感恩。

首先,衷心感谢各位营销同行们的交流和指导。

因为职业的关系,大家叫我一声"魏老师"。我心里明白,"营销人人可学,

第1版后记

但是无人可教"，这个尊称，是诸位的礼貌。其实，我们都是同行，也都是学生。

一路走来学营销，前辈大家们的专著且不提。

《销售与市场》杂志、《商界》杂志、中国营销传播网上各位营销同行的真知灼见一直让我获益，谢谢啊！

培训师最幸福的是能以天下为师，吃百家饭。给几百家企业做了培训或咨询，在课程的问答互动过程中，培训前访谈和市场走访过程中，乃至在饭局闲谈中，我也一直在向各路精英们讨教。谢谢啊！

在给企业做咨询时，我会直接介入他们的政策制定、一线操作、人员管理，甚至亲自操盘样板市场，帮他们做自己的"销售人员葵花宝典"。这些过程中也学到了很多，本书的案例素材就从中汲取了不少灵感。曾经和我并肩战斗的兄弟们，谢谢啊！

其次，要感谢出版社、策划和编辑们的辛苦付出。编辑老师们为了这本书加班辛劳不难想象，专业负责的态度让人敬佩，非常感谢！

最后，要感谢我的文字导师。

我有个习惯，哪个作者的文字让我怦然心动，就会搜光刮净，把他（她）所有的书、文章、随笔、博客、微博全部弄来并打印成册，随身携带，反复诵读。阅读过程中一直在条件反射地想"这句好，可以用到我哪门课程的哪张幻灯片的讲解里去……"这种小学生抄写名人名言式的原始学习方法，我会一直用到老。

回顾我的读书生涯，按照出场先后顺序，对我影响最大的几位文字高师是：

第一，戴厚英女士。我还是初中生的时候，鬼使神差，邂逅了戴老师的小说《人啊，人！》。痴迷，读了几十遍。彼时年幼，还不能分辨是非。虽然那本书的内容对一个孩子来说太过沉重，但是从那本书里，我开始知道善恶并非学校老师教的那么简单。后来戴老师去西安签名售书，我以朝圣心情拜见，买了全套小说、随笔及文集回家。至今，供奉于书架深处，时常温故知新。戴老师，算来是我的文字乳娘。

第二，金庸、余秋雨、王小波。不用说，他们都是前辈大家，功力深厚，受万人敬仰，我是万中其一。

第三，安意如（张莉）。论年龄，她是一个"80后"的女子，而且身有小恙。但是在她的文字里你会看到，人在一个领域里钻研通透了之后的信手拈来与随心所欲。我辈营销人，应当学她的专注。

第四，刘原。这位爷是个醉拳高手，看起来满口黄腔从不正经，其实胸罗锦绣，嬉笑怒骂之中笔锋暗藏。那字句，像是从太上老君炉里炼出来的，撒豆成兵。

高人脚踏风口浪尖，背后难免江湖狼烟。即使这几位高人，他们也有意见不同的地方。我的感谢，真心诚挚，仅从文字角度敬仰。

阅读学习这些高人的文字，是我营销生涯之外的乐趣。20 年来，在长途车上，在机场候机室，在漏雨的出租屋，在那些失眠的异乡透支疲惫之后，他们的著作次第登场。他们一定不知道，在远方有个卖饮料和方便面的营销莽夫，正以拜佛的心思，将他们的文字生吞活剥，反刍细咽。

诸位高师，偷师自学不成材的俗家弟子魏庆，在此拜谢。

》请容忍我说点营销之外的事儿

回应有关吃猫肉、狗肉的争议

文字是思想和观点的表达，也是为文者的期望。我的课堂内容也并非百分百关于营销，会借助营销这个平台，给营销人讲点个人见解。只要讲的东西主次分明、是向善的，学员有所获益，企业也大为欢迎，因为万物同理。

在本书的最后，容我放肆，谈点营销之外的话题吧。先给各位道个歉，下面的内容与营销无关，可能会浪费您的时间。我不敢亵玩读者，定是字斟字酌。

我想说的，是关于虐待动物，还有吃猫肉、狗肉的事儿。

猫狗，作为伴侣动物，饲养者众，这已经成为一个社会现象，并随之产生一系列的问题：粪便污染环境、无良主人遗弃猫狗造成社会隐患、恶狗伤人引发纠纷、虐猫丑闻、志愿者高速公路上劫车解救无主猫狗……有人甚至还弄出了"狗肉美食节"，成都电视台《舌尖上的罪过》对其进行了专题报道。

我打小喜欢猫狗，宁可自己少吃一口，也要拾破铜烂铁卖钱给猫狗打牙祭。现在几十岁的人了，德行依旧，养了只金毛犬，还在小区里喂养了一大群流浪猫。我没觉得自己这是在行善献爱心，纯粹是个人喜好罢了。

据我观察，喜欢猫狗是天生的。我牵着金毛犬上街，有人老远看见，就满脸堆笑地跑过来蹲下跟狗玩，完全无视我这个主人的存在。也有人看见狗就像避鬼一样跑开——尽管金毛犬是最温顺的狗种，而且我还拿粗链子牵着，他还是怕得要死。还有人老远看见我牵着狗，就像有仇似的瞪着我，仿佛我的狗已经咬伤了

第1版后记

他的家人。其实跟他们聊天你就会知道，他们就是不喜欢猫狗，天生的。

对小动物的感情是天生的，我坚信这一点，不知道这是不是跟前世有关？听起来真是有点灵异。

猫狗是不是畜生？能不能吃猫肉、狗肉？有关这个问题的争论已经很多，大体来说，主张吃猫肉、狗肉的人无非有以下几种观点：

1. 呵护猫狗的人都是装作有爱心，牛辛勤劳作一生，最后被人吃掉，难道不值得同情吗？

2. 人都救助不过来，还救助猫狗！

3. 吃猫肉、狗肉是人的自由，你们可以自由地爱猫狗，我们可以自由地吃猫肉、狗肉，这是人类的自由，这是我们那里的美食文化传统！

4. 猫狗是宠物所以不能吃，那鱼呢？不是也有人养鱼做宠物吗？很多金鱼就是鲫鱼，怎么还有人吃鱼？

5. 养狗的不捡狗粪，养狗的不拴狗链，可恶，被吃是活该！

6. 一花一世界，一草一乾坤，人吃牛最不公平，人吃草也是谋害生命，这不能吃那不能吃，那你饿死算了。

……

我从没觉得自己真理在握，也不想站在道德高地上批判谁。就这些争议，我希望能借这本书心平气和地跟大家交流，互相理解。

我知道，养猫狗的不一定就是好人。很多人养猫狗是当宠物玩的，他们并不爱猫狗。他们纠结于自己养的宠物品种是不是纯正，谁家养的猫狗更名贵，这只狗能卖多少钱，这只猫腿有残疾扔了算了……我见过一边遛狗一边商议将来用这只狗的皮做个坎肩的"爱狗人士"，这种人稍有麻烦就会遗弃猫狗，把责任推给社会。他们对自己的动物伴侣如此，对同类也仗义不到哪里去。我鄙视此类人。

我承认，养猫狗的人也有很多不自觉的愚夫愚妇。他们也许很爱狗，但是从不捡狗粪，不牵狗链，骚扰路人。这跟公共场合随地吐痰、任意吸烟一样，是教养问题。这种人，当围观鄙视。对放狗满街乱跑、纵狗扰民的人，我呼吁重罚。

我明白，吃狗肉的也不一定全是坏人。我有朋友吃狗肉，人也不坏，挺仗义的。他们不能理解养狗的人自称"狗爸爸""狗妈妈"，觉得滑稽。他们吃狗肉没觉得有什么不妥，觉得这是个人自由。这就是我前面说的"天生的"。其实，他们大多不知道吃猫肉、狗肉背后的隐情，若知道，只怕会从此戒口。

我解读，猫狗不同于其他家畜。人类历史离不开牛的辛劳和陪伴，但是人还吃牛肉，这可能是世间最不公平的事情了。我以前也爱吃牛肉，后来在网上看到一个拍摄屠宰牲畜的纪录片，震惊，立誓茹素，坚持到今天，也没那么难。当然，我不敢呼吁大家都吃素，我只想解释一下，猫狗和其他物种的区别。

动物都通人性。从本质上，猫狗和牛羊猪鸡相近。你觉得它们是畜生，但真要接触多了，就会发现它们和人一样有感情，有喜怒哀乐，甚至会仗义地为"哥们"和别家的狗打架。它们也能感知恐惧和痛苦，比如杀牛的时候牛会流泪，杀母羊的时候小羊羔会哭。

猫狗和其他动物的不同在于——人的感情。猫狗是伴侣动物，每个小区都有很多爱养猫狗的人。有的丁克家庭把猫狗当孩子看，有的孤寡老人把猫狗当开心宝贝，有的小孩把猫狗当好朋友。据我所知，目前中国没有一家肉狗、肉猫养殖场，东北那边曾经有过一家，但已经倒闭了。狗肉店的狗都是狗贩子弄来的，怎么弄来的我想大家都知道。被毒杀的狗、没有经过检疫的狗、经过长途贩运感染病毒的狗，吃了会是什么结果？志愿者在高速公路上拦车解救无主猫狗的合法性有待商榷，但是我们通过照片能清楚地看到车里有不少金毛、古牧、拉布拉多，这些品种的狗崽一只能卖上万元，怎么可能有人拿来当肉狗饲养？

少吃一口，饿不着您，可对很多人来说，您就积了德。本书封面勒口处作者简介照片中的那只金毛犬，初遇它时它才刚刚满月，毛茸茸的，站在笼子里惊恐不安。我抱它回来用牛奶喂养，工作时它就趴在我的脚下，晚上睡觉时它就躺在我的床边。2011年，它被人毒杀，当天我狂奔到现场，继而是一个老男人在众目睽睽之下不顾形象地大放悲声。那一天，小区里两只狗被毒死，两个家庭沉浸于悲恸。

吃猫肉、狗肉的人，吃什么是您的自由，法律也暂时没法办您，但是您知不知道爱狗人丢狗之后会撕心裂肺、痛哭流涕？您真差那一口肉吃吗？对猫猫狗狗存点慈悲心，不是为了猫狗，而是为了那么多爱猫爱狗的人。

对于那些走失的猫狗，只要不伤人，还请大家高抬贵手，别想着把它们换成银两或者送上餐桌。它们流浪于街头，可能是它的主人粗心大意没把它们照看好，也可能是它们自己跑丢了。走失的猫狗，如同街上走丢的孩子，对它们最好

第1版后记

的方式是施以救助。

"人都救助不过来,还救助狗?"这个逻辑有点混乱。这两件事并不矛盾,谁说救助猫狗的人就不会去帮助人类?

"有人养鱼做宠物,怎么还有人吃鱼,你们怎么不声讨?"我的天,这个逻辑真是雷人。我还真不知道金鱼就是鲫鱼,而且我想不会有人变态到去别人家偷宠物缸里的金鱼来吃吧。要是有,直接报警抓他就好了。

少吃一口,饿不着您,可对很多人来说,您就积了德

说这么多,真的不是想辩论。目前中国法律都拿虐待动物没办法,就算立了法也未必能杜绝。人性的贪恶和良善并存,亦如金石,历经千年不变。法律于人也只是所罗门王对魔鬼的封印,只能禁锢而不能杀伐,法律所禁锢的东西,从来不曾真正泯灭。

因此,我只能恳求和呼吁:请大家高抬贵手,善待动物,莫吃猫肉、狗肉。没有买卖,杀戮就会少很多。您吃猫肉、狗肉伤的不是猫狗,伤的是爱猫、爱狗的人。还是那句话"少吃一口,饿不着您",可对很多人来说,您就积了德。谢谢了!

那些手持毒镖昼伏夜出的偷狗者们,你们要养家糊口没有错,但是现在工厂都缺人,而且工资也不低。你们有手有脚,四肢健全,费这个力气,冒这个风险,招那么多仇恨干什么呢?不如去谋份正当职业吧,谢谢了!

那些猫肉店和狗肉店的业主们,你们开这种店相信一定遭到过很多阻力和非议,你们肯定也很委屈。何必呢?咱们都知道,随着社会的进步,中国迟早会像西方国家那样设立动物保护法,真的非要等到那天,你们才被动改行吗?现在就转行吧,如今已经不是劳动力过剩找不到工作的时代了,民间经济也很活跃,您不开猫肉店和狗肉店,不卖"龙虎斗"这道菜,一样可以勤劳致富。谢谢了!

至于那些享受虐食的"美食家们",中国历史上曾经有虐食陋习,我们也听说过吃猴脑、吃活驴、吃活蒸王八……那场景,大家想象一下,神经正常的人咽得下去这些"美食"吗?不要拿传统习俗当借口,传统的不一定都是好东西。奴隶制度、殉葬、缠小脚、抽大烟、凌迟处死、九族抄斩等曾都是传统,但这些传统早已经被废除了。所以,该改的就改改吧!谢谢了!

还有那些以虐猫、虐狗为乐的家伙们，有病赶紧上医院看看吧。您真不怕吗？住手吧，给您自己积点德，这个，就免谢了。

善待动物是呵护人类内心的一个举措，我们还可以做得更多

草民拜天地，是要学会敬畏；君子远庖厨，是要心怀不忍。敬畏是要有所怕，不忍是为培养爱。

反对吃猫肉、狗肉，反对虐待动物，反对虐杀陋习，这并不是爱心泛滥吃饱了撑着没事儿干，也不是娘娘腔。实际上，这些举动是在约束我们的内心，让人类保持一点善良的道德底线。

人类是很强大，可以主宰动物的生死。一些人也许还要穿皮鞋、系皮带，还要吃荤腥，但是至少要看在动物主人的面子上，放过那些伴侣动物吧！至少我们不要虐杀所有的动物！悯老恤幼、同情孤小，本来就是人性善良的基本标志。评判一个社会文明程度的标志不是 GDP，而是看它如何对待弱者。

诺贝尔和平奖得主、犹太作家威塞尔曾说："冷漠是恶的集中体现，爱的反面不是恨，是冷漠；美的反面不是丑，是冷漠；信仰的反面不是异端，是冷漠；生命的反面不是死亡，是冷漠。不要恐惧你的敌人，他们顶多杀死你；不要恐惧你的朋友，他们顶多出卖你；但要知道有一群冷漠冷血的人们，这个世界才会有杀戮和背叛。"

如果一个人对动物很残忍，他可以用动物终身痛苦的代价来谋取自己的囊中之物，他可以在得知这些真相后，仍旧坦然地偷窃他人视为心肝宝贝的宠物来解馋，他还能以虐杀动物为乐……这种人为满足自己的一点私欲，对动物如此残忍，有时候我真担心他会对同类下手，因为自私和冷漠就是他的价值观。

在当代中国，自私和冷漠虽不至于发生同类杀戮的惨剧，但也不乏其他的表现形式：他们会淡定地从倒在血泊中的小悦悦身边走过，他们会袖手地围观小偷毒打见义勇为的老外，他们会搬个马扎美滋滋地、耐心地坐在那里观赏悲苦的跳楼自杀者。对大多数"没有好处"的事情他们的第一反应是"关我什么事"，看到别人行善他们会条件反射地想到"这家伙想出名"，捡到钱包他们会理所当然地留下钱却不会发发慈悲把证件给心急如焚的失主寄回去……他们总是以路人甲的心态围观世间悲剧，却不知其实自己也是剧中之人。

但那是在和平年代。一旦风云骤变，冷漠和残忍就会升级。电影《赛德克·

第1版后记

巴莱》里有一句动人心魄的台词：如果文明不够文明，那就让野蛮足够野蛮。

纵观古今中外的历史，在和平年代，他们是掳掠小孩将其致残并迫使其上街乞讨为自己牟利的人贩子、是逼瘫痪老人喝尿的无良护工、是黑煤窑的黑心窑主、是德国的杀人食尸变态狂、是美国的影院枪手、是日本地铁散播沙林毒气的恐怖分子……在动荡岁月里，他们就升级为针对平民制造大规模暴力袭击的战争犯，升级为"文革"时期的构陷者和冷血打手，升级为抗战时期的侵略者、汉奸和杀人机器……但我们也知道，这群恶行实施者及其身后的指使者，他们并不孤单，因为这世界从来不缺少人渣资源。

倘若人人如此，那么人性的善就泯灭了，我们将堕入屠戮狰狞的阿鼻地狱。佛法中道德沦丧的末法时代，恐怕真的会到来。

基督说，"没有义人，连一个也没有"。人人都可能犯错误，人人的心中都有恶魔，不要以为自己有什么了不起。没错，我们都不是圣人，但是，我们可以建立起自己最基本的良知，保留一点人类从善的道德底线。善待动物恰恰是其中的一个举措，我们还可以做得更多。

人生短暂而脆弱，冰冷的死亡之路是世人不可逃脱的归途，但在到达之前，我们总是希望能够让旅途更温暖一些。我想当绝大多数人能抛弃冷漠，多些微笑，说出带着体温的话时，我们的内心就能多一点柔软。我相信，当绝大多数人的友善已经能兼顾到动物身上的时候，这个社会将变为充满温情和文明，告别凶戾和野蛮的家园。

希望悲剧从此绝迹，当文明被大众奉行的时候，野蛮将无力野蛮。

我只代表我自己，尽力呼吁，努力践行，热忱期待那一天的到来！

魏庆

2012年8月6日于秦皇岛

此次再版略做修改

第2版 后记

2014 年是我的磨砺之年，狼烟未尽，劫波又起，真刺激。岁末，我在广州医科大学附属肿瘤医院小住，期间"辟谷绝食一周"，卧床思过，参生死禅。我将其中的心得写成短文，顺便分享几条营销人常见病的治疗和自救心得。辞别旧岁，喜迎新年，祝好人平安。

肿瘤医院，是参生死的禅堂

2014 年我工作上诸多透支和极大压力，狼烟尚未散尽，生活上的劫波接踵而来：先是相依为命的父亲患癌症去世；接着跟随我十几年的兄弟切除了胆囊，又患上了糖尿病，工作上需要我去支援；而后我自己的胃病和腰椎间盘突出加重，不得不挤出时间奔波医院定期复诊、理疗；最后，晴天霹雳，一位亲友兼生死至交突然罹患癌症要进行手术和化疗……我左右开弓应对难题，正打算变成一只八爪鱼，突然发现自己无故严重掉膘。去医院一检查，结果居然是癌前病变！医生说："你要尽快做手术咔嚓掉这个腺瘤！确诊是否癌变！"

在众人面前强装硬汉，我非常平静地安排了工作方面的事情，然后忐忑不安地住进了肿瘤医院。

住院，对我来说，是件很困难的事情，因为我失眠多年，睡觉时需要安静的环境。而且我患有腰椎间盘突出，只能睡硬板床——住院，对于我的体力，也是个考验。

这家医院我一点都不陌生，之前，我一直是以病人家属和亲友的身份在这里楼上楼下地飞奔。期间感叹人生病后的脆弱；感叹中国的医生，一天干十几个小时，加班加点做手术是常态。他们工作二十年熬个主任级别，挂个号才 9 元，专业卖个白菜价，还要承受各种医患矛盾，承受医保制度缺陷带来的民愤，出了事就垫背……枉背恶名。正唏嘘呢，突然间，我就穿上了病号服。

入院第一天，得知同病房的一位病友，去年查出问题时，跟我的初诊病理报告一模一样，一不小心，这位老兄的腺瘤癌变了。

当晚我看到有人发微信朋友圈说：人，二十岁看体力，三十岁看学历，四十岁看能力，五十岁看资历，六十岁看阅历，七十岁看日历，八十岁看皇历，九十岁看舍利。可是我才四十多岁，连皇历都还看不太懂，难道这么快就要得道了？……圣父、圣母、圣姑婆，南无阿弥陀佛，耶稣基督阿门，我以后啥坏事都不干了，讲课不爆粗门了。再说我也没干过啥特坏的事啊？我我我本来就爱吃素，我我我很淡定，我我我没有尿湿裤子。

护士和蔼可亲，给我打针的时候顺便向我诉苦："昨天晚上一夜抢救了三个人，我一夜辛苦没合眼。"我这才知道，原来我住的这层楼，楼道这边是微创内镜科，里面的都是轻病号，基本上……都能活；楼道那边是激光介入科，好多都是几进几出的老病号，基本上……就有点玄。

一条走廊，横亘生死。嗯，肿瘤医院真是参生死的好禅堂。

肌肉发达，却坐卧不安；用心太过，以致魂魄不宁

在我还不确定自己是否患上癌症的时候，忐忑是有的。更多的是"先做好最坏的打算"：如果我万一不走运患上了癌症，余下的时间去哪里治疗？家事、公事怎么交代？跟了自己多年的员工怎么安置？这一辈子练就的拳谱心经让哪位继承？爱犬请谁来照顾？我孤悬岭南十余载，交游遍天下，身边却无亲人，哪位朋友可托三尺之孤，寄千里之命……沉下心来，盘算已定，心里踏实了，我开始用站在终点回望起点的角度，回顾自己这执迷不悟的四十多年。

我打小儿就着急，四岁半就上了小学，顽劣失教，大学考上了一所三流院校。生就是文科男的胚子，却报了个计算机专业，每天上学时的心情比上坟还沉重。又赶上当时的生活出现了一点变故，逼上梁山，加借坡下驴，我开始勤工俭学——摆地摊、开饭店、卖服装、卖保温杯、卖布……几乎用尽了社会底层人员的谋生手段。大学四年，西安古城的大街小巷都留下了我被城管"追杀"的身影。每逢春节，同学们兴奋地喝酒行令。我更兴奋，因为大年三十到十五元宵节

街上人多，城管不上班，我可以安心地赚双份钱——白天开包子店卖包子，晚上钻到钟楼地下通道里面卖灯笼……那四年，我跟乞丐换过零钱，亲眼见识了罹难之人不如狗，见识了谋生者之间为了抢夺一个摊位，一个人可以活活被打死，另一个人的鼻子被砍下来掉在地上……这样的经历，令我心里百味杂陈，对我后来的人生影响深远。

大四即将毕业的时候，老师对我说："魏庆，让你拿到毕业证，我是昧了良心的。"

好歹毕业了，我随性地没有从事与计算机专业相关的工作，却开始卖方便面、卖可乐。当过走街串巷、爬冰卧雪的业务代表，做过充军乡野、驻外戍边的离人，也担任过执掌营销三军帅印的销售总监……江湖一入深似海，我就像从此穿上了红舞鞋，欲罢不能。

2002年本文科男写了自己的第一本书，因为这本书的实战性占了点先机，在业内广为流传，由此机缘，我走上了讲台。我的微博标签曾自豪地写着：三十文章出业内，一入江湖岁月催。

我本是草根末流等外之才，勉力著书授课。孤身南下，文武两栖，兼做企业咨询和营销托管。无奈自己基础太差，只能点灯熬油。寒窗烈火心尤壮，合租房内好读书。硬桥硬马的一线实战经历再次让我占了便宜，我原创的营销课程，学员们爱听。日拱一卒，功不唐捐。如今粗算一下，我至少给近七百家大型企业做过内训，出版图书的文字累计90余万字，教案和PPT写了500多万字，咨询文案有200多万字……这些积少成多的雕虫小技多年来承蒙同行诸君的谬赞与捧场，对此我心怀敬畏和感恩。

出身如此贫贱，突然变成了老师，全国出差讲课，动辄在几千人的大会场，前呼后拥，还出书、上电视……我咋可能不晕呢？晕得厉害。犹记十一年前，我在立交桥上，第一次发现卖盗版光盘的人把我和余世维老师的盗版培训光盘，与其他一些畅销电影光盘摆在一起叫卖。没想到自己已经成为群众如此喜闻乐见的形象，瞬间我觉得自己和芸芸众生拉开了一段距离，脑后闪出金光。

所幸，我没傻透。干我们这一行的好处是遍历江湖。工作中我见多了杰出的企业家，深知他们泼天富贵、显赫威风背后的惶恐和挣扎。说实话，我觉得他们真可怜。从内心讲，这些富商巨贾的生活，我真的一丁点儿都不羡慕。再加上我从小喜欢吃油泼扯面，对海鲜闻着就恶心。所以，我也就晕了两三年，很快就苏醒了。随着自己的阅历越广，见识越多，对过手钱财、蜗角虚名，我就看得越淡。

自问有几分侠气，算得上仗义疏财。多年来我提携后辈，资亲救友，帮助素不相识的路人，捐助公益，乃至救助动物，从不求回报。然后加倍工作，千金散尽还复来。

我从小性格拧巴，在培训与咨询行业也是个非主流，不喜酒肉社交，笃信实力取胜。2004年开始，医不叩门，我拒绝与任何培训中介机构合作内训，也不做任何推广炒作。我的课程推广如同深街远巷里的小吃店，全靠口碑传播。每个订单不论大小，培训前访谈、备课、授课、课后评估、课后辅导我都全程量身定制，亲力亲为，绝不假手助理。但是，对于甲方意识太强的客户，要求我去试讲、去面见他们领导、去参加他们的投标会议，就算他们拿着银子上门叫义父，我也不伺候。白眼天下，万事鸡虫，我安心备课、讲课、写书，倒也没饿着。

如今，论财我比不过大经销商，论名比不得成功学鸡血大师，论文没有高学历，论武打不过"村霸"，一事无成人渐老，一文不值何休说。一身过劳职业病，倒是根深蒂固，鹤立鸡群。

坐着？我不能坐久了，腰椎间盘突出。站着？我不能站久了，膝关节退行病变，走市场一个小时就要赶紧坐下歇歇。躺着？别提了，我只能睡木板床，而且失眠折磨了我二十多年。吃饭？我饭量还可以，但是患有食道溃疡、十二指肠溃疡、胃炎。上厕所？这回肠子出问题，成了最让我七上八下的事情。

没想到行走坐卧、吃喝拉撒，这些人人都有的能力，现在却成了我的短板。这状态，有点怂包。

别跟我提养生，我吃的中药，比很多人见的都多。别跟我提运动，我曾经在健身房里卧推110千克，被人围观喝彩。而且现在我自己家里，就有个器械齐全的健身房。如今我这把年纪，自由泳的话，能一次不间歇地游上2000米，还能轻松完成一字马……但是那又怎么样？我是肌肉发达，却坐卧不安；用心太过，以致魂魄不宁。

任性虽易，住院不易，且活且珍惜

我以前一直教我的兄弟："人，要勇于做超越自己能力极限的事情，你才能成长。"对，我就是这么说的，我自己也一直是这么做的。现在我才明白，这么干,迟早要还的。

生物界也有这种行为模式:太平洋的鲑鱼为了早日回到产卵地,逆流而上,竭尽全力。为了有更大的力气对抗急速的逆流,鲑鱼体内不断分泌出一种强有力的荷尔蒙,务求使出浑身解数,完成任务。最后历经多番波折,完成使命。与此同时,鲑鱼也精疲力竭,体内荷尔蒙系统失去平衡,免疫机制一蹶不振,无法抵御任何感染,相继出现病变,最终死于感染或内脏崩溃。

这是美国医生梁锦华的医学文献里提到的案例。怎么样,有没有人觉得,自己的前世,也许就是一条太平洋鲑鱼。转世时孟婆汤喝得剂量不够,这辈子还在重复前世里鲑鱼产卵的模式,在横流的欲望之中,玩命地荡起双桨,不对,应该是划动双鳍。

我知道很多人拼命不是为了钱,人一辈子其实真的花不了多少钱。更多的人是因为盛名所累、客户所托,是因为自己不甘心居人下,不甘心退居幕后。或者以为离开自己,地球就不转了。甚至仅仅是因为自己干习惯了,不干就难受。

时运不济,英雄卧槽。当你躺着睡不着、坐着腰疼、站着腿疼,睡在病房,听到走廊对面的抢救机器传出一阵阵的蜂鸣声,细细品着医院里人、药、屁的三合一混合味儿,随风潜入夜,润肺细无声,再回头看看,金钱、名望、行业好评,还有所谓的成就感,皆轻如鸿毛。阿信们、太郎们、鲑鱼们,等你们到达终点,爽过之后,大抵就是如斯心境。

上述文字,并非抱怨。人活着,每个人都有自己的选择和承受,自己挑的路,没啥可后悔的。古龙前辈说得对,江湖上每天都要死人的,所以,无须感喟。况且,天下比我惨的人,太多了。

在这里,我只是想告诉千千万万个在工作上跟我一样偏执的同行:大家都不是无机物,没有人是铁打的,压力和透支一定会导致大病。任性虽易,住院不易,住肿瘤医院就更不易,且活且珍惜。

冯唐在《如何成为一个怪物》中写道:"我要是装置艺术家或者行为艺术家,我就把一间小房子搭进美术馆,里面放上一千管牙膏和一千卷卫生纸。房前挂个牌子'人生战略规划'——用尽这些牙膏,你就没牙可刷了;擦尽这些卫生纸,你就没屁股可擦了。"这段子,让你笑过之后,有没有产生共鸣?

我当然不是鼓吹大家从此都做愚夫愚妇,只管吃喝、大小便。瓦尔登湖那哥们闲了几年,还写了本传世之作呢。只不过,他不是以鲑鱼的行为模式和心境写的而已。

大家当然还是要做事了。天地生人，生一人当有一人之业。人活在世，活一日当尽一日之勤。有些人，彻底闲下来不做事，恐怕会急得翘辫子，我就是。

人一辈子，不为一事，则太长；欲为一事，则太短。

佛家说：方生方死。出生门，入死门。人一生下来，其实就奔着死路去了。中间的过程，就是个秀场。

长长来路，命有玄机，不能任我们左右。但是，不管这个秀有多长，我们至少要让自己的这个秀从容一些吧。我们这几十年，遭遇了那么多所谓百年不遇的天灾人祸。那么多高人、名角儿、同事、故人都已经去给阎王爷述职了。那么多抗生素水、雾霾空气、毒大米、毒奶粉、毒牛奶环侍左右……我们依然健在，而且"忍乳负重"、栩栩如生。前世，一定吃了很多斋饭。这一世，定要斯文些，不要老是饿鬼抢食一样狂飙猛进。

这些年，我见过很多风口浪尖上的人物，到了中年就是因为身体出了问题，无奈地淡出了舞台，令人黯然伤神。人既要有一技之长，又要生活有所好。年轻时，能健健康康地施展才华；中老年时，能健健康康地得享所好；有所作为又不会晚年落寞，就是福报。万米马拉松，你开场就嗖地一下蹿出去，半道就把自己整没电了。盛德大业刚发端，你却心有余而力不足，这才叫人傻不能复生。

用文明词儿来说：浮世清欢，细水长流。免得昨日花开今日谢，百年人有万年愁。

诚心正意，不敢调侃：祝好人平安

手术前喝了两天稀饭，术后禁食六天，靠输液维持生命，那时我馋得看谁都长得像包子。然后，医生告诉我："术后病理确诊是'管状绒毛腺瘤'，这个腺瘤是良性的，但却是癌变率比较高的那一种。万幸，及早发现，并及时做手术把它切掉了，要是再晚上半年……出了院你别大意，要经常做肠镜复查，如果复发，就立刻再把腺瘤切掉，否则很容易癌变……"这些听上去有点惊悚的结论，对我来说，却是天籁之音。

最后，医生又对我说："出了院，不能吃饭，再喝一星期的流食。"按这样的饮食要求，2014年，我即将身轻如燕。医院这个禅堂，不仅可以面壁思过、参生死、利尿，而且还能减肥。

出院前，在病房里我把自己作为老病号的几点心得写出来，覆辙在前，请诸位借鉴。

第一，千万不要相信什么豪华体检套餐的结果。哪里不舒服，找专科医生问诊，做针对性检查。案例如下：

我 2002 年给华龙集团做咨询项目时共事的甲方项目经理，身高体壮，平时没什么问题，一发现就是胃癌晚期，不到 40 岁就走了。我老父亲 80 多岁，年年体检医生都赞叹"这老爷子身体太好了"，就是没给老人家做过胃镜，2014 年患胃癌走了。我这次幸亏及早发现，否则也是个大事儿。营销人，消化系统出问题太常见了，但是多数体检套餐根本不做胃肠镜。体检项目里面那些高大上的核磁共振、CT（计算机层析成像），甚至 PET-CT（正电子发射计算机层析成像），根本检查不出来胃肠道病变。建议诸位，每年做胃肠镜，早注意，就减少了出大事儿的概率。晚了，就可能要人命。祝愿大家，体检都是浪费时间、白花钱，这就算好运。

腰椎、膝盖不适，就拍个片子——可能早期诊断为腰椎颈椎病变、骨关节炎。我每年都去体检，但没拍过膝关节片子。站了十几年讲台，下了课还跑步、打球，在健身房折腾……等到膝盖疼得狠了，托关系遍访名医，最后去看最权威的北京积水潭医院骨科。医生语重心长地对我说："你早几年来就好办，现在……想开点吧，这个病不可逆，属于物理磨损。最后实在不行，就做手术换关节。"感谢医生的坦率直言，既然治愈没戏了，我也就不纠结了。当天晚上我难过得吃不下饭，只吃了六个肉包子。

头疼头晕，就做个头部 MRI（磁共振成像）——长期用脑过度而且睡眠不佳的人，可能会检查出脑缺血钙化灶，甚至年纪轻轻就发现脑萎缩前兆——俗称"脑洞大开"。嗯，不用猜了，"脑洞大开"的人就是我。没啥好怕的，这是人类生命进程的必然规律。只不过我，成熟得比较早。要是不加小心，继续透支，估计成熟得更快。幸亏我的毛病及早查出来了，否则你想象一下，五六十岁就老年痴呆，手脚震颤，坐一次公交车要"啪啪啪啪"刷十几次卡，多么划不来。

第二，专科病，就去专科看。不要稀里糊涂地随便找家医院看，江湖事，江湖了。而且你不要等到疼得不行了才去看医生，那不是彪悍，那是鲁莽。

第三，千万不要把希望全部寄托在医院身上，也不要觉得自己买了保险，还认得几个医生，收入也还行，就能摆平一切疾病。现代医学其实能治疗痊愈的后期疾病很少。对于慢性病而言，及早发现，平时在生活上注意一下，大多数能自愈。即使是癌症，早期发现的治愈率也很高。但是，如果发现得晚，就算你就有比尔·盖茨的财富，国家卫生部部长是亲爹，也只能是白瞪眼。

第四，自我调理很重要。营销人的常见病，我都了解得相当透彻。自救秘方如下，仅供大家参考。

1. 颈椎腰椎病变：该疾病是长期伏案造成的损伤。吃药没用，因为软骨没有血管，吃的药进入不了血液循环，所以就治不了病。理疗，治标不治本。我的做法：坚持睡木床板，出差住宾馆就把床垫掀掉；每天倒走半小时；如果需要长时间伏案工作，有条件的话，最好趴在瑜伽垫上，下巴和胸前垫个枕头，趴着敲电脑。最后这一招，虽然姿势不雅观，但是效果很好。我的上一本书，就是这么写出来的，这篇文章也是如此。

2. 失眠：我失眠二十多年了，能吃的药都吃遍了，也就是广东省中医李艳教授的药方效果比较好。但是工作一忙，我就又睡不着了。后来，我干脆不吃药了，白天抓紧时间工作，下午5点以后不工作、不琢磨任何问题，下午少喝茶，晚上睡觉的时候戴眼罩、塞耳朵。实在睡不着就吃半片氯硝西泮，此药虽然药劲儿大，但是我相信，吃半片药的副作用，一定小过彻夜不眠。目前，尽管我的睡眠还是不好，但是自己能控制了。

3. 肠易激综合征：此病的症状就是"肠子容易激动"，动不动就腹泻，铁人都架不住。吃中药时好时坏，吃西药根本没用。严重的时候，我大夏天不敢吹空调，不敢吃西瓜，甚至不能坐石头凳子。我的做法：忌口，生冷食物坚决不碰。还有个偏方，就是把生姜片放在肚脐上，用艾条灸。后来经人指点找到了广州中医药大学的陈瑞芳教授，吃中药膏方，根治了此病。这个方法非常见效。现在我可以天天游泳，而且吹空调无碍。

4. 脂肪肝、高尿酸、高血脂等：这些疾病都是"吃孽"，是不良生活方式引起的。好多人想通过饭局交朋友、扩大圈子，结果把圈子别在自己的肚皮上了。我因为膝盖损伤不能跑步之后，也出现过这些问题。然后我把晚饭戒了，过午不食，加上每天游泳，几个月后这些毛病就完全好了。

出院了，我觉得医院外面的阳光真温暖，看啥都觉得顺眼。感谢上帝，一直用些无关生死的病痛提示我，又提早用一个可大可小的疾病，给我这条飞奔的鲑鱼来了次封闭式训练，让这条鲑鱼在病房一歇倦足，借机静静地思考和打量自己